JN008830

ROCKONOMICS

A BACKSTAGE TOUR OF WHAT THE MUSIC INDUSTRY CAN TEACH US ABOUT ECONOMICS AND LIFE

経済はロックに学べ!

アラン・B・クルーガー 著
望月 衛 訳

ALAN B. KRUEGER

ダイヤモンド社

ROCKONOMICS
A Backstage Tour of What the Music Industry Can Teach Us about Economics and Life
by
Alan B. Krueger

Copyright © 2019 by Alan B. Krueger
Japanese translation rights arranged with ICM Partners,
c/o Curtis Brown Group Ltd. through Japan UNI Agency, Inc.

リサへ。君のあるがままに。

CONTENTS

ROCKONOMICS 経済はロックに学べ！

・原文中のイタリック体での強調箇所には傍点を付した。
・原文中のボールド体の強調箇所はゴシック体にしてある。
・訳者による補足・説明などは〔　〕で示した。

第1章

イントロ

——なぜ音楽から経済の仕組みがわかるのか

006

「でもビートルズってあれがほしい、これがほしいってんでやってたわけじゃないんでしょう」なんて言う人がいるんだけどさ。そりゃ大間違いだね。ジョンとぼくは座ってほんとにこんなことを言い合ってたもんさ。「さ、いっぱつ当てて水泳プールを買うぞ」

――ポール・マッカートニー

「登場するときはどの曲をかけてほしいですか?」。それ以前もそれ以降も聞かれたことのない質問だった。ぼくはロックンロールの殿堂でスピーチをすることになっていて、ホストは、ぼくがステージに上がるときにどの曲をかけるのがいいかって言うのだ。

いや、ぼくが殿堂入りしたわけじゃない。ミュージシャンじゃないし、だいたい曲を持ち歩いてもいない。ぼくはプリンストン大学の経済学者で、当時は大統領経済諮問委員会の委員長を務めていた。ぼくがスピーチに招かれたのは、音楽業界を喩えに使ってアメリカ経済を語るアイディアを抱えていたからだ。つまり、中流家庭がお金で苦労していて、お金持ちとそうでないみんなの格差がどんどん大きくなってるって話である。アメリカの労働市場はスーパースターが席巻する勝者総取りの世界になった、というのが核になるテーマだ。ちょうど音楽業界がそうだ。ひと握りしかいない業界トップのアーティストは華々しく稼ぎ、残りはほとんどみんな、やりくりするのもひと苦労の生活をしている。

ロックな経済学(Rockonomics《ロッコノミクス》)という言葉はこのときのスピーチで使った。経済学による音楽稼業の研究って意味だ。どうしてこんなことが起きているか、それが普通のアメリカ人にとってどんな意味を持つか、誰にとってもうまくいくもっと公平な経済を実現するにはどうすればいいかをそれで説明するのだ。ぼくらの国の夢と希望を取り戻す、大胆なアイディアを並べたリストも持っていた。そんなスピーチをするのにクリーヴランドのロックンロールの殿堂よりふさわしい場所なんてあるだろうか？

その頃ぼくのボスだったオバマ大統領はこのアイディアを気に入ってくれた。それだけじゃなくて、ぼくのスピーチを気に入ってくれた。彼がエアフォース・ワンで飛んでいるときに原稿を送ってみたら、その後すぐの会議で「みんなアランのスピーチを読め」と宣言してくれた。労働長官と商務長官がオレにもくれよと言ってきた。

この本は元のロックな経済学が使った喩えを広げて、アメリカ経済全体が最近どう変わったか、そしてぼくたちそれぞれが21世紀にこれからやってくる変化にどうすれば備えられるかを語る。キャリアを通じてぼくが気づいたことを、心理学の研究も支持している。何かと言うと、抽象的な原理や数式ではなくて、お話で語られるのがぼくたちは一番ものが学べるってことだ。そして音楽は何よりもお話を語るものだ。

経済学もやっぱりお話を語る。「根の暗い科学」なんて残念で人を惑わす二つ名がついているけれども。経済モデルや統計、回帰分析はどれも、お話を厳密に正確に語るためにある。ただ、ぼくたち経済学者はお話を語るのがあんまりうまくないし、あんまりわかりやすく語れないだけだ。２０１６年の大統領選挙のとき、経済学の見解や基本的な概念があんなにも強烈に突っぱねられたのは、それが理由の1つである。貿易の利益や、公平で客観的な経済統計の価値なんかがそういう目に遭った。経済学の教えを広めるには、もっと納得のいくやり方を見つけないといけない。音楽業界のプリズムを通して経済のいろんな力がぼくらの世界にちゃちゃを入れるお話を語れば、もっと幅広いお客さんが——ひょっとすると大喜びで——聞いてくれるんじゃないかと思う。なんせ音楽は、ぼくらをひとつにする数少ない営みの1つだ。音楽でぼくらは、素性や関心を乗り越えてひとつになる。ほとんど誰だってなんらかの形で音楽業界とつながっている。ぼくはそれを「1次の隔たり」仮説と呼んでいる。ぼくらはみんな直接に音楽とつながっているし、音楽業界とはなんらかの形で友だちや家族、同僚たちを通じてつながっているからだ。

　音楽業界を形作る経済の力を調べようと、ぼくはミュージシャンや音楽業界の経営者たちに山ほどインタビューした。売り出し中のアーティストやもがき続ける歌い手から、ロックンロールの殿堂の伝説的なメンバー、スポティファイやアマゾンの首脳から世界最大の音楽企業ユニヴァーサル・ミュージック・グループの経営陣、そしてうちのご近所にあるレコード店のオーナーさん（ええそうです。プリンストン・レコード・エクスチェンジはまだあって、小売店を取り囲む環境が厳しい中でも繁盛してます）までいろいろだ。

　インタビューした中には、音楽業界を形作る一端を担った業界を代表する人たちもいる。史上最高に成功したクロスオーヴァー・アーティストのグロリア・エステファンや名高い音楽興行主にしてアーティストであるクインシー・ジョーンズだ。彼はフランク・シナトラからドナ・サマー、マイケル・ジャクソンに至るまで、実質的にあらゆるスターのレコードをプロデュースしている。そしてぼくはよく、クリフ・バーンスタインとピーター・メンシュに会う。Qプライムの共同創業者で、同社はメタリカやレッド・ホット・チリ・ペッパーズ、ケイジ・ジ・エレファント、エリック・チャーチ、その他成功したいろんなバンドのマネジメントをしている。マーク・ガイガーはウィリアム・モリス・エンデヴァーの向こう見ずなボスだ。彼はぼくと同じく音楽稼業に明るい未来を見ている。音楽業界の弁護士の最高峰、ドン・パスマンとジョン・イーストマンはぼくに、音楽の権利関係とレコード会社との契約について講義してくれた。ショウをかけるにあたっての仕事や営みを俯瞰するべく、たくさんのギグでミュージシャンとローディについて回り、案内係や売り子さん、ライヴ・ネイションやティケットマスターの重役たちにもインタビューした。

　お金や契約の中身にかかわる疑問に答えるのはいつだって難しい。アーティストなら特にそうだ。お金でモメたのもビートルズが解散した理由の1つだった。[01] お金の話じゃウソつかれてもおかしくないから、アーティストや業界の偉い人たちが大勢、自分の経験や財務データ、見通しをぼくに語ってくれたのは本当にありがたかった。これからのページで、ぼくは彼らの話を十分に写し取り、音楽業界の経済の仕組みを説明しようと努力した。何よりも大事なこととして、音楽を創り、共有しようという彼らの熱量が伝わるように努力した。ぼくが学んだたぶん一番強力な教訓は、音楽を創り、お客を楽しませるのが好きだという気持ちこそが、ほとんどのミュージシャンを突き動かしているってことだ。がっぽり儲けられそうだ（あるいはなんとか食っていけそうだ）なんてことではないのである。

実証経済学者であるぼくは、考えたことや見たこと、聞いたことは客観的で代表的なデータの冷たい光に当てて検証しないといけないと固く信じている。この本のための調査では、『ポールスター』誌が集めた何十万件ものコンサートのデータを分析した。同誌を通じて、ぼくはポールスターのチケット販売に関するデータベースにアクセスできた。前例のないことだった。ストリーミングの曲が数十億、レコードが数百万、コンサートが数十万、そしてミュージシャンが何千も入っている。足りないところを埋めるべく、自分でプロのミュージシャン１２００人にアンケートを取った。音楽稼業の最前線に立つ人たちから直接に得た観察結果と業界全体を対象にしたビッグデータを混ぜ合わせ、経済の力が音楽業界をどう形作っているのか、豊かで信頼できて業界をより正確に写し取った絵図を描くことができた。運よく、経済学者や社会学者、心理学者、コンピュータ科学者たちの手によって、音楽業界を扱った文献がどんどん生み出されている。他の分野の研究者も、音楽業界は研究できる豊かな土壌であり、学生にひらめきを与え、彼らを惹きつける光明になるのに気づいた。研究者がアイディアを投げ合い、音楽稼業に関するさまざまな学問分野の研究を支える場を提供しようと、ぼくは２０１６年に音楽業界研究協会（MIRA: Music Industry Research Association）という非営利組織の立ち上げに力を貸した。この本は社会科学の核心に達する研究や、関連する研究論文を足場にして成り立っている。

音楽を聴いていても気づかないかもしれないけれど、音楽が生まれ、世に送り出されるとき、その要には経済の仕組みがある。経済の力はぼくらが聴く音楽や聴くときの機器、音楽のジャンル、それからライヴにストリーミング、録音された音源にぼくらが払うお金の額を大きく左右する。サム・クックは「アメリカン・バンドスタンド」〔アメリカの音楽番組〕でディック・クラークに、1950年代にゴスペルを離れてポピュラー音楽に移ったのはなんでですかと聞かれた。歌い手は笑って本気でこう答えた。「懐の都合だよ」。それにポール・マッカートニーも、最近ハワード・スターンに、ビートルズは革命を起こそうなんて考えてなかったと言っている。「ぼくらは単なるリヴァプールの貧しい界隈のガキで、ちょっとお金を稼ぎたかっただけだった」。ミュージシャンが自分では経済的インセンティヴで動いているとは感じていなかったとしても、経済の力はこっそり成功と失敗を左右している。著書『商業文化を称えて』〔未邦訳〕でタイラー・コーエンもこう言っている。「経済が文化に及ぼす影響は、広く信じられているよりも強い。印刷機ができてクラシック音楽を広める術ができ、電気機器でロックンロールがやれるようになった。よかれあしかれ、アーティストは経済の制約を受ける」。

音楽を本当にわかり、味わうためには経済の仕組みがわからないといけない。例を1つ挙げると、今日、複数のアーティストがコラボする曲が増えている。ジャンルを超えて新しい聴き手を摑もうと、大スターが他のアーティストと一緒に演《や》る、なんてことが最近は増えているのだ。「デスパシート」がいい例で、これは2017年に一番ストリーミングで聴かれた曲だ。ルイス・フォンシとダディ・ヤンキーが演った曲で、ジャスティン・ビーバーをフィーチャーしている。よその歌い手をフィーチャーした曲をよくよく聴くと、普通、フィーチャーされたスターは曲の最初のほう、始まってから30秒以内に出てくるのに気づく。これは理にかなっている。ストリーミング・サービスが曲の使用料を取られるのは少なくとも30秒以上ストリーミングされたときだけだ。つまり、ストリーミングにかかわる経済的インセンティヴが、作詞や作曲、演奏のあり方に直接に影響を与えている。

音楽業界を経済学で注意深く研究すれば、音楽はどこへ向かっているのか、それはなぜかを明らかにすることができる。音楽や音楽稼業は時と共に変わる。でも経済学にはひと握り、時代を超えた知見があって、それを使えば、新しいジャンルやアプリが創られるときの仕組みなど、業界のありようを理解できる。もっと大事なのは、音楽業界の経済の仕組みを理解すれば、経済の力がぼくらの日々の暮らしや仕事、社会をさまざまな形で左右しているのを理解できるようになるってことだ。

■ロックな経済学7つのカギ

いろんな意味で、音楽業界は経済を観察するのにうってつけの実験場だ。グラモフォンにフォノグラフからオンディマンドのストリーミングまで、技術革新による変化はまず音楽で起きる。音楽稼業は技術革新にとって炭鉱のカナリアの役割を果たす。音楽では創造的破壊が目の前で起きる。デジタル化が進んで、音楽をプロデュースし、売り込み、配布し、見出し、消費するときのやり方が変わった。ミュージシャンもレコード・レーベルもラジオ局も機器のメーカーも、そしてファンもみんな、音楽稼業に潜む経済的インセンティヴの移り変わりに反応する。音楽業界で生き残ったり成功したりするのに欠かせない教訓を、いろんな業界の会社が学べる。音楽のファンは音楽の経済の仕組みを見て、自分自身の生活を左右する経済の要因について学べる。

これからご案内する音楽業界の楽屋裏ツアーではカギになる経済的な教訓が、音階よろしく7つ、繰り返し出てくる。それがこの本の屋台骨で、次の7つだ。

供給、需要、あれやこれや《オール・ザット・ジャズ》。供給と需要の力は音楽業界に大きくのしかかっている。経済の他の部分でもそうだ。たとえばローリング・ストーンズのコンサートのチケットは供給が限られている。一方、ストーンズが演るのを見たいファンの需要はものすごく大きい。それでチケットの値段は目が飛び出るほど高くなる。でも他の要因――ぼくが言う「あれやこれや」――も、やっぱり深くかかわっている。たとえば、ファンに冷たいって思われるのを怖がるミュージシャンはたくさんいる。すると彼らのコンサート・チケットは、供給と需要だけで決まる値段より割安になる。彼らがファンの目を気にするせいでチケットの値段は抑え込まれ、チケットが需要に足りなくなる。ダフ屋の転売市場がなくならないのはそのせいだ。市場や経済をわかるには、情緒や心理や人と人との関係が、いつ、どんなときに、供給と需要の見えざる手を遮るのかをわからないといけない。

規模と替えの利かなさがスーパースターを生み出す材料2つ。音楽はスーパースター市場の典型だ。ひと握りのプレイヤーがファンの大部分の心を摑み、お金の大部分を持っていく。ずいぶん前から経済学者には、ある種の市場をスーパースターが席巻できるのはどうしてなのかがわかっている。そういう市場には2つ、欠かせない特徴がある。1つ目は、頂点に立つミュージシャンやプロ、企業は大きな顧客層や購買層に手が届かせられることだ。それをぼくたちは規模と呼んでいる。2つ目は、スーパースター市場で売られる音やサービス、製品に、独自で他に見られない特色があることだ。顧客層に関する限り、取って代わるもののない独自な特色であって、市場の2番手や3番手では手の届かないよさがあるのである。インターネット、デジタル化、ソーシャル・メディアのせいで、スーパースター市場と化す市場がどんどん増えている。一方、中堅どころはしおれてきている。中流の働き手や消費者、政治、社会、そして未来は、見通しがどんどん暗くなる。

運の力。才能と懸命な努力が成功には欠かせない要素だ。でも、それだけではまだ足りない。運、つまり予想のつかないたまたまの運の巡りが、ぼくらの人生を数えきれないほど左右する。音楽業界では運はとくに大事だ。好みは移ろいやすいし品質は主観的だし、だから才能あるスターの卵は山ほど生まれてくるけど、チャンスすら手にできない。いいアーティストが悪いときに現れることもあれば、いいときに悪い曲で現れることもある。あるいは、いいときにいい曲で現れたのに、マネージャーやレーベルが悪いということもある。運の力はよくも悪くもスーパースター市場ではとても大きい。

ボウイ仮説。亡くなったデイヴィッド・ボウイがこう語ったことがある。「音楽そのものは水道とか電気みたいになるよ……年がら年中ツアーして回る覚悟をしといたほうがいい。残ってる本当に独自なものなんて、もうそれ以外なくなってるし[02]」。彼の見方には、録音された音楽以外に独自な売り物が必要なのが色濃く表れている。経済学者はそれを補完財と呼んでいる。音楽の補完財のリストは長い。ライヴ・パフォーマンス、グッズ、本、音楽ビデオ、ディラン・ブランドやメタリカ・ブランドのウィスキー、ボン・ジョヴィのロゼ・ワイン、クエストラヴのポップコーン調味料、キッスの棺桶なんてのがある。成功した会社はボウイ仮説がどれだけ大事かよくわかっている。たとえばアップルはiPhoneにiPad、コンピュータを売って利益を上げる一方、そうした機器の売り上げを後押しすべく、アップル・ミュージックを赤字でやっていた[03]。

価格差別は儲かる。バンドや会社に他には見られない売り物があって、その売り物の転売が制限できるなら、収入や儲けを大きく伸ばすことができる。もっと高い値段でも喜んで払う人には高い値段で、もっと安くないとって人には安い値段で売ればいい。消費者を分類して一部には高い値段で売るやり方を、経済学者は価格差別と呼んでいる。航空会社はずっと前からこのやり方を知っている。価格差別は不道徳でも非合法でもない。これで考えると、テイラー・スウィフトが新譜を出すとき、まず一番熱心なファンにアルバムを売ってからストリーミング・サービスでの配信を始めるのも筋が通る。コンサートで会場を区切って座席の値段に差をつけるのは、ミュージシャンが価格差別を実行し、ファンにそれぞれの払う気に応じたチケット代を課すための方法だ。そして複数の製品を一括販売——1曲ずつ売るのでなく、12曲ぐらい入ったアルバムで売る——すれば、らくらく価格差別ができる。

高いコストは命取り。お金がバンバン入っても、それこそ大儲けできても、まだ成功間違いなしとは言えない。成功するバンドや会社は、コストをよく観察して最小化している。賢く投資し、決して投資しすぎない。チャンスがあったら交渉してコストを下げにかかる。エマーソン・レイク&パーマーよろしく総勢58人のオーケストラを連れてツアーに出る時代はずいぶん前に終わった。キース・エマーソンも言っている。「マネージャーがね、後ろから散弾銃を突きつけて言うんだよ。『いいか、3人で演らないならやめちまえ。お前ら破産だぞ』」[04]。マクロ経済で見ると、生産性が伸びない業種はコストが上がり、合理化しろという強烈な圧力を受ける。これはボーモルのコスト病と呼ばれる病だ。名前はプリンストンの経済学者で、亡くなったウィリアム・ボーモルにちなんでいる。自分の考えを描くために、ボーモルは弦楽四重奏でシューベルトを演るのを例に使った。それにかかる時間と労働は、今も200年前も同じだ。

お金がすべてじゃない。生活の経済面と言うと、結局は欲だろとかお金が大事だよとか言うんだろとか思う人がとてもたくさんいる。でも経済学も最先端になると、お金よりずっと強く人を動かすものがあるのがちゃんとわかっている。人生の大きな喜びは、好きなことを追いかけ、友だちや家族と過ごし、いろんな経験を楽しんでこそ得られる。ジョン・イーストマンはポール・マッカートニーやビリー・ジョエルの弁護士だ。彼はぼくにこう言っている。「音楽は奇跡だ」[05]。お金なんかよりも、音楽こそが、幸せの主音《トニック》なのである。音楽はすばらしい瞬間や楽しい人付き合いの場、思い出や情緒を創り出す。それが音楽の秘密であり、だからこそニール・ヤングも歌ってる。みんな知ってますよね。「ロックンロールが死ぬもんか」[06]。

こういう教えがあんまりよくわからなくても心配ご無用。これからこの本で何度も出てくるコーラスだ。こうした経済学の発想は、コンサート・チケットの値段、音楽業界への才能の供給、バンドやレコード・レーベルの成り立ち、アーティストがコラボするときの性質、ストリーミング・サービス契約の構造などなど、業界の側面ほとんど全部に現れる。音楽稼業を見れば、意思決定や経済的な結果に情緒が果たす役割がどれだけ幅広いかがわかる。そうした研究を経済学者は行動経済学と呼んでいる。音楽の本質は、一番の消費者である聴き手の感情を揺り動かす芸だ。アーティストは作品に自分の感情を込める。レディ・ガガも言っている。「曲を書こうと思ったら心のひびに入り込まないとダメ」[07]。

ミュージシャンが聴き手と心の絆を深めようとどんな努力をするかを見れば、経済学者はとてもたくさんのことを学べる。絆のためには目先の儲けには目もくれないことだってある。また、心がミュージシャンの仕事をどう導き、ミュージシャンのお金の面での意思決定をどう形作るかからも、いろんなことがわかる。音楽稼業では心はこんなにも圧倒的に大きく、あからさまな働きをする。他の業界や日々の暮らしの中では、広く大きな働きをするのに、おうおうにして表に出てこない行動があったりする。そういうのが、音楽業界を見ればよくわかる。

　加えて、経済学者もだんだんと、人の好みや選好はそれぞれの人となりの中で、決して変わらない部分というわけではないのをわかるようになった。経済学入門の授業だとよく変わらないって仮定しているのだけれど、そうではなくて、好みや選好は周りの圧力で決まる部分もあり、経験で変わっていくものなのだ。音楽ほどそれがあからさまなものはない。研究によると、歌を聴けば聴くほどその曲が好きになる可能性が高くなり、好きになればなるほどその歌い手のレコードを買う可能性が高くなる。[08] そんな経路に依存した過程を考えると買収《ペイオラ》、つまりラジオのＤＪにお金を渡して番組で特定の曲を流してもらうという法に反するやり口が、どうしてこんなにもよく行われていて効果があるのか、なぜストリーミング・サービスで新しい買収のやり口が流行りだしているのかがわかる。

　言い換えると、経済学と音楽は持ちつ持たれつなのだ。音楽業界を見れば経済がどう機能するのかわかるし、経済のいろんな力がぼくらの生活をどうやって左右するのかがわかる。そして経済学者は、音楽業界を研究することで経済や人の振る舞いについて新たな洞察を得られる。それがぼくのロックな経済学だ。

■音楽市場の断絶——イヤフォンか、ライブか

今日の音楽稼業の根深いところで、1つ根本的な断絶が起きている。アーティストがお金の大部分を稼ぐ場は、そのアーティストが創った音楽をファンの大部分が楽しむ場と、大きくかけ離れているということだ。街で通りを歩いたり、地下鉄や飛行機や電車に乗ったりしていると、イヤフォンやヘッドフォンで音楽を聴いている人が必ずいる。ラジオ番組の一番よくある内容は？　音楽だ。[09] エレベータ、お医者さんの待合室、ジム、バー、レストラン、どこへ行っても音楽がある。今度テレビを観たり映画に行ったりしたら、大好きなテレビ番組や映画でBGMがどれだけ使われているか気にしてみてほしい。そしてぼくらは録音された音楽を聴くのにものすごく長い時間を費やしている。スマートフォンのおかげで、いつでもどこでも音楽を聴けるようになった。

それなのに、ミュージシャンは大部分、ライヴ・パフォーマンスで稼ぎの大部分を手にしている。曲を録音して売って稼いでいるんじゃない。サー・ポール・マッカートニーは音楽の歴史上で誰よりもたくさんNo.1ヒットを書き、録ってきたのに、それでも稼ぎの大部分はライヴ・コンサートを演って得ているのだ。[10] ファイルの共有や海賊盤のせいで、ミュージシャンが録音した音楽から得る稼ぎとライヴ・パフォーマンスで得る稼ぎの差は大きくなってい

る。でもナップスターが出てくる前の時代でも、ライヴ・パフォーマンスはミュージシャンにとって欠かせない稼ぎの場だった。第2章で、音楽業界のお金の流れを追いかけ、音楽は持てる経済面での力をはるかに超える相手と戦っているのを示す。

創造的な破壊をもたらす新技術の長いリストに一番最近載ったのは、有料ストリーミング・サービスだ。これのおかげでアーティストが録音した音楽で得る収入が立ち直ってきた。それでも、消費者が音楽を消費するときの方法とアーティストが収入を得る方法が根本的にずれている状態は、ほとんど確実に今後も続くだろう。

スティーリー・ダンのドナルド・フェイゲンが2017年に齢66歳にしてツアー生活に戻ったのはなぜか、簡単な説明を語っている。「ぼくにはツアー以外に稼げる道がないんだよ」[11]。ゆるぎない地位を確立したアーティスト、たとえばジェイムズ・テイラー、イーグルス、ビリー・ジョエルなんかでも、昔はツアーといえば新譜を売り込むために出るものだったが、今では売り込む新譜がなくてもツアーに出ている。今日のポップ・ミュージックのコンサートは、お金のかかる花火の技術やビデオを流すディスプレイ、ダンサーといったステージの演出に手を尽くし、ファンを楽しませ、惹きつけている。もう音楽だけに焦点を絞ってはいない。コンサートやフェスティバルは体験を売る場なのだ。

■スーパースター現象の経済学――運と才能の増幅装置

作詞する人に作曲する人、ミュージシャンがいなくては、作る人も演奏する人もおらず、音楽は成り立たない。少なくとも、機械学習アルゴリズムと人工知能（ＡＩ）が進歩してコンピュータがポップ・ミュージックを作曲し、歌詞を書けるようになるまではそうだ。あなた笑ったかもしれないけど、コマーシャル用やミュージシャンの訓練用に、ＡＩを使ってメロディが創られるなんてこともどんどん増えている。将来、ミュージシャンはコンピュータ・プログラマーに取って代わられるかもしれない。

とりあえずのところ、大事なのはこんな疑問だ。「ミュージシャンが音楽なんて危なっかしい生業に手を染めるのはどうしてだろう？　ミュージシャンの生い立ちは時とともにどう変わってきただろう？　ミュージシャンはどんな形でどれだけ稼いでいるのだろう？」。第3章で、ガレージバンドから超スーパースターまで調べていくのだけれど、そのときにこうした疑問も追いかけることになる。

仕事としてミュージシャンをしている人の大部分は、人知れず技を磨くのに精を出す無名の人たちで、どうにかこうにか糊口をしのいでいる。スーパースターになるのはほんのひと握りだ。一部のアーティストがスターにのし上がり、同じように才能あるアーティストが無名で貧しいままなのはどうしてだろう？　経済学者は、まず、もっと簡単な疑問から手をつける。そもそもスーパースターが出やすい業種ってどうしてそうなんだろう？　小売店の売り子さんや保険の営業担当、看護人だと、スーパースターなんて出てこない。音楽以外にも、スーパースター現象が起こりがちな分野は少ないけれど増えている。どうしてそんなことに？

音楽業界を道しるべに、経済学者はスーパースターのモデルを開発した。モデルは時の試練に耐え、経済に幅広く適用できるのがわかった。第４章で説明するように、ある業種がひと握りのスーパースターに牛耳られるには、その業種の市場に欠かせない特徴が２つ必要である。１つ目は規模の経済だ。つまり、自分の才能をより多くのお客に提供するのに追加でかかる費用は、お客が１人増えてもほとんど増えない。２つ目に、アーティストは不完全代替財でないといけない。つまり、彼らの作品は差別化されていて独自でないといけない。音楽にはどちらの要素も備わっている。成功した歌い手やバンド、オーケストラはどれも独自のサウンドを持っている。そして録音された音楽は、ひとたび録音されれば追加の費用をほとんどかけずに何十億人もの聴き手にだってちゃんと届けられる。一方、たとえば医療業界だと、外科医にはすごい人もすごくない人もいるが、１人の外科医が１日にやれる、たとえば人工股関節置換手術の数は限られている。最高の外科医は羽振りがいいだろうけれど、そんな彼らと他の外科医の差は、最高のミュージシャンと曲を録音して出せる他のミュージシャンの差ほどには大きくならない。

規模を拡張できることがスーパースターの誕生に大きな役割を果たす点に最初に注目したのは、１２５年前の偉大な経済学者アルフレッド・マーシャルだ。マーシャルもエリザベス・

ビリングトンの仕事に焦点を当てた研究をしていた。当時最高のオペラ歌手だ。皮肉にも、マーシャルはミュージシャンを、市場の規模に縛られた仕事の例に使っていた。デジタル録音技術にマイクロフォン、音楽ビデオが出てくるずっと前、マーシャルはこう指摘した。いわく、ビリングトン夫人が手に入れられる聴き手の数は強く制限されている。というのは「人の声が届く相手の数は抗いようもなく限られているからだ」[12]。今日、デジタル技術のおかげで、実質的に費用もかけずにどれだけ多数の聴き手にも声が届き、一方で、選ばれたひと握りのスーパースターがものすごく成功するようになった。

スーパースターを生み出せる音楽の力を、もう1つ別の特徴が増幅する。こっちの特徴は他の産業にもどんどん当てはまるようになってきた。曲やアーティストの人気は直線的にではなく、幾何級数的に高まるのだ。この特徴は、よく、べき乗則と呼ばれる。トップ・アーティストの人気は2番手の人気の数倍、その2番手の人気は3番手の数倍、以下同様に続く。科学者はありとあらゆる現象にべき乗則が成り立っているのを発見している。いろんな言葉が使われる頻度から都市の大きさ、1年に起きるハリケーンの数なんかもそうだ。

べき乗則を作り出すのに一役買っているのはネットワークである。人気は友だちや知り合いのネットワークをぐるんぐるん巡り、べき乗則の関係が生まれる。つまり、ひと握りのアーティストが人の関心をほとんど全部かっさらう。音楽業界では、この法則はコンサートの収入、曲のダウンロード数、シャザムでの検索数、フェイスブックやツイッターでのフォロワー数、アーティストのグッズ売り上げなんかの分布がものすごく偏っているところに現れている。ベストセラー『ロングテール』〔篠森ゆりこ訳／ハヤカワ・ノンフィクション文庫〕で、当時『ワイヤード』誌の編集者だったクリス・アンダーソンは、彼言うところの売り上げの長い尻尾《ロングテイル》の端っこにいる人たちには大きなチャンスが来る、小規模な売り手がニッチな市場を見つけられるようになるからだと予測した。[13] ところが、音楽業界ではいまだそんなことにはなっていない。代わりに、分布の真ん中あたりにいた層が音楽から足を洗ってしまった。消費者がどんどんひと握りのスーパースターに流れていっているからだ。

ここ30年で、コンサートの総売上金額のうち、アーティストのトップ１％が持っていく割合は２倍以上になった。１９８２年の26％が今日では60％だ。[14] トップ５％ではコンサート全部の売り上げ合計のうち85％だ。同じパターンが録音された音楽にも当てはまる。長い尻尾は相変わらず長く寂しい。人の動きがあるのはもっぱら尻尾のつけ根のほうだ。

アメリカ全体の所得の分布に起きたことを極端にするとそんな姿になる。１９７９年から２０１７年で、所得にトップ１％の家計が占める割合は２倍になった。[15] １９７９年、トップ１％の家計は国民所得の10％を占めていた。２０１７年にはそれが22％になった。このやり方で測ると、今日のアメリカ経済の所得は、ブルース・スプリングスティーンが「ボーン・イン・ザ・ＵＳＡ」を世に出したとき〔１９８４年〕のロックンロール業界と同じぐらい、偏った分布になっている。

スーパースターと勝ったやつが全部持っていくあり様へと経済全体がなびいている原因の１つにデジタル技術の発展がある。成功している起業家は、アプリやなんかのデジタル技術を何十億ドルものお金に変えられる。アメリカで一番お金持ちなほうから6人のうち5人（ビル・ゲイツ、マーク・ザッカーバーグ、ラリー・エリソン、マイケル・ブルームバーグ、ジェフ・ベゾス）——5人の財産を合わせると世界の人口全体が持つ財産の半分近くになる——が大金持ちになれたのはデジタル技術のおかげだ。[16] デジタル技術は規模の拡張が可能だ。そう経たないうちにデジタル技術が進歩して、最高の外科医がものすごくたくさんの患者を手術できる日が来るかもしれない。

技術革新によるこの革命で、経済や社会に他にもいろんな変化が起きた。そんな変化は、どれも音楽業界では見ればすぐわかるぐらい顕著だ。ほんの少し、おうおうにしてわからないぐらいの質の違いが、最高とそれ以外を隔てる。その結果、成功するかどうかはこれまで以上に運のなせる業だ。いい音源をいい瞬間に世に出せるかどうかが、成功するか失敗するかの決め手になる。同じことが経済にも大々的に当てはまる。ゲイリー・キルドールとデジタル・リサーチが、新しく出すパソコン用にオペレーティング・システムを開発してくれという注文を1980年にIBMから最初に貰った条件で受けていれば、ビル・ゲイツだって今ごろビルってだれだっけぐらいの扱いになっていたかもしれない。条件を呑んでもらえなかったIBMは、ビル・ゲイツのひよっこみたいな会社に目を向けたのだ。[17]

成功するかどうかを事前に予測するのは難しいし、ましてや成功間違いなしなんて、最高のアーティストでさえあり得ない。消費者の好みは気まぐれだし、アーティストが売れ出すと、群れて動く人の習性がそんな流れに拍車をかける。音楽業界には一発屋もよくいる。曲がヒットするには運がとても大きな役目を果たすし、運は雷よろしく、同じ場所にはめったに落ちない。業界の専門家でも、かかっているものは大きいというのに、勝ち馬を選ぶのはなかなか難しい。第5章で、ロックンロール業界でも生活一般でも、運不運がどれだけ並外れて大きな役目を果たしてきたか、時代を追って見ていく。

COLUMN

ハートブレイカーズのメンバーにしてセッション・ミュージシャン

スティーヴ・フェローニ

スティーヴ・フェローニはイギリスのブライトンで育ち、主だったスターのほとんどみんなと演ってきた。25年の間に、ジョージ・ハリスンにデイヴィッド・ボウイにエリック・クラプトンからチャカ・カーンにスティーヴィ・ニックス、そしてもちろんトム・ペティなんかがそうだ。スティーヴ・フェローニはプリンスがロックンロールの殿堂であの伝説的な「ワイル・マイ・ギター・ジェントリー・ウィープス」を演ったとき、バックを務めた1人だ。フェローニはセッション・ミュージシャンであり、同時にツアーを回るミュージシャンでもある。２０１８年3月15日、カリフォルニア州ヴァンナイズにあるフェローニの気取らない家で彼にインタビューした。

——トム・ペティとスーパーボウルのハーフタイム・ショウで演ったときに最高だったことと最低だったことを教えてください。

オレたち、自家用機でフェニックスに飛んだんだ。キャメルバック山のホテルに泊まった。そりゃもう豪勢だったよ。ショウをぶち上げたら空港に向かって、飛行機で待つって作戦だった。ゲームが終わるまで自家用機は飛ばせてもらえないって話だったから。で、それからロサンゼルスに向かうはずだった。そしたらショウの当日になって電話がかかってきて、「今夜は飛べない」って言う。作戦変更だ。トムの奥さんが試合後のパーティに出たがってるからって話だった。

オレは朝9時の飛行機で日本に行くことになっていた。ハートブレイカーズは絶対昼前には移動しない。で、オレは行かないといけない。そしたら、バンドのメンツの１人の奥さんが航空会社の飛行機でやって来てて、帰りの便のチケットを持ってた。さすがＮＦＬだね、あちこちと話して彼女のチケットをオレが使えるように取り計らってくれた。ハーフタイム・ショウが終わって、バイバイって手を振って、オレは自分の居場所に戻った。

オレはスーパー・ファーストクラスで戻るはずだった……んだが空港で持ち物検査のときにこう言われた。「そのシガー・カッターは機内に持ち込めません」。取り上げられた。ショウの後でオレは汗だくだった。ステージは暑くてね。鞄からシャツを出して着た。出発ゲートにたどり着いたらオクラホマから来た背の低いやつがテレビで試合を見てた。どっちのチームもヤだ、審判がヤだ、コマーシャルがヤだ、あれもこれもヤだって調子でさ。しかも声がやたらとデカかった。ちょっと黙ったと思ったらあたりをあちこち見回してる。話しかける相手を探してるのがわかった。オレは気づいてなかったんだが、オレが鞄からひっ摑んで着たTシャツには「スーパーボウル・ハーフタイム・ショウ」ってデカデカと書いてあった。そいつはオレに目をつけてこう言うんだ。「そのシャツ本物か？　それともパチもん？」。ハーフタイム・ショウは見たかと聞いてみた。「あぁ、大したことなかったな」だとさ。で、オレは、そうだな、イマイチだったよなって言ったんだ。

ほんの数時間だ。オレは地面に墜落してミュージシャンの世界に戻ったのさ。

――どうやってミュージシャンになったんですか？

3歳のときに両親に言われてタップ・ダンスを始めた。オレ、子ども用の背の高い椅子に座ってラジオに合わせてスプーンでリズムをちゃんと取れてたんだってさ。で、両親はオレをタップ・ダンスのレッスンに通わせることにした。以来ずっと、ショウ・ビジネスのほうを向いて育てられたみたいなもんだ。両親は誰かが演るのを見に、よくオレを連れてったもんさ。12歳のとき、年上の子たちのバンドに入れてもらった。なんでかっていうと、ドラムの子が盲腸炎に罹って手術しなきゃいけなくなって、次の週末に穴を埋められるやつを探してたんだよ。

14歳になって、先生に将来何になるんだと聞かれるようになった。学校は15歳で卒業で、オレの家は労働者階級でね。進学する気はなかった。先生に「学校を出たら何になるつもり?」って聞かれて、オレはドラムをやりたいですって答えた。先生ったらこうだ。「だめだよ。まっとうな仕事じゃないでしょう」。オレはリンゴ・スターだってドラムで食ってます、リンゴ・スターと仲よくなればいいでしょうって言い返した。で、先生は「君、わかってんの?」なんて言う。それからだよ。先生たち、オレのことをリンゴって呼んでおちょくるようになったのは。

——LAでスタジオ・ミュージシャンやるのって、20年前はどんなだったんですか? 今どきと比べてどうでした?

あの頃は仕事がたくさんあってなあ。どこのスタジオも24時間営業だったよ。それが今じゃ、どんどん店じまいしてる。組合が決めた料金の2倍貰える仕事なんてのも当時はよくあったけど最近はあんまり聞かないな。だいたい、最近のやつらは組合を通じて仕事を取るなんてやり方したくないみたいだし。引退したらオレに年金払ってくれるのは組合なんだけどさ。

あの頃は、レコード会社はアーティストに投資してたんだ。レコード会社が才能あるやつを見つけてたし、そもそも才能に気づけてたんだ。でも、才能があるからっていきなり大ヒットが出せるってもんでもないんだ。いまじゃレコード会社は大ヒット間違いなし、でき上がってて完パケの完成品ばっかり探してる。

昔は連中、アーティストがデモを録るのにお金を出してた。オレはルーサー・ヴァンドロスが初めてデモを何本か録ったときにもプレイした。デモを渡した先には断られた。その頃、ルーサーは名の通ったスタジオ・ミュージシャンだった。セッション歌手ってやつだな。陸軍の広告で「最高の自分に」を歌ってた。誰かの後ろですごいコーラスやってるやつ、要はその他大勢の1人がスーパースターのルーサー・ヴァンドロスにのし上がるのは、そうたやすいことではなかったんだな。

——ものすごい才能があるのに鳴かず飛ばずのミュージシャンって、出会ったことあります？

ああ山ほどいる。理由はいろいろだな。態度の問題ってこともある。たぶんヤクだの酒だののせいなんだろうね。それから、なんでなのかさっぱりわからんってこともある。運が悪いだけなんだろ。

——これまでで一番割のよかったギグってどんなでしょう？

一度、ジョージ・ハリスンが世界で一番お金のかかったセッションに呼んでくれたことがある。あの人、電話してきてこう言うんだ。「スティーヴ、絶対来てくれ。録ってる曲の1つでドラムが足りなくてな。お前、代わりに演ってくれ」。彼はオレのためにコンコルドの席を押さえてくれた。着陸してみたらデカいリムジンが待っててさ。ヘンリーにある彼の豪邸に着いてこう言ったんだ。「で、どうしたってんだ?」。スタジオに入って曲を聴いてたら、急にドラムの1拍目が聞こえなくなった。全部揃ってるのにバス・ドラムが抜けてる。「聴いたか?」って彼が言うんで「バスドラが1回だけ抜けてるんだな。他のところの音をコピーして抜けてるとこに入れとけばいいんじゃないの?」って返した。そしたら彼はこう言ったんだ。「いやいやいや。お前に演ってほしいんだよ」。で、オレはバスドラを1回だけ踏んだ。それで仕事はおしまい、オレたち晩メシを食いに行った。

——録音した曲の印税って入ってきますか?

アベレージ・ホワイト・バンドにいたときの分では印税がいくらか入ってくるな。それからエリック・クラプトン、トム・ペティとやった曲でもいくらか。でもトムとやり始めてからのほうが印税はずっとたくさん入ってるね。

——ハートブレイカーズではお給料を貰ってたんですか、それとも儲けの一部が取り分だったんですか?

オレは雇われドラマーだった。バンドができたときからのメンバーが経営者側だな。あいつらがそれぞれどんな取り分でやってたかは知らない。実際、ロン・ブレアはバンドができたときのメンバーで、20年バンドを離れてたけど戻ってきた。実はあいつはオレみたいな雇われ人側で戻ってきたんだよ。トムが出すお給料はとてもよかった。自分のバンドが気に入ってってなあ。それから、バンドのメンバーがみんなとても仲よくできるようにしていた。オレたちのことをものすごくものすごくよく面倒見てくれたな。オレに関しちゃ、なんも文句はなかったね。

そうだな、あれはすごいバンドだった。あんなバンドはもう絶対出てこない。トム・ペティとザ・ハートブレイカーズじゃなかった。あいつはハートブレイカーズの一員だったんだ。バンドのメンバーだったんだよ。あんなバンドはもう絶対出てこんだろう。これからもバンドは山ほど出るだろうさ。でもトムは何か、本当に特別な存在だったし、特別な存在感があるやつだったよ。

■ **ボウイ仮説――チケット価格はなぜ上がる?**

デジタル技術で音楽のビジネスモデルにも大きな変化があった。音楽業界以外にも、そうした変化は大きな意義を持つ。時代とともに進んできた技術、アンプにラジオ、塩ビのレコードに8トラック・テープ、カセットテープに音楽ビデオ、CDにMP3プレイヤー、そしてストリーミングで、アーティストはそれまでよりもたくさんの聴き手に音を届けられるようになった。グローバリゼイションや世界の結びつきの高まりで、もっとも人気あるアーティストの手が届く範囲は広がり名声は大きく高まった。ミュージシャンはもう、それぞれの街にある実店舗のレコード屋さんが自分のアルバムを在庫においてくれなくても大丈夫になった。彼らの音楽は世界中に、いつでもほとんどどこでも流せるようになった。

でも同時に、技術の進歩には思わぬ副作用があった。録音された音楽を複製して配信するのにかかる費用は安くなり、不正な複製を取り締まるのは難しくなった。おかげでもっとも成功しているアーティストでも、印税は安くなり、それを受けて彼らはライヴ・パフォーマンスの値段を上げた。ぼくが調べたのによると、1990年代以降コンサートの値段がこんなにも上がったのはそれが大元の理由だ。チケットは医療費と同じぐらいの速さで値上がりしている。

コンサート・チケットの値段の決まり方がわかれば、他のイベントやサービス、製品の値段を理解し、最適な決め方をするにはどうすればいいか、学べる点がある。成功したバンドは、目先の売り上げを最大化することと、長い目で見た人気や儲けを最大化することの間のトレードオフを思い知っている。コンサート・チケットは究極の「パーティ・グッズ」であり、その値段には社会からの圧力が加わる。それを考えると、他の産業や市場での価格が説明しやすくなる。経済学者や企業は、経済学の伝家の宝刀、つまり供給と需要なんていう単純すぎる枠組みに頼りすぎている。

かつて、アーティストにはコンサートやツアーを金食い虫扱いしている人がたくさんいた。人気をあおったり技を磨いたり、レコードの売り上げを後押ししたりするための活動だと位置づけていた。彼らの目標はレコードをたくさん売って、今度はもっと実入りのいい契約をレコード会社と結ぶことだった。コンサート・チケットの値段はわざと割安に、ファンが払う気になる値段の上限より下に抑えられていた。忠実なファン層を育て、アルバムの売り上げを伸ばすためだ。第6章で書くけれど、このあり方は今ではひっくり返ってしまった。コンサートのチケットは1981年から2018年の間に平均で400%以上も値上がりした。これは消費者物価全体の上昇が160%であるのを大きく上回る。[18] そして最高のアーティストの最高の席はそれよりさらに値上がりしている。

そんなことになったのは、ファイルの共有が進んでミュージシャンがアルバムを売って稼げる印税収入が大幅に減ったからだ。何年か厳しい年が続いた後、レコード業界は再編が進み、アーティストが録音した音源で得られる収入はいっそう減った。コンサートは今では大事な収益源になり、デジタル音源はコンサートを売り込む手段になった。ロックスターにして経済のパイオニアたるデイヴィッド・ボウイがこう言ったとき、彼はそんな展開を何年も前から予想していたのだ。「音楽そのものは水道とか電気みたいになるよ……年がら年中ツアーして回る覚悟をしといたほうがいい。残ってる本当に独自なものなんて、もうそれ以外なくなってるし。そりゃもうとんでもなくエキサイティングだね」。世界を動かす強力な力を目の当たりにした経済学者みたいな調子で、ボウイはこうも言っている。「とは言うものの、エキサイティングだと思うかどうかは関係ないな。なんにしてもそうなるわけだからさ」。

ぼくが言うところのボウイ仮説は音楽の外の世界にも当てはまる。新聞や本、雑誌、その他の業界でもそうなるのだ。『ウォールストリート・ジャーナル』紙や『ニューヨーク・タイムズ』紙、ブルームバーグ、『エコノミスト』紙は、どこもライヴ・イベントの収入に頼っている。ニュースは数限りないオンライン・サイトで手に入る。おうおうにしてそういうのはタダだ。そのうち、新聞も雑誌も、生の番組や講義を売り込むための金食い虫に落ちぶれるかもしれない。

そんな新しい経済の浅瀬を渡っていくのは簡単ではない。行動規範がお金に伴う活動を制限するから、というのが大きな理由だ。アーティストは、ファンを食い物にしているとかがめつすぎるとかと思われるわけにはいかない。そう思われたら聴き手との一体感が損なわれかねないし、音源の売り上げや印税収入、コンサート・チケットやグッズの売り上げにも影響が出るかもしれない。ファンもアーティストも人の子だから情熱や情緒で動く。人工知能とデジタル経済の今でも依然としてそうなのだ。

■「ロックな経済学」とは何か？

ケベック大学のマリー・コナリーとぼくが初めてロックな経済学《ロッコノミクス》という言葉を使ったのは2005年に書いた記事のタイトルでのことだ。その後『USAトゥデイ』紙が間違って、ぼくがこの言葉を作ったと書いた。[19] たしかにぼくらはこの新語に自分たちでたどり着いた。

友だちのスティーヴン・レヴィットとスティーヴン・ダブナーが『ヤバい経済学《フリーコノミクス》』〔望月衛訳／東洋経済新報社〕を出したのと同じ頃だ。でもその後、この言葉はもっと早くから使われていたのに気づいた。

１９８４年10月に、ビル・シュタイガーワルドが『ロサンゼルス・タイムズ』紙に記事を書き、ブルース・スプリングスティーンがコンサートのチケットの値段を全部同じにしているのは経済学的に考えが足りないと主張した。そのせいでチケットは45分で完売してしまったのに、ダフ屋が商売に精を出しているのを見てぶつぶつ言うのは考えが足りないというのだ。*シュタイガーワルドが書いた記事のタイトルはこうだ。「サプライサイドのロックな経済学」。ぼくの知る限り、この言葉が最初に使われたのはこの記事だ（でも第6章で書くように、ほんとのところ、ブルースは経済学的に考えが足りなかったりはしないんだけど）。

マーク・エリオットが１９８９年に『ロックな経済学――音楽の裏にはお金がある』〔未邦訳〕を書いて、音楽に関わる契約の醜さを詳しく記している。アーティストがレコード・レーベルやマネージャーにひどい扱いを受けたり騙されたりする例はたくさんある。でもほとんどの場合、ミュージシャンがお金の面でがっかりすることになるのは、音楽業界の経済の仕組みが厳しいのが原因で、誰ぞの悪気のせいじゃない。第7章では音楽にかかわる契約を経済の文脈で捉え直す。ほとんどのミュージシャンの場合、そうした契約が不当に見えることもあるし、スーパースターの場合でも、レコーディングに関わる契約は不当であったりする。たとえば、レコード・レーベルにとってちゃんと黒字にたどり着くアルバムは10枚に

*シュタイガーワルドさんは『USAトゥデイ』紙のぼくらの記事を見て、オレが作った言葉だよと手紙をくれた。彼は先を読んでこう書いている。「ロックな経済学を本にしたら、というか、あなたはいつかすると思うんだけど（というか、するべきです。経済学の原則を教えるいい方法になるでしょう）、そのときはぼくの名前、出してくださいね」。

たった1枚か2枚だ。だからレコード会社は、ヒットしたアルバムの契約で、儲けの出ないその他の契約全部の費用と投資を賄って、そのうえ利益を上げないといけないことになる。[20]

それでも、アーティストが自分の稼ぎを守り、将来に備えてとっておくために使える簡単な手順がある。たとえば業界で広まった習わしの1つがそれで、お金を回収して勘定するのはアーティスト自身がやり、それからマネージャーに取り分を払うのだ。そうすれば持ち逃げされたり行き違いが起きたりするのを避けられる。

『USAトゥデイ』紙の記事が出た後、ロサンゼルスの音楽プロデューサー、ロン・クリストファーがこう知らせてくれた。彼はフラッシュ・カハンというバンドが1985年にキャピトル・レコーズから出したアルバムでミックスを担当していた。そのアルバムに「ロッカノミクス（Rockanomics）」って曲が入っていたそうだ。歌詞にはこんな、長く忘れ去られていた一節があった。

国産ギターを手放し　シェヴィを手に入れ
ロックの経済学　ロックの経済学

思っただろうけど、「ロッカノミクス」は誰もが知っている言葉にはならなかったし、曲もヒットしなかった。

この本の文脈では、人気があって経済学で分析できる音楽はなんでもロックな経済学の守備範囲だ。ということは、音楽のジャンル全部、事業のあらゆる側面が対象ということになる。学校の後の習い事でやる音楽から箱バン、カーネギー・ホール、ティケットマスター、ライヴ・ネイション、スポティファイ、アバからＺＺトップまで全部だ。ビリー・ジョエルの歌になぞらえよう。ホットなファンクもクールなパンクも、なんなら古いジャンクでも、オレにはロックな経済学。

■やっぱり世界は狭いとこ——ストリーミング経済の仕組み

音楽で２つ、確かなことがある。第一に、音楽のスタイルは変わり続け、どの世代も次の世代の音楽の好みをバカにする。そして第二に、ぼくらの音楽の聴き方は——塩ビのレコードからデジタル音源のダウンロード、ユーチューブにiPhoneと——変わり続ける。スポティファイやパンドラ、タイダル、ディーザー、それにＱＱといったストリーミング・サービスは、世界中の人たちが音楽を聴くときのやり方に現れた最新の技術革新だ。一方では、ストリーミングのおかげで、録音された音楽の売上高がここ10年で初めて増えた。何年も落ち込みが続いた後——録音された音楽の売上高は、世界全体で２００２年の２５０億ドルから２０１５年の１５０億ドルへと減少した——業界のベテランたちも、先行きは明るいと感じる理由がやっとできた。２０１６年から２０１７年にかけて、ストリーミングのおかげで売り上げが増えたからだ。[21] 第８章で語るように、音源は何十億件、お客は何百万人もいるストリーミング・サービスは、経済の仕組みがどう働くかを観察できる恰好の実験場になった。

たとえば２０００万人のお客を抱えるパンドラがユニークな実験を行っている。スポンサーの広告アリでタダにしたサービスを提供し、お客の視聴に見られる習慣が、音楽を聴く間、毎時ごとに流れるコマーシャルの数にどれだけ敏感に反応するものか調べたのだ。[22] その結果、需要曲線の形に関して経済学が得られるもっとも強力な証拠が得られた。広告が増える形で、邪魔というコストが増えれば増えるほど、視聴者は広告アリで無料のサービスを受け続ける可能性が低く、有料サービスに切り替える可能性が高くなることがわかった。こういうのは、企業が利益を最大化したりお客の体験をよりよくしたりするのに使える証拠の、教科書に載りそうなぐらい代表的な例だ。

ストリーミング・サービスにはもう１つ、もっと広くに及ぶ効果がある。聴き手は、レコード店が店頭に並べている、どちらかというと限られた数のレコードとか、ラジオでかかる曲しか聴けない時代ではなくなった。昔、レコード店は限られた棚のスペースを、基本的には地元の音楽や人気が出てヒットした曲で埋めていた。今どきは、これまで創られてきた音楽が、指一本（アマゾン・アレクサなら口で言うだけ）で、世界中どこにいてもほとんどどれでも手に入る。第10章で見るように、この変化で世界中の人が聴く音楽も変わり始めている。自分の国のミュージシャンばかりではなくなってきているのだ。音楽に関しても、やっぱり世界は狭いところなのである。

ストリーミング・サービスがこれからどうなるか、確かなことは誰にも言えない。でも変わっていくことだけは確かだ。映画のストリーミング・サービスと映画の制作を両方やる例（ネットフリックス、アマゾン、ディズニー）を見ると、音楽もそういう方向へ向かうのかもしれないと思う。未来の音楽は他のエンタテインメントの番組とセットになるなんて予想しても、そうそう的外れじゃないだろう。つまり映画やスポーツ、テレビ番組なんかだ。アマゾン・プライムがそうだ。ネットフリックスやアマゾンの映画を見本に、スポティファイやアマゾン、アップル・ミュージックといった配給会社が独自のコンテンツを作ろうと頑張っているのを見るとそんな気がする。もしそうなったら、音楽業界の経済学はまたしてもひっくり返るだろう。

ストリーミング・サービスで、新しいミュージシャンはレコード・レーベルなんかに頼らなくても、彼らを押しのけてもっと幅広い聴き手に音を届けるチャンスを得た。新しい会社が出てきてこのチャンスに乗っている。第8章ではレヘゴーにあなたを引き会わせる。イタリアとアメリカの起業家が4年前〔2014年〕に創った会社で、埋もれているミュージシャンと手を携えて、彼らの音楽をよりよくして市場に出し、ストリーミングで流している。これまでのところ、彼らの音楽は100億回以上視聴されている。長い尻尾がミュージシャンにもっとチャンスを提供することがあるとしたら、それはレヘゴーみたいな技術革新のおかげだろう。

どこへ行っても経済はルールの上に成り立っている。そういうルールで重要なのが、財産権をどう定義し、どう配分し、どう守るかである。ある製品や資源を持ち、使う権利は誰にあるか、その権利をどうやって取引するか、そしてどう保護するかということだ。音楽稼業だと、核になっているのは、著作権法の下で音楽を使う権利をどう認めるかという一連のルールである。ミュージシャンやレーベルは音楽を創る。音楽には著作権がある。音楽のいろんな使い方にはそれぞれ別々に使用許諾が必要だ。たとえば同期ライセンス、いわゆるシンクロ権は映画やビデオで音楽を使うときに必要な権利だ。音楽のシンクロ権を統《す》べる法律はストリーミング以前からもう時代遅れの代物で、今ではいっそう時代遅れになってしまった。2018年に音楽近代化法と呼ばれる法律が施行されたのにその体たらくだ。第9章で、どうして音楽では使用権が大事なのか、どんなトレードオフがつきまとうのか、そして使用を許諾する手順をストリーミングの時代に合わせてどう改善すればいいかを説明する。

■「体験経済」の典型としての音楽

ぼくが心理学者のダニー・カーネマンと一緒にやった研究で、音楽を聴いて過ごす時間は、普段の生活の中で人が一番楽しいと感じる時間の1つなのがわかった。[23] 音楽は、スポーツや信仰の活動に参加したりパーティに出かけたり、なんてのと同じ部類に属すると考えられている。前向きな気持ちを生み出すし、ストレスや怒りといった後ろ向きな感情を抑え込んだり追い払ったりするのに役に立つ。それだけでなく、音楽を聴けば他の活動の体験がよりよいものになる。通勤や家の掃除なんて活動がそうだ。学生のときに「勉強中に音楽聴くのはやめなさい」って親御さんに言われてガン無視したことがある人なら、どんなつまらない活動だって音楽があればマシになるのを知っている。実際、今これを読んでるあなたも、けっこうな割合で音楽聴いてんじゃないですか？

第11章では、音楽は人間の社会が思いついた一番のお買い得の1つで、しかもこれまでのところどんどんお買い得になっている、という話をする。平均で見ると、ぼくらは1日に3時間から4時間を録音された音楽を楽しんで過ごしている。でも、消費者は平均で、音楽には1日で40セントも遣ってない。物価を調整すると、これは１９９９年から80％の減少だ。[24]アメリカ人は録音された音楽よりもポテトチップスにたくさんお金を遣っていることになる。[25]どんな曲もどんなジャンルの音楽も、いつでもどこでも実質的にタダで聴けるようになったから、人類の厚生は大幅に高まった。

実は、音楽は典型的な「体験経済」の一部だ。手に取って触れる製品やサービスよりも体験を売ることに頼った経済の一分野である。ぼくたちのＧＤＰのうち、体験を生み出し、販売することで得られる部分の割合はどんどん高くなっている。経済の残りの部分だって、体験をどう創って売るか、音楽業界からとてもたくさんのことを学べるはずだ。

厳密に言うと、音楽の何があんなにも激しく情緒をかきたてるのだろう？　音楽に何があるから、人は気分が暗かったり幸せだったりするときや、寂しかったりたくさんの人と交わりたかったりするときに、音楽を体験したくなるのだろう？　マディソン街の連中が、音楽を流すとコーヒーだろうが車だろうが製品が売れるのを発見したのは何がどうだったからなんだろう？　選挙運動でも音楽が流れを決めたりするし、飲み屋や卒業記念ダンスパーティ、結婚式、その他数限りないイベントや節目節目の儀式でも、音楽で雰囲気を盛り上げられる。ぼくらは音楽でＡＢＣを学び、覚える。実は、音楽療法は心の病や神経の病の治療にも役立つことがわかっている。[26] 音楽がかける魔法には謎に満ちたところがある。考古学者が発見したのによると、文明に楽器が現れて何千年も経つ。人類のよく知られた道具や器具よりもずっと古いのだ。どうやら音楽はぼくらのＤＮＡに組み込まれているようだ。アバの「サンキュー・フォー・ザ・ミュージック」にもあるとおりだ。「歌や踊りがなかったら　あたしらいったいなんなのよ」。

■経済問題を解くカギは、ロックが教えてくれる

対立が激しいこの現代、音楽は政治や信仰、文化、地域、民族、人種を超えて人びとをひとつにする数少ない営みだ。経済に関わる問題もまた、あらゆるところについてまわる。ちゃんとした仕事を得て相応のお金を稼ぎ、先に備えてそのお金を貯め、幸せを追い求めるのは誰にとっても避けて通れない課題だ。そんな課題を理解し、乗り越えるにはどうしたらいいか、ロックな経済学で大事なことがわかるとぼくは声を大にして主張する。

さて、クリーヴランドでロックンロールの殿堂に登場するとき、ぼくがかけてもらった曲はなんだったでしょう？　最初に選んだ曲を読み切った人はたぶんたくさんおられるでしょうね。ブルース・スプリングスティーンだ。同じニュージャージーの出で、心に響く代表曲と3時間に及ぶコンサートで、変わり続ける経済にもがく労働者階級を描き出す。「ランド・オブ・ホープ・アンド・ドリームズ」がぼくのリストのトップだった。

出囃子の2番目に選んだのはジョン・メレンキャンプの「ハンド・トゥ・ホールド・オン・トゥ」だ。ぼくは集まった人たちに、心を揺さぶる彼の詞に込められた、単純で普遍的な叡智を思い出してほしかった。「強くなくていい　お金持ちでなくていい　みんな、ただ差し伸べた手であってくれればいい」。

あと2曲あったんだけれど、それはなんでしょう？　シクスト・ロドリゲスの「シュガーマン」、それにパーカー・セオリーの「シー・セッド」だ。なんでこうした曲になったかは第5章で。成功や失敗が運でどんだけ左右されるか、描き出した章だ。

第2章

マネーを追え

――経済学者から見た音楽ビジネスの本質

ほんとのこと言うと、ポップ・ミュージックは国の一大産業の1つなんだ。全部、資本主義とがっちり結びついているんだよ。切り離そうなんてアホだな。

――ポール・サイモン

ポール・サイモンは音楽業界で育った。お父さんのルイスはプロのベース・プレイヤーにしてセッション・ミュージシャン、ダンス・バンドのリーダーで、リー・シムズと名乗っていた。ポールもお父さんも音楽稼業をわかっていた。バル・ミツワーや結婚式、社交界にデビューする人たちを集めた舞踏会での演奏から、セントラルパークに50万人のファンを集めてサイモン・アンド・ガーファンクルの金字塔になったコンサートまで、よくわかっていた。

ポップ・ミュージックは「国の一大産業」の1つだと言ったとき、ポール・サイモンは間違いなく正しかった。でも、音楽産業はびっくりするぐらい小さい。他の面で特別なところがなければほとんど誰も気にしないぐらいの大きさだ。[01] 音楽に対する支出の総額――コンサートのチケット、ストリーミング・サービスの料金、レコードの売り上げ、印税など――は2017年のアメリカで183億ドルだ。大変な額みたいに思うかもしれないけれど、史上最高にしてもっとも洗練された娯楽の一部を支えるのにそれで十分なのであり、GDPの0・1%にもちょっと足りない。GDPとはその年に国全体で生み出された製品やサービスの価値を全部合わせたものだ。言い換えると、アメリカ経済全体で見て、1000ドルあたり1ドル弱が音楽に遣われたってことである。音楽産業は全労働人口の0・2%弱を雇っている。そしてアメリカは音楽にとって世界最大の市場であり、世界全体が音楽に遣うお金全部の3分の1を占めている。[02]

ポール・サイモンが言う、音楽は資本主義とがっちり結びついている、音楽を資本主義体制を動かす経済的な力から切り離そうとするのは間違いだ、というのもやっぱり正しい。産業には使い続けられるビジネスモデルが必要で、音楽が演奏され、新しいアーティストが業界に現れ、成功できないといけない。でも一番すばらしいところまでいけば、音楽は資本主義――だろうが社会主義だろうが共産主義だろうがなに主義だろうが――を超える力を持つ。ええ、音楽はマディソン街の広告業界が製品で人を食い物にするのにもよく使われますよ。でも同時に、社会活動や政治運動を突き動かすのにも使われる。甘ったれでなくても、音楽やミュージシャンは人の意識や精神を高め、ハートに火をつけてくれるものだと思っていい。フェミニスト革命(「あたしは女、あたしのたけびを聴け」)、アメリカの市民権運動(「勝利をわれらに」)、南アフリカのアパルトヘイトの崩壊(「ビコ」)、東ヨーロッパの共産主義の滅亡(ベルヴェット革命はプラスティック・ピープル・オブ・ザ・ユニヴァースとヴェルヴェット・アンダーグラウンドに触発されている)などがそうだ。

他の産業以上に、音楽は人を元気づけ、街を活気づけ、人を隔てる壁を倒し、抵抗を呼び覚まし、革命まで起こす。ブルース・スプリングスティーンが前に言っていたとおりだ。「なんらかの形で、オレは人が自分の人としてのあり方にこだわるのを後押しする。オレがちゃんとした仕事をしていればそういうことになる」[03]。経済学の符丁では、音楽には大きな正の外部性があると言える。音楽は、創るのにかかる費用を超えたいいことを社会にもたらすってことだ。

■ 音楽産業はどれくらい「デカい」のか？

どういう切り方をしても、音楽は経済的に言ってどちらかというと小さな産業だ。２０１７年の音楽への支出は世界全体でたった５００億ドル、つまり世界のＧＤＰの０・06％にすぎない[04]。エンタテインメント業界の残りと比べてもなお、音楽業界は小さい。世界全体で、２０１７年にエンタテインメントとメディアに遣われたお金は2兆２０００億ドルだ。音楽はその業界の中でたった2％を占めるにすぎない。

以前、ラス・クラプニックにこう言ったことがある。音楽業界のベテラン・コンサルタントだ。「音楽会社の顧問をやってる経済学者がなんでこんなにいないのかびっくりだよ」。彼の答えはそっけなかった。「そりゃ音楽じゃあんまり儲からないから」[05]。返す言葉もない。

音楽業界を大きな絵図に置いて見ると、北アメリカでプロスポーツに遣われるお金は音楽業界全体に遣われるお金の3倍を超える[06]。大学とプロのフットボールを分けて見ても、売上高はそれぞれ音楽業界より大きい[07]。

アメリカ人は音楽よりもタバコに5倍を超える額を遣っている。何が驚きって、タバコ会社はアメリカ人が録音された音楽に遣うよりもたくさんの額をタバコの広告につぎ込んでいるってことだ。[08]また、ぼくらは音楽よりも他のいいことにずっとたくさんお金を遣っている。たとえばぼくらがスポーツジムに遣っているお金のほうが50％多い。[09]アメリカ人がスポーツジムに会費を払って、でも行かなかった分だけで、もう録音された音楽の売り上げ全部を超えてしまう。

■音楽で一番儲かっているのはどこ？

音楽に流れたお金はどこへ行くのだろう？　図2・1は、2017年の音楽全体への支出が主な分野のどこへどれだけ流れたかを示している。でも気をつけてほしい。音楽業界に関しては突っつきまわせる幅広い財務データがあったりはしないのだ。契約は非公開、コンサート・チケットの売り上げと録音で得られる収入がそれぞれいくらかなんてめったに公表されない。クリフ・バーンスタインはメタリカやレッド・ホット・チリ・ペッパーズなんかのマネージャーだ。彼がぼくにこう言ったことがある。「オレらの商売じゃ透明性なんてあんまないわけよ」[10]。ぼくは断片的なデータ、それを頭に入れたうえでの読み筋、それに業界のプロのアドバイスに頼って、音楽ではお金というパイがあちこちにどう切り分けられるのか、推し量らないといけなかった。

但し書きはこれぐらいにして、今日、音楽業界で遣われるお金のだいたい半分は録音され

図2.1 アメリカの音楽全売上高の内訳を推定(2017年)

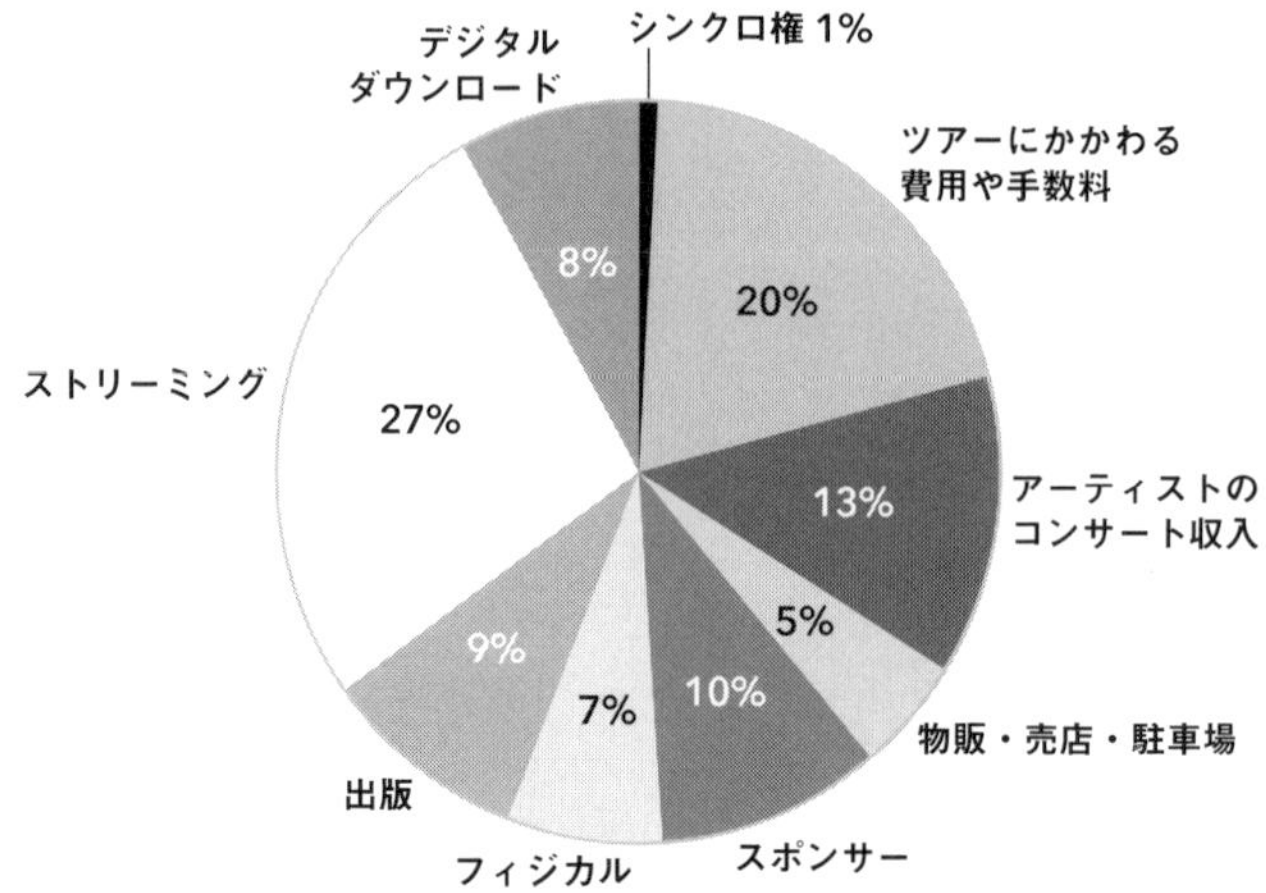

出典:ポールスターのデータ、RIAA、スタティスタ、マネージャーらへのインタビューに基づく著者による概算。

た音楽に流れ、だいたい半分はライヴ・パフォーマンスに流れている。ファンはだいたい、録音された音楽を聴いて楽しんでいる。一方、今どきのミュージシャンがお金の大部分を稼ぐのはライヴなのだ。[11]

音楽を配信したり聴いたりするときの形式は、蓄音機、テープレコーダー、そしてラジオの発明と、20世紀を通じて移り変わってきた。でも21世紀になって音楽がデジタル化されるとそんな変化は激しく速くなった。図2・2はレコード業界が3つの幅広い形式のそれぞれから得た売上高が時とともにどう移り変わってきたかを示している。物理的な製品であるCDやカセット、塩ビのレコードなど、それからデジタル・ダウンロード、そしてストリーミングだ。2000年代初めのデジタル化の波は、音楽の販売に2つの大きな影響を広げ

図2.2 レコード業界の売上高、配信形式別(1973−2017年)

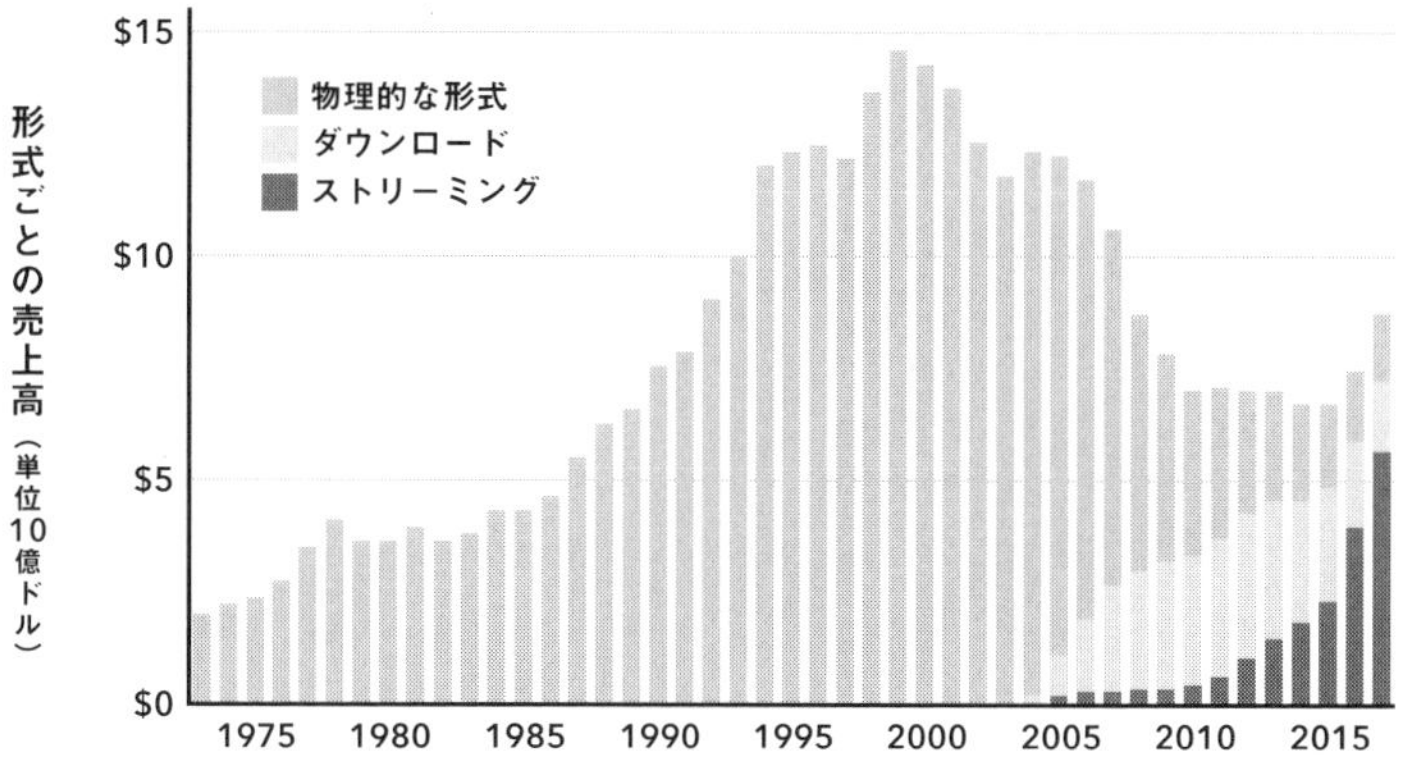

出典:RIAA国内売上データベースに基づく著者による計算。シンクロ権による売上高は、ダウンロードに算入されている。

た。第一に、デジタル・ダウンロードで、手に取って触れるレコードやカセットの売り上げは落ち込んだ。第二に、ファイルの共有や海賊盤で録音された音楽の売り上げが食われた。ナップスターや許可なくコピーされたCDといった、音楽の非合法な複製や共有が行われ、まっとうな音源の需要は着実に衰えていった。10年を超える長きにわたって音源業界の景気は悪く、鉄鋼とか石炭の業界と同じ道をたどっていた。エイヴリー・リップマンはこう言っている。リパブリック・レコーズの社長で創業者だ。いわく、この時期の音源商売は「15年間ゆっくり落ちてく飛行機」みたいだった。[12]

それから波がもう1つ、業界を襲った。スポティファイ、パンドラ、それにアップル・ミュージックなんかのストリーミング・

サービスが急速に成長し、デジタル・ダウンロードにほとんど取って代わってしまった。オンラインでiPodなどのMP3機器用にデジタル・ダウンロードを提供するiTunesなんかのサービスは、10年前には革命みたいに思えたけれど、8トラックのテープや45回転のレコードよろしく、今じゃ過去の遺物だ。経済学者をやってても、創造的破壊が起きるのを目の当たりにする機会なんてそうそうない。ガラパゴス諸島を訪れたダーウィンでいえば、目の前で種が進化するのを観察できるみたいなものである。

一方、物理的な音源の売り上げは、低水準になったがやっと安定した。音楽好きの連中のおかげで塩ビのレコードはリバイバルを迎え、古い車を乗り回す連中がダッシュボードに積んだプレイヤーで新しいCDをかけるおかげでCD市場もてこ入れされた。[13]

ストリーミングは音楽の売り上げに革命的な影響を及ぼしている。15年に及ぶ低迷と停滞の後の2016年、録音された音楽の売上高はついに増加し始めた。そして兆しを見る限り、この上昇トレンドはもうしばらく続きそうだ。音楽の売り上げの成長は、その大部分がストリーミング・サービスから来ている。とくにスポティファイやパンドラ、アップル・ミュージック、アマゾン・ミュージック、そしてディーザーの購読料は急速に成長している。こうしたサービスは音楽版の食べ放題レストランだ。ファンは月極の料金を払うか、ときどき入るコマーシャルがうっとうしいのを我慢するかすれば、これまでに録音された音楽がほとんど全部聴ける。この革命から得られる大事な教訓を1つ。ファンは、手軽なやり方で提供されれば喜んで音楽にお金を払う。ストリーミングが音楽稼業を支えた。ヒップホップ、エレクトロニック・ダンス・ミュージック（ＥＤＭ）、ラテン音楽といった特定の分野にはとくに有利に働いた。加えて、トニー・ベネットみたいな昔のアーティストやクラシック・ロックのバンド、ビートルズやローリング・ストーンズが出した名盤の印税も息を吹き返した。[14]

アーティストやなんかの、著作権を持っている人たちがお金を貰うのは曲が配信されたときで、額はいろいろだ。広告アリのサービスで配信されたか、購読料を払うサービスで配信されたかで違ってくる。それぞれのサービスの内容によっても違ってくる。でも、だいたい１曲あたりの印税は配信１００万回あたり２０００ドルから３０００ドルぐらいである。[15]スポティファイはストリーミング・サービス最大手で、売り上げの約60％を曲の印税として払っている。[16]今のぼくらはまだストリーミング時代のごく初期にいるわけで、業界の成長の余地はものすごく大きい。音楽稼業は大きく姿を変える可能性がある。第8章でストリーミングの役割についてもう一度書く。とりあえず、ストリーミング・サービスが、録音された音楽の業界が喉から手が出るほどほしがっていたアドレナリン一発を与えてくれたのは間違いない。

ストリーミングは出版による収益も後押しした。これは現在、音楽に関する収益の9％を占めている。出版業界は複雑で、なんというか、古臭い商売だ。音楽を使用する権利の代金がちゃんと支払われるようになっている。曲を作る人たちは、自分の曲を自分でも出版できるけれど、多いのは、出版社と手を結んで、曲を使うためのいろいろな権利それぞれに対して十分な支払いが受けられるようにするやり方だ。確かな数字はないのだけれど、曲を書いたアーティストは、だいたい、出版による収益の約45％を受け取る。[17] この収益から分け前を受け取る作曲家や協力者の数はどんどん増える傾向にある。音楽がどんどん複雑になり、曲作りにかかる手数や頭数が増えているからだ。

稼ぐ道をもう1つ挙げよう。まあ、音楽の売り上げ全部に占める割合は1％ほどなのだけれど。シンクロ権だ。シンクロ権とはビデオやテレビ、映画、コマーシャルなんかで音楽を流すのに必要な権利だ。たとえば、音楽ビデオをユーチューブにアップするにはシンクロ権が必要だ。ユーチューブは２００６年にグーグルが買収した動画共有サービスである。ユーチューブが今日の音楽に果たした役割は計り知れない。２０１７年で見るとアメリカ人全員のまるまる半分が週に少なくとも1回はユーチューブで音楽を聴いている。スポティファイとパンドラの視聴者がアメリカ人全体に占める割合を合わせたものを、どの週で見ても上回っている。[18] ほとんど自然に、ユーチューブは音楽業界で論争の的にして大きな役割を果たすプレイヤーになった。音楽がストリーミングされた時間全体の3分の1を占めるのがユーチューブだ。そしてそれでも音楽の売り上げの６％にすぎない。[19] そんなバランスの悪さも変わりそうだ。業界のプロの人らはそんなに早く変われるものかと悲観的だ。２０１７年にユーチューブは、レコード会社なんかの曲の著作権の持ち主に、10億ドルを超える額を支払っている。２０１６年とだいたい同じ数字だ。[20]

ユーチューブはミュージシャンやレコード会社にとっていいものが出てきたってことだろうか、悪いものができたってことだろうか？　すぐわかる答えなんてない。一方では、ユーチューブの売り上げのうち音楽著作権のために払われた割合は、ストリーミング・サービスに比べて小さい。おかげでミュージシャンやレーベルには怒ってる人がたくさんいる。その一方で、昔はレコード・レーベルもアーティストも、音楽ビデオを配信したり販売したりするときの費用は持ち出しだった。だから、ユーチューブがＭＴＶに取って代わり、もっと広く届けられるようになったという点で、レコード会社にとってもミュージシャンにとっても、ユーチューブはお得だってことになる。アーティストの稼ぎといえば、だいたいは録音した音源の割合は小さいから、差し引いて見るとユーチューブは、これからブレイクしてお客を集めようってアーティストにとってはいいものである可能性が高い。でもすでに名声を得ているスターにとっては、ユーチューブはどちらかというと印税を払ってくれない相手で、だからスターたちが文句を言うのも当然なのである。

■新しいビジネスモデル——レディオヘッドの実験

デジタル化とインターネットはミュージシャンに、自分の音楽を録ってファンに直接売る新しいチャンスを提供した。その方向での初期の実験に、イギリスのロックバンド、レディオヘッドがやったものがある。２００７年、レディオヘッドはアルバム「イン・レインボウズ」を直にウェブサイトでリリースし、ファンは好きな代金を払ってデジタルでダウンロードしてくださいと発表したのだ。この実験は、ファンの経済的インセンティヴに対する反応を試すものだった。お金の支払いは全部、あくまでも自主的に行われる。ファンはアルバムにびた一文払わずに済ますことだってできるのだ。で、バンドのウェブサイトで最初の1ヵ月に音源をダウンロードした100万人のファンのうち、だいたい60％はびた一文払わなかった。それから、正規でないウェブサイトからタダでダウンロードした人がさらに何百万人もいた。でも、レディオヘッドの公式ウェブサイトからダウンロードした人のうち、40％はお金を支払うほうを選んだ。彼らはダウンロードしたアルバム1枚あたり平均で6ドル払っている。「イン・レインボウズ」の原盤権を持つレディオヘッドはこの「言い値で売ります」実験で、300万ドル近くを手にした。レディオヘッドのフロントマン、トム・ヨークはこう言っている。「デジタル配信での稼ぎでいうと、このアルバムでの儲けはレディオヘッドの他のアルバムを全部合わせたよりも多かったんだよ」[21]。

レディオヘッドの実験はその後現れる音楽配信の新しい方法の先駆けだった。今では、テイラー・スウィフトやアデル、ビヨンセといった大人気のアーティストが新しい曲をリリースするとき、時間差を設けている。たとえばスウィフトは、一番新しいアルバム「レピュテイション」を発表してから、スポティファイやアマゾン、アップル・ミュージックでダウンロードできるようにするまでに、3週間の時間を置いた。どうして？　これらの配信サービスでは、印税がアルバムそのものを売って得られるより安いのだ。彼女の一番のファンならアルバムを買う。この戦略の下、最初の週にアルバムは120万枚売れた。これはエド・シーランのアルバムで2017年に一番売れたものを上回る数字だ。[22]

技術革新で「中抜き」が急速に進んでいる。ミュージシャンが、レコード・レーベルを通さなくても、自分で音楽をプロデュースし、録音し、発表し、配信できるようになったのだ。コバルトなんかの会社はインディ系のアーティストが音楽を世に出し、印税を手にするのを後押ししている。それからディストロキッドなんかのサービスは、アーティストが自分の音楽をストリーミング・サービスやオンライン・ストアにアップロードできるようにしている。新しい音楽がどんどん生まれる今、よく知られていない新しいアーティストにとって一番の大仕事といえば、聴いてくれるお客を集めることなのだ。

あまり知られていないミュージシャンが目を向けている新しいモデルの1つに、ファンがアーティストに直接お金を支払う購読サービスがある。たとえばペイトリオン・ドットコムでは、アーティストが月の購読料（やダウンロード件数あたりの料金）を決め、サイトを通じて自分が創った音楽を提供する。アーティストは売り上げの90％を受け取る。この割合はレコード会社の場合と実質的に逆だ。シンガー・ソングライターのアマンダ・パーマーは、自身が書いた「マシェティ」という曲と、デイヴィッド・ボウイへのトリビュートで「ストラング・アウト・イン・ヘヴン——ボウイ・ストリング・カルテット・トリビュート」と題されたアルバムを、ペイトリオンだけでリリースした。彼女は1万1000人を超える聴き手を得て、2年で100万ドル以上のお金を手にした。パーマーが言うとおりだ。「2008年に自分のレーベルを立ち上げて以来、ずっと苦労してきた。そうしてやっと、ずっと応援してくれているみなさんに向けて、曲をずっといつでも提供していける（それから、お金を受け取れる）ぴったりの場が見つかった」。彼女はキックスターターを使ってクラウドファンディングでお金を集め、音楽やビデオを創る費用を賄った。[23]

レディオヘッドの実験が示したことは他にもある。それはパイの分け方を巡る経済学の実験で、すでに何度も確認されていることだった。みんながみんな、己が損得だけで動くわけじゃないってことだ。2人の人を対象にした、パイの分け方を巡る実験（よく、最後通牒ゲームと呼ばれている）がある。1人目のプレイヤーは、大きさの決まったパイ、たとえば100ドルを、自分と2人目のプレイヤーの間でどう分けるかについて提案を持ちかける。2人目のプレイヤーはその提案を受け入れるか断るかのどちらかを選ぶ。断れば、2人とも何も貰えない。受け入れれば、2人はそれぞれ、1人目のプレイヤーが持ちかけた提案どおりの額を受け取る。この状況であなたが1人目のプレイヤーなら、2人目のプレイヤーにいくら渡すよと言いますか？　1人目にとって最適な戦略は、2人目に捨て扶持《ぶち》みたいな額を持ちかけることだ。1セントとか。2人目のプレイヤーはそんな提案でも受け入れざるを得ない。何も貰えないよりはいくらかでも受け取れるほうがましだからだ。それなら1人目のプレイヤーはパイの大部分をせしめることになる。もちろん人はだいたい、お情けみたいな分け前なんて不公平だと思う。そして実際、1人目のプレイヤーはだいたい、半分ずつぐらいの額を提案する。それが公平な分け方だと思うからだ。パイの大部分をせしめるような提案をすると、提案が断られることがよくある。2人目のプレイヤーは受け取れるはずだったお金を、全力で蹴っ飛ばす。そんな提案、不公平だと思うからだ。

レディオヘッドの「言い値で売ります」実験は、本物の世界でも、公平さに気を配ることで人を動かせるのだと示した。世の中、心の広い人もいれば欲の深い人もいる。それは間違いない。もっとお金を出す気のあるお客さんからもっとお代を受け取る方法を、ミュージシャンたちが見つけ出すことがどんどん増えている。これは価格差別というやり方だ。実は、テイラー・スウィフトが「レピュテイション」を発表したときの戦略は、巧妙な価格差別だったと見ることができる。一番たくさん払う気があるのは彼女のコアなファンで、アルバムが出たらすぐに買うのを選んだ。もっと価格に敏感な他の人たちは、ストリーミング・サービスで聴けるようになるまで待った。

■ミュージシャンは何でどれくらい稼ぐのか？

録音された音楽から得られるお金の大部分は、その音楽を創ったミュージシャンの懐には入らない。典型的なレコード契約はミュージシャンに、将来得られる印税の10％から12％を、費用を差し引いたうえで契約時に前払いする。そんな偏った分け方をするのには理由がある。ほとんどのレコードは儲からないのだ。[24] レコード・レーベルが出すレコード10枚のうち、費用に見合う以上の売り上げにたどり着くのはほんの1枚か2枚だ。音楽のレーベルは大きなリスクを背負う。ヴェンチャー・キャピタルみたいなもので、たくさんの新しいアーティストや音楽に賭け、ほんのひと握りでも大ブレイクするのが出てくれないかと祈るのだ。費用を賄うべく、レコード会社は赤字、つまり損の出る音楽山ほどを、大当たりするひと握りのレコードで援助することになる。少なくとも、成功したスターとの契約を更新しないといけなくなるまではそうだ。

今日、業界全体の音楽売上高の大部分を占めているスーパースターで、レコードを出しているアーティストたちですら、収入の大部分は印税よりもむしろライヴで稼いでいる。たとえば２０１７年、元祖ピアノマンのビリー・ジョエルはライヴで２７４０万ドル稼ぎ、一方、録音した曲やストリーミングではたったの１３０万ドル、出版印税では60万ドルしか稼いでいない。つまり、彼は所得の90%以上をライヴ・コンサートで稼いでいる。[25] そして２０００年代の初めに関しても、ジョエルはずっとそうだった。マディソン・スクエア・ガーデンで毎月コンサートを演るようになるずっと前の話だ（彼の身内では、この企画はときどきＭＳＧ４つ目のチームと呼ばれている。つまりニックス、リバティ、レンジャーズとこれ）。あるいはポール・マッカートニーでもいい。№１になったヒット曲を音楽市場で一番たくさん書いた人だ。２０１７年、彼は収入の82%をライヴ・ショウで稼いでいる。

Ｕ２は２０１７年にミュージシャンの中で最高の５４００万ドルを稼いだ。そのうち96%はツアーで得ている。それからビヨンセは２０１６年に６２００万ドルを稼いで一番になったが、この収入の88%はその年に回ったツアーで得ている。

２０１７年にツアーに出たトップクラスのミュージシャン48組を見ると、平均で所得の80%をツアー、15%を録音した曲、５%を出版で稼いでいる。ツアーは稼ぎの大きな部分を占めているのだ。
このパターンにはもちろん例外もある。だいたいは短い間しかもたないのだけれど。カナダのラッパー、ドレイクは他にはなかなかない立ち位置にあって、自分で曲をプロデュースし、自分のレーベルOVOサウンドを持っている。ビルボードによると、彼は2016年に録音した音楽で2330万ドルを稼いだが、ライヴでは「たったの」1360万ドルしか手にしていない。2017年、ドレイクはツアーには出ず、録音で1030万ドルを稼いだ。「稼ぎは毎年、でこぼこだ」。クリフ・バーンスタインはそう言う。彼のお客であるヘヴィメタル・バンドのメタリカは、2016年にレコードの販売で1320万ドル、ツアーで380万ドル稼いだと報じられている。でも2017年は、レコードの販売で1090万ドル、ツアーで3070万ドルの稼ぎだった。5年間で見ると、このバンドは典型的に、レコードの販売よりツアーでたくさん稼いでいるとバーンスタインは言う。彼によると、幅広く見てメタリカがツアーよりレコードで稼いでいた時代はとうに過ぎた。そしてニールセン・サウンドスキャンによれば1991年以来のレコード売り上げがガース・ブルックスとビートルズ以外誰にも負けないメタリカがそんな調子なら、まあおそらく他の人たちもほとんどだいたい同じようなものだろう。[26]
全体として、2017年にツアーに出た48組のアーティストのうち47組はレコードの販売とストリーミングよりもライヴ・パフォーマンスで収入を得ている。
だいたいのミュージシャンはライヴ・コンサートで生計を立てている。ストリーミングもそんなあり方を変えることはなさそうだ。フリートウッド・マックが、「プレイヤーがあなたを好きなのはプレイしてる間だけだ」と言ったとき、彼らは正しかったのかもしれない。[27]でも同時に、彼らがお金を儲けているのはプレイしている間だけだというのも、そんなに無理筋のこじつけではないだろう。そしてそれを証明するかのように、もはやメンバーは70代にもなるフリートウッド・マックは２０１８年から２０１９年、50ヵ所以上の街を回るツアーに出ている。

■ミュージシャンたちを悩ます「食い違い」

ミュージシャンだって他のたくさんの稼業とおんなじで、いろんなものを売っている。その中で一番大事なのがライヴ・パフォーマンスと録音した音楽だ。経済学の符丁では、ミュージシャン稼業は多品種生産を行う業種だ。アップルは、ここを書いている時点では、時価総額で世界最大の企業である。同社も多品種生産を行う企業だ。アップルは機器を売る。iPhone、コンピュータ、iPad なんかがそうだ。また、アップル・ミュージックを通じて音楽も売る。そしてアップル・ブックスを通じて本も売っている。

でもミュージシャンがちょっと違うのは、一番の売りもの、つまり録音した音楽ではどちらかというとそんなに稼げていない点だ。この食い違いはミュージシャンと他のエンタテイナーの違いでもある。映画俳優は収入の大部分を映画で演技して稼いでいる。そしてファンはその演技を楽しみ、俳優たちの芸を消費する。プロのアスリートの中には、エンドースメント契約や映画の出演で稼いでいる人もいるけれど、アスリートは典型的に、自分のスポーツをプレイすることで貰うお給料で糊口をしのいでいる。そんなプレイでファンはアスリートの仕事に接するのだ。たぶん、ミュージシャンにとても近いのは本を書く人たちじゃないだろうか。本を書く人たちにとって稼ぎの大部分は、本の手付金や売れた本の印税だ。でもときどき、自分の人気や経験を利用して講演をして回って大きく稼ぐ人もいる。

1990年代の終わりから2000年代の初め、ミュージシャンの懐に入るレコードの売り上げはファイルの共有や海賊盤に食われた。ファンが音楽を消費するときのあり方と、ミュージシャンがお金を稼ぐときのあり方の食い違いは、たぶんそのまま続けられないところまで広がった。でも両者の差は今後縮まる可能性が高い。というのは、ストリーミングやソーシャル・メディアでミュージシャンが直接ファンとやりとりして、ライヴ・パフォーマンスと録音された音楽の結びつきがもっと強くなるからだ。

テイラー・スウィフトはこの路線の先駆者だ。ファンはこの歌い手の音楽ビデオを見たりメーリング・リストに入ったりアルバムやグッズを買ったりすれば、どれかのコンサート・チケットを買える可能性が高くなる。そんなセット商法は、ミュージシャンが、録音した音楽を通じたファンとのつながりを使ってお金を稼ぐ術として、自然にでき上がったものである。

技術の発達で、録音した音楽もライヴ・パフォーマンスもあんまり変わらなくなるかもしれない。ライセンス契約で認められればの話だけれど。スポーツの例を見るとわかりやすい。プロのスポーツでは、チームは収入の大部分を有線・無線のテレビ局に試合をライヴで放送する権利を売って稼いでいる。[28] 生のスポーツ・イベントの入場料で得られる収入は、ライヴ・コンサートでの収入に当たる。でも、ミュージシャンが自分のライヴを録音したり放送してたりして、それで余計にお金を稼ぐことはあまりない。将来、ファンはライヴの録音やビデオを買い、アーティストもどんどん、コンサートをストリーミングで生放送して収入を増やすのが経済的に有意義なことになるんだろう。

オーダーメイドってやり方は録音された音楽にも出てきている。医療の最前線で薬のオーダーメイド化が進んでいるのと同じだ。マルチプレイヤーであり、歌い手にしてミュージシャンのジェイコブ・コリアーは、ペイトリオンを通じて、聴き手にオーダーメイドの音楽を提供している。ファンは自分で書いた歌詞を録音して送り、コリアーがそれを曲にしてコードもつける。グラミー賞まで獲ったミュージシャンが手を入れれば、曲は当たり前にずっとよくなる。他にも「ハッピー・バースデイ」やなんかの曲をお客のために歌うサービスを、料金を取って提供している。

ミュージシャンがライヴで稼ぐお金と録音した音楽で稼ぐお金の差を縮めようと思ったら、レコード会社は商売のやり方を変えないといけない。レコード会社のビジネスモデルでは、だいたいの場合、ライヴの録音を転売できなくしている。代わりにアーティストは、レコード・レーベルと距離を置くこともできる。レディオヘッドのトム・ヨークは若いミュージシャンたちにこんなアドバイスを語っている。「まず何よりも、大金を貰う契約を結んで、デジタル著作権を手放したりしちゃいけない……売り出し中のアーティストなら、そのときはおっかなびっくりだろうね。でもやっぱり、新人を掘り出せない大きな会社を相手に交渉に出ることのダウンサイドなんてぜんぜん思いつかない。なんにしても彼らは、新人をどうしていいか、まったくわからないんだし」

それでも音楽のスーパースターといえば、だいたいはレコード大手3社（ユニヴァーサル、ワーナー、ソニー）か大手のインディ・レーベルのどれかと契約する。一番目立つ例外はチャンセラー・ジョナサン・ベネットだ。チャンス・ザ・ラッパーという名のほうがよく知られているだろう。シカゴ生まれの25歳で、インディ系のアーティストでい続けている。自分が進む道を自分で決めているのだ。アルバム（彼自身はミックステープと呼ぶ）をタダでリリースし、ツアーやグッズの販売でお金を稼いでいる。彼が際立っているのは、自分の曲を物理的な形で一切売らずにグラミー賞を勝ち取った初めてのアーティストである点だ。この道をたどるアーティストがもっと出てくる可能性は高い。まあ、大部分のアーティストは安全な道を選び、大手のレーベルと契約するんだろうけど。

■ 音楽の「効用」は小さくなっていく？

音楽が経済活動に占める割合は小さい。でも日々の暮らしに占める割合は大きい。詩人のカール・サンドバーグがかつてこう書いている。「時とは魂の通貨」。ぼくらが費やす時という通貨の中で、音楽は疑う余地なく経済的に大きな割合を占める。

　時間の使い方を測るのは難しい。それでも、アンケート調査によれば、アメリカでは80%を超える人が普通の日には音楽を聴くと言っている。それから、音楽を聴く人は平均で1日2時間から4時間は音楽を聴いて過ごす。[29]ストリーミング・サービスのおかげで、サービスを提供する会社は購読者がどれだけの時間、音楽を聴いて過ごすか、もっと正確に推定できるようになった。たとえばパンドラでは、実際にサービスを使っている購読者の場合で月に平均20時間ほどを、音楽をストリーミングで聴いて過ごしている。音楽を聴くのに使われる時間全体のうち、ストリーミングは約3分の1を占める。だから音楽を聴くのに使われる時間は全部で少なくとも1日2時間ということになる。

　でもだいたいの場合、音楽は二次的な活動である。通勤したり働いたり、宿題や雑用や運動をしたり、飲み屋で人と交わったりするとき、後ろで音楽が流れている。そうだとしても、音楽より人の時間を占めている余暇の活動はテレビしかない。そして音楽は、ぼくらが観る映画やテレビ番組でも、よく後ろで流れている。

　人間の歴史の中で、音楽を聴く方法がこんなにいろいろあったことは、これまでなかった。ユーチューブにパンドラ、スポティファイ、フェイスブック、iTunes、アマゾン・エコー・ドット、iHeart、衛星ラジオ、そしてもちろん塩ビのレコードにFMラジオにCDだってある。普通の人で、音楽を聴く方法はだいたい4通りある。昔ながらのラジオは今でも人が音楽を聴く時間のうち最大の割合を占めている。ただ、その割合は急速に下がっている。[30]スマートフォンとコンピュータは、今では音楽を聴くのに一番広く使われている機器だ。

ストリーミングの成長で、ぼくらにはいっそう音楽を聴く時間ができた。ニールセンによると、２０１５年から２０１７年、アメリカ人が音楽を聴く時間は37％増えた。[31]そして当たり前みたいに、ストリーミング・サービスは購読者が音楽を聴いて過ごす時間が増えていると報告している。

これまでより音楽にお手軽に接することができるようになってきて、経済学者や頭のいい人たちは、音楽を聴く時間を増やして得られる喜びはだんだん減ってくる可能性が高いなんて言う。経済学者はそれを限界効用逓減の法則と呼んでいる。この法則は、重力の法則みたいな物理法則とは違うけれど、だいたいの製品やサービスの消費を増やすことの価値は、ある程度を超えると減る傾向がある。プレイリストに、これまで録音された曲を好きなだけ入れられるのではなく、ほんの数曲しか入れられないなら、たぶんあなたはもっとよくよく考えて曲を選ぶでしょう。

得られるものが減っていく傾向に抗うのは、人がもっと音楽を聴くようになれば音楽の好みが変わっていく傾向だ。聴き手がある曲を何度も聴けば、その人はその曲を（ある程度まで）もっと好きになりがちである。[32]

■音楽は他の業界に影響する

音楽はいろんな形で人やコミュニティに波及効果を及ぼす。一部はお金の面、そしてそれ以上にお金以外の面でそうだ。音楽のフェスティバルはお金の面で及ぶ波及効果のいい例だ。テネシー州マンチェスターやカリフォルニア州インディオといった街で音楽フェスティバルが開かれれば、音楽業界に直接つながっていない企業や働き手でもいい思いをする。レストランに飲み屋、ホテルの需要は高まり、ステージや機材を設置する地元の働き手、地元のレストランや飲み屋、ホテルの従業員だっていい思いができるのだ。ボナルーやコーチェラといった大きなフェスティバルのおかげで、無名の街でも地図に名前を載せられる。その結果、あちこちの街が音楽フェスティバルの開催地になろうと競い合うことになる。経済活動は盛り上がり、知名度も上がるからだ。実際、アーカンソー州のエルドラドは公私の資金を1億ドル投じてマーフィ・アーツ地区を建設し、7500人を収容できる円形劇場や2000席の音楽ホールを建てた。街に活気を取り戻し、住民をつなぎとめようとの目論見だ。

直接には音楽経済に含まれないが、音楽業界の恩恵を受ける生態系が丸ごと1つある。ラジオ局がそうだし、ソノスやボーズ、ビーツ、アップルといった機器メーカー、そしてロック・ビデオの映像作家たちは、みんな音楽経済のおかげで潤う。iPod、そして後にはiPad、iPhoneが成功したのは、大部分が音楽のおかげだ。こうした金銭面での波及効果があるのは音楽業界に限らない。スポーツ・チームや自動車メーカー、映画の撮影所、他にもいろんな業界が経済面で波及効果を生み出す。波及効果が及ぶ範囲を音楽の生態系に含めたとして、それでもなお音楽業界は他に比べて経済的には小さい。

そういうのより大事なのは、ドルだのセントだの以外に個人的、文化的、社会的なレベルでぼくらを動かす波及効果のほうだ。苦しいときに「アメイジング・グレイス」が聞こえたら心が安らぐ。「スター・スパンクルド・バナー」でアメリカの人たちはひとつになる。スポーツ・ファンが集まったアリーナやスタジアムは「ウィ・ウィル・ロック・ユー」で盛り上がる。エリック・キルシュバウムは説得力ある議論で、ブルース・スプリングスティーンとＥストリート・バンドが１９８８年に東ベルリンで30万人を集めて演ったコンサートがベルリンの壁を倒すのに一役買ったと述べている。[33] 音楽が他に及ぼす影響は、全部が全部、いいことばかりではない。寮で隣の部屋の学生が朝から晩まで大音量で曲を流していたのは、今でも嫌な思い出だ。音楽はいい信念にも悪い信念にも使える（し、使われてきた）。でも、ぼくらの心や社会の大義に与える前向きな効果があるからこそ、音楽はお金の面で経済に与える貢献をはるかに超える、大きな影響力を持つのである。

■ 音楽は私たちの脳を変える

シリウスＸＭラジオでホストを務めるエリック・アルパーが、最近、ツイッターでこんな疑問をつぶやいた。「あなたの人生を変えたアルバムや曲、ミュージシャンは?」。300人ほどの人がすぐさまリプライした。[34] 本当にさまざまな心情と、いろんな音楽が積みあがった。デイヴィッド・ボウイ、リンキン・パーク、ニルヴァーナ、メタリカ、ビッグ・バン、ジョニ・ミッチェル、キッス、モーツァルト、クィーン、エルヴィス、ディラン、ベック、ビョーク、ビリー・ジョエル、アーニー・ディフランコ、パール・ジャム、ピンク・フロイド、トーリ・エイモス、マーヴィン・ゲイ、ニール・ヤング、マイルス・デイヴィス、プリンス、マイケル・ジャクソン、ジャネット・ジャクソン。ぼくのお気に入りにはこんなのがある。

「そんなん答えれん。でもビートルズがいなかったらオレがどこでどんなのになってるか想像もつかん」

——クリスティ・コリンズ、カリフォルニア

「ブルース・スプリングスティーン。あの人のおかげで人生が変わったなんて、まだまだそんなもんじゃない」——フリン・マクリーン、ニューヨーク州クイーンズ

「ビヨンセの『フローレス』と『フォーメイション』のおかげで化学療法をなんとかやり遂げたって言っていい。ってことは、たぶん文字どおり私の命を救ってくれた曲なんだろうね」

——アニヤ・シルヴァー、ジョージア州メイコン

「トム・ペティの『アイ・ウォント・バック・ダウン』に命を救われた」

――メル・マリー

「2017年なら文句なくロードの『メロドラマ』だな。この年にハマった深いブラックホールからアタシを引き上げてくれた」

――クリシュナ・N・パーテル

「『フールズ・ラッシュ・イン』。結婚式で旦那と踊った。初デートで恋に落ちて、いまだにアホのまま」

――シンディ・ジョイス

こんなのぜんぜん科学的研究じゃない。でも明らかに、音楽が自分の人生をさまざまな形で大きく変えたと信じている人はたくさんいるってことだ。暗い気持ちを追い払ってくれたり、いいときの思い出を盛り上げてくれたりするのである。そんな考えを神経科学の研究と臨床研究が裏づけている。音楽は脳の神経生物学的なプロセスに影響するのがわかったのだ。精神力や幸せ、勇気、自分らしさ、音楽がなくてはそういうのが湧いてこないし呼び起こせないという人はぼくらの中にたくさんいる。ハリー・チェイピンが「レット・タイム・ゴー・ライトリィ」でこう歌っている。「音楽は一番の旧友、一番の強敵　あんなにもハイに、こんなにもロウにしてくれる」。

■ 音楽は社会的な活動を後押しする

18世紀のスコットランドの物書きで革命家のアンドリュー・フレッチャーは、よく、こう言ったといって引き合いに出されている。「国歌をぼくに作らせろ。法律は誰か勝手に作ってくれ」*。彼のフレーズは、音楽が持つ、国の人たちの気運や精神を形作る特別な力をうまく捉えている。

ミュージシャンは音楽やさまざまな営みを通じて、さまざまな社会の大義を後押ししてきた。目立つ例をいくつか。

バングラデシュ

ジョージ・ハリスンとシタールの師匠、ラヴィ・シャンカールは、1971年にバングラデシュで金字塔にもなったチャリティ・コンサートを2回にわたって開いた。ライヴ・アルバムとドキュメンタリー映画も作って、バングラデシュの人道的支援のために、最終的に1200万ドルを集めた。この新しい国は、戦争や自然災害、何百万人にも及ぶ難民で打ちのめされていた。[35]

「ウィ・アー・ザ・ワールド」

マイケル・ジャクソンとライオネル・リッチーが書き、クインシー・ジョーンズがプロ

＊実際のフレッチャーの言葉はこんなに詩的じゃないけれど、心情は同じだ。何百年か後になって偉大な経済学者のポール・サミュエルソンが自分のノリでこのフレーズを口にした。「法律なんか誰が書いたってどうでもいい。法律を扱う難しい論文をシコシコ書くのだって勝手にやってろ。ぼくに経済学の教科書さえ書かせてくれたらそれでいい」。

デュースした1985年のチャリティ・ソングで、アフリカとアメリカの人道支援のために6000万ドルを超える額が集まった。レコーディングに集まった40人を超える歌い手はみんなスターばかりだった。[36]

ライヴ・エイド・チャリティ・コンサート

アイルランドとスコットランドのミュージシャン、ボブ・ゲルドフとミッジ・ユーロはエチオピアの人道支援のために資金を集めるべく2ヵ所でコンサートを開いた。その頃、エチオピアでは飢饉が発生していた。2億ドルを超える寄付が集まった。[37]

あまたのアーティストが社会の大義を支援している。ニナ・サイモン、ハリー・ベラフォンテ、ピート・シーガー、マハリア・ジャクソン、アレサ・フランクリン、その他たくさんのアーティストがアメリカの公民権運動を支えた。シンディ・ローパーはLGBTQの権利と認知を支持している。ブルース・スプリングスティーンはたくさんの慈善活動を熱心に支援している。カリフォルニアの1736ファミリー・クライシス・センター、ニュージャージーのコミュニティ・フード・バンクなんかがそうだ。U2のフロントマン、ボノはワン・キャンペーンを設立した1人だ。700万人を超えるメンバーが、深刻な貧困を撲滅する活動を行っている。ジョン・メレンキャンプ、ニール・ヤング、ウィリー・ネルソンは家族経営の農家をずっと応援してきたし、チャンス・ザ・ラッパーはマイ・ブラザーズ・キーパーという組織を支援している。

天災でも人災でも、ミュージシャンはよく支援の手を差し伸べている。ハリケーン・マリアがプエルトリコを襲った後、マーク・アンソニー、ジェニファー・ロペス、リッキー・マーティン、セリーナ・ゴメスといった人たちが、災害からの復興のために何百万ドルものお金を集めた。

それからボーイズⅡメンやイマジン・ドラゴンズ、ザ・キラーズ、ウェイン・ニュートン、セリーヌ・ディオンなどの人たちは、ラスヴェガス・ルート91ハーヴェスト・ミュージック・フェスティバルで起きた銃乱射事件の犠牲者のために資金を集めるべく、ヴェガス・ストロング・チャリティ・コンサートに参加している。

■ なぜミュージシャンは「いいこと」をやろうとするのか?

経済学での支配的な見方を打ち立てたのはミルトン・フリードマンで、企業の仕事はお金儲けだ、社会の大義を追いかけることではないと言っている。フリードマンの言葉を借りるとこうだ。「企業には社会的責任が1つあり、1つしかない。手持ちの資源を使い、ゲームのルールの範囲で利益を増やせる営みにいそしむことだ。つまり詐欺やインチキに手を染めることなく開かれた自由な競争を繰り広げることである[38]」。

でも音楽では利益を最大化するのと社会の大義を追求するのは相反しないかもしれない。

というか、おうおうにして一致する。

あんなにもたくさんのミュージシャンが社会の大義を支援するのは、そんな活動が自分の商売にいいからだ。そうやって、信じてくれて強くつながったファン層を築き上げられるのである。歌い手にして活動家である人たちの動機が不純だとか、そんなことを言ってるわけじゃない。当たり前のことをあえて言っているだけだ。つまり、いいことしてるって思ってもらえれば商売にもいいってことだ。

実際、フリードマンの言葉を無視して、手持ちの資源を社会の大義を積極的に後押しするのにつぎ込んでいる会社はたくさんある。企業は慈善活動に寄付を行って株主が手にするはずだった資金を削ったりもするし、社会に悪い影響を与える事業を投げ出したりもする。流れが決まったのは、2017年に世界最大の運用会社ブラックロックの経営トップ、ローレンス・フィンクが大手企業のCEOたちに手紙を書いてこう主張したときだったかもしれない。「公共部門でも民間部門でも、企業に対して社会は、社会が目指す方向に貢献するよう求めています」。かさねて、彼はこう警告している。「長きにわたって繁栄するためには、どの企業も等しく、よい業績を実現するだけでなく、どう社会によい貢献をしていくか示さなければなりません[39]」。

■ミュージシャンの炎上は損か得か？

社会活動をしても、ファンに共感してもらえなかったら、ミュージシャンは高い代償を払うことになるだろうか。ブッシュ大統領がイラクとの戦争を決めたとき、それを批判したビヨンセやカニエ・ウェストが経済的な代償を払ったと示すものはない。むしろ彼らは大統領を批判して株を上げた。[40] でも彼らの政治的発言はファンたちの見方とだいたい合っていた。1992年にサタデイ・ナイト・ライヴに出たアイルランドの歌い手シネイド・オコーナーが教皇の写真を破り捨てた。彼女のキャリアは砕け散り、以来立ち直っていない。[41]

この疑問の答えを調べるいい事例が2003年3月10日に起きた。イラク戦争が始まる直前だ。カントリー・ミュージック・バンドのディクシー・チックスのリードボーカル、ナタリー・メインズがロンドンで開かれたコンサートでこう宣言した。「みんな知ってるよね。あたしたち、みんなと一緒で正しい側よ。あたしたち、こんな戦争も暴力もいやだ。（ジョージ・W・ブッシュ）アメリカ合衆国大統領がテキサス出身なのが恥ずかしい」[42]。メインズの発言にはすぐに厳しい反応が返ってきた。ラジオ局の中には彼女たちの曲を流すのをやめたところがあり、抗議する人たちがバンドのCDを集めて叩き割った。カントリーのアーティストには、リーバ・マッキンタイアやトビー・キースなど、彼女たちトリオを厳しく非難した人たちもいる。バンドのメンバーたちは、殺すぞなんて脅迫まで受けた。

通り相場だと、ディクシー・チックスはメインズの言いたい放題で経済的にけっこうな代償を支払っているはずだ。ある記事によると、この出来事で「バンドの命運は実質的に尽きた」[43]。論争を振り返って、メインズ自身はこう語っている。「汚れてしまったみたいな気がする。ツアーやってもお客さんが来てくれるかわからない」[44]。

ところが現実はというともっと微妙な感じだ。はっきりしたデータを見てみると、お金の面での影響は差っ引きで言えばどちらかというと小さい。一方では、炎上の後グループのレコード売り上げは苦戦しているし、アメリカ赤十字に関わって宣伝できるチャンスをフイにしてしまった。彼らのシングル「ランドスライド」は『ビルボード』誌のチャートで10位まで行ったけれどそれからずるずる下がっている。もう一方では、2003年のツアー収入は相変わらず好調だったしチケットの売れ行きが鈍ったと示すものはない。ディクシー・チックスが2003年に行ったトップ・オブ・ザ・ワールド・ツアーのうち、42回のショウが満員御礼になり、バンドはこのツアーの間に4000万ドルをちょっと上回る売り上げを記録した。ポールスター・ボックスオフィス・データベースを使ってぼくが集計した数字だ。バンドが次に出た大きなツアーは2006年のアクシデンツ・アンド・アキューゼイション・ワールド・ツアーだ。このときは50回のショウで3400万ドルを稼ぎだした。ショウは何度かキャンセルされた。チケットの売れ行きが悪かったからだが、カナダとオーストラリアを中心に追加公演もあった。2006年に出したアルバム「テイキング・ザ・ロング・ウェイ」は『ビルボード』誌のトップ200のチャートで初登場1位、アメリカで250万枚を上回る売れ行きを見せ、グラミー賞を5つ取った。アルバムからの最初のシングルカット「ノット・レディ・トゥ・メイク・ナイス」（バンドのメンバー3人とダン・ウィルソンが書いた）はあの炎上騒ぎを記念した曲で、バンド唯一のプラチナ・シングルにして『ビルボード』誌のホット100の5位に入る曲になった。2016年、バンドは68回のショウで5200万ドルを手にした。ミュージシャンは稼ぎの大部分をライヴ・コンサートで得ることを考えると、ブッシュ騒ぎで稼ぎが減ったというのは十分あり得る話だ。でも、他のだいたいのバンドは、ディクシー・チックスが炎上の後のツアーと同じぐらい稼げたらむしろ大喜びだろう。

　彼女たち、経済的にもっと大きな代償を払ってもおかしくなかっただろうに、どうしてそうならなかったんだろう？　たぶん理由はいくつかあって、それがバンドに向けられた火のような非難を相殺したんだろう。第一に、炎上騒ぎで関心が集まり知名度が高まった。ことわざに言うとおりだ。「どんな宣伝でもいい宣伝、あんたの名前がちゃんと出てればいい宣伝」。第二に、ファンの中にはナタリー・メインズのコメントを聞いて彼女を見限った人もいるんだろうが、新しいファンも生まれた。アメリカ以外ではとくにそうだ。第三に、スーパースターのコンサートだって結局はニッチな市場だ。ディクシー・チックスのトップ・オブ・ザ・ワールド・ツアーは2003年にアメリカで90万枚のチケットを売りさばいた。[45]当時のアメリカの人口は3億人近かったから、お客は人口300人あたり1人にも満たない。これは石鹸のダヴとかコカ・コーラとかバイエルの頭痛薬みたいな、ご家庭でもっとよく使われている製品の市場とはだいぶ違っている。ディクシー・チックスはファン層の一部の機嫌を損ねてもなんとか乗り切り、その上でなお、コンサートを満員御礼にできた。ニッチなファンに強力に支持してもらえたからだ。それから、メインズの政治的な立ち位置があったからこそ、ファンの多くはいっそう彼女たちに熱心になったと言っていいだろう。

■お金を超えた「形のない力」

消費者や企業が音楽にかけるお金や、音楽業界が支える仕事や所得で見ると、経済に対する音楽の貢献度はどちらかと言うと小さい。でも、音楽がぼくらの生活に与える影響は――ぼくらが音楽を聴いて過ごす時間の長さ、そして音楽が呼び起こす強烈な情感が示すように――経済的な影響なんかとは比べものにならない。消費者から見ればたぶん音楽は断トツのお買い得である。

音楽はお金で測れる価値なんて超越している。聴く人の心に、つながっているという強い気持ちを呼び起こすからだ。ミュージシャンと聴き手の気持ちの結びつきこそは、レコードやコンサートのチケットを人に買わせる力であり、ミュージシャンが社会の大義に計り知れない影響を及ぼせる力の源なのである。音楽の「形のない力」は独裁者を打ち倒し、魂を慰めることができる。ボノも言っている。「音楽は世界を変えられる。音楽は人を変えられるから」[46]。

第3章

ロックを支える人的資本

――ギグ経済の先駆者たち

ミュージシャンが曲をプレイすると言って仕事するとは言わないのはちゃんと理由があるんだよ。

――マックス・ワインバーグ

マックス・ワインバーグは、長いことブルース・スプリングスティーンのEストリート・バンドでドラムを叩いてきた。その彼が何度もぼくにこう言っている。音楽を演るのはものすごく楽しい、ミュージシャンが曲をプレイすると言って仕事するとは言わないのはちゃんと理由があるんだよ、と。あるとき、彼がぼくをステージに上がらせてくれて、「グローリー・デイズ」でタンバリンを叩かせてくれた。そのときぼくは彼が言ってることがちょっとわかった気がした。ライヴに来たお客に楽しんでもらえる、そんな妄想が抱けるだけでもほんと有頂天になれる。

ワインバーグは本に書けるぐらいのキャリアを歩んできた。1974年、大学に通いながら食べていくためにブロードウェイの芝居小屋でドラムを叩いていた。そんなある日、『ヴィレッジ・ヴォイス』紙で広告を見た。Eストリート・バンドがドラムのオーディションをやるという。オーディションに現れたドラム60人ちょっとのうち、彼は56番目だった。その頃、彼はスプリングスティーンのこともバンドのこともよく知らなかったけれど、ここまでリーダー中心にまとまったバンドは見たことがなかった。オーディションが終わって、彼はブルースにこう言った。「あんたが誰を選ぶかはわからない。でも聞いてくれよ、オレはあんたのためならタダでも演る」[01]。あともう何単位か取れば卒業ってときに学校を辞め、ロー・スクールに行くのも棚上げにしてバンドに入るってことになっても、お父さんは反対しなかった。1年経って、ブルース・スプリングスティーンとEストリート・バンドは初のヒット曲「ボーン・トゥ・ラン」を世に出した。それから40年以上経ち、ボスが「マイティ・マックス」と呼ぶこのドラマーはこう言う。「今だってタダでも演るね」。

音楽を生み出し、分かち合いたいという情熱こそは、ミュージシャンをこの生業に誘い、商業的な成功や名声を手に入れられることなんてまずないのに、それでもミュージシャンたちが音楽をやり続ける理由である。信心深い人よろしく神の思し召しだって今にも言いそうな勢いで音楽の魅力を語る人は多い。他のことをやって生きていくなんて、彼らにはただもう想像できないのだ。経済学の立ち位置から見ると、内なる衝動に突き動かされて、もっと安定した、もっと払いのいい仕事の道を喜んで捨て去る人たちが、ミュージシャンを安定して供給している、と言える。ブルース・スプリングスティーンも歌ってるでしょう。「好きなことやって王様の身代金みたいなお金を稼ぐ」[02]。で、他の人たちはというと、好きなことやって食っていくのもひと苦労なのだ。

■ 数字で見るミュージシャンたちの生態

国勢調査のデータによると、2016年、アメリカには主な仕事は「歌い手、ミュージシャンまたはその種の働き手」だと自称する人が21万3738人いた。[03] 彼らミュージシャンはこの年の被雇用者全部のうち、たった0・13％を占めるにすぎない。ミュージシャンが労働人口に占める割合は1970年からだいたいこれぐらいの水準をウロウロしている。

仕事でミュージシャンやってる人たちのことをぼくらはどれだけ知ってるだろう？ 第一に、集団としてのミュージシャンのお給料は安い。2016年の中央値で稼ぎは2万ドル、他の働き手全員の中央値を1万5000ドルぐらい下回っている。リー・シムズは食っていこうともがいていた1人で、息子のポール・サイモンよりずっと典型的なミュージシャンである。

第二に、ミュージシャンの3分の2は男だ。労働人口全体に占める男女の割合はだいたい半分ずつである。そして第二次世界大戦からこっち、アメリカの労働人口に占める女の人の割合は上がり続けている一方、ミュージシャンの間では、男と女の割合は1970年代から、だいたい変わってない。

第三に、プロのミュージシャンの13％はアフリカ系アメリカ人で、この割合は労働人口全体に占めるアフリカ系アメリカ人の割合とあんまり違わない。対象的に、ヒスパニック系は労働人口全体よりずっと割合が小さい。ヒスパニック系はミュージシャンのうち10％、一方労働人口全体のうち17%だ。でも労働人口の残りの部分で続くトレンドに従って、ミュージシャンの人種は時とともにどんどん多様化している。１９７０年、ミュージシャンの89%はヒスパニック以外の白人だった。２０１６年、彼らの割合は71%まで下がっている。

第四に、プロのミュージシャンの出身地はちょっと南部が多いけれど、アメリカ全体の地理的な人口分布にだいたい沿っている。

ミュージシャンといえば学校を中退した若いやつ、ワイルドに染めた髪の毛なんてイメージがあるけれど、集団としてのミュージシャンは、実は労働人口全体より年がいってて学もある。[04]仕事でミュージシャンをやってる人たちは、手に入る一番最近のデータでは平均で45歳だった。働き手全体の平均より4歳上だ。高校を卒業する前に学校に通うのをやめてしまったミュージシャンはたった４%しかいない。他の種類の働き手の半分にも満たない数字である。ミュージシャンの丸々半分が４年制の大学を卒業しているのに比べて、労働人口では3分の1だけだ。

ギグ経済は音楽で始まった。まあ当然なんだけど、ミュージシャンは他の人たちに比べて、自分は自営業だという人の割合が5倍近く高い。２０１６年、ミュージシャンの44%が自営、他の仕事だと自分のボスは自分だという人の割合は9%に過ぎなかった。他のフリーランスでもそうだけれど、自営のミュージシャンにはいろんな雇い主のところで好きなように演れる自由がある。でも、昔ながらの雇われ人より、仕事が見つかりやすいかという点でリスクは大きいし、自分のキャリアを自分で立て、お代を自分で取り立て、先々のためにお金を貯めて、なんてことを人事部の手を借りずにやらないといけない。
ミュージシャンの30%が主に演る職場として信仰関係の団体を挙げている。教会の合唱団で歌ったりオルガンを演ったりする人はたくさんいる。教会で歌ったのがキャリアの始めだったという歌い手はとてもたくさんいる。アレサ・フランクリン、ホイットニー・ヒューストン、ジョン・レジェンド、ケイティ・ペリー、フェイス・ヒル、ジャスティン・ティンバーレイク、ジャネール・モネイ、アッシャーなんかがそうだし他にもたくさんいる。

ミュージシャンは平均で、年に3つ別々の音楽関連の活動から収入を得ている。これはプリンストン大学のエド・フリーランドとぼくが1227人のミュージシャンを相手に2018年に行ったアンケート調査に基づく結果だ。[05] ライヴ・パフォーマンスが一番よくあるメシのタネで、プロのミュージシャンのうち、81%は1年の間にライヴ・イベントで収入を手にしている。2番目と3番目によくある収入の出どころは、音楽のレッスン（42%）と教会の合唱やなんかの信仰関係の礼拝での演奏（38%）だ。平均程度のミュージシャンが稼ぐ音楽関係の収入に占めるこれら3つの活動の割合は3分の2を超える。それにこの手の活動はものすごく時間を食う。並みのミュージシャンの場合で週に14・1時間は人前かリハーサルかで演り、5・7時間は演る場所との行き帰りで使い、3・6時間は音楽のレッスンで先生をやるのに使う。

こうしたデータを見ると、ミュージシャンを生業としている人たちが誰で、食っていくために何をして、それからどれだけ稼いでいるかがわかる。でもどんないきさつで、そしてなんでまた、ミュージシャンになったのかはわからない。彼らが音楽からどんな喜びを得ているかも、自分の情熱を追いかけるにはどんなハードルがあるかもわからない。つまり、データはミュージシャンの出どころに関してはなんでも教えてくれる。ただ、音楽のキャリアが魔法みたいでしかも強烈なのはどうしてかだけは教えてはくれないのだ。

■ギグ経済の先駆けたち

ギグという言葉を作ったのは1920年代のジャズ・ミュージシャンたちで、音楽を短い時間だけ演奏する仕事のことだった。ジャズ・ミュージシャンといえば、当時も今も、街から街へと旅してあっちの催しで演ったりこっちのショウで演ったりの生活だ。この言葉は生き残り、そのうち音楽以外にも広まった。今日では、お代の貰えるテンプの仕事は、よくギグと呼ばれる。

ウーバーとAirbnbの時代になって、ギグには新しい意味が加わった。消費者と働き手を引き合わせるインターネット・アプリを通じて行う短期の仕事、だ。オンラインにせよオフラインにせよ、ギグな仕事はここ数年、アメリカで増えている。でも、かかわるお金はどちらかというと小さい。[06]

フリーランスのミュージシャンって生業は、1970年来で音楽の仕事が増えた分の大部分を占めている。[07] この流れを促している要素は主に2つある。第一に、レコード会社はコストを下げろという強烈なプレッシャーを受けている。海賊盤やファイル共有に売り上げが食われているせいだ。第二に、技術革新で音楽の仕事を一部分だけ外注したり、遠いところで行ったりするのが簡単になった。そしてウーバーみたいなオンラインの形式でミュージシャンをギグに引き合わせる場――たとえばギグタウン・ドットコム、ギグモー・ドットコム、ショウスリンガー・ドットコム――で、フリーランスの音楽稼業は21世紀に発展するのだろう。

ミュージシャンは長い間、ギグ経済の先駆けだった。今日のギグな働き手が行き当たるのと同じ問題の多くに、ミュージシャンは昔から悩んできたのだ。健康保険に入ったり、先々のために貯金したり、借金を返したり、節税を考えたり、帳簿をつけたりといった問題だ。2013年、オバマケアで健康保険の取引の場ができ、個人が保険を買うときに所得に基づいて補助金が出るようになる前で、ミュージシャンの53%は健康保険に入っておらず、この割合は人口全体での保険に入っていない人の割合に比べて3倍だった。[08] オバマケアが可決されてから、自営の働き手全体での健康保険加入者は、他の働き手に比べて大きく伸びた。健康保険に加入しているミュージシャンの割合は2018年までに86%に跳ね上がった。[09] まあ当然だけど、ミュージシャンも他のフリーランスの人たちもだいたい、世間一般に比べて、大論争になったこの法律を支持している。[10] 音楽稼業のキャリアを追い求めていると、精神面でストレスを抱えたり肉体面でくたびれ果ててしまったりするのを考えれば、健康保険に入れる人の割合が長年にわたって低かったのは、ミュージシャンにとって大変な問題だったのがわかる。

他のギグな働き手もそうだけれど、ミュージシャンたちは要るだけの仕事を見つけるのに四苦八苦している。ニュージャージーのミュージシャンたちに話を聞いたことがあって、昔ほどギグが見つかりにくくなったし、実入りは——1回演ってミュージシャンそれぞれ100ドルぐらいで——ここ何十年もほとんど増えてないってよく聞かされた。[11]

ミュージシャンや他のギグな働き手にとってもう1つ大変なのは、お金は自分でぶん取らないといけないことだ。ミュージシャンたちが小屋主や興行主にお代を払ってもらえなかったって話は数えきれないぐらいある。そんな目に遭ってきたのは彼らだけじゃない。自営の働き手全体のうち4分の1は、過去1年のいずれかの時点で、貰えるはずの額を貰えなかったことがあると言っている。[12] アレサ・フランクリンをはじめ、たくさんのミュージシャンが、以前は演る前にまず現金でお代を払えと言い張っていたという。

今どきのバンドは自前の帳簿係を雇い、ショウで演ったらお金を取り立てさせているし、マネージャーの手数料はそこから払っている。大昔の音楽稼業では、マネージャーのほうが演る人らにお金を払っていた。あるマネージャーがぼくにこう言っている。いわく、マネージャーはいろんな理由でアーティストに逃げられるんだけど、こういうやり方をすればそんな理由の1つを潰しておける。

ミュージシャンがぶつかる本物の壁の一番は、どうやって食っていくかだ。ビリー・ジョエルが若いミュージシャン向けに語ったアドバイスはここで書くに値する。「一生の生業としてミュージシャン稼業を選ぶのは一大決心だ。決めるのは怖い。何の保証もないからな。友だちは寄ってたかっておまえおかしくなったんかって言う。なれっこないよって言う。親御さんだってどうやって食ってくんだって心配する。クラブとかレストランとかで演ってるミュージシャンといえば、だいたいは他にも仕事してるし」[13]。

■人的資本としてのミュージシャン

もう書いたけど、ミュージシャンは全体として見ると学のある人たちだ。ひょっとすると、それも当たり前なのかもしれない。上手に演れるようになるには何年も一心不乱に練習しないといけないわけだし。それって学校の勉強でいい成績取るのに要るのと同じでしょう。音楽の道を進もうと高校に行かなくなった人たちだって、あれだけの集中力があれば勉強だっていい成績が取れただろうに、なんてことはよくある。

ピンク・フロイドが「勉強なんていらない」とか言ってるけど、自分の技能を磨く練習や情熱は音楽で成功するカギになる要素だ。教育と訓練は経済学者が「人的資本」と呼んでいるものを育む。数十年分の研究で、人的資本は人にとっても国にとっても成功するのに大事な要素なのがわかっている。ぼくが統計で分析したのによると、プロのミュージシャンが大学出だと、高校までのミュージシャンよりずっとたくさん稼いでいる。

グラミー賞を取ったソングライター、ダン・ウィルソンがこう言っている。「ミュージシャンはまあまあの成功を手にするだけでも、何度も何度も頑張らないといけないし、ものすごく大きな運も必要だ。何度も何度もっていうのは、練習が要るってことでもあるけど、もう1つ、頑張り続けるからこそ運も巡ってくるってことだよ」[14]。練習や継続や訓練で、お金の面でも仕事の面でも有利になるのは音楽業界で一番成功したバンド、たとえばビートルズやローリング・ストーンズなんかを見てもわかる。たぶん怠け者なカート・コバーンだって音楽で成功するには人的資本が根本的に大事なのをわかっていた。ニルヴァーナのドラマー、デイヴ・フォスターをクビにしたときの手紙で、コバーンはこんなふうに叱り飛ばしている。「バンドで何か成し遂げようっていうなら、毎週少なくとも5回は練習する必要がある、オレたちはそう思う」[15]。大変な成功を手にしたバンド、たとえばブルース・スプリングスティーンとEストリート・バンドだって、ショウの日には必ずリハーサルをしている。一緒にやってもう何十年にもなるのにそうなのだ。練習したからって音楽が完璧になるわけじゃないけれど、練習しないと間違いなく交響楽だってうるさいだけの騒音になってしまう。

■「職業選び」をアーティストに学ぶ

人が音楽を生業にしようと心に決めるのはどうしてだろう？　音楽業界のスターや新人をインタビューし、ミュージシャン本人が語った話をいくつか読んで、音楽の道を進む一番の――そして最高の――理由は、音楽を愛する深くて変わらぬ心、神秘的と言っていい魅力を創り出す音楽愛があるからであって、名声だの大金だのを夢見るからじゃない、はっきりそうわかった。

ナイル・ロジャースは伝説の歌い手にしてギタリストであり、レコード・プロデューサー、作詞家、作曲家、アレンジャーでもある。彼がなんで音楽をやろうと思ったのか、簡単で、でもよく人も言う説明を語っている。「聴いてもらいたいからだよ[16]」。

パティ・スミスは創造のプロセスを神秘的な言葉で描いている。「アーティストは自分が直感で感じる神とつながろうとする。でも作品を生み出そうと思ったら、この魅力的で霊的な世界にとどまってはいけない。仕事をするには物質界に戻ってこないといけない。霊的な対話と創造の作業のバランスを取るのがアーティストの仕事[17]」。なんにしても、神様とお話しできるチャンスに抗える人なんていますか?

ボブ・ディランも音楽の何もかも超えた魅力を言葉にしている。「音楽は、私にとって、単なるちょっとしたエンタテインメントよりずっと大事なものだ。私の師であり現実に対する変性意識への道しるべなんだよ[18]」。

ジェイソン・ピアースはオルタナティヴ・ロックバンドのスピリチュアライズドやスペースメン3の人だ。彼は音楽の魅力をこんなふうに語っている。「ぼくにわかるのは、出てって演ってるとき、とっても生きてるって気がすること、そして、だから、何よりも演り続けたいと思うこと、それだけだ[19]」。シーラ・ストラットン＝ハムザは60歳のブルーズ・シンガーで、ぼくが募集したフォーカス・グループの1つに加わってくれた人だ。彼女はこう言っている。「ステージに上がる前はあちこち痛いんだけど、始めると幸せでいっぱいになる。自分の本質が流れ出すの。私は違った人になるんです」。ジェイコブ・コリアーはいろんな才能を持ってるのに腰が低い24歳のミュージシャンだ。寝室で曲を作ってグラミー賞を2回とった。彼はぼくに、ツアーに出ているとき、自分は「無敵だ」と感じると言っている。[20] ひどいピーナッツ・アレルギーなのを思い出さないと地上に帰って来れないそうだ。

ぼくがアンケートを取ったミュージシャンたちは、アーティストとしての表現やパフォーマンス、他のミュージシャンとのコラボ、そういうことをするチャンスが手に入るのが、ミュージシャンやってて一番好きなところだと力を込めて言っていた。一方、「懐具合が落ち着かないこと」がミュージシャンやってて一番嫌な面だというのが圧倒的な意見だった。[21]

経済学の立ち位置から見ると、音楽にはそれ自体で演る価値があるから、音楽をタダ同然で創り、演奏するのを厭わない人の供給はいくらでもあり、それで業界みんなの稼ぎに下がる方向の力が加わる。違うのはスーパースターだけだ。実のところ、歌い手でギターも弾くボブ・ゲルドフがぼくに、こう嘆いたことがある。いわく、クラブの中には演らせてやったと言ってお金を取るところもあるそうだ。[22] 経済学者にしてシャンハイ・ペキン・オペラ・カンパニーの創設者であるJ・P・メイの言うとおりだ。「アーティストは生かさず殺さずが均衡なのかもしれない」。

音楽業界ではスーパースターでも、他の業界に比べてどちらかというと稼ぎは悪い。『ビルボード』誌はその年の音楽業界で一番稼いだアーティストのトップ50リストを毎年作っている。ソロの人もいるし何人かのバンドもいる。バンドだと稼ぎをメンバーで山分けすることになる。２０１７年にトップ50に入ったソロの人たち29人に焦点を当てるなら、彼ら音楽業界のスーパースターはこの年、平均で１９５０万ドル稼いでいる。間違いなく大変な金額だ。でも株式公開企業のＣＥＯの中でトップ50の人たちがこの年稼いだ額（３７００万ドル）に比べるとだいたい半分にしかならないし、この年のアスリート全体のトップ50（５１１０万ドル）に比べると半分にも満たない。[23] で、こんなみなさんのそんな稼ぎなんて、ヘッジファンドやプライベート・エクイティの運用担当者のトップが稼いでる額に比べると小銭もいいとこだ。

　ぼくは学生たちに、打ち込める分野を進路に選べと言っている。理屈はこうだ。仕事にはものすごい時間とエネルギーをつぎ込むことになるんだし、それなら燃えて胸張ってやれることを見つけなさいよ。後のことは後のことでなんとかなるもんだし。でもまあできるもんなら、とぼくは学生たちにひと言つけ加える。君らは楽しいけど他の人らはあんまり楽しくない、そんな土俵を見つけるのがいいな。それなら君らの土俵に上がり込んでくる人らの供給は限られるんで、あえてそんな土俵に上がった人らの稼ぎはその分多くなるから。

　これらのうち１つ目の条件は、まんま音楽に当てはまる。「ミュージシャンがこの商売に足を踏み入れるのは、『どんだけ見込みがなさそうだって関係ない、オレは有名になってがっぽり儲けるんだ』って野望で胸をパンパンに膨らませているからだ。思い上がってるよね」なんてぼくも以前は思ってた。まあなんというか、アダム・スミスも大昔に言っている。18

世紀の人で経済学を創った人だ。「先行きが読めないのを嫌い、調子に乗って成功を思い描く、そんな思考が、若いとき、つまり生業を選ぶときほど活発な年代は他にない」[24]。でも調子に乗った若いミュージシャンでも、デカくなるとかがっぽり儲けるとか、そんな妄想を抱いているようには、ぼくには見えない。彼らはただただ、創りたいって情熱を吐き出す方法として、音楽よりももっと楽しく、もっといいものがあるなんて想像もできないのだ。そしてミュージシャンといえばだいたいは、ひとりでは働かない。他のミュージシャンと仕事をする。彼らはお互い同じ大志を抱く同好の士として団結し、お互いの決意とやる気を高め合う。グレイトフル・デッドの曲にもあるとおりだ。「でもオレは何があろうと立ち止まれないバンドで演り続ける、それだけ」[25]。

COLUMN

昼はレポーター、夜はミュージシャン

スティーヴ・リーズマン

スティーヴ・リーズマンは大きなシノギを2つ抱えている。あなたもたぶん、CNBCのビジネス番組「スクオーク・ボックス」でレポーターをやってる彼は知っているだろう。でも彼は、ステラ・ブルーズ・バンドのギターもやっている。グレイトフル・デッドのカヴァーバンドの中でもトップクラスの1つだ。音楽の他にシノギを摑み、でも内

職でミュージシャンとしての仕事も熱心にやっている、リーズマンは何千人もいるそんなミュージシャンの1人だ。２０１８年9月21日、ニューヨークのタイムズスクエアにあるＣＮＢＣのスタジオで、彼の仕事と人生に音楽がどんな役目を果たしているか、話を聞いた。

――テレビのレポーターとミュージシャン、どうやって両立させているんですか？

二重生活をやってるよ。毎朝5時30分ぐらいに仕事に行って夜はギグ、午後の9時に始めることもある。ギグに行くときはいつも車に5時間分のエナジードリンク積んでるんだ。帰りの運転か、ショウの最中にでも要ることがあるかもって思って。まあ、そんなことは決してないんだけどさ。

――音楽を演りだしたのはいつですか？

16歳のときだな。ニューヨークのエッジモント、地元の小学校の脇で、座ってビール飲んでタバコ吸ってたんだ。で、決めたんだよ。人生こんなもんじゃないはずだって。可笑しいのは、楽器はみんなやるってこと。でも21歳とか22歳とかで、みんなメッセージを受け取るんだ。もうやめてもいい頃だぞって。で、オレのとこには来なかった。

――ギターは何本持ってます？　道具にお金かけてますか？

ギターとか機材とかにものすごく金を遣うタイプじゃないんでね。いつも使うのは2、3本で、それぞれにバックアップがあるぐらいだ。機材のことであれこれ思い悩んだり気を揉んだりに延々時間を費やすやつがあっちこっちにいるけど、オレはどうプレイするかで思い悩んだり気を揉んだりするほうに時間を費やすね。

まあ、3000ドルだの4000ドルだの分の機材を車に積んでギグに行くだろ。で、そんだけの機材で稼ぎは50ドルとか100ドルとかだったりするんだよ。だから、あいつらとオレはものすごく違ってるってことだな。

――ミュージシャンではなく、レポーターで食っていこうと決めたのはいつですか？

20代の初めだった。毎週マンハッタンで演ってた。夜中にケニーズ・キャスタウェイズに行ってみたらすごいギター弾くやつが前座やっててさ。こいつすげぇうまいって思って。こんなにうまいやつが前座なんだったら、この世でオレがプロのギター弾きやっても見向きもされんぞと思って。

その頃オレは『ナショナル・ジュエラー』誌で国際ダイヤモンド・レポーターをやってた。だからずっと仕事を2つ掛け持ちしてた。報道と音楽だ。なんでこんなもんが両立できたのかわからん。コロンビアの報道学部の願書でそのことをエッセイに書いた。

――音楽と報道は互いに補い合うものだと思いますか？

オレにとって、表計算ソフトでデータをゴリゴリやるのと、ヨーマ・カウコネンの曲やボブ・ウィアのプレイで正しい音を見つけるのはちゃんとつながってるんだ、うまく言えんが。音楽には分析が要るとこがあって、オレの頭の中で、いつも使ってる経済学と数学で考えると、ほんとにうまくいくんだよ。

――お客の前で演ってるのが、テレビを見てる人たちに向けて報道するときの助けになってると思いますか？

いいや。カメラの前に座っててもお客の反応はぜんぜんわからないから。ライヴ・パフォーマンスについてはっきりわかってることがある。ギターについて居間でわかってるって思うことの100倍はわかってないと、ライヴでプレイなんてできない。居間で何ごとかわかってるってことと、ライヴで演るのにわかってないといけないことには、大きな違いがあるんだよ。

――1日の時間は限られています。音楽を練習するために何を犠牲にしてますか？

寝る時間だね。

――これまでの歳月で、バンドはいくつやりました？

8個から10個だな。どこにいても、やってるバンドはいつも1つだけだ。ライヴで演るのがどんだけ大変か、みんなわかってないんだ。ギグやったりバンド組んだりするにはきっちり仕事せんといかんのよ。

——ステラ・ブルーズ・バンドは月に何回ぐらい演ってるんですか？

ステラ・ブルーズ・バンドでお金が取れるギグっていうと、月に2回から4回ぐらいだな。いい晩だとバンド全員分で1500ドルから2000ドル稼げる。オレたちは7人で稼ぎを等分する。一部はバンドに必要な宣伝やなんかに遣う。だから、いい晩にはオレたちそれぞれ150ドルから200ドルぐらい懐に入れて帰ることになる。

セントラルパークでフリー・コンサートをやったことがあって、そのときはたぶん1000人ぐらいお客が集まったと思う。だいたいの晩は100人から200人ぐらいのお客の前で演ってる。で、お客は1人10ドルから20ドル払ってるな。

オレは経済のレポーターだから、音楽演るってのはお金の面じゃバカバカしいってわかってる。でもな、もっと演れるならまだまだ演る。音楽で稼ぐお金と昼間のシノギで稼ぐお金で、頭の中の入れ物が違ってるみたいなんだよね。音楽でひと晩150ドル稼げたら、そりゃ普通にいい晩だ。ひと晩300ドルなら、そりゃびっくりするぐらいいい晩だ。そんな額でも、オレが昼のシノギで貰ってるのに比べると何分の一かぐらいなんだよ。そういうわけで、2つはアホみたいに話がかみ合わない。たぶん行動経済学者のリチャード・セイラーとかなら説明つけられんだろ。

――グレイトフル・デッドのメンバーの誰かと演ったことはありますか？

ボブ・ウィアとは何回か演った。ステラ・ブルーズがウェストチェスターのキャピトル・シアターで演ったときはフィル・レッシュが来て、やっぱり一緒に演った。

――ボブ・ウィアやフィル・レッシュと一緒に演るのってどんな感じですか？

恐れ多いって感じだな。で、台無しにしてしまわないようにって必死で、恐れ多いのなんて頭から吹き飛んでる。ボブとやるのはちょっとヘンな感じで、なんでかっていうと、デッドのコピーバンドで彼のパートをオレがやってるからだ。だから彼とやるのはちょっと難しかった。

デッドの人らと演るときに難しいのは、あの人らは創造力のあり余った本物の天才で、オレの考えじゃ、アメリカ史上で最高の音楽を創った人たちだ。あの人たちはジャムするのが大好きで、でも本物のアーティストだから、もうやったことをまたやるのにはほとんど興味がないんだよ。アーティストなら誰だってそうだ。オレがやってるのはあの人らが前にやったことの繰り返しなんだから、あの人らはオレが今やってることにはあんまり興味がないってことになる。

オレはボブ・ウィアをよく知ってる。あの人、みんなが自分のサウンドを真似しようとしてるのが可笑しくて仕方がないってさ。ボブは自分のライヴ・パフォーマンスを振り返ったり聴き直したりなんてめったにしないってさ。で、オレはいつもそんなことやってる。オレらはあの人らとは違う飛行機に乗ってるみたいな感じだね。

――音楽での創造力の源って何だと思いますか？

そりゃ簡単だな。オレの場合は犬の散歩だよ。オレが書いた曲は全部、基本的には犬の散歩をしてるときにできたんだ。

グレイトフル・デッドの場合はドラッグが秘密の1つなんだろうね。でもそれだけってわけじゃないと思うな。あの人たちは音楽をとてもよくわかってる。ジェリー・ガルシアは最初、世界レベルのバンジョー・プレイヤーで、それから世界レベルのジャズ・ミュージシャンになった。ボブ・ウィアはまったく独自のスタイルのリズム・ギターを発明したんだ。バラバラなものを集めてひとつにし、一緒に働かせたり積み重ねたりする能力があるんだな。あの人たちはジャズもブルーズもカントリーもわかってた。それを全部ひとつに合わせて独自なことをやった。それが創造力ってことだとオレは思う。

ビートルズ以前に同じようなバンドがなかったかって考えるみたいなもんだ。そりゃあっただろうさ。でもビートルズは革命的な一歩だったとオレは思う。昔に遡って「ああこれがビートルズの先駆者だったんだな。それかあっちだったのかも」なんていうのは難しい。

昼間の仕事じゃ、オレがやってることで一番創造的なのっていったら、経済や企業を説明できる喩えがないかって考えるぐらいだ。

――あなたみたいな人とボブ・ウィア、ミュージシャンとしての違いを語れるいい喩えはありますか？

この世には2種類のミュージシャンがいる。突然変異とそれ以外だ。突然変異は偉大なプレイヤーだ。時速100マイルの速球を投げたり打ち返したりする連中だな。音楽でいうと、こういう人は1回聴けばもう理解できるんだ。それまで聴いたことがない曲でも次のコードがわかるとかね。オレらが知ってる音楽、大好きな音楽を創り出したのはそういう連中なんだよ。で、それからそれ以外の連中がいる。自分はそれ以外の連中のトップに近いところにいる、オレはそう思ってる。でもけっこう若い頃に、自分は突然変異じゃないな、これからも突然変異しないなって思い知った。

オレは自分の知ってる曲では突然変異の連中にまあまあついていけるぐらいではある。でも、連中がラ・ラ・ランドに昇ってしまうとオレなんかは置いてきぼりだ。音楽業界の知り合いが言うんだ。オレらの業界では、お前みたいなやつらには呼び名があってな、「アレンビック（エレキベースの評価が高かった楽器メーカー。音も作りも値段も超高級）抱えた歯医者さん」って言うんだ、だとさ。要は、なんかの仕事をしててお金持ってて、高い機材は買えるけどうまくは弾けない、そういうやつだな。この手はたくさんいてさ。

ミュージシャンにひと晩いっしょに演ってもらって500ドルとか600ドルとか払うやつまでいる。まさしくシノギだよ。
だからお金になるかはオレにはまあまあ大事なんだ。歯医者さんたちとの違いはそこだ。オレはお金払ってプレイしない。オレはお金貰ってプレイするんだよ。

■バンドの組織論――1／N問題

「次のグループを紹介するのにふさわしい枕詞が思いつかない」。フランク・シナトラが50歳の誕生日にサンズで録音したライヴ・アルバムでそう宣言した。「だからこれだけ言う。偉大なるカウント・ベイシーと彼の組織です」[26]。シナトラがバンドを組織と表現したところが、経済学者としてのぼくの頭にコードみたいに鳴り響いた。バンドは確かに組織だ。中小企業やなんとか協会みたいな小さな組織と変わらない。音楽のグループは、ガレージバンドだろうが交響楽団だろうが、産業組織の経済学という分野が使う道具で分析できるはずだ。

組織たるもの、本質に迫るいくつかの疑問に必ず行き当たる。グループのメンバーは何人であるべきだろう？　物事はどうやって決めるべきだろう？　収入は組織のメンバーの間でどう分け合うべきだろう？

音楽グループのメンバー数は歳月とともに減ってきた。たとえば1976年に『ビルボード』誌のトップ100に入っていたバンドで見ると、メンバーは平均で4・5人だった。2016年、トップ100に入るソロ・アーティストはずっと多くなった。ソロの人を除いても、バンドの人数は平均で3・2人に減った。[27]

バンドが小さくなったのはどうしてだろう？　ありそうな話としては、技術革新が進んで、より少ない人数のミュージシャンでよりたくさんの音楽を、より簡単に創り出せるようになったというのがある。他の点が同じなら、バンドのメンバーは少ないほうが、お金の面ではずっと有利だ。バンドで稼いだお金はメンバーの間で山分けするからである。バンドのメンバーが少ないってことは、メンバーそれぞれの分け前は多いってことでしょ。ぼくはそれを、1／N問題と名づけている。実入りはバンドのメンバーN人で分け合わないといけないからだ。

バンドの人数は少なくなってきたけれど、その一方で、今日ではスーパースターが録音する曲に、他のアーティストをフィーチャーすることが増えてきている。例をいくつか挙げるなら、アンドラ・デイの「スタンドアップ」（コモン）、エド・シーランの「パーフェクト」（ビヨンセ）、ルイス・フォンシとダディ・ヤンキーの「デスパシート」（ジャスティン・ビーバー）がそうだ。図3・1を見ると、『ビルボード』誌のトップ100のうち、アーティスト同士がコラボした曲の数が急激に増えているのがわかる。

もう1つ続いているトレンドがあって、曲作りは1980年代以来、共同作業であることが大幅に増えている。『ビルボード』誌トップ100に見る1曲あたりの作者の数は2倍

図3.1 『ビルボード』誌トップ100のうちコラボの曲の数

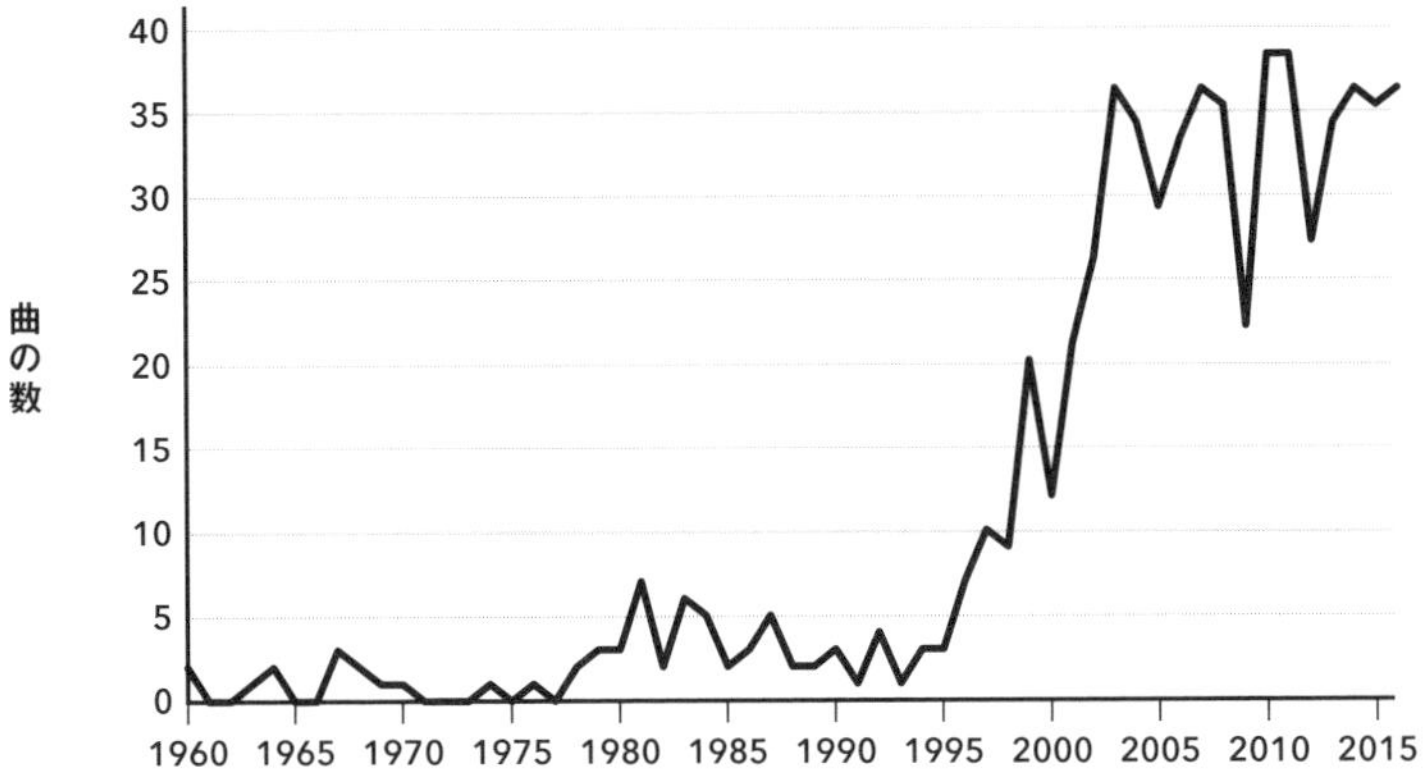

出典:『ビルボード』誌トップ100、年末のチャートのデータを用いた著者自身による計算。

近くなった。

なんでコラボが増えてるのか、ありそうな説明はたくさんある。音楽がどんどん複雑になったというのもあるんだろう。他の人のノウハウが必要になったらその人を引っ張ってくるなんてのもあるだろう。その点で、経済の他の部分を揺り動かしているアウトソーシングの流れが、音楽にも現れているのだ。

歌い手で曲も作るダン・ウィルソンは自分の経験を振り返ってこう言っている。いわく、曲作りにかかわる作曲家が増えているのは、曲を録音する手順が細分化されて、世界中で進められた作業が完成品に組み込まれるようになったからだ。例として彼が挙げたのはホールジーの(ビッグ・ショーンとステフロン・ドンとコラボした)「アローン」って曲だ。この曲には作者として

7人の名前が挙げられている。ウィルソンはなんで曲作りをした人としてこんなにもたくさんのミュージシャンの名前が挙がっているのか、こう説明している。

「アローン」の場合、ファントグラムのジョシュ・カーターが創ったグルーヴが最初で、あいつはそれを、オレも仕事してたファントグラムのセッションに持ち込んだ……その場でオレが歌って歌詞をつけた。で、そしたらやつらのアルバムには採用してもらえなくて。でもあいつがやる（エリック・フレデリックが手掛ける）次のレコードはホールジーので、やつら2人が書いた曲にオレが書いたさっきの歌詞を使わせてくれなんて魔法みたいな話になった。それでやつら、録ったファイルを何人かいる他のプロデューサーに送ったんだ。オレのほうはっていうと「なんだかものすごい人数で仕事してんだな」って思った。それからやつら、ビッグ・ショーンとステフロン・ドンのラップも入れた。……（トニー・ヘスターの名前が挙がってるのは）ジョシュが書いたこの曲の元のバージョンでは、あいつが大昔に書いたマリリン・マックーとビリー・デイヴィスJr.の曲からサンプリングした音を使ってたからだ。それから、曲を書いたのはホールジーとリッキーで、その曲にオレが書いた歌詞を乗せた。だから曲1曲をこんなにも大勢が寄ってたかって書いてるのは、今じゃそんなやり方ができるからなんだよ。[28]

面白いのは、音楽が細分化されるってことは音楽が単純になったってことだとウィルソンが思ってる点だ。複雑なメロディはレコードの最終案からはだいたい落とされる。理由は、アルバムにうまくはまらないとか、最後のほうでかかわった人があれこれ目先の変わる曲は好きでなかったりするとか、そんなのだ。

コラボすれば、アーティストは分野の境を越えて、新しいお客に手を届かせられるってこともある。ポップのアーティストがヒップホップのファンに手を伸ばし、あるいはその逆ができるってことだ。ヒップホップやなんかのジャンルでは、コラボがとても盛んに行われている。彼らのサウンドや仕事のやり方にコラボが自然となじむからだ。

今どきでは、自分の作品で他のアーティストと一緒に仕事をするのをミュージシャンが受け入れるようになってきた。録音された音楽の初期、誰かと共作したなんて話が堂々と表に出ることはめったになかった。実際に共作していてもそうだった。1940年、一番最初の『ビルボード』誌トップ10のチャートで№1になった曲「アイル・ネヴァー・スマイル・アゲイン」の作者としてトミー・ドーシーの名前がクレジットされたとき以来、ずいぶん遠くへ来たものだ。あの曲は名前は出てないが、実はフランク・シナトラとの共作なのである。[29]

1990年代にヒップホップが表の世界に出てきてやっと、コラボは盛んになった。以来、ぼくらは、Dr.ドレーの弁護士、ピーター・パターノがこんな軽口を叩くところまでやってきたのだ。「今、世界一のアーティストっていったらフィーチャリングだな。どのレコード聴いてもあいつが出てくる」[30]。

■ロックバンドのミクロ経済学――稼ぎをどう分ける？

バンドはだいたい、最初は稼ぎを等分して分け合うところから始まる。わかりやすくて公平なやり方だ。ダン・ウィルソンはセミソニックのリードボーカルで曲も書いていた。ヒット曲「クロージング・タイム」を出したバンドだ。3人からなる自分のバンドでは、稼ぎは3等分していると彼は認めている。代わりにウィルソンは、自分たちの音楽の創造面に関する全決定権を確保した[31]。

「初めはな」とマネージャーのクリフ・バーンスタインがぼくに語っている。「バンドは民主的にやらないといけない。生きるか死ぬかがかかってるからな。みんなおんなじ分け前を受け取らないといけない」[32]。彼は力を込めて「最初の頃、バンドの強さは一番弱いところで決まる」と言う。メンバーみんながグループに力を注ぎ続けてくれるだけのお金を稼げないといけない。「子ども3人と奥さん1人を抱えたやつがグループにい続けてくれるのに最低限必要な稼ぎってどれだけか考えてみろ」と彼は言う。バンドのメンバーは4人だとしよう。「バンドのミクロ経済学によると」と彼は語っている。「その最低限必要な稼ぎの4倍が、バンドが生き延びるのに最低限必要な金額ってことになる」。そしてもちろん、1つ大きな壁があって、それは、必要なだけお金を稼ごうとずっとツアーばっかりやってると、バンドの創造力や一体感が損なわれるかもってことだ。バーンスタインは、ツアーと曲作りとスタジオ、それぞれに使う時間のバランスを取って、バンドを生き延びさせつつ創造力と一体感を保たせようと力を尽くしてきた。

稼ぎを等分するのをやめて、創造面で大きな貢献をした人にはもっとたっぷり報いるやり方に変えるのはいつがいいんだろう？　バーンスタインの答えにぼくはびっくりした。「アリーナでトリをとるツアー3回目まではだめだ」。バンドがアリーナを回るツアーも数えて3回目なんて、ずいぶん長いことかかるじゃないですかってぼくが言ったら、彼はこう答えた。「そうだな。でも、1回目のアリーナ・ツアーが終わった後じゃ、もう1回やれるかわからない。自分らは一発屋じゃないんだって証明しないといかんのだよ」。

バンドがスターの地位に上り詰めたら、中でも一番のスターに一番たくさん分け前をあげないと、その人がバンドを辞めてしまうリスクを抱えることになる。バンドが民主モデル、つまり稼ぎを等分して分け合う形から、独裁モデル、つまり分け前をスターに偏らせる形に移るのはだいたいこのときだ。クリフが控えめにこんな言い方をする。「長い仕事になる、そう自信を持って言えるようになって初めて、創造力のあるやつにちょっとだけ色つけてやることを考えていい。それがお金の公平な考え方ってもんだ」。これは、バンドの一体感を保ち、分け前を1／Nも貰えなくなるメンバーの間に出てくる不満や軋轢を最小限に抑えるには、うまく経営していかないといけなくなるときでもある。

バーンスタインの経験によると、バンドを経営していくのは科学というより芸術だ。彼はバンドのメンバーを相手にするときは見える化を重視する。何か決めたらその根拠を説明し、一緒にやってけばみんな想像もしなかったぐらいがっぽり儲かるぞと説く。

■一発屋で終わる人、ずっと稼げる人

「決め手は、名物になってしまうことだな。オレがそうだよ」。カウント・ベイシーがあるときそう言っている。「オレは死ぬまで働ける。レコードなんてこの先1枚も出さなくても大丈夫だ[33]」。

もちろん、名物になるのはそうたやすいことじゃない。とても長くにわたってトップに立っていられるアーティストはめったにいない。

いくらか目立つ例外がいて、ポール・マッカートニー、ローリング・ストーンズ、バーブラ・ストライザンド、ブルース・スプリングスティーン、U2、ビリー・ジョエル、マドンナ、そしてジェイムズ・テイラーなんかがそうだ。でもそんなのはひと握りでめったに出てこない。

ハードロックだと、全世界でも1991年に「ブラック・アルバム」を出してからのメタリカみたいな人気に迫れるバンドはぜんぜんいない[34]。メタリカがこんなに長生きなのにはどんな秘密があるんだろう？　クリフ・バーンスタインは、自分もときどき考え込んでしまうと認めている。「どっかでタメ張るやつらが出てきてメタリカを追い落とすと思うだろ。

なのにこれまでそんなことなかったんだ」。バーンスタインはこうじゃないかと思っているそうだ。メタリカが長続きしているのは、数々のヒット曲という大砲を持っていること、ジェイムズ・ヘットフィールドという「信じがたいほどの才能」がバンドにい続けていること、ドラマーのラーズ・ウルリッヒがずば抜けたアレンジャーでまとめ役であることが理由だ。彼らはプロであり、「最高の成功を収めようと駆り立てられている」。

バーンスタインはメタリカのファン層を調査し、ファンの年齢はティーンエイジャーから40代までまんべんなく分布していることがわかった。そんな幅広いファン層を抱えたメタリカには、今後何年も聴いてくれる人たちがいるってことだ。バーンスタインはもう1つ大事なことを挙げている。Qプライムがこのバンドの面倒を見るときのやり方で、それがバンドの長生きに一役買っているという。彼らは昔みたいなやり方でツアーをやらなくなり、休みをもっと取っている。それは年齢によるところもあるし、家族と過ごすというのもあるし、身体がつらいっていうのもある。ひとたびツアーに出ると需要は大きい。そして彼らはすごいショウをやってのける。2017年、メタリカはスウェーデンのポーラー賞を授与された。音楽のノーベル賞なんて呼ばれることもある賞だ。ラーズ・ウルリッヒはスピーチでこう語っている。「メタリカがこれまで35年間やってきたすべてが認められた。同時に、今オレたちは全盛期で、これからまだまだいい時代が待ってるって気がする」[35]。

業界の中でも他の仕事に移っていくアーティストは多い。作詞、作曲、プロデュースなんかがそうで、どれも稼ぎはより安定しているし、そんなにあちこち飛び回らなくてもいい。

そんな進路があるからっていうのも、人気あるバンドやミュージシャンが大勢、コンサートのステージからブロードウェイのステージへと飛び移る理由の1つだ。1999年にブロードウェイでヒットしたアバの「マンマ・ミーア！」の後を追った例はたくさんある。2010年にトニー賞を獲ったグリーンデイの「アメリカン・イディオット」、2006年にトニー賞を獲ったダンカン・シークの「スプリング・アウェイクニング」、ボノとエッジが2011年に世に出したミュージカル「スパイダーマン」、ボーイ・ジョージの2003年のミュージカル「タブー」、スティングの2014年の「ザ・ラスト・シップ」、シンディ・ローパーとハーヴェイ・ファイアスタインが作ってトニー賞を受賞した2013年の「キンキー・ブーツ」なんかがそうだ。エルトン・ジョンもミュージカルや映画のために曲を書いて大きな成功を収めている。1998年に大ヒットしたディズニー映画の「ライオン・キング」、2000年の「アイーダ」、2009年の「ビリー・エリオット ミュージカル版」なんかがそうだ。

たぶん、クインシー・ジョーンズほど、プロデューサーとして浮き沈みがありながらも長く音楽のキャリアを歩んでいる人はいない。16歳でライオネル・ハンプトンに見出され、ハンプトンのバンドに入ってツアーに出るはずだったけれど、ハンプトンの奥さんが、まず高校を卒業してもらわないと、と言い張った。19歳でハンプトンのバンドに加わり、トランペットを演奏した。その後、ディジー・ガレスピーのバンドでもトランペットを吹きつつバンドの番頭を務めた。それからの彼は、業界のほとんどみんなのレコードをプロデュースした。

フランク・シナトラやレイ・チャールズからマイケル・ジャクソンやドナ・サマーまで、みんなだ。彼が曲を書いた映画も数えきれない。そしてウィル・スミスを見出し、テレビ・ドラマ「ザ・フレッシュ・プリンス・オブ・ベルエア」のプロデューサーを務めた。彼はヒット曲「ユー・ドント・オウン・ミー」を2回プロデュースした。１回目はレスリー・ゴア、2回目はグレイス・フィーチャリング・Gイージィだ。どちらのバージョンも『ビルボード』誌ホット１００に入った。両者を結ぶ58年の間にジョーンズはグラミー賞を28回取っている。この音楽業界の象徴みたいな人は84歳になってお酒をやめ、新しく下町オペラを書くことになって発奮しているとぼくに語っている。

ベルエアにある2万５０００平方フィートのジョーンズの豪邸で、彼と一緒に居間に座っているとき、仕事でこんなにも長く成功し続けていられるのはどうしてでしょうと聞いてみた。クインシーの答えはこうだった。「よく働き、よく遊べ、だな[36]」。それから彼は、もっとよくわかるようにこう言ってくれた。「好奇心だ」。好奇心こそが彼を新しいジャンルの仕事、新しいアーティスト、新しい技術に向かわせる原動力だ。お金持ちだの有名人だのになるために音楽を始めたわけじゃないと彼は言う。いわく、音楽を創りたいという情熱で音楽に向かったんだ。彼の音楽制作会社の社長、アダム・フェルがクインシーの成功の秘訣をもう１つ教えてくれた。クインシーは若い人らを周りに集め、新しいアイディアを尊び、そして、盾突かれても平気だ[37]。そんな戦略で彼はお金の面でも音楽の面でも大成功した。たとえば、ジョーンズは音楽のストリーミング会社、スポティファイにいち早く投資した１人だ。

■ロックにまつわる最大のリスク――ドラッグ、心の健康、自殺

ハートブレイカーズのドラマー、スティーヴ・フェローニはぼくにこう言っている。股関節の骨を折ったトム・ペティは、2017年にはあまりの痛みに「階段も登れなくなってた。オレの肩につかまってステージに登ってたんだ」。ツアーでショウを53回やることになってたのをキャンセルしなかったのはどうしてだろう？　ステージに上がればミュージシャンは「無敵」になった気になるんだとフェローニは言う。「5万人とか6万人とかのお客が集まってみんなお前のことが大好きだとして、なんか、まずい気がするもんかね？」。アドレナリンと痛み止めのおかげで「トムもときどき、アンコールのために自分で問題なくステージまで上がれたんだよ」。2017年10月2日、トム・ペティは誤って薬物を過剰に摂取して亡くなった。事件後の検死で、フェンタニルに加えて鎮痛剤と抗うつ剤が体内から検出された。「ずっと苦しかったんだよあいつ」。フェローニは何度も何度もそうつぶやいた。[38]

哀しい事実があって、命に関わるドラッグのやりすぎや薬物の乱用、アル中、不安、落ち込み、そして自殺はミュージシャン稼業についてまわる大きなリスクだ。旅から旅への人生、パフォーマンスをやるときのプレッシャー、そしてドラッグやお酒が簡単に手に入ることで、たくさんのミュージシャンの人生が台無しになっている。ミュージシャンの中にはドラッグをやれば創造力が高まると信じて手を出す人もいる。ぼくが調べたのによると、ミュージシャンは人口全体に比べて薬物乱用の問題に3倍も悩まされやすい。[39]ドラッグのや

りすぎで亡くなったスーパースターには、ジミ・ヘンドリックス（1970年に27歳で死亡）、ジャニス・ジョプリン（1970年に27歳で死亡）、エルヴィス・プレスリー（1977年に42歳で死亡）、カート・コバーン（1994年に27歳で死亡）、マイケル・ジャクソン（2009年に50歳で死亡）、エイミー・ワインハウス（2011年に27歳で死亡）、ホイットニー・ヒューストン（2012年に48歳で死亡）、プリンス（2016年に57歳で死亡）、そしてリル・ピープ（2017年に21歳で死亡）なんかがいる。念入りに調べてみると、[40]ミュージシャンはそれ以外の人たちに比べて、20代から30代で亡くなる危険が2倍から3倍も高い。

名高いミュージシャンの中には、うつ病や不安といった心の健康に問題を抱えた人たちもいる。マライア・キャリー、シーア、そしてデミ・ロヴァートは、自分は双極性障害だと公表している。ブルース・スプリングスティーン、ロジック、カリード、セレーナ・ゴメス、ジャネット・ジャクソン、ビーチ・ボーイズのブライアン・ウィルソン、そしてハートのアン・ウィルソンは、不安や落ち込みとの自分の闘いを語っている。

ぼくが調べたミュージシャンの半分は、落ち込んだり暗くなったり絶望したりしたことが過去2週間に少なくとも数日あったと言っている。それに比べて大人全体ではそんな人は4分の1もいない。驚くべきことに、ミュージシャンの11・8％が「死ぬか何かの形で自分を傷つけたほうがましなんじゃないかという思い」をここ2週間のうち少なくとも何日かは巡らせたことがあると言っている。人口全体ではほんの3・4％だ。*

疾病対策センターによると、2017年に7万2306人のアメリカ人がドラッグのや

*アンケート調査が終わってから、あるミュージシャンがこう送ってよこしてくれた。「このアンケートに答えるってこと自体で、自分がどんだけ長いこと落ち込んでたかを痛感したよ。で、オレは今、立ち向かおうとしている……そう知って喜んでくれるといいと思うんだが、あんたが思ってもみなかった形であんたは爪跡を残してくれたんだよ」。

りすぎで亡くなった。前の年に比べて14%の増加である。ヘロインという形で現れた麻薬危機は市井の人たちに広まるよりずっと前に、ミュージシャンたちを襲っていたのだ。そして多くの場合、アメリカの社会の問題は音楽業界でずっと早くに起こり、ずっと大きなものになる。

■成りあがり——生まれながらの格差はあるか？

歴史を顧みると、音楽は恵まれない出自の人が成りあがるための通り道の1つであり、文化に影響を与える術になってきた。ジム・クロウの時代には、もがいていたアフリカ系アメリカ人の、よく響く声の役割を果たしている。貧しい暮らしや人種差別を乗り越えて成りあがり、アメリカの文化や社会を豊かにしたすばらしいミュージシャンに、マヘリア・ジャクソン、ハリー・ベラフォンテ、ニーナ・シモン、チャック・ベリー、レイ・チャールズ、そしてスティーヴィー・ワンダーなんかがいる。

今でも音楽はそんな道の役割を果たしているだろうか。恵まれない出自の子どもが成りあがり、アメリカの文化や経済生活の頂点にたどり着くチャンスを提供しているだろうか。ぼくはプリンストンの学生たちの手を借りて、1976年と2016年の『ビルボード』誌のトップ100に入った曲に参加したミュージシャンたちがどんな家の出身か調べた。1976年のグループに入っていたスターにはポール・マッカートニー、フレディ・マーキュリー、ピーター・フランプトン、ミック・フリートウッド、エルトン・ジョン、ダイアナ・ロス、スティーヴン・タイラー、デイヴィッド・ボウイ、スティーヴ・ミラーなんかがいる。２０１６年のグループにはドレイク、アデル、ジャスティン・ビーバー、リアーナ、ショーン・メンデス、セレーナ・ゴメス、アリアナ・グランデ、ビヨンセ、ジェイZ、そしてメーガン・トレイナーなんかがいる。チャートでトップ１００に入っているミュージシャンの歳の平均は2つの時点でだいたい同じ（30近く）だ。たくさんのミュージシャンの出自を調べるのはやってみると大変だった。ぼくらは彼らを実家の裕福さに基づいて分類してみた。[41]

　結果には、勇気づけられるパターンがはっきり表れていた。音楽は相変わらず成りあがる術になっていた。１９７６年、『ビルボード』誌トップ１００のミュージシャンのうち15％は、経済の面で全家庭のうち下から10％に入る家庭の出身だった。２０１６年、同じ割合を見ると26・5％だった。成りあがりの割合が高まったのは、ヒップホップ／ラップというジャンルが盛り上がったおかげだ。ヒップホップ／ラップのミュージシャンは半分以上が所得分布の下半分に分類される家庭の出身である。ヒップホップとラップのアーティストたちを除くと、２０１６年に大ヒットした曲のミュージシャンたちのうち14％は、所得で見て下から10％に入る家庭出身だった。比べてもらうために、今のアメリカで所得分布の上位1％に入るすべての個人のうち、下位10％に入る家庭で育った人は2％にすぎない。[42] トップ１００に入った曲のミュージシャンたちは、その年の所得で上位１％に入っている可能性が高い。だから音楽稼業は経済全体よりもずっと成りあがりやすいということだ。

デジタルの時代になって、スーパースターに成りあがったミュージシャンの出自は地域の面でももっと多様になった。１９７６年、『ビルボード』誌トップ１００のミュージシャンたちの20％近くは、たった４つの街のどれかの出身だった。ロサンゼルス、シカゴ、ニューヨーク、ナッシュヴィルだ。２０１６年、これらの街から出た人の割合は15％に下がっている。小さな都市や田舎町（人口が5万人以下）の出身の人の割合は、40年の間に18％から29％へと上がっている。

人種に関していうと、アフリカ系アメリカ人がトップ・ミュージシャンに占める割合はこの期間に少しだけ上がっている。１９７６年の34％から２０１６年には38％になった。アフリカ系アメリカ人が業界トップのアーティストたちに占める割合は、音楽業界の労働力全体に比べて高い。２人親の家庭で育ったミュージシャンの割合は１９７６年の80％から２０１６年の66％へと下がった。

アメリカ社会の二極化を映して、業界トップのミュージシャンたちでも、所得分布で上位10％の家庭出身である割合は２０１６年のほうが１９７６年より高い。２０１６年、業界トップのミュージシャンのうち17％は所得で上位10％の家庭で育っている。１９７６年には、そんな恵まれた家庭出身は６％しかいなかった。それでも、音楽は経済全体に比べてずっと民主的だ。経済全体では、アメリカ上位１％に入れるだけ稼いだ人のうち45％は、所得分布の上位10％に入る家庭で育っている。

別の切り口で見ると、音楽業界はアメリカ社会の頂点よりも実力勝負であるようだ。頂点に立つミュージシャンのうち、親御さんもミュージシャンでスーパースターだった人はほんのひと握りしかいない。スターの座を手にしたミュージシャンで、子どもも才能に恵まれ、親御さんの足跡をたどってやっぱりいくらかの名声を手にしたって人はたくさんいる（フランク・シナトラと彼の子どもたち、フランクJr.とナンシーとか、ジョニー・キャッシュとロザンヌ・キャッシュ、ナット・キング・コールとナタリー・コール、ジョン・レノンとジュリアン・レノンやショーン・レノンなんかを考えてみればいい）。でも、親子ともども、、、スーパースターである例はなかなか思い浮かばない。頂点に立つアスリートとか会社の経営陣なんかのほうが、頂点に立つミュージシャンよりも、親御さんが同じ仕事で成功を収めた人である可能性は高い。音楽の世界に世襲の王朝があんまりないってことは、たぶん、この業界でスターになれるかどうかは運にとても大きく左右されるのが現れているからなんだろう。

■ なぜ音楽で食べている女性が少ないのか？

音楽を全体として見た場合、国勢調査のデータによると１９７０年以来プロのミュージシャンとして仕事をする男が女のだいたい2倍いる。性別格差は『ビルボード』誌のチャートでトップ１００に登場するエリートなミュージシャンの間ではなおのこと大きい。でも、少なくとも事態は改善する方向にある。１９７６年、最高のヒット曲を出したミュージシャンに女の人は10％しかいない。２０１６年にはそれが27％に増えた。ミュージシャン全体に占める女性の割合に比べるとまだちょっと低いけれど、40年前に比べるとずいぶん割合が高くなっている。

女の人たちが音楽の世界で不当な扱いを受けていることを示すものは山ほどある。ポールスター・ボックスオフィス・データベースによると、これまでのコンサート収入でトップ20に入る女の人は2人（マドンナとセリーヌ・ディオン）だけだ。元スパイス・ガールズのメラニー・チズムの言葉を借りると、「音楽業界を目指した途端、女性差別に遭うようになった。女は売れないとかって言われたよ」[43]。チズムだけじゃない。２０１８年に取ったアンケートによると、女性のミュージシャンのうち、72%は性別が理由で差別に遭った、67%はセクハラされたと言っている[44]。２０１８年、グラミー賞に選ばれた女性アーティストが20%を下回ったのを受け、レコーディング・アカデミーはタスクフォースを立ち上げ、「女性その他、音楽業界の不遇な人たちの声が障害や偏見に妨げられていないか」を調べることにした*。

性別格差は音楽の分野によって大きかったり小さかったりする。たとえばカントリー・ミュージックはとくに男ばっかりだ。２０１７年にカントリーのラジオ局でトップ40に入った女性アーティストは３人しかいない[45]。クラシック音楽も壁は高い。ズービン・メータはロサンゼルス交響楽団（１９６４〜１９７８年）やニューヨーク・フィルハーモニック（１９７８〜１９９０年）の高名な指揮者だ。彼があるときこう言っている。「オーケストラに女がいてはいけないと思う」[46]。そして女性プロデューサーやレコード会社の重役は本当に少ない[47]。

＊2018年、南カリフォルニア大学アネンバーグ校インクルージョン・イニシアティヴのステイシー・L・スミス、マーク・シュウェイティ、ケイト・パイパーは、グラミー賞を取った女性の割合が低いことを指摘して注目を集め、この問題が国中で議論されるようになった。彼らの報告を受け、レコーディング・アカデミーは16人からなるタスクフォースを立ち上げた。議長はティナ・チェンだ。ぼくも統計顧問としてタスクフォースに参加した。

音楽業界で女性が少ないのは、彼女たちは他の分野に行きがちだから、あるいはズービン・メータみたいな人の態度に出てる差別にぶち当たるからかもしれない。ハーヴァードのクラウディア・ゴールディンとプリンストンのセシリア・ラウズは、ともに経済学者だ。性差別の影響を判定するべく、彼女たちは交響楽団のオーディションを使い、現実の世界で目覚ましい実験を行った。[48] 1970年代から1980年代、主な交響楽団の多くがブラインド・オーディションを始めた。候補者は指定された曲を、どんな人かわからないようについたての向こうで弾く。それこそじゅうたんを敷いて音でハイヒールを履いてるか履いてないかが審査員にわからないようにしたり、なんてことまで行われた。オーケストラに採用される女の人はこの年代に大幅に増えた。1970年以前は10%だったが1990年代には35%だ。アメリカ・オーケストラ連盟によると、2016年にアメリカの合奏団員に占める女性の割合は47%をちょっと上回るぐらいだった。

ブラインド・オーディションが果たした役割を見極めようと、ゴールディン、ラウズの教授2人は主な交響楽団11ヵ所の年ごとのデータを集めた。交響楽団それぞれが90人から105人のミュージシャンを抱えている。このデータがあれば、楽団それぞれの採用や構成の男女比が、ブラインド・オーディションを始める前と後でどうなっていたか、見ることができる。まあ当然だけれど、ついたての陰でオーディションを受けるようになってから、女性たちはずっと採用されることが多くなった。経済学者2人は、ブラインド・オーディションが使われるようになったことで、1970年から1996年でオーケストラに女性が増えた分の4分の1を説明できるとの結論に達した。

ブラインド・オーディションは、どこの業界でも、採用活動のどの段階でも使えるってわけじゃない。それに少数派に属する人たちは相変わらずオーケストラでは不遇だ。でも、音楽業界でなくても企業の中には、人を採用するときに応募者の性別を見えなくして、職場の女性の割合を高め、差別を妨げるやり方を使うところが出てきている。そういうやり方はいくらか成功しているようだ。[49] でも、もっと歩みを進めないと、働く女性を後押しし、陰に陽に存在するセクハラを根絶やしにし、人の態度を変えることはできない。そうした課題を乗り越えるのは、力関係が大きく偏った業界や、独立した人が仕事を請け負うって形の働き方が浸透している業界では、特に難しい。音楽業界ではそういうのがよくあるし、他の業界でも増えている。

■ 最高の見返り

だいたいのミュージシャンにとって、人生はおうおうにしてお金の面では大変だけれど人としてはやりがいがある。運のいいひと握りだけが、名声と富を手にする。後の人たちは食っていくのもひと苦労だ。彼らにとっての見返りとはだいたいの場合、情熱を向けられる仕事を追い求めることで得られる内なる喜びや、同じことに情熱を持ったミュージシャンたちと一緒に仕事をして人びとを楽しませること、そして自分の技に磨きをかけることである。経済の他のところで働く人たちも、そんなミュージシャンと同じタイプの壁に行き当たっている。ビリー・ジョエルが若いミュージシャン向けに語ったアドバイスはここで書くに値する。「スターになるとかレコード出せるとか、そんなの忘れてしまえ。ミュージシャンやって家賃が払えて食いもんだの暮らしに要るものだのが買えるんだったら、そりゃもう成功してんだよ[50]」。

第4章

スーパースターの経済学

――市場の勝者はこうして生まれる

勝てば総取り 負ければ小さく立ち尽くす
――ベニー・アンダーソンとビョルン・ウルヴァース

ヒット曲「ザ・ウィナー・テイクス・イット・オール」は1980年にスウェーデンのポップ・グループ、アバが出した曲だ。その年は経済的な不平等が転換点を迎えた年でもあった。1980年来アメリカでは、全所得の成長のうち上位10％の家計の懐に収まった部分は、全体の100％を超えている。所得が増えた分全体のうち、目を疑う3分の2が上位1％の懐に収まっている。下から90％の人たちを合わせた所得は、実は減っていいるのだ。[01]ヨーロッパやアジアでも、近年では所得に占める一番稼ぎの大きい人たちの取り分がより大きくなっている。[02]経済が勝者総取りみたいなことになってきているのはなんでなんだろう？

所得の分布が一番稼ぐ人たちのほうにより長い尻尾を持つ形になっているのには、いろんな理由がある。音楽業界を調べるとカギが1つ浮かび上がる。スーパースター市場が果たす役割だ。いろんな生業で、労働市場はスーパースター市場に姿を変えた。つまり、頂点に立つひと握りの人たちが戦利品の大部分をせしめる市場になった。音楽業界は長い間――でもずっとというわけではなく――教科書に出てくるぐらいスーパースター市場の代表例だった。そして経済全体についていいろんなことを教えてくれる。

スーパースターの経済学を最初に真剣に研究したのは、19世紀終わりのイギリスの経済学者、アルフレッド・マーシャルだった。マーシャルは成功したひと握りの事業家の稼ぎがどんどん大きくなっていくのはなぜか解明したいと思った。この章の後のほうで見るように、彼の答えはこうだ。技術の進歩で事業家たちは、遥か彼方まで広がる帝国を支配し、バカでかい事業を展開することによる報酬を手にできるようになった。皮肉にも、彼は音楽をこの現象の反例として挙げたのだった。スーパースター効果が限られている生業の例に使ったのだ。歌い手がアンプもなしに声を届かせられる範囲にいる人しか、歌い手のパフォーマンスを楽しむことはできないからだ。

時は移った。マーシャルはスピーカーやマイク、アンプ、デジタル・レコーディング、ストリーミング・メディア、ジャンボトロンなんてものは想像もしていなかっただろう。それは強力なダメ押しだった。経済で勝ち馬と負け犬が決まるにあたって核になる役割を果たすのはテクノロジーだってことだ。でもテクノロジーは法律や社会の枠組みの中でしか生きられないし、その法律や社会は経済面での成功と失敗、経済のパイの大きさ、それに経済の中でのパイの分け方も左右する。たとえば、印税はどちらかというと雀の涙で、だからそれで作詞家の稼ぎは頭を押さえられる。ぼくらの文化はどんどんセレブに動かされるようになっている。ミュージシャンでも他の分野の人でも、人気が盛り上がったり盛り下がったりするときに通る道が、スーパースターの地位と、それで手に入るあれこれすべてにたどり着けるかどうかの決定的な分かれ道になっている。そして最後に、公平さという基準がある。それにはお給料やコンサート・チケットの値段といった経済的な変数が含まれている。その基準も、スーパースターの地位にたどり着いたときに手に入る報いの大きさを決めるのに一役買っている。

■スーパースター市場を創るもの――規模の経済

アルフレッド・マーシャル（1842-1924）は彼の世代で一番の影響力ある経済学者だった。彼は自分が生きている間に起きた、所得の分配の変化に目を見張った。1870年代にマーシャルはこう書いている。「凡庸な能力と凡庸な運を持った事業家が得る利益率は、今では……これまでなかったほど低くなった。一方、類を見ないほど才と運に恵まれた人が参入できる事業はとても幅広く存在し、そうした人はこれまでなかったほど素早く巨額の富を蓄えられるようになった[03]」。なんだか知ってる話のような気がするって？　同じようなことが今どきのジェフ・ベゾス、ビル・ゲイツ、マーク・ザッカーバーグなんかにも言えるかもしれませんね。

マーシャルは、事業家のスーパースターとそれ以外の所得格差の拡大を、新しい通信技術が開発されたことを使って説明している。それは何かというと電報だ。電報はイギリスとアメリカ、インド、その他遠くはオーストラリアまでをつないだ。その結果マーシャルは、最先端の起業家たちが「自分の建設的な、あるいは投機的な才を、従来よりも大きな規模、広い地域にわたる事業に生かせるようになった」のに気づいた。言い換えると、技術革新で市場の規模が拡大したのだ。スーパースターがスーパーサイズの稼ぎを得るには、巨大な市場が不可欠だったのであるだ。

第1章で書いたように、マーシャルは自分の主張を裏づける例にエリザベス・ビリングトン（1765－1818）を挙げた。ビリングトン夫人は、当時、最高のソプラノ歌手として広く認められていた。しかしマーシャルは「人間の声が届く範囲に入る人の数が厳密に限られている間は、前世紀の初めにビリングトン夫人が1シーズンで手にしたと言われる1万ポンドを大きく超える額を受け取る歌い手が出るとは考えられない。また、今の世代の企業経営者たちは前世紀の経営者たちよりたくさん報酬を得ているが、歌い手たちがあれほど報酬を増やせるとは思えない」。ビリングトン夫人も他の並外れた歌い手たちも、大観衆を相手にすることはできなかった。だからスーパースターになるのに不可欠な規模の要素が、彼女たちには欠けていたのである。

シャーウィン・ローゼン（1938－2001）はシカゴ大学の経済学者で、乾いたウィットと鋭い頭の持ち主だ。彼の仕事のおかげで、スーパースターの出現に規模は必要だが、それだけでは十分でないのがわかった。ローゼンはスーパースターを厳密な経済学でモデル化し、それを使って、市場がひと握りのスーパースターに牛耳られるのはどんなときか、不可欠な要素の2つ目を明らかにした。市場のトップを狙えるのは不完全代替財だけだ。つまり、スーパースターはそれぞれ独自のスタイルや技術を持ち、それで収益性が上がったり下がったりするのでないといけない。

経営者の才がみんな同じなら――つまり経営者たちが完全代替財なら――誰が会社のCEOなりトップなりを務めようが関係ない。会社の経営トップの人たちは誰も他の経営トップより高い給料なんて貰えない。能力は同じライバルたちとの熾烈な競争にさらされるからだ。同じように、ミュージシャンといえばどの人の音色も同じようなものなら、ぼくらがスマートフォンやラジオで聴くのが誰だろうが関係ないわけで、ミュージシャンの稼ぎはみんな同じになるだろう。頂点を狙う人が、なんらかの意味で大事な面で、他の人たちみんなに差をつけられるときにだけ、市場がスーパースターに席巻される可能性が出てくる。能力で劣る働き手がどんだけ頑張っても、一番能力がある働き手の産み出すものは超えられない、というのでないといけない。ローゼンもこう書いている。「月並みな歌い手を何人聴いても、並外れたパフォーマンス1つには届かない[04]」。

つまり、規模と独自さの両方がないとスーパースター市場は生まれない。ビリングトンさんの声は独自だけれど、彼女には規模が欠けていた。小さくてよくわからないほどの才能の違いでも、規模がその効果を何倍にも大きくする。規模を拡大できるなら、次点の人よりほんのちょっと才に恵まれているだけで、トップの報酬は次点の人よりずっと大きくなる。一番能力ある人の才は、ずっと大きなお客や市場に手が届くし、そのおかげでずっと大きな収入や利益を手にできるのだ。

才能の小さな差が経済面での報いに大きな差をもたらす。そして才能はおうおうにして評価も予測も難しい。スーパースター市場では勝ち馬を決めるのに運も大きな役割を果たす。運とは数知れないたまたまの要因と偶然の出来事で、ある一人を頂点に導き、別の一人に後れを取らせる。芸術なんかはとくにそうで、才能は評価が難しく、主観的に判断するほかない。そして人の好みは移り気なのだ。音楽稼業に手を染める人たちはそれを「Xファクター」と呼ぶ。実を言うとアルフレッド・マーシャルは、スーパースターの地位に上り詰めるには才能に加えて運が大事だとはっきり書いている。ぼくも運の力は大事だと思うので、第5章を丸ごと使って運や不運が音楽稼業、そして人の人生一般での成功や失敗を決めるのにどんな役割を果たすかを論じる。

■「勝者総取り」を生み出した技術革新

19世紀当時、エリザベス・ビリングトンは、甘く、広く、力強い、無二の偉大な声を持った歌い手と評されていた。[05] ロンドン、ダブリン、ミラノ、ヴェニス、トリエステ、そしてパリの主要なオペラ座すべてに出演した。彼女の結婚生活が揺らぐと、タブロイド紙に大きく報じられたり幅広くゴシップの的になったりした。つまり、ビリングトンは彼女の時代のビヨンセだったのだ。シャーウィン・ローゼンは『ブリタニカ百科事典』〔邦訳：ブリタニカ・ジャパン〕と『グローヴ世界音楽大事典』〔邦訳：講談社〕に載っていた数字を使って、エリザベス・ビリングトンは1801年に1万ポンドから1万5000ポンドを稼いだと報告している。コヴェント・ガーデンとドルリー・レインでイタリアのオペラを歌った年だ（ローゼンは彼らしくもこんな余計なひと言をつけ加えている。「エンドースメント契約に関して情報は伝わっていない」）。

今のお金に直すと、ビリングトン夫人は年に100万ドルから150万ドルを稼いでいたことになる。結構な稼ぎだ。彼女の時代を考えるとなおさらである。でも、『フォーブス』誌によると2017年にビヨンセが稼いだ1億500万ドルの2%にもならない。[06]

ビリングトンからビヨンセへと、何が変わったんだろう？　みんなの生活水準を引き上げた経済全体の成長以外にも、ミュージシャンのスーパースターの稼ぎを引き上げたわかりやすい発展があった。音声の録音と増幅の技術の発明だ。最初は物理的なレコード、それからデジタル録音が、ミュージシャンがたどり着ける規模を大幅に拡大した。ストリーミングを足場に、ビヨンセはほとんど無限大の大きさのお客に声を届かせられるようになった。そしてひとたび曲が完成すれば、それをたくさんの聴き手に配信する費用はほとんどゼロだ。

技術革新のおかげで、ミュージシャンがライヴ・パフォーマンスで実現できる規模も大きくなった。2016年7月、水晶みたいに澄みわたった晩、ぼくは他のファン5万6368人といっしょにブルース・スプリングスティーンがローマのチルコ・マッシモで演るのを聴きに行った。[07]4時間に及ぶショウが終わり、がっかりして帰った人は1人もいなかった。会場を出るとき、お客の大部分は「サンダー・ロード」を歌っていた。そしてこの会場は遡ることビリングトンの時代にも使えたけれど、当時はチルコ・マッシモで彼女が演っても入れられるファンは500人もいかなかっただろう。今日、人間の声が届く人の数は実質的に限りがない。エリザベス・ビリングトンがマイクやアンプを使えていたらどれだけの人が彼女の歌声を聴けたか想像してみるといい。MTVにCD、アップル・ミュージック、スポティファイ、ユーチューブ、テンセントがあったらなおさらだ。彼女がシリウスXMラジオに自分の放送局を持っていたらどうだろう。彼女を世界各地に運ぶ自家用ジェット機なんてあったら？

音楽の演奏を録音したり再生したりできるようになって、今日頂点に立つアーティスト、つまり一番引く手あまたの人たちは音楽稼業を牛耳れるようになった。録音技術が発達する前は、食堂や飲み屋がライヴで演るミュージシャンを雇い、彼らは楽譜を見ながらヒット曲を演奏した。今、そういう生演奏はあんまり見られず、食堂も飲み屋も、代わりにスターが録音した曲を流している。結局のところ、カヴァーバンドが「ボーン・トゥ・ラン」を演ったって、誰かお金を払う気になんてなりますか？　ブルース・スプリングスティーンとEストリート・バンドの演奏がレコードで聴けるっていうのに？　音楽業界に規模の拡大を実現させた技術革新のおかげで、ほんとのてっぺんに立っている人の足元以下では、ミュージシャンが中流程度の稼ぎを得るのも難しくなった。スーパースターの需要は高まったが、それ未満のアーティストの需要は減った。

アルバムの売り上げやデジタル・ストリーミングは、スーパースター現象をはっきり映している。2017年、トップ0・1％のアーティストが全アルバム売り上げの半分以上を占めた。曲のストリーミングやダウンロードでも同じように、勝負は一方的だ[08]。

でも、録音された音楽が手に入れやすくなって、ミュージシャンの稼ぎにヘンなことが起きた。デジタル録音技術とインターネットの発達で、録音された音楽を複製したり共有したりするのが簡単になり、アーティストやレコード・レーベルが録音された音楽を売って手にする収入が１９９０年代以来激しく減ったのだ。ツアーはこれまでもミュージシャンの大事な収入源だったのだけれど、レコードの売り上げがガタ減りして、これまで以上に大事になった。

今日、録音された音楽はミュージシャンにとって、基本的には名前を売るための方法になった。ツアーとそれ関係の物販でスーパースター・レベルの稼ぎを手に入れようというのがミュージシャン側の作戦なのである。２００２年にデイヴィッド・ボウイが予想したとおりだ。「音楽は水道の水みたいに簡単に手に入る[09]」。

ここ40年でツアーはいっそうスーパースター市場になった。売上高のうち、てっぺんに立つアーティストがせしめる割合は高くなった。図４・１は、世界のコンサート・チケット売り上げのうち、アーティストの上位１％と上位５％が占める割合だ。ポールスター・ボックスオフィス・データベースを使ってぼくが集計した。元になったデータは、会場、主催者、マネジメント事務所の情報とともに報告されている。報告されているのはボックスオフィスでのチケット売り上げで、流通市場で転売されたチケットはカウントされない。でもやっぱりお金（の大部分）はアーティストの懐へは行かない。付論に、ポールスター・ボックスオフィ

図4.1 チケット収入全体のうちトップのアーティストが占める割合（1982―2017年）

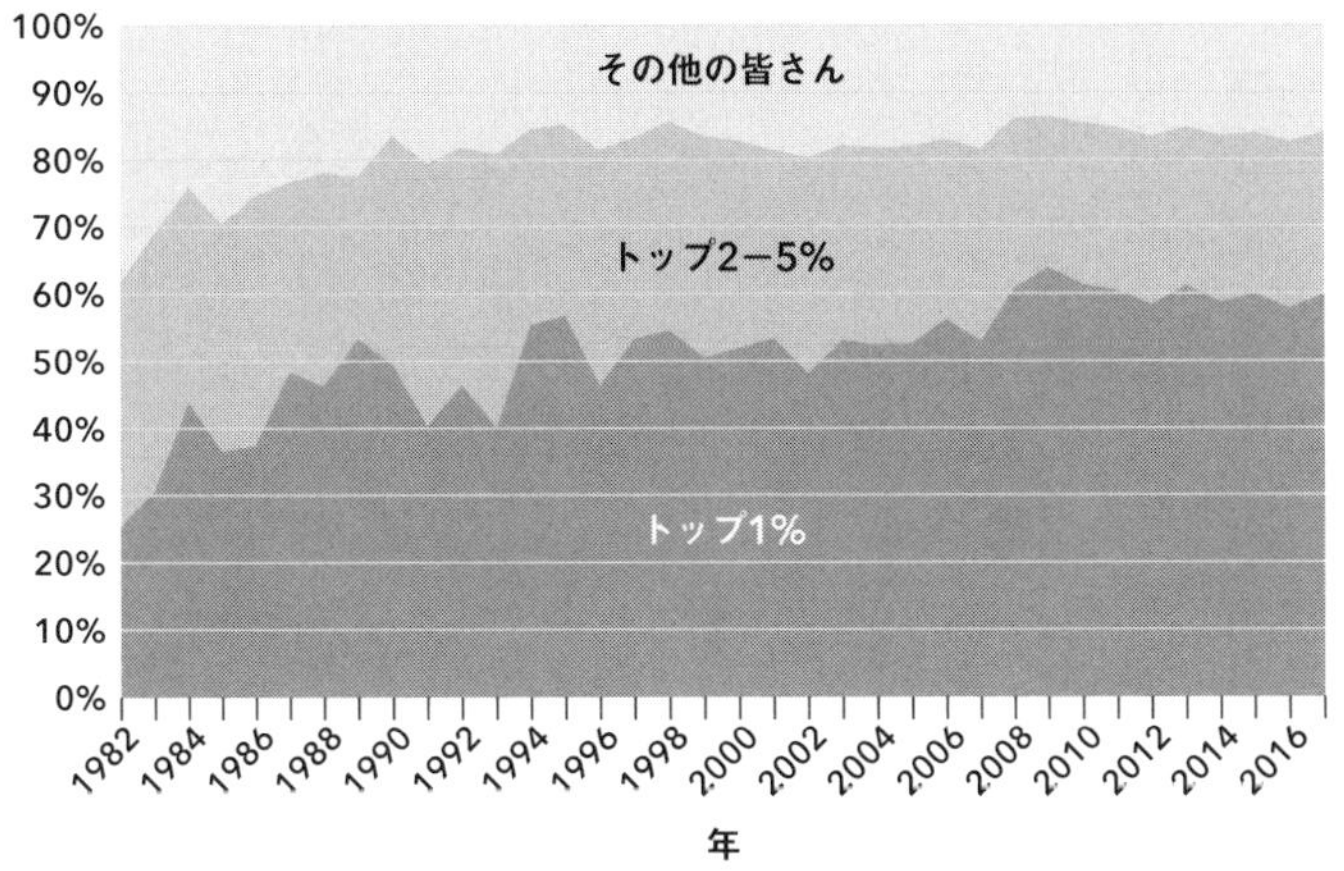

出典：ポールスター・ボックスオフィス・データベースに基づく著者の計算。

ス・データベースの強みと弱みを統計で評価したもの、それから、報告されてない分だけデータをぼくが補正してみたものを載せておく。ポールスターのデータには足りてないところもいくらかあって、とくに昔のデータは完璧ではない。でも、ポールスター・ボックスオフィス・データベースは、コンサート収入の過去のデータの源として、やっぱり一番いいし、一番カヴァーする範囲が広い。*

ポールスターのデータによると、コンサート収入全体のうち、アーティストのトップ1%が占める割合は1982年の26%から2017年の60%へと高まった。トップ1%が手にするコンサート収入は、今では残りの99%を全部合わせたよりも多い。そしてトップ5%のアーティストがコンサート収入全体に占める割合は同じ期間

＊部外者のぼくに初めてこのデータを見させてくれたポールスターに感謝する。

に62%から85%へと増えた。アーティストのトップ5%は、残りの95%を全部合わせたものの6倍近く稼いでいる。スーパースター市場なんてものがほんとにあるなら、これが間違いなくそれだ。

　ストリーミングやコンピュータを使った音楽制作技術のおかげで参入コストが下がり、音楽業界は前より平等になったと言う人がいる。でも、アーティストの稼ぎを見る限り、むしろ前より不平等になってきた。どんどん不平等なほうへ進んでいるのは、スーパースターなアーティストのチケットの値段がすごい勢いで上がっているせいだ。トップのアーティストがチケットの販売数やショウの数に占める割合は、１９８０年代の初めからだいたい変わってない。変わったのは、スーパースターのライヴの値段が上がっているってことのほうだ。

　そして、アーティストの正味の稼ぎは、ポールスター・ボックスオフィス・データベースで見るより、たぶんほんとはもっと不平等だ。コストはさまざまだからである。収入から費用を差し引いた額のデータは手に入らないのだけれど、たぶん、スーパースターがかけるコストの収入に対する割合は、そこまで人気がないアーティストよりも低いんじゃないか。スーパースターのほうが交渉で強く出られるし、ツアーで回る場所も作戦を練って、コストができるだけ安く済むように選んだりもできる。Qプライムのクリフ・バーンスタインもぼくに言っている。「人気沸騰中のショウをひっさげて街に乗り込めば、まあどこの会場だって、あんたがやってくれってことはなんでもやらざるを得んだろうさ」[10]。

グッズ販売、スポンサーからの協賛金、エンドースメント、稼げそうな道はいろいろある。それで業界の稼ぎの分布はいっそう偏り、スーパースター市場のほうへいっそう突き進む。スーパースターがそういう稼ぎ全体から受け取る割合はなおのこと高いからだ。

スーパースターはどうやって大人気になるんだろうか、という疑問に目を向ける前に、経済のルールがスーパースターの稼ぎをどれだけ抑え込み、また押し上げているか、強調しておきたい。アメリカでいうと、てっぺんに立つミュージシャンの大部分は自営業者であり、マネージャーと一緒になって、自分の取り分やツアーのスケジュールを思ったように交渉できる。[11]でも韓国では、Kポップのグループはマネジメント事務所との長期契約にサインする。この契約のせいで、実質的にグループは、自分たちが生んだ利益の大部分を他人に持っていかれる。[12]同じように、日本ではミュージシャンは典型的に下働きベースで働く。だからミュージシャンたちの稼ぎは頭を抑えられる。そして中国では、アーティストのツアーの収入から、レコード・レーベルがけっこうな割合の分け前をかっさらうのが普通だ。ミュージシャンが交渉に持ち込める契約のあり方は、経済のいろんな力に左右される。でも、前例とかご当地のやり方とかも、やっぱり影響するのである。

■人気者はますます人気に――バンドワゴン効果とべき乗則

2017年、全部で3320万曲がストリーミングされた。全部別々の曲である。集計したのはバズアングル・ミュージック、あちこちのストリーミング・サービスからデータを集めている会社である。[13] スポティファイ単体では３５００万曲が提供されている。１人でその曲全部を１回ずつでも聴こうと思ったら人生を６回やらないといけない。[14] これだけ膨大な音楽を並べられては、全部聴いてどれが好きでどれが嫌いか決めるなんてどうあっても無理だ。代わりにぼくらは、自分の音楽の好みを形作るとき、友だちや家族、同僚たちのアドバイス、ラジオやその他のメディアで聴くもの、あるいは専門家の意見（『ビルボード』誌のトップ１００や誰かが集めたプレイリスト）なんかに大きく頼る。音楽の好みは、人がそれぞれ自分で独自に形作るものではないのである。

このプロセスでバンドワゴン効果が生まれる。人気があるものにいっそう人気が出る傾向だ。バンドワゴン効果が生まれるのは、ぼくらが特定の曲やミュージシャンの存在についての情報を友だちから教わったり、友だちがぼくらに特定のタイプの音楽を聴くように勧めてくれたりするからだ。バンドワゴン効果はこの場合とくに強力な可能性が高い。音楽は人付き合いの営みであったりするからだ。音楽を聴くのは、人がよく他の人と一緒に経験したいと思うことの１つだ。友だちがよく知ってる音楽なら自分もよく知りたい。それで友だちとの付き合いが深まるし、音楽を聴く（とか音楽で踊るとかの）経験がいっそう盛り上がる。だから友だちの輪の中で人気のある音楽のほうがぼくらは惹かれやすい。そしてさらにバンドワゴン効果を強めるのが、曲を聴けば聴くほどその曲が好きになる、ぼくらの心に根を下ろした人間心理の傾向だ。[15]

製品の人気が、人付き合いのネットワークをどう伝わるかで大部分決まるなら、経済面で2つ大事な意味合いが生じる。1つ目に、人気の分布はとても偏る。一番人気が大部分をかっさらう。2つ目に、新しい製品が市場に持ち込まれ、潜在的なお客のネットワークに浸透していくときの経路にはいろんな偶然が働くので、何に一番人気が出るかは、そんな偶然に振り回される。

統計学の符丁を使って言うと、ファンのネットワークにおける情報の伝わり方《カスケード》と音楽の選好が、べき乗則《パワー・ロー》に従う分布を生み出す。一番人気のあるものの人気は、その次に人気のあるものの人気の何倍にもなり、以下同様に続くってことだ。その結果、ひと握りのプレイヤー、つまりスーパースターが市場を席巻するようになる。80／20の法則（パレートの法則）と呼ばれるものがあり、企業のお客のうち20％がその企業の売上高の80％を占めるなんていうのがそうで、商売の世界ではよく見られる現象だ。

社会に影響が及ぶときの道筋を形にしてみよう。ある曲を買おうかなと思っている人がそれぞれ、ときどきは自分で考えて決め、ときどきは友だちがどうするかで決めるとしよう。具体的には、全体のｐ％のケースでは、人は自分ひとりで考えて、その曲は買いだなと思ったら買う。それ以外のケースでは、人は友だちを後追いする。だから（１００－ｐ）％のケースでは、人は友だちがレコードを買えば自分も買い、友だちが買わなければ自分も買わない。友だちのほうも同じ行動を取る。ときどきは自分で決め、ときどきはまた別の友だちがやったとおりにする。[16] 人の意思がそんなふうに決まるものだと、曲の買われ方の分布はべき乗則に従うようになる。この例で、誰もがみんな、どの曲も同じだけ好きだとしよう。彼らが自分の行動を決めるときに、他の人の行動に頼るようだと、バンドワゴン効果が生まれ、曲の買われ方の分布は大きく偏ったものになる。運のない曲は、出てすぐに買い手がつかず、ほとんど買う人がいないまま枯れてしまう。誰も勧めないからだ。一方、人気が出る曲もある。最初の頃に買う人がたくさんいて、それでまた買う人が出てくるからだ。数学でいうと、そんな人まねの過程で人気には掛け算の仕組みが働き、ひと握りの曲が売り上げの大部分を占めるようになる。人気が雪だるま式に盛り上がったり盛り下がったりするのはそういうわけだ。

ぼくの思うところ、べき乗則って考えは、音楽市場だけでなく、スーパースター現象を理解するのに欠かせない。1つには、ストリーミングされた曲の数やアルバムの売り上げ、コンサート収入は、どれもべき乗則でうまく近似できる。ツイッターのフォロワー数やユーチューブの登録者数、ミュージシャンがフェイスブックで集める「いいね！」の数なんかもそうだ。

たとえば図4・2は2016年にストリーミングで人気のあるほうから2500組のアーティストが、それぞれ何度ストリーミングされたかを、多いほうから少ないほうへと並べている。バズアングルのデータを使ってぼくが計算した。一番人気のあったアーティスト、ドレイクの曲は61億回ストリーミングされた。彼に次ぐのはリアーナ（33億回）、トウェンティ・ワン・パイロッツ（27億回）、ザ・ウィークエンド（26億回）だ。ドレイクから100位下へ行って101番目のグループはカリフォルニアのバンド、ロス・ティグレス・デル・ノルテで、

図4.2 音楽ストリーミングのトップ・アーティスト2,500組（2016年）

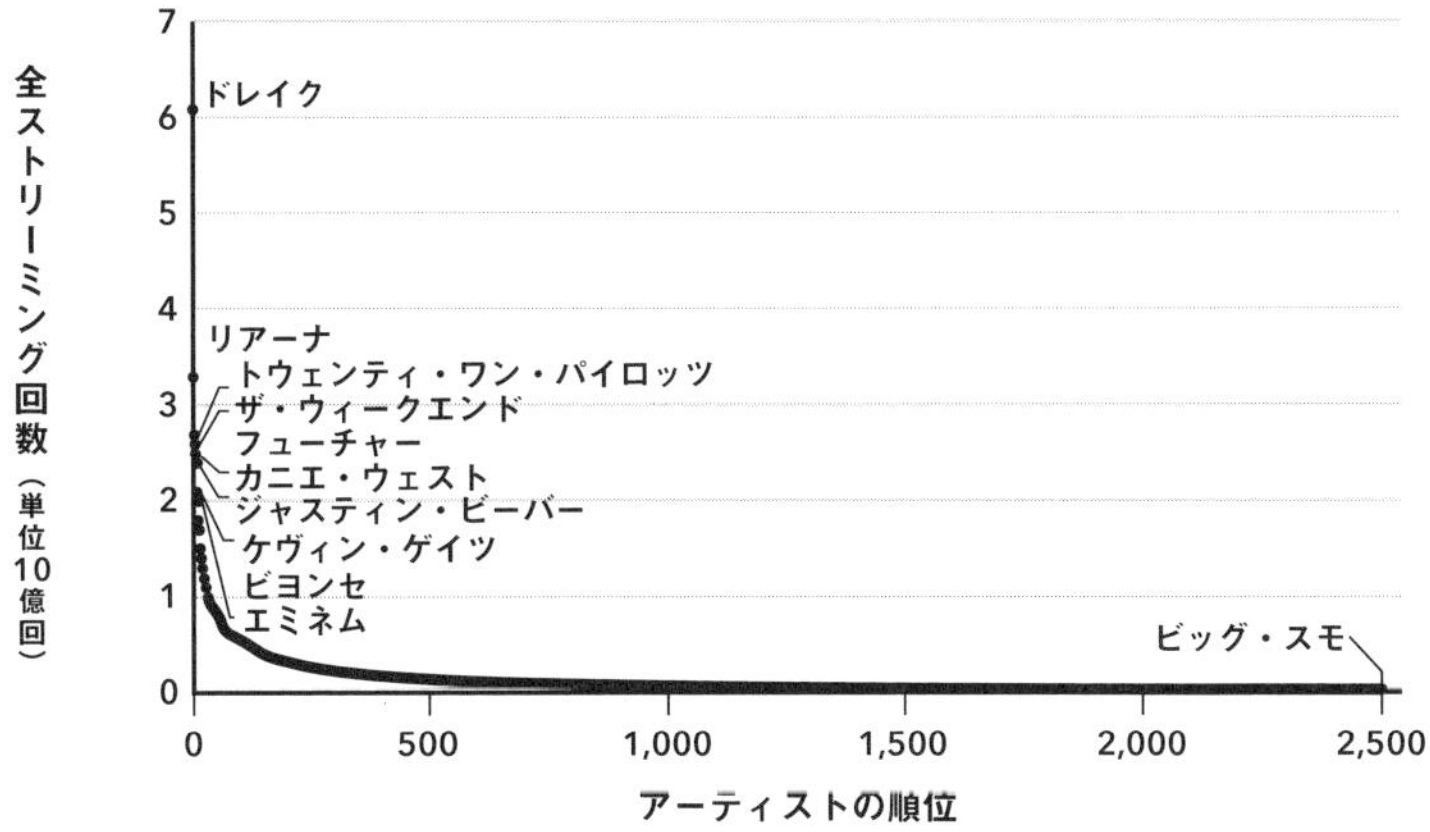

出典：バズアングル・ミュージックのデータを使った著者の計算。

ストリーミングされた回数は5億回、ドレイクの10%を下回る。トップ近くからすごい勢いで頻度が下がっていくのはべき乗則に典型的に見られるパターンだ。

分布のもう一方の端にはカントリー・ラッパーのビッグ・スモがいて、ストリーミングは2500万回だ。順位が下のほうのアーティストは、大部分がだいたいそれぐらいの回数に固まっている（ああそれから、ビッグ・スモやグラフで低空飛行してる他のアーティストがお気の毒なんて思わないでくださいね。ストリーミングで聴けるアーティストはだいたい300万組いる。だから全体像を見ると、ビッグ・スモはまあまあうまくやってるほうだ。2500万回のストリーミングだと、2016年に印税で3万5000ドルぐらいは彼の懐に入ったはずだ）。このグラフでわかるのは、アーティストごとの曲のストリーミング件数はべき乗則に従って分布していることだ。人気がおおかた、人付き合いを通じて広まるときに予想できるとおりの結果である。

社会学者のマシュー・サルガニック、ピーター・シェリダン・ドッズ、ダンカン・ワッツが画期的な実験で、ぼくらの音楽の選び方に社会が及ぼす影響の大きさや、社会が及ぼす影響が一番人気のある曲と一番人気のない曲の格差を広げる傾向があることを示した。[17] この研究者たちは総勢1万4341人の参加者でパラレル宇宙を創り、今のところ無名のいろんなバンドが録った48曲をダウンロードできるチャンスを参加者たちに提供する。参加者たちはでたらめに選ばれた2つのウェブサイトのどちらかに案内される。そこで、それまでに来た人たちのうちダウンロードした人の割合を教えられるか、あるいはそれまでに来た人たちの行動は教えられないかのどちらかになる。1つ目のウェブサイトでは、参加者の好みは社会的影響に左右されて形作られる可能性がある。2つ目のウェブサイトでは、好みはそれぞれ独立に形作られる。他の参加者がいろんな曲をどれだけダウンロードしたかがわかるほうが（社会的影響）、スーパースターの曲が抜け出る傾向はずっと強くなり、ダウンロードの分布は、好みが独立に形作られる場合よりも、べき乗則に従う分布にずっと近くなった。

さらに実験が行われ、目を見張る結果がもう1つ出た。参加者をでたらめにグループに振り分けて、社会的影響が曲の選択を左右できるようにすると、48曲の順位がグループ間で違ってきたのだ。つまり、初めの頃に被験者グループの1つで、たまたまある曲に人気が出ると、人気はその後、いっそう高まる。一方、別のグループで初めの頃にその曲に人気が出ないと、人気はその後、最初のケースに比べて色あせていく。こうした事例を社会学者は累積的優位と呼んでいる。源が何であれ、ライバルよりちょっとだけ有利だと、時間が経つにつれ、それが雪だるま式に膨らんでずっと大きく有利になる。さて、どうあってもトップに立てない曲だってあるわけだけれど、でも（被験者がそれぞれ独立に好きな曲を決めるほうの実験でのランキングから判断して）けっこういい曲だけで見ると、ほとんどどの曲がトップになってもおかしくなかった。どうやら、曲の質がいいと人気が出るチャンスは生まれるけれど、質だけでは十分ではないようだ。社会的ネットワークの中でたまたま起きるやり取りの影響が大きい。

社会学者たちの実験で出た結果は、現実の世界で社会的影響が曲の人気に与える影響の本当の役割を、実は低めに見せている可能性が高い。実験では選べる曲の数はどちらかというと少なく、だから参加者はその気になれば曲を全部聴ける。それに、マーケティングやラジオでの放送、プロダクト・プレイスメント〔映画やテレビで製品を画面に映るように使ってもらうこと〕、マスコミの注目、そして——たぶん一番大事なのはこれなんだけど——友だちの輪の中での非公式なやり取りは、どれも、実際の音楽市場で大きな役割を担う。でも、名前を隠した被験者を使った実験では、そういう要素は出てこない。

社会的ネットワークを伝わって広まること、そしていいスタートを切ることが大事というのは、音楽業界で働く人たちにとって、初耳でも何でもない。マルチタレントのミュージシャン、ジェイコブ・コリアーはぼくにこう語っている。「ユーチューブにアップした自分の動画のどれかに、最初のほうでついたコメントが、曲がバズるかどうかを握ってるんだよ」[18]。そして、曲が出てすぐ「ピッチフォーク」〔音楽関連のメディア〕に出た評価がいいか悪いかが、新しいバンドが伸るか反るかを決めるのだ。多くの曲は発表時にラジオで流してもらうこともなく消えていく。言い換えれば、社会的ネットワークを通じたチャンスの相互作用によって、市場がスーパースターに牛耳られる傾向を生み、運や不運の影響を大きくするのだ。

ひとたびべき乗則、つまり大変に偏った分布を世界の中に探し始めると、もう見逃しようもなくなる。べき乗則を使って描かれてきたものには、英単語（それから実質的に他の言語全部の単語）のそれぞれが使われる頻度、都市それぞれの人口、停電の回数、所得の分配、株式市場の上げ下げ、曲の音符パターン、抗議集会に来る人の数、ウェブサイトそれぞれのリンク数、それにいろんな物理現象などがある[19]。もっと大事なのは、社会的あるいは物理的なネットワークの仕組みにはべき乗則に従う分布を生み出すものがあり、それが華々しい成功や散々な失敗を導いている点だ。いろんな職業を見るときに、要素が互いにつながりあっていることでべき乗則に従う分布が生まれるのを理解すると、極端な出来事――お隣さんのお嬢さんが次のテイラー・スウィフトになるとか、壊滅的な停電が起きて何日も続くとか、みたいな――がときどき起こるのはなぜかがわかる。

どんな種類の社会の動きがべき乗則を生み出すか――人の信念・知識・行動が、周りの人の信念・知識・行動に左右される――を見れば、決定的に重要なマクロ経済現象がどう起きるのかがわかったりする。銀行の取り付け騒ぎや金融危機、住宅バブルみたいな経済現象だ。その手の社会の動きは、個人のものの見方が他人のものの見方に左右され、自己実現的予言を生み出す。たとえば、家の値段が上がるという信念が広まると、値段が上がる前にと市場に飛び込む人がどんどん増えて、それが家の値段をさらに押し上げる。値段の上昇はしばらく続き、それから自分の重さを支えきれずに暴落したりする。実際、シティグループのCEO、チャック・プリンスが2007年7月に、ぼくらの生涯で最悪の金融危機をその後すぐにもたらす力を口にしたときの、彼の有名な言葉の根っこには、こうした社会の動きがあったのだ。「音楽が止まったら、つまり流動性が止まったらってことだが、いろいろややこしいことになる。でも音楽が鳴ってる間は立って踊り続けんとな。で、オレたちはまだ踊ってるわけだ」[20]。何が悲しいって、彼の銀行はそれからそう長くは踊り続けられなかった。で、アメリカ政府に救ってもらわないといけなくなった。音楽で流行り廃りを生むのと同じ種類の動きが、金融バブルを膨らませたり弾けさせたりするのである。

■ ロングテイル説の怪しさ――「ニッチ市場が勝つ」って本当？

音楽を創ってインターネットで配信するコストが下がったから、消費される音楽は多様になり、音楽の市場はスーパースター市場からニッチ市場に移る、そう予想する人もいる。クリス・アンダーソンは大ヒットした『ロングテール』でこう書いている。

ぼくらの文化や経済の焦点は、需要曲線のてっぺんにある、どっちかというとひと握りの「ヒット」（主流派の製品と市場）から、尻尾のほうにある、ものすごくたくさんのニッチな製品や市場へと、どんどん移っている。作ったり配ったりするコストは下がった。オンラインではとくにそうだ。製品や消費者を十把一絡げにコンテナに詰め込むなんてやり方は、もうあんまりやらなくていい。物理的な製品棚の場所の制約や、その他配達上の障害がなくなった時代が来た。ターゲットを狭く絞った製品やサービスが、大風呂敷広げた出し物と同じぐらい、経済的な魅力を持てるようになった。[21]

アンダーソンはこの理屈を使って予測を行い、本や映画、音楽、そして本質的には小売商品全部の市場は集中度が下がり、多彩になると考えた。つまり、配信されるのがスーパースターばかりではなくなり、べき乗則は相対的な成績を予測するのに今までほど強い力を発揮できなくなる。

このテーマに呼応して、経済学者のポール・クルーグマンが『ニューヨーク・タイムズ』紙のブログにこんな記事を書いた。２０１３年、ロックの殿堂でのぼくのスピーチに応えたもので、こんな疑問を挙げている。「今は（いまだに）スーパースターの時代？」。彼の主張はこうだ。「基本的に、音楽関係の会社にとってインターネットは商売の邪魔だ。誰かぜひ教えてほしいんだが、邪魔が入って皮算用が変わったりしてないんだろうか。ラジオで放送してもらってももうあんまり関係ないし、聴き手はてんでばらばらになったし、演るほうもパンドラやユーチューブでファンを手に入れられる」。彼はブログの書き込みをこんな言葉で締めくくっている。「そんなわけで、思うんだが、アラン・クルーガーはこの辺じゃわかってないな。なんにしても、2003年以来音楽業界で続く傾向がどんなのか、ぜひ見てみたいもんだね[22]」。

いつの日か、音楽業界がどっちかというとニッチでできた市場になる可能性はあるけれど、まだそんなことにはなってない。図4・1でツアー収入――ミュージシャンの主な食い扶持――を見る限り、音楽業界はここ数十年でいっそう偏った姿になっている。2003年以来、コンサート売り上げのうちトップ1%がせしめる割合は54%から60%に上がった[23]。録音された曲の売り上げのほうは、時間を追って比較していくのが難しい。形式がどんどん変わっているからだ。でも、ハーヴァード・ビジネススクールのアニータ・エルバースが気づいたのによると、2007年から2011年で、曲の売れ行きは頂点のアーティストたちにいっそう偏ってきている[24]。

そんなわけで、ポール・クルーグマンの疑問にはこう答えよう。いまだにスーパースターの時代みたいですが何か?

ある意味、インターネットはスーパースターがスーパースターになる道のりを変えた。ジャスティン・ビーバーやジェイコブ・コリアーは自分のユーチューブ・チャンネルで名を売った。でも、インターネットで所得分布が均《なら》されたりはしてないし、中流クラスの生活ができるぐらい稼ぐミュージシャンが山ほど出てきたりもしない。[25]インターネットのおかげで、ミュージシャンが増えたり彼らが創る曲が増えたりするかもしれない。でもそんなインターネットの時代でも、ひと握りのアーティストが、相変わらず他の連中よりもずっとずっと人気があるのだ。

マルチタレントのクエストラヴはザ・ルーツのリーダーで、最近、マイアミビーチで会ったときに、音楽稼業がとても偏っているのを愚痴っていた。

> オレ的にはバランスが取れてるほうがいい。ドナルド・グローヴァーとタイラー・ペリーが両端にいて共存できる、そんなところだといい。イッサ・レイとホイットニー・カニングス、カーディ・Bとロクサーヌ・シャンテでも同じだ。よくあること、音楽ではとくによくあること、中でもヒップホップじゃなおさらよくあることなんだけど、やってるやつは1人だけで、他には誰もいないってことがよくあると思う。で、誰だか一番ウケの取れるやつがスポットライトも関心も集めるんだよ。一方、そんなことになってもおかしくないアーティストは掃いて捨てるほどいる。オレの立ち位置はっていうと、まだスポットライトがあったかいうちに、みんなに選べる道を見せてやれって感じだな。[26]

彼はべき乗則の力がのしかかる上り坂の苦しい戦いを繰り広げているのだ。

ぼくには――ロングテイル説とは逆に――音楽といえばインターネットでだいたい聴けるからって、音楽の好みが人と人とのつながりであらかた決まり、その結果、どちらかといえばひと握りのミュージシャンに人気が集中するって傾向が、変わってしまうとは思えない。実のところ、目の前に並ぶ音楽の選択肢の数はものすごく増えただろうし、多すぎて途方に暮れるぐらいである。ストリーミング・サービスが出てきたせいだ。おかげでぼくらは曲やアーティストを選ぶとき、いっそう自分の社会的ネットワークに頼るようになるだろう。それから、キュレイテッド・リコメンデイションの仕組みが急速に発達している。ビッグデータを使って、ぼくらが新しい曲を見つけるのを手伝ってくれる仕組みだ。これもまた、人気がないうえにずっとそのままだろうねって曲を勧めるキュレイションの仕組みの需要が増えでもしない限り、ネットワーク効果を高める可能性が高い。

COLUMN

心の音楽

グロリア・エステファン

グロリア・エステファンは史上最高に成功したクロスオーヴァー・アーティストだ。旦那さんのエミリオとともに、あるいはマイアミ・サウンド・マシーンとともに、そしてソロ・アーティストとして、彼女は世界全体で1億枚を超えるレコードを売り、グラミー賞を7度取っている。スーパーボウルやオリンピックでも演ってるし、ローマ教皇やあっちこっちの大統領の前でも演っている。ぼくが彼女にインタビューしたのは2018年10月4日だ。

——あなたは音楽一家に生まれ育って『ミュージック・オブ・ハート』にも出演しましたね。学校で音楽を教える話の映画です。学校の音楽の授業には影響を受けましたか？

うん、とっても。でも音楽の遺伝子も貰ってる。ママは家でも学校でも歌姫だった。パパのほうにもアーティストが何人かいる。クラシックのピアニストがいるし、サルサ・バンドのリーダーがいるし、クラシックのヴァイオリニストもいる。あたしは言葉が喋れるようになったときから歌ってる。

5年生のときに大天使聖ミカエル小学校で学校のバンドに入った。その頃はサックスがやりたかったんだけど、男の子しかやらせてもらえなかった。で、あたしはクラリネット。おかげであたしは今でもクラリネットとかのリード楽器がとっても好き。木の音が好きなんだね。あれはとてもよかった。あたし、注目されるのは好きじゃなかったから。5年生から8年生までやったけど、とてもいろんな意味でためになった。初めてマイアミを出たのは学校のバンドでタンパに行ったとき。州のコンクールに出たんだ。力を合わせるってことを学んだわ。算数も学べた。音楽は算数だから。どういうわけだか、芸術とか音楽とかは算数やなんかの科目みたいに大事じゃないって思ってる人がいる。でもぜんぜん違う。音楽は他の科目とほんとに相性がいい。

学校の音楽の授業が削られるのを見ると、いつもとても心が痛む。だからあたしは、政府が予算を減らすたび、自分が穴を埋められないかやってみてるし、民間からの寄付金で学校に音楽を取り戻そうってがんばってる。

——あなたはマイアミ大学で心理学の学位を取ってますよね。音楽の何が、人と人との気持ちを結びつけるのだと思いますか？

そのことはとてもよく考える。秘密がわかったら、曲をラジオでヒットさせるなんてことのずっと向こうまで行けるでしょう。音楽は、色と同じように、人の気分を変えたりする。

音楽はみんなをひとつにする。あたしは世界中を旅してきた。聴きに来てくれた人たちの言葉がどんなに違っても、ショウの同じところでは気持ちの上で文字どおり同じ反応が返ってきたよ。完全に音楽がそういうものだってことだね。歌詞の言葉がなんだろうと関係ないんだよ。

音楽と、あたしたちが気持ち的にどれだけ幸せかは、とても強く結びついている。で、同じように、音楽は悪いほうにも気持ちを動かしたりする。ときどき、ものすごくハードコアで暴力的な音楽に動かされて、人はとても大変なことをやらかしたりする。音楽にはすごい力があるんだよ。

——音楽稼業のお金の仕組みはどう変わりましたか？

音楽のお金の流れはものすごく変わった。ぐるっとひと回りして１９５０年代に戻ったみたい。シングルが大事になったのもそうだし——みんな仕事してもあんまりお金が貰えないのもそう。１９５０年代にはね、アーティストはいろんな形で、なかなかお金を貰えなかった。ポップ・ミュージックってＲ＆Ｂとかアフリカ系アメリカ人の音楽を文字どおりパクってることがよくあって、でもポップ・ミュージックで曲を書いた人にもオリジナルの音楽を創ったアーティストにもお金が払われないなんて、そういうことがよくあった。

今、アーティストがお金を貰うのはもうほんとに難しい、ほんとに。昔はレコーディングだけやってツアーに出ないアーティストなんてのもやれた。でも今じゃレコーディングだけやるアーティストなんてお金にならない。で、ジレンマがあって、それは、ツアーに出られてもあなたの曲を誰も知らないんなら誰もあなたを見に行かないってこと。

市場が細分化したのはとても痛かった。インターネットのおかげでレコード会社を見つけなくてもよくなった——ガレージバンドとかの今あるテクノロジーで、ほとんど誰でも音楽が創れるようになったし、自分の曲をiTunesでもスポティファイでも、好きなところにアップロードできるようになった——んだけど、大変なのはその自分の曲を誰かに聴いてもらうこと！

たとえばね、昔、ジョニー・カーソンの番組であたしたち「コンガ」を演ったんだけど、それで翌日には曲がトップ10入りするのは確実だったんだよあの頃は……今どきじゃ選べるものがたくさんあって、それで細分化が起きてるんだね。

今じゃもう、アーティストはアルバムなんて考えてもいないよ。出すのはEPで、入ってる曲は4曲とか1曲だけとかね。若いアーティストが何十年もファンでいてくれるようなお客さんを摑むのはとても難しい。あたしたちはそんなお客さんができてラッキーだったよ。

——ご自分が商業面で成功したのは何のおかげだと思います？

業者の手でひどい目に遭わされてきたアーティストがたくさんいる。アーティストは普通、ビジネスのことをがっちり握ってたりはしない。でもうちの旦那とあたしはそうしてた。2人とも仕事してたし、だからフルタイムで音楽やってくか決めようってことになったとき、リスクもあったわけ。

あたしたちが音楽を選んだのは音楽が好きだからで、お金持ちとか有名人とかになりたかったからじゃない。あたしは趣味と楽しみでバンドに入った。エミリオとあたしはいっしょになる運命だった、みたいな。あたしたち、ギグ・バンドやって1970年代の終わりから1980年代の初めにマイアミでとっても稼いでた。レコードも作ったし、ラジオでもかかったし。あたしたち、ディスコもやれたしラテンもやれた。引く手あまただったわけね。でもギグ・バンドであり続けるのはもうやめようってはっきり決めた。結婚式とかバル・ミツワーとかキンセアニェーラとかでいつまでも演ってられないから。で、踏み込んでコンサートとかやるキャリアを追いかけることにしたんだ。
で、どっちもやるようになった。ラテンアメリカじゃ知れた名前になって、あっちへ行って5万席のスタジアムでコンサートやって、マイアミに帰ったら結婚式で200人を前に演ってたよ。

——ミュージシャンは自分のキャリアがたどる道をかじ取りできるもんなんでしょうか？

あれはかじ取りできるようなもんじゃなくってね。あっちもこっちもうまくいくようにベストを尽くすことはできても、あなたの言う運ってね、大部分、勢いなんだよ。勢いが出てきたらそれにちゃんと乗れるように身構えて、その後もしっかり乗っていけるように働き続けないといけない。あたしたちがのし上がってきたとき「アルバム3枚は出さないと足場固めたとは言えないな」って言われた。2枚目のレコードでコケて二度と立ち直れないアーティストはたくさんいる。3枚目のレコードがヒットしたらその先もまあまあ仕事としてやっていけて、長いことツアーを続けられるぐらいの曲もできてるわけね。ライヴやったりファンがインタビュー見たりしたとき、ファンに誠実にして、期待に応えつづければ、ファンとの関係は結婚みたいになる。そういうとき、そのたびにファンとの関係をもっと固めていけば、ファンは忠実になってくれる。運よくあたしたちは世界中でウケたよ。

——あなたは本に書けるぐらいのキャリアとすばらしい人生を歩んでますよね。ドラッグやアルコールみたいな、他のスーパースターが大勢悩まされてる問題を、どうやって避けてきたんでしょう？

何よりもまず、あたしそういう人じゃないから。コントロールできないのは好きじゃないんだよね。エミリオと彼のお父さんは、この国に来る前はスペインに行っててね。スペインじゃ炊き出しの列に並んでごはん食べてた。エミリオはものすごく突き進める人でね。彼、成功したかったんだね。仕事が彼のドラッグでアルコールなんだよ。仕事中毒ってやつ。

あたしたち2人、まず家族を持った。あたしが大成功する頃には息子がいた。父とは一緒にいろんな目に遭った。彼は政治犯でね。キューバのピッグス湾の事件で、2年間刑務所に入ってた。それから彼はアメリカ陸軍に入って、ヴェトナムから帰ってきたら枯葉剤に冒されてた。あたしは彼の看護をしないといけなかった。あたしは人生の早い時期にそんなあれこれを相手にしないといけなかったし、エミリオも苦労してたから、あたしたち、大好きなことを一緒にやる——それに家族も一緒に連れてける——チャンスが手に入って、見過ごすなんて考えられなかった。

まだ子どもで何もわかってなくて、何にも苦労したこともなくて、急にすごいお金が流れ込んできたら、ほんとに価値があるのは何かって意味で、自分がもともとどんなだったか、知ろうにも知る術がないよね……あたしたちは人生の早いうちにものすごく苦労したから、ものの価値がよくわかった。

そんなわけで、あたしたちは他のアーティストに手を差し伸べて助けたいと思った。エミリオはシャキーラやジェイロー（ジェニファー・ロペス）のプロデューサーやって、彼女たちのキャリアを後押しした。ジェイローの最初のレコードに入ってる「レッツ・ゲット・ラウド」のプロデュースはエミリオがやったし、曲を書いたのはあたしだし。彼女、この曲がとっても気に入ってね。あたしのレコードに入るはずだったんだけど、あたしより彼女にやってもらうほうがいいと思って。彼女、新人アーティストだったから……エミリオは他のアーティストが成功するのを手伝えるたびに大喜びでね。リッキー・マーティンとかマーク・アンソニーとか。

■ 長年のスーパースターがたどる道——累積的優位

スーパースターが手にする累積的優位は、キャリアが進むとともに大きくなる。図4・

図4.3a 男性トップ・アーティストに見るライフサイクルを通じたコンサート収入

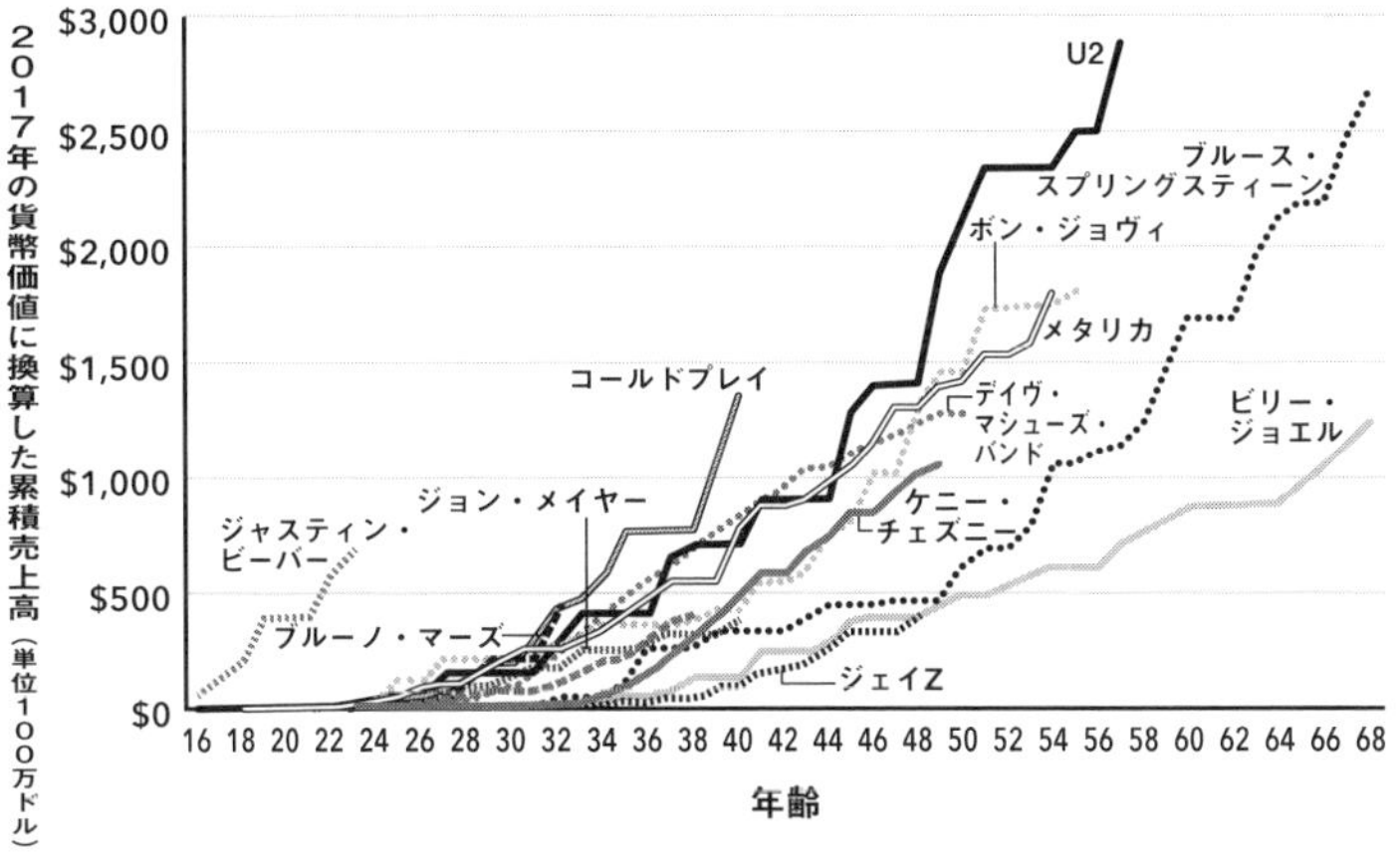

出典：ポールスター・ボックスオフィス・データベースに基づく著者の計算、報告されていないコンサート分はSetlist.fmのデータを使って調整。付論を参照。数値は2017年の貨幣価値に換算。

3aと図4・3bは、トリが取れる男女のトップ・アーティストが、キャリアにわたって累積でどれだけのコンサート収入を上げてきたかを示している。図を見てわかる大事なことをいくつか。第一に、スーパースターが軌道に乗る歳はどんどん若くなっている。女性アーティストだとはっきりそうだ。テイラー・スウィフト、レディ・ガガ、リアーナ、そしてビヨンセ、いずれもそう長くは経たないうちにマドンナとセリーヌ・ディオンに影を落としそうな軌跡をたどっている。でも、それはジャスティン・ビーバーに関しても言えることだ。ビリー・ジョエルが50代で稼げるようになったツアー収入を、ジャスティン・ビーバーは（物価調整後の金額で）23歳ですでに稼いでいる。[27] 第二に、女性のスーパースターはソロの人が多いけど、男性のスーパース

図4.3b 女性トップ・アーティストに見るライフサイクルを通じたコンサート収入

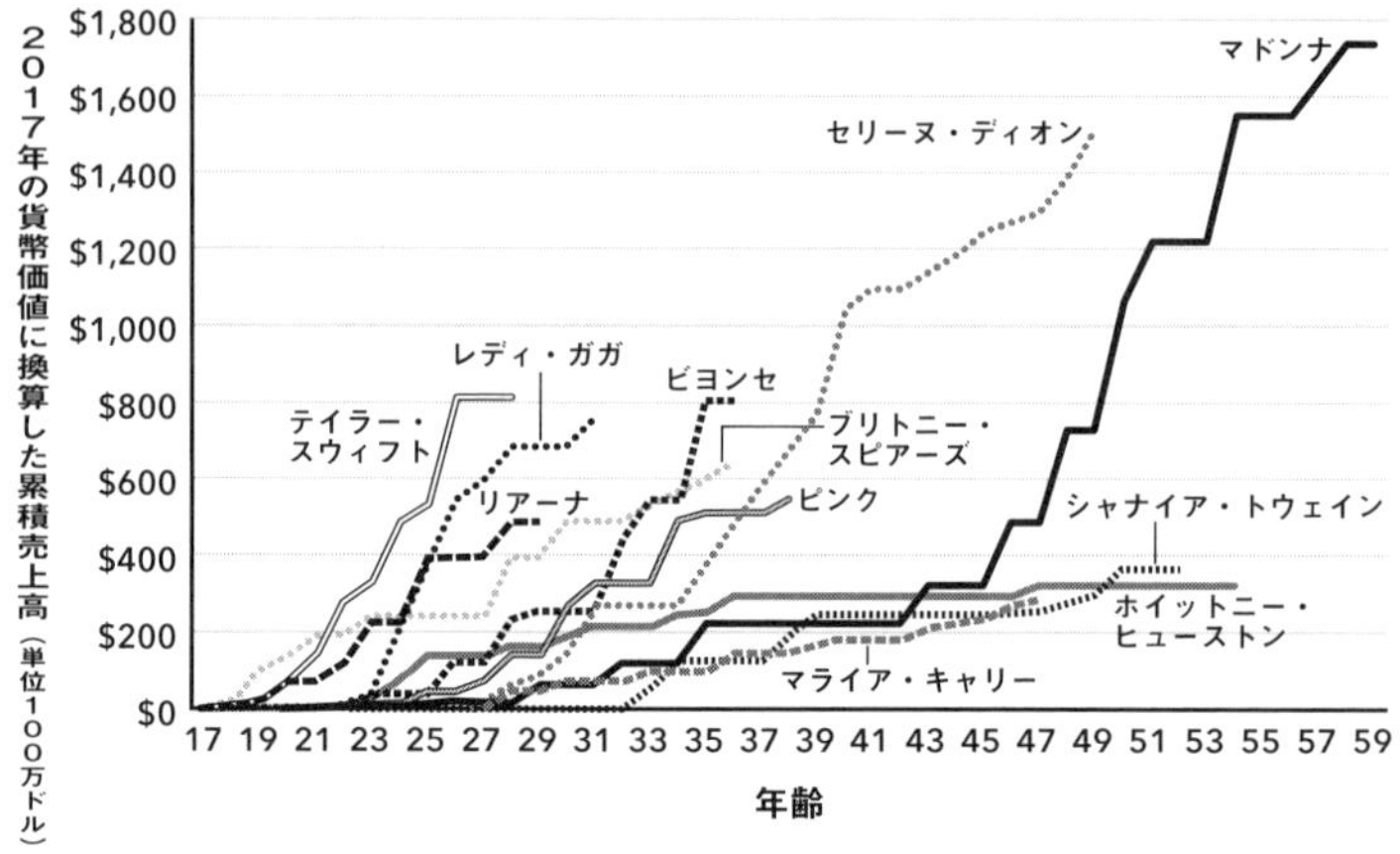

出典：ポールスター・ボックスオフィス・データベースに基づく著者の計算、報告されていないコンサート分はSetlist.fmのデータを使って調整。付論を参照。数値は2017年の貨幣価値に換算。

ターはだいたい長く大人気のバンドのリードボーカルだ。第三に、頂点に立つ男性のバンドは頂点に立つ女性のアーティストよりキャリアを通じたコンサート収入が大きい。たとえばU2やブルース・スプリングスティーンはマドンナやセリーヌ・ディオンより、キャリア通算で10億ドル以上も売り上げが大きい。基本的にこれは、男性ミュージシャンのほうがツアーして過ごす時間が長いからだ。ショウあたりのチケット売上高は、頂点のアーティストで見て、男性も女性もあんまり変わらない。

もっと若いスーパースターはコンサート・チケット一般の値段や売り上げが上がっていることの恩恵を受けている。そんな上げ潮に乗って、彼らの生涯の稼ぎは増えている。だからライフサイクル全体のデータには、成りあがる年代のポップスターから見て、勝者総取りな音楽業界の性質がこの先衰えるなんて兆しは現れていないのだ。

■スーパースター化する世界経済

音楽業界は経済の他の界隈に比べてどうだろう？　１９８０年代以来、アメリカ経済全体がスーパースター市場に一歩一歩近づいている。図４・４は、所得の上位１％の家計が国民所得全体に占める割合が、何十年も下がり続けた後に、大底の2倍を超えるところまで上がってきたことを示している。１９８０年には10％だったが２０１７年には22％だ。アメリカ全体での所得の分配は音楽業界ほど偏ってはいない。音楽業界ではトップ１％のアーティストが所得全体のだいたい60％を持っていく。でもアメリカ全体での不平等さは狂騒の20年代と同じ水準に戻ったぐらいだ。

不平等はアメリカ人の下位99％の間でも高まっている。１９８０年代、稼ぎで下から10％に入る人たちは、インフレ分を調整してみると稼ぎが減ったし、それ以降もほとんど増えていない。[28]そして１９９０年代の半ばから、中ぐらいの暮らしの人はどんどん減り始めた。

アメリカがもっともっと不平等になってきた理由は、よく言われるものだけでもいろいろある。グローバリゼイションと技術革新の効果で非熟練労働の需要がよそへ移ってしまったとか、労働組合に入る人が減って実質最低賃金が下がったとか、雇う側の雇い方が変わり、競業禁止条項なんかが出てきて働き手が競合他社に移りにくくなり、働き手の交渉力が弱まったとか、公平さの基準と企業の方針が崩れ、それまでこれらで抑え込まれていた経営首脳のお給料や報酬に歯止めが利かなくなったとか、そういうのだ。

マスコミの人らから、よく、こうした要素どうしを比べるとそれぞれがどれぐらい大事なのか簡単に教えろって言われる。ほんとのことを言うと、各要素がそれぞれ何%貢献してるか数字で表そうなんてやっても無駄だ。いろんな要素が重なり合い、絡まり合ってるからで、いろいろあるお給料の仕組みによって数量的な影響の大きさはさまざまだからである。たとえばお給料の安い働き手の需要がオートメイションで減り、それで労働組合の力が弱くなり、公平さの基準が崩れ、肉体労働系の働き手ではとくにそんな動きが大きくなるだろう。どうしてもって言われたときは、経済を動かしていく昔ながらの力、技術革新とグローバリゼイションで、これまでぼくらの目の前で起きてきた所得分配の変化のうち、だいたい35%から40%が説明できるだろうし、残りは交渉力の変化とか公平さの基準が崩れたことで説明できるだろうと答えている。

所得の一番高いところでは、技術革新で倍々ゲームが起きやすくなり、スーパースター効果ははっきりと強まっている。たとえばシカゴ大学の経済学者スティーヴン・カプランとジョシュア・ラウはこう書いている。「私たちの考えでは、所得と富に上位1%が占める割合について、アメリカで得られた証拠はスーパースター・モデルの説明と一致する。つまり、規模とスキル偏向的な技術革新が重要である点に着目した説明である」[29]。２人は、アメリカで

図4.4 国民所得にトップ1%とトップ5%が占める割合(1917−2017年)

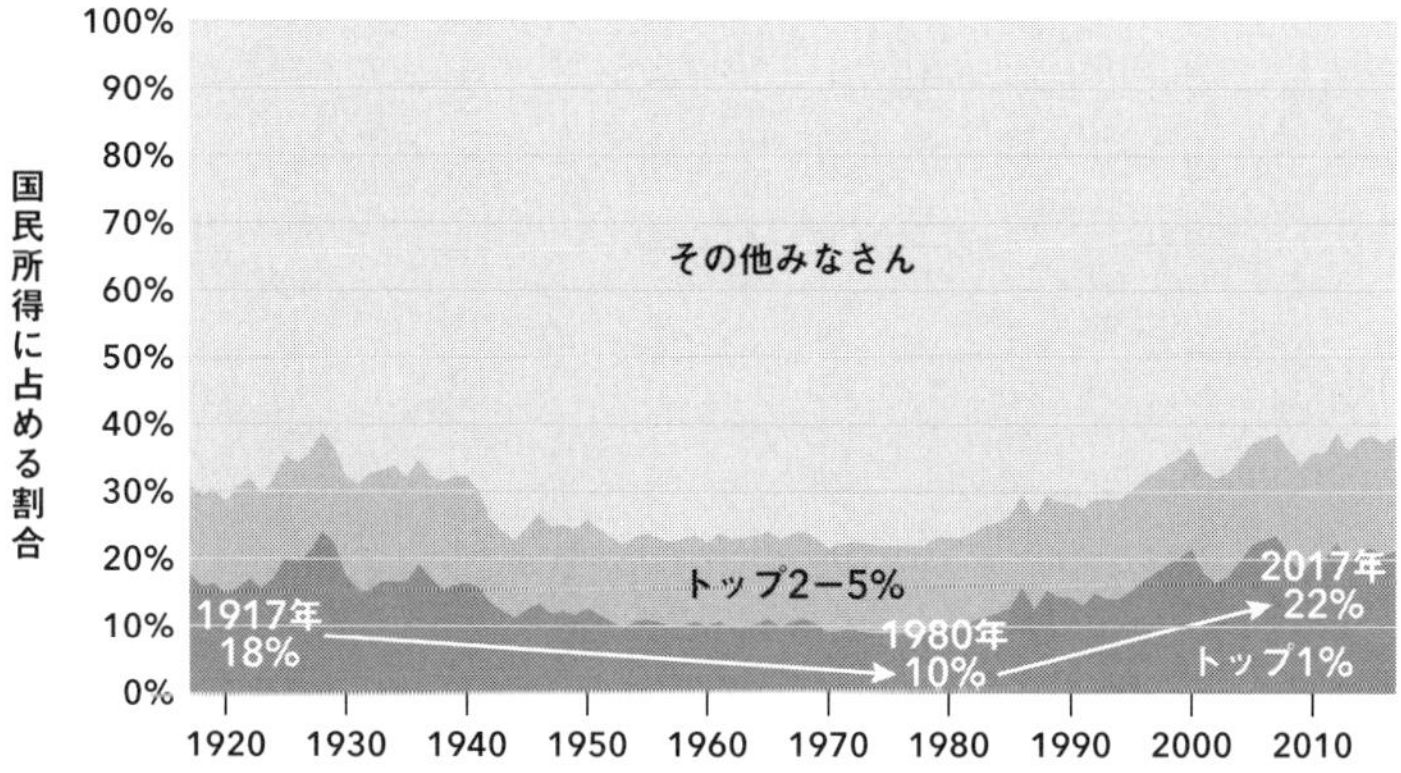

一番お金持ちな人たちがハイテク、金融、それに量販業界の人たちなのに注目し、こうした業種は倍々ゲームが起きやすい産業だと主張した。

不平等にまつわる話の中でここでの話に関係あって、最近とても注目を集めているのが、「スーパースター」企業の盛り上がりだ。[30] 研究によると、あちこちの産業で生産量の集中度が高まっていて、ひと握りのスーパースター企業がどんどん市場を席巻するようになっている。たとえば、ここ10年、アメリカでは大手航空会社4社が業種全体の売上高に占める割合が41%から65%へと上昇した。[31] 大病院が小規模な病院を飲み込み、アマゾンやウォルマートのせいで家族経営の店はものすごいプレッシャーを受けている。ビール業界までそんなだ。地ビール醸造所は山ほどあるのに、大手4社が飲まれるビールの90%を生産している。

そんな現象は音楽業界でも如実に現れている。レコード大手3社、ユニヴァーサル・ミュージック・グループ、ソニー・ミュージック・エンタテインメント、そしてワーナー・ミュージック・グループがアメリカのレコード市場の3分の2を握っている。[32] ライヴ・ネイションやアンシュッツ・エンタテインメント・グループ（AEG）といった興行主はコンサート商売を支配するようになった。

スーパースター企業は、儲けは大きく生産性は高い傾向がある。スーパースター企業で働く人らはどちらかというとお給料が高い。まあ、トップの企業は生産量の割に雇う労働力は少ない傾向もあるのだけれど。その結果、スーパースター企業が出てきたのも国民所得に占める労働の割合が下がったのに一役買っている。

スーパースター企業にはグーグルやアップル、アマゾンなんかがあって、たぶん新技術をうまく活用してとてつもない規模の経済に乗ってきたんだろう。でも心配事もあって、そういう企業は有利な立場を利用して競争を抑え込んでしまうかもしれないってことだ。

スーパースター企業が出てきたことは、下から99%に入る働き手の間でも不平等が高まったのにも一役買っている。スーパースター企業は高いお給料を払って学のある働き手を雇いがちだ。そうしておいて、お給料が安い働き手がするような仕事、たとえば掃除とかカフェテリアとか守衛さんとかはアウトソーシングするのである。

スーパースター企業の特徴をもう1つ。彼らは補完性を利用して成長したり、売り上げや利益をさらに伸ばしたりできる。何のことかというと、彼らはある市場での自分たちのデカさをテコに、別の市場で有利な立場に立てたりする。たとえばアップルはアップル・ミュージックを使って iPhone の販売を後押しできる。フェイスブックは写真共有アプリのインスタグラムを買収した。自社の核であるソーシャル・ネットワークの場を提供するサービスを強化し、若い人たちに手を届かせるためだ。ある意味、スーパースター企業はスーパースター・ミュージシャンみたいに振る舞える。ユーチューブでの人気を使ってコンサートのチケットを売ったり何かの製品のエンドースメント契約を取れたりするのに近い。いつもこんな補完性がうまく働くわけじゃない。シティグループとトラヴェラーズの合併が失敗したのを見てみればいい。両社は結局、手を切ってしまった。でもスーパースター企業には、小さい企業にはできないような戦略的補完性をうまく利用するチャンスがあるのだ。

こうした補完性が生まれるのは、成長とともにサービスが向上し、サービスが向上するとさらに成長できるから、なんてことがよくある。「アマゾン・フライホイール」なんかを考えてみるといい。コストを下げてお得な価格で製品を売るって考え方だ。アマゾンはもっとお客を呼び寄せられ、もっとお客を呼び寄せることでもっと売り手を呼び寄せられて、それでさらに値段を安くできてさらに多様な製品を提供でき、さらにお客を呼び寄せられて、なんて具合に、弾み車《フライホイール》を回し続ける。同じように、スポティファイがもっとユーザーを呼び寄せればユーザーの好みのデータが増えて、それでもっとうまくお勧めの曲を提供でき、それでお客の心をがっちり握ってさらにお客を呼び寄せられる。

そりゃ不平等が広がったのは**需要**と**供給**が働いたからなんて言うのは簡単だけど、政治とか集団とか社会とかで行われる選択の反響だってありありと現れている。ぼくはそういうのを「**あれやこれや**《オール・ザット・ジャズ》」って呼んでいる。たとえば国が決めた最低賃金は２００９年以来、時給7・25ドルのままだ。こんなに長いこと変わらなかったのはアメリカの歴史でも2回しかない。ってことは、インフレの分だけ目減りしてるってことだ。実質ベースでは、今の最低賃金は１９６０年代終わりよりも価値が低い。市や州が地域の最低賃金を引き上げていれば、お給料の安い働き手の稼ぎは増えて、不平等が減ってるはずだ。

会社が結託してお給料が上がるのを抑え込み、お互い働き手を引き抜き合うのをやめたとする。市場に雇い主が大手ひと握りしかいなければ、そういうのも簡単だ。それだと多くの働き手はお給料がなかなか上がらなくなる。たとえばアップルのスティーヴ・ジョブズが、あるときグーグルの共同創業者であるセルゲイ・ブリンに脅しをかけた。「お前がうちのこいつら（ソフトウェア・エンジニア）を誰か１人でも引き抜いたら、そんときゃ戦争だからな[33]」。それにもう何年も前から、鉄道関連装置の巨大企業クノール・ブレムゼＡＧとウェスティングハウス・エア・ブレイク・テクノロジーズ・コーポレイションはこんな取り決め（法律違反じゃないと彼らは言い張っている）を結んでたらしい――「お互い、事前に相手に認めてもらっていない限り、お互いの社員にウチに来ないかと声をかけたり採用活動をしたり雇ったりしないこと」。もうそういうのはやめたみたいだけど、それも司法省に告発された後になってやっとのことだった。[34]

アダム・スミスは経済学の父だ。彼はそんな手口をずいぶん昔に予想していた。雇い主に気をつけろと書いたときだ。「いつでもどこでも、ある種暗黙に、しかし一定かつ一律の連携を取って、労働賃金を実際に払っている水準から引き上げないようにする」[35]。司法省や連邦取引委員会は2016年10月に出したガイドラインではっきりこう言っている。「雇い主間で、ある種の従業員を採用しない、あるいは報酬について競合しないとの取り決めを行うのは法に反する」[36]。政府は働き手向けのホットラインを敷き、賃金の不正な統制や引き抜き禁止の取り決めを通報できるようにした。マカン・デルラヒムは、独占禁止法の執行を担う司法次官補だ。着任してすぐの2018年1月、彼はこう言っている。「こういう（勧誘禁止の）取り決めがとても横行しているのでショックを受けている。だが、実際にそうなのだ」[37]。

ぼくたちが法律を作ったり執行したりするときの流儀が不平等さに影響する。供給と需要、あれやこれやが不平等に与える影響は、いろんな国を比べてみるとはっきりする。アメリカとイギリスでは不平等がほとんど同じぐらい跳ね上がっている。他の国、たとえばスウェーデンやドイツ、フランスではずっと緩やかな上がり方だ。それぞれの地域の法律、文化、習慣、制度、それに商慣習なんかが全部影響する。

それから思い出してほしいんだけど、運もスーパースター市場で成功できるか失敗するかをものすごく大きく左右する。優れた技術を持っていながら、それを悪いときにか悪いところへか送り出したせいで失敗に終わった運の悪い会社は例に事欠かない。そんな中、スーパースターな雇い主が現れたんで、運が果たす役割がもう1つ増えた。仕事を手に入れるって話になると、働き手のほうにも運不運があるかもってことだ。雇われてみたら会社がスーパースターになったり落ちこぼれたりするからだ。キャリアのはしごを登ってくときに、運不運の効果がスーパースターな労働市場では何倍にもなる。仕事の序列の中で人の立ち位置がほんのちょっと違うだけで、稼ぎがものすごく違ってくる。

運の果たす役割が音楽業界ほど明々白々なところはたぶんない。次の章でその話をする。

第5章

ヒットは「運」から生まれる

——累積的優位とリスク管理

悪いところにいた　でもいいときだったに違いない
いいときだった　でも悪いうただったに違いない

――ドクター・ジョン

レジナルド・ドゥワイトはブルーソロジーってバンドでピアノを弾いていたのだけれど、だんだんいらだつようになった。「どうってこともない」バンドで「客がフィッシュ・アンド・チップス食ってるキャバレーみたいなとこ」で演ってたそうだ。そんなわけで、この内気な20歳は「歌える人と曲書ける人求む」って広告を見て、ロンドンのリバティ・レコーズでのオーディションに現れた。着いてみると、オフィスはオープン・リールのテープと封筒の山であふれていた。他にも歌えますだの曲書けますだのって連中が山ほど募集広告を見ていたのだ。続きは彼自身に語ってもらおう。

デスクの向こうにいるやつが「あんた何する人？」って言うから、こう答えた。「歌えます。曲も書けます。でも詞は書けません。どうにも苦手で」。そしたらそいつがこう言うんだよ。「そうか、んじゃこの封筒持ってけ」。で、封筒の山を1つかき分けて――どの封筒かなんて気にもかけちゃいなかったんだよ！　運命だよなあ。ぼくに封したままの封筒をくれた。ぼくはそれを持って帰りのチューブ（地下鉄ね）に乗って、封筒を開けて読んだ。それがバーニーのだったんだよ。でたらめに選んだ封筒だったんだよ。あいつがその封筒をぼくにくれたんだ。[01]

50年経った今、この歌い手はエルトン・ジョンって名で世界に知られていて、当時17歳のバーニー・トーピンと偶然に出会ったのを思い出すとき、奇跡だったって顔をする。以来、このコンビは30枚を超えるアルバムでコラボし、3億枚を超えるレコードを売った。彼らは史上もっとも長く続き、もっとも成功した歌い手と作詞家のコラボの1つである。

もしもデスクの向こうにいた男が山から別の封筒を取っていたら、レジナルド・ドゥワイトがグラミー賞を5回取り、ソングライターの殿堂とロックンロールの殿堂に入ることになったなんて想像しにくい。輝ける黄金の道をたどるんじゃなくて、相変わらずフィッシュ・アンド・チップスを抱えたお客の前で演ってた可能性が高い。

エルトン・ジョンはバーニー・トーピンとの出会いを「運命」だと言う。そうかもしれないけど、あんまり奇跡を信じない向きは、2人が出会ったのは運命っていうより全部たまたまだろ、と思う。2人とも、たまたまの出会いから一緒に美しい音楽を創り、それを世界と分かち合えた。そんな出会いがあって、2人は間違いなく幸運だった。で、それはぼくらのほうもだ。

たまたまの出来事で音楽の歴史が変わった有名な例は他にもたくさんある。ミック・ジャガーとキース・リチャーズが電車で出会ったとか、クラレンス・クレモンズが嵐の晩にアズベリーパークの飲み屋に立ち寄ったとか、ポール・サイモンとアート・ガーファンクルがお互いの家からほんの数ブロックのところで育ったとか、そういうのだ。[02]それから、運が悪かったほうの例もあって、バディ・ホリーやリッチー・ヴァレンス、ザ・ビッグボッパー、パッツィ・クライン、オーティス・レディング、ジム・クロウチといった人たちが絶頂期に飛行機事故で亡くなっている。そして起きなかった偶然の出会いのほうを、ぼくらが知ることはない。何よりも大事なのは、スーパースターと同じように才能があって必死に働くのに幸運に恵まれない、そんなミュージシャンが数限りなくいることだ。そんなみなさんは、悪いときだか悪いところだかに悪い曲を出してしまったのかもしれない。彼らがキャリアで決して飛び立てないのには、いろんな理由があるのだ。

この章では運がもたらす影響を見ていく。つまりぼくらじゃなんともならない偶然の要素で、音楽稼業や広く人生の成功や失敗を左右するものの話だ。幸運や不運の効果はスーパースター市場ではとても大きくなり、だから音楽稼業では運不運の影響がとてもはっきり見えるのだ。でも、もっと大規模な経済で運が果たす役割はどんどん大きくなっているから、たまたまの出来事がぼくらの人生に与える影響や、オッズがぼくら自身に有利になるようにするためにはどうすればいいか、わかっておくのが大事なのだ。

■すごい才能とすごい努力、そして…すごい幸運

スーパースター市場では――一番成績がいい人がバカでかくいい思いをし、それ以外は大部分やっていくのもひと苦労で――階級を上に登るか下に降りるかにかかっているものはものすごく大きくなる。その結果、あるプレイヤーが別のプレイヤーより有利になれるものが何かあれば、なんだろうと使える武器になる。運が巡ってきて上の階級に行ければ、そんな幸運で得られるものもやっぱり大きくなっている。

月並みレベルのプレイヤーだと、運はどちらかというとそんなに関係ない。運はよかったり悪かったりで、均すとトントンにしかならない。でも、幸運続き――それに並外れた才能と膨大な努力――が、梯子のてっぺんに上り詰めてスーパースターの地位を手に入れるには必要なのだ。こんなふうに考えてみよう。あなたはものすごく才能あるポーカー・プレイヤーかもしれない。でも、ストレイト・フラッシュを出すには運だって必要でしょ。それに比べると、どうってことない手を引く道はいくらでもある。すごい手を出すには運と技の組み合わせが必要なのだ。

運の役割は競技スポーツだと簡単に目につく。ボールがいいときにいいほうに転がるとか、審判が誤審するとか、主力選手が残念なタイミングでケガをするとか、そういうのだ。経済学者のロバート・フランクは著書の『成功する人は偶然を味方にする』〔月沢李歌子訳／日経BP〕でこう指摘している。陸上の100メートル走、高跳び、幅跳び、三段跳びでは、男

女とも、今の世界記録の８つ中７つで、選手が追い風の後押しを受けている。[03] 風は間違いなく選手が左右できるものではなく、でも彼らに有利に働いている（それから運の悪い選手もいて、世界記録を出したのに風が強すぎて参考記録にしかならなかったりする。運はよすぎても不運になることがあるのだ）。

音楽では、才能と努力は間違いなく大事だ。そこはスポーツと同じだけど、音楽だと測るのがずっと難しい。それに第４章で書いたとおり、好みの変わり方や人気の広まり方が、才能を発掘しようってときに話をいっそう難しくする。[04] 本や映画、テレビ番組の市場も環境は同じようなものだ。芸術の世界では運は大きな存在になる。

芸術の世界での運の例に、ぼくの大好きな例がある。J・K・ローリングに関する話だ。『ハリー・ポッター』シリーズの作者である。作家である彼女の代理人、クリストファー・リトルはイギリスにおける『ハリー・ポッターと賢者の石』〔松岡佑子訳／静山社〕の出版権をブルームズベリーにたった２５００ポンドで売り払い、本が口コミで人気になるまで２年待って、それからアメリカでの出版権を競売にかけ、スカラスティックに売却した。この本が飛躍したのはそれからだ。[05] １９９５年、32歳のローリングは、どうしてリトルさんを本の出版に関する代理人に選んだんだろう？ 最初に原稿を送った代理人に断られた彼女は、エジンバラの公立図書館へ行き、『作家・芸術家年鑑』で他はないかと探した。彼女がクリストファー・リトルにとびついたのは、名前の響きが彼女の書いた子ども向けの本に出てくる人に似ていたからだ。リトル（２０１１年にローリングは彼をクビにした）は間違いなく世界で一番運のいい1人だろう。ハリー・ポッターの本のシリーズで彼が稼いだ手数料は何千万ドルにもなる。

音楽業界でも運が幅広く働いている証拠はたくさんある。レコード・レーベルの発掘・育成（A&R）部門の専門家たちは、長年経験を積み、背負ってるものも大きいのだが、そんな彼らでさえ、勝ち馬を当てるのは至難の業だ。コロムビア・レコーズは1955年にエルヴィス・プレスリーとの契約を断っている。有名な話だけれど、デッカは1962年の元日にロンドンで行ったオーディションで、ビートルズを落とした。アメリカでもキャピトル・レコーズが1963年に、最初は彼らをスルーした。[06] タレント・スカウトのレジェンド、ジョン・ハモンドは1961年にボブ・ディランと契約したとき、どんだけ反対されたか、こう語っている。「ディランを連れてきてサインしたんだが、死屍累々、やっとのことでこぎつけてな。コロムビアの副社長の1人なんか、オレにイラついてて。そいつ、オレがジョーン・バエズをみすみす逃してヴァンガードに行かせたのが頭に来てたんだな[07]」。

EMIはスウェーデンのロックバンド、ロクセットのアルバムをアメリカで出すのを見送ったが、それからバンドは売れ出した。交換留学でスウェーデンに行ってきた高校生が、彼らのレコードをミネソタの実家に持って帰り、地元のラジオ局に、彼らの曲「ザ・ルック」をかけろかけろとせっついたのだ。[08]

エンタテインメント分野が専門の弁護士ジョン・イーストマンがぼくに語ったのによると、あるときデイヴィッド・ゲフィンに「あれは大成功だったよね」と言ったことがあるそうだ。ゲフィンは業界一の切れ者の１人だとイーストマンは考えている。なんのことかというと、カート・コバーンのニルヴァーナと契約して、自分の名前をつけた会社からレコードを出させたことだ。[09]イーストマンはゲフィンがこう言ったのを覚えている。「ジョン、実はな、あいつらと契約してるなんてオレたち知らなかったんだよ。あいつら持ち込みでさ。まあいいか、ぐらいで出してみたらドカーンだよ」。

あるいはシクスト・ロドリゲスだ。アカデミー賞を取ったドキュメンタリー映画『シュガーマン 奇跡に愛された男』の題材になった人である。ロドリゲスは１９７０年から１９７５年にアルバムを2枚録り、アメリカでは商業的にコケて、3枚目を録音しているときにレコード・レーベルに切られた。でも彼は南アフリカでは大成功した。彼の曲がアパルトヘイト反対運動のテーマソングになったのだ。驚くのは、彼が自分の人気や影響に気づいていなかったことだ。彼はもう音楽を創らず、それからの人生をデトロイトの建設現場や生産ラインで働いて過ごし――その後スウェーデンの映画監督マリク・ベンジェルールがロドリゲスにまつわる話を発見し（これもまた運だ）、そうして彼のキャリアはよみがえった。

スティーヴ・ロウランドはシクスト・ロドリゲスが１９７１年に出した2枚目のアルバム「カミング・フロム・リアリティ」をプロデュースした人だ。「大スターの大ヒットも山ほどプロデュースしたんだ。ピーター・フランプトンだろ、ジェリー・リー・ルイスだろ。でもロドリゲスほど才能あるやつと仕事したことはなかった」と彼は言う。「なんであいつが大スターにならなかったのかぜんぜんわからん。だからあいつが不死鳥みたいに灰から起き上がったのだってなんでだかわからん。でもオレは本当に本当にうれしいよ」[10]。

大手レコード・レーベルはA&Rや宣伝にものすごく投資しているけれど、それでもレコードを10枚出してそのうち1枚が当たり、残りのコストまで賄えたらまあまあうまくいった部類だ。

カーリー・ヘネシーって聞いたことがありますか？　たぶんないでしょう。ヘネシーはアイルランドの歌い手にして女優で、２００１年にＭＣＡと巨額の契約を結んだ。ほんの18歳のときだ。彼女は自分がとても運がよかったのをわかっている。「悪戦苦闘してる人だっている」と彼女は言う。「あたしはとてもとてもラッキー」。でも明らかに、ヘネシーには運のよさが足りてなかった。彼女のデビュー・アルバム「アルティメット・ハイ」にレーベルは２２０万ドルをつぎこんだ。でもレコードは商業的にコケた[11]。「アルティメット・ハイ」はリリース後最初の３ヵ月で３２８枚しか売れず、翌年ＭＣＡは彼女を切った。ヘネシーのレコードが大コケした理由はいろいろあり得る。アルバムが出たのは９・11のすぐ後で、国中みんな、ノリのいい曲はあんまり聴きたくなかったのかもしれない。ラジオ局は彼女の曲をかけず、小売店は彼女のアルバムを在庫に入れるのをためらった。

いいバンドで運もあり、曲をリリースしてヒットさせるところまで行けたとしよう。そういうことがまたある可能性は？　なくはないけど、勝ち目は薄い。１９６０年以降でトップ１００に入る曲を出した２５９１組のアーティストのうち、２回以上それをやってのけているのは40%だけだ[12]。トップ10に入る曲を２回以上出せる可能性はさらに遠い。１９６０

図5.1 年末の『ビルボード』誌トップ100登場回数（1960−2017年）

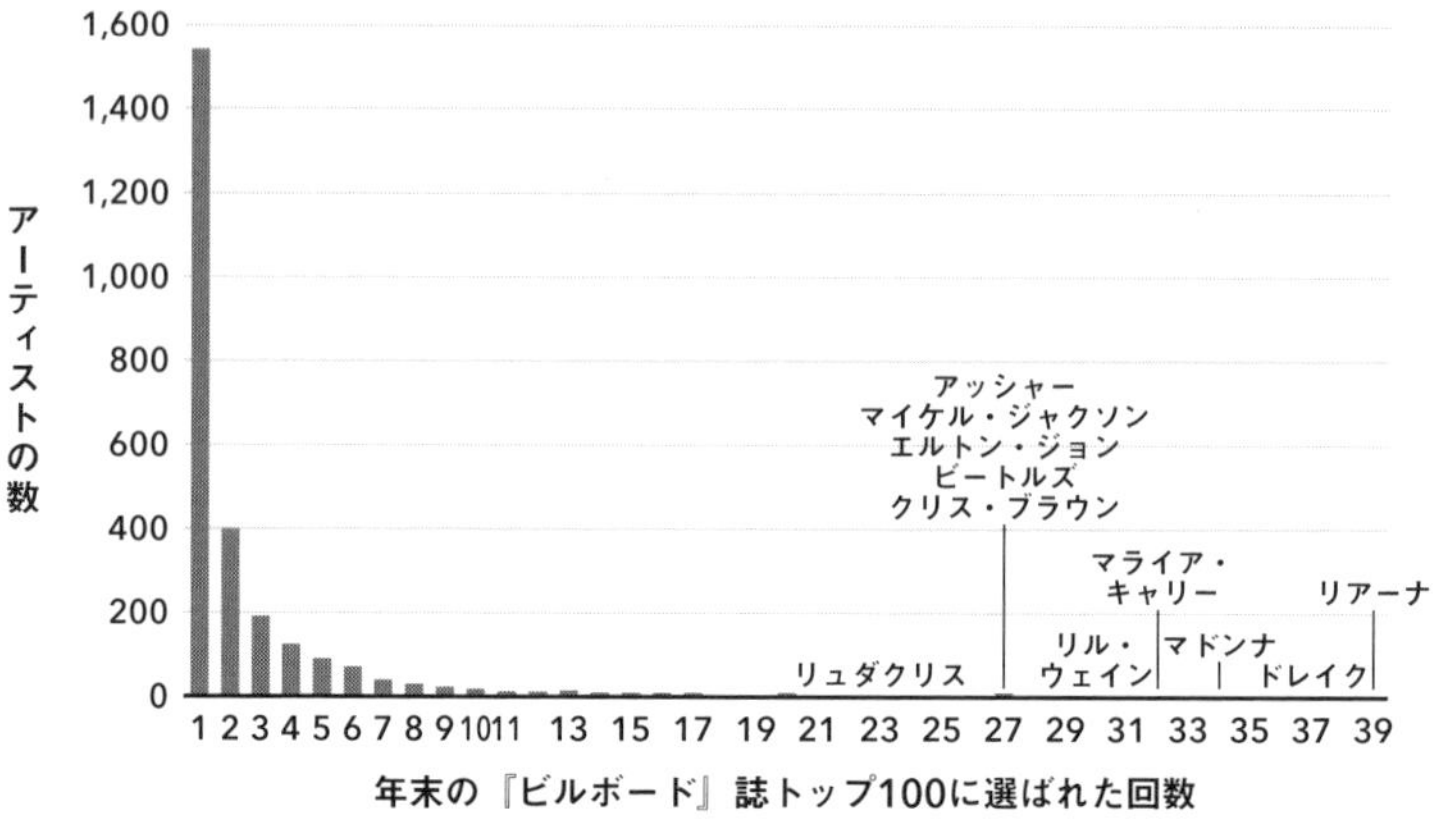

出典：年末の『ビルボード』誌トップ100のデータに基づく著者の計算。

年から２０１７年にトップ10に入る曲を出した４９０組のうち、２回以上成し遂げているのはたった22％である。

図５・１は、１９６０年から２０１７年に年末の『ビルボード』誌トップ１００のリストに入る曲を出したことのあるアーティストが、それぞれ何度、このリストに曲を入れられたかを示している。『ビルボード』誌トップ１００は物理的な媒体での売り上げとデジタルでの売り上げ、ラジオでの放送回数、ストリーミング回数を込み入った式でウェイトづけして選ばれる。だからトップ１００に、毎年出される何万もの曲から選ばれるのは、ものすごい成功の証なのだ。ミュージシャンの才能は毎年毎年、そうそう変わるもんじゃなかろうし、『ビルボード』誌のチャートに載れば、ミュージシャンが将来出す曲への関心は高

まるだろうから、ヒット曲をいくつも出した例がそんなにないのは、運の大事さを物語っている。

「底辺はやたらと広く、てっぺんはやたらと狭いんだよ」とルディ・サーゾが言っている。オジー・オズボーンのところやクワイエット・ライオットでベースを弾いていた人だ。彼の言葉が図5・1の語る内容を簡潔に表現している。「トップに立つのは困難。トップにとどまるのは無理も同然」[13]。

ヒット曲の分布はものすごく偏っている。音楽業界で最高に才能があって最高に成功している人たちの間でさえそうだ。分布はべき乗則でうまく説明できて、ネットワークでつながり合った人たちの間を伝って人気が広がっていく、そんな分布だ。ものすごく運がよくて才能にも恵まれた人たち――リアーナ、マドンナ、ドレイク、ビートルズ、マライア・キャリー、エルトン・ジョン、マイケル・ジャクソン――は何度もトップ１００に入っている。でもそんな彼らでも、成功間違いなしだったたって言えるんだろうか？

曲の人気が決まるときに運が果たす役割を見せた例がもう１つある。今度は巧妙な実験だ。社会学者のマット・サルガニックとダンカン・ワッツが行った実験だ[14]。前の実験と同じように、彼ら研究者は曲のオンラインのライブラリに、ミュージシャンの許可を取って48曲をアップした。聴き手がライブラリにログインすると曲のサンプルが聴けて、タダでダウンロードできる。参加者が見せられる曲のリストは、それぞれの曲がそれまでに何度ダウンロードされたかでランクづけされている。それから、それぞれの曲が正確に何度ダウンロードされたかも見られる。だから参加者は曲それぞれがどれだけ人気かわかる。他の参加者の集合知というやつだ。被験者は曲をクリックして聴いて、そのうえでダウンロードするかどうかを決められる。

参加者のうち最初の750人には、研究者たちは各曲のダウンロード件数を正直に集計し、リストにして見せた。そこでひねりを入れて、続く6000人の参加者をでたらめに——彼らにはわからないように——2つのグループに分け、別々のシナリオを与えた。1つ目のシナリオでは、参加者はやっぱりほんとのダウンロード件数を見せられる。2つ目のシナリオでは、研究者たちはこっそり当初のダウンロード件数をひっくり返し、人気が48番の曲が1番に、47番の曲が2番に、というように並んだリストを見せた。研究者たちは、順位をひっくり返したらその後のダウンロード件数がどう伸びていくか見てみることにしたのだ。

それでもやっぱり一番いいのがトップに上り詰めただろうか。それともでっちあげでゲタを履かせれば（元の正しいダウンロード件数で見て）最悪の曲のランキングが上がっただろうか。

正しいダウンロード件数を見せるシナリオでは、実験が終わったときにトップに立っていた曲はパーカー・セオリーの「シー・セッド」だった。ダウンロード件数は500件を超えていた。一番人気がなかったのはポスト・ブレイク・トラジェディの「フローレンス」で、29件しかダウンロードされなかった。つまり、実験で自然に出た結果では、一番人気がある曲は一番人気がない曲の20倍近く人気が集まったってことだ。

もう1つのシナリオでは、本当のランキングをさかさまにした。さっきは一番人気のなかったポスト・ブレイク・トラジェディの「フローレンス」がびっくりするぐらい人気が出た。実際、曲はでっちあげのトップに居座り続けた。（正直、ぼくは聴いてられなかったけど）。最初のシナリオで一番人気だった「シー・セッド」は順位を上げてたから、正味の質はちゃんと結果に表れる。でも48曲全体を見ると、人気の順番をさかさまにしたところから始めるシナリオが行き着いたランキングは、本当の順番から始めるシナリオで行き着いたランキングと、ほとんどなんの関係もなかった。人気のある曲だって思ってもらえることが人気そのものを大きく左右する。最初、ほんとはぜんぜん人気なんてなくてもかまわないのだ。

ダンカン・ワッツは実験でわかったことをこんなふうにまとめている。


人が、他の人が好きなものを自分も好きになりがちなとき、人気の差は「累積的優位」と呼ばれるものに左右される。つまり「豊かな者はより豊かに」効果だ。ということは、あるモノがちょうどいいときに別のモノよりちょっとだけ人気が出ると、それからさらに人気が出がちになる。その結果、ほんの小さなさざ波が、ものすごい大きな波になって、大した違いもなく競い合う者たちの間に、長く尾を引く巨大な差をつける可能性がある。いくつかの点でカオス理論の有名な「バタフライ効果」の似た現象だ。だから、歴史をなんらかの形で何度も繰り返すと、競合する者たちの同じ集団と、市場全体の同じ好みからなる一見同じ宇宙で、すぐに別々の勝ち馬が生まれる。こっちの世界ではマドンナは大人気だが、別のバージョンの歴史では彼女は誰も聞いたことがない人で、ぼくらが聞いたこともない人が彼女の位置に立っているだろう。[15]

累積的優位は間違いなく実際の市場でも働いている。

ミュージシャンは悪い曲をいいときに出したり、いい曲を悪いときに出したりする。彼なり彼女なりは、波に乗るには早すぎたり、浮き続けるには遅すぎたりもする。トニー・ベネットはロックンロールじゃ炎上した。キッド・ロックは別の時代に生まれてスウィング系でやってたら大失敗だっただろう。複数のジャンルで何十年にもわたって賞賛される仕事ができるのは、ポール・サイモンやビートルズみたいなひと握りのアーティストだけだ。

あるやり手の仕入れ担当があるときぼくにこう教えてくれた。「一発当たるだけで奇跡なんだよ」。これまで成功してたからってこれからも成功するなんて音楽稼業じゃぜんぜん言えない。たまたま——タイミングやみんなの空気、出た直後の評論、オンエア——が全部うまく組み合わさらないとヒットなんて生まれない。だからこそ１９６７年から２０１７年の間に週刊の『ビルボード』誌のチャートで№１になったヒット曲を出した７０６組のバンドのうち、2回以上それをやってのけたのは30%もいないのだ。

曲について言えるそんなことが、ミュージシャンのキャリアに関しても言える。ブルース・

スプリングスティーンはミュージシャンのキャリアにつきまとう不確かさをちゃんとわかっていて、こう書いている。

> 自分のキャリアがたどる道を自分で完璧にコントロールするなんてぜんぜん無理だ。歴史や文化の出来事でチャンスが生まれる。特別な曲が降りてきて、衝撃を与えるとか何かを伝えるとか、成功するとか自分の音楽の視野を広げるとか、そういうチャンスが開ける。チャンスはすぐに閉じてしまって二度と戻らないかもしれない。自分の時代がいつか、自分で完全には決められない。一心不乱に正直に働いて、その一方で——知ってか知らずか——それで自分の立ち位置を決める。でも自分が「ビッグになるとき」はほんとに決してわからない。で、ほんのひと握りにとっては、今でしょってわけだ。[16]

ニューヨークのコロムビア・レコーズでジョン・ハモンドを前にオーディションを受けるなんてことをしなければ、スプリングスティーンに「ビッグになるとき」が来たかどうか。おんなじことがEストリート・バンドの残りのメンツにも言える。たとえばマックス・ワインバーグは、よく思うそうだ。「あの募集広告に応募してなかったら？」。彼の言葉ではこうだ。

ブルースとEストリート・バンドに出会ってなかったらオレの人生、どうなってただろうね？　ビートルズって、リンゴが入ってなかったらどうなってただろう？　ピート・ベストにそのままやらせてたら？　あの人、ものすごくものすごくいいドラム叩くし。でも、あの人が言ってたしオレもそう思うけど、ビートルズにとってはリンゴのほうがずっとずっとよかったんだ。相性がすべてだな。[17]

相性はたまたまが役割を果たすもう1つの側面だ。バンドのメンバーの音が琴線に触れるかもしれないし触れないかもしれない。グループは仲よくなれるかもしれないしなれないかもしれない。バンドのメンバーは輝くかもしれないし輝かないかもしれない。魅力があるかもしれないしないかもしれない。相性がよくない理由なんていくらでも考えられる。

ミュージシャンのキャリアが軌道に乗るかどうかが運にものすごく左右されると考えると、第3章でも触れたおかしな事実の説明がつく。つまり、会社のトップやアスリートに比べて、頂点に立つミュージシャンで親もスーパースターである人が少ないのはどうしてだろう？　才能と練習とコネ、大事なのがそれだけなら、フランク・シナトラJr.とナンシー・シナトラはいつまでもいつまでもスーパースターだっただろう。

親のほうのシナトラだってそうだ。彼は自分の巨大な才能を一度も疑わなかったが、運の役割はわかっていた。シナトラはこう言っている。「みんながよく、お前とても運がよかったなって言う。運が大事なのはいいときに自分を売り込むチャンスが巡ってくるかどうかって点だけだ。そこから先は、才能があるか、その才能をどう使えばいいかわかってるかだな」[18]。音楽業界全体を見れば、才能ある人はものすごくたくさんいる。でも才能で行けるのはそこそこまでだ。才能に加えて、たまたまのことが成功や失敗を呼んだりする。別のバンドが同じときに出した曲が大人気になったとか、そういうのだ。

シクスト・ロドリゲスやボブ・ディランと、なんならポスト・ブレイク・トラジェディやポスト・マローンの差をもたらしたのは、ぼくらがよく考えるよりずっと、運とタイミングなのだ。振り返ってみると、マドンナがいなかったりディランがいなかったりする世界なんてほとんど考えられない。でも彼らのキャリア、あるいはライバルのキャリアでここだってときに、ちょっとしたことがちょっと違った結果になるだけで、この人の音楽がない世界なんてほとんど考えられないってぼくらが思うのは、誰か他のスーパースターの音楽になるかもしれない。

シクスト・ロドリゲスに聞いてみればいい。運の炎が灯るのも消えるのも、どれほどあっけないものか教えてくれるだろう。

■運は経済全体を支配している

ベッキー・ワインバーグはマックスの奥さんだ。彼女はぼくにこう尋ねたことがある。どうやったらあなたみたくプリンストン大学で働けるの？　ほとんど運です、ぼくはそう説明した。飛行機で隣に座ってたのがたまたまジーナ・アシェンフェルターだったのだ。プリンストンで一番偉大な経済学者の1人、オーリー・アシェンフェルターの奥さんだ。ぼくはアメリカ経済学会の総会に向かうところだった。そこで採用面接を受けることになっていた。40年前にマックスがオーディションを受けたときのことが頭をよぎったんだろう、ベッキーはセネカの言葉を返した。「幸運は、備えとチャンスが出合って生まれるもの」。自分はものすごく運がいいってぼくは思っている。プリンストンが面接に来いって電話をくれるなんて。こんなチャンスに乗れるなんて。あの飛行機で席が違ってたら、絶対こんなことにはなってなかっただろう。

アレン・クラインはサム・クックやローリング・ストーンズ、ビートルズなんかのマネージャーをやった人で、最初は会計士だった。音楽業界での彼のキャリアが一歩進んだのは、昔の同級生で音楽出版社をやっていたドン・カーシュナーに、ニューヨークの通りで出くわしたときだった。カーシュナーは、「君にレコード・レーベルの帳簿を監査してもらうよう自分のお客に勧めようか」と提案した。「ぼくが音楽稼業に手を出したのはほんとたまたまだったんだ」。2002年にクラインは地元の新聞『ニューアーク・スター・レッジャー』紙にそう語っている。「マネージャーになろうなんて思ったこともなかった。ぼくが好きなのは帳簿を調べることだった。それにうまかったんだよ帳簿を調べるのが[19]」。彼がずぶといのもよかったんだろう。カーシュナーの結婚式でボビー・ダーリンに出会ったとき、クラインはその場で、「ぼくを雇って印税を監査させてくれたら、10万ドルは取れるって約束します」と言い放った。

運、つまり自分じゃ動かせないことが、どこで生まれるかとか親は誰かとか、どこの学校に通うかとか健康はどうかとか、その他人生のほとんどの場面で顔を出す。マイケル・ルイスは『ライアーズ・ポーカー』〔東江一紀訳／ハヤカワ・ノンフィクション文庫〕や他にもたくさんベストセラーを書いている。2012年にプリンストン大学の卒業式で講演したとき、彼はこう言っていた。

> みなさんみたいに運がいい人はめったにいません。ご両親の点で運がいいし、生まれた国の点で運がいいし、プリンストンみたいなところがあって運がいい人たちを受け入れて他の運がいい人たちに紹介して、彼らがもっと運がよくなる可能性を大きくしてる点でもそうです。これまでの世界で一番裕福な社会で暮らしてるのも運がいいし、みなさんが自分の関心を何ごとかのために犠牲にしてくれるなんてほんとに誰も思ってない時代であるのも運がいい。[20]

要は、ぼくらはみんな、自分の成功に運がどれだけ大きな役割を果たしたか自分で認めて、あんまり運がよくない人たちにもっと優しく、もっと温かい目を向けたほうがいいってことだ。

曇りのない目で見てみると、ぼくらが経済的に成功するか失敗するかを決めるのに運が大きな役割を果たすのがわかる。まったく同じ双子で見てみよう。同僚のオーリー・アシェンフェルターとぼくは、4年続けて、夏にオハイオ州のツインズバーグで行われる世界最大の双子フェスティバルに出かけ、彼ら双子の調査を行った。[21]ぼくらは一卵性双生児に、受けた教育や同じ服をいつぐらいまで着ていたか、収入はどれだけかを尋ねた。ぼくらが考えていたのは、受けた教育が違う双子を調べて、2人のうちたくさん教育を受けたほうが、もう一方より収入が多いか判定できないかってことだった。だいたいの双子は受ける教育も同じだけれど、ぼくらが調べた中には教育レベルが違う双子もいた。双子のうち1人が4年長く学校に通い続けていると、もう1人より平均で約60%収入が多いことがわかった。

でも、運も経済的な成功を大きく左右する。一卵性の双子で教育水準も同じ、育てた両親も同じ、育った屋根の下も同じ、だいたいは着てた服も同じで通ってた学校も同じ、でも大人になってみると経済的な成果はずいぶん違ってるってことがよくある。ぼくらのサンプルでは、教育水準が同じ一卵性の双子でお給料が50%以上違っているケースが4分の1、25%以上違っているケースが半分以上もあった。遺伝子レベルで同じ、出自もとても近い2人がこんなにも違っているのは、音楽業界と同じに労働市場全体でも、運が大事な役目を果たしてるってことだろう。双子の一方は運がよくて払いのいいシノギを手に入れ、もう一方は働いてた工場がたたまれて泡食ってる、なんてこともある。双子の一方はボスが温かくて感じのいい人で、もう一方はそうそう運がよくなかったりする。いろんな理由で、まったく同じ双子が経済面ではまったく同じことにはならず、2人の行き着く先の違いは大部分が運のせいだったりする。

音楽と同じようにタイミングもやっぱり大事だ。働き手は、運よく仕事を探しに出たら労働市場が活況だったり、運悪く不況の真っただ中で仕事を探す羽目になったりする。調べてみると、景気が悪いときに大学を出ると、労働市場でずっと尾を引くひどいあおりを受ける。[22] MBAの学生を調べた別の調査では、株式市場が弱い年にビジネススクールを出ると、実入りのいいウォール街の仕事を得られる可能性は低くなる。一方、株式市場が強い年だと可能性は高くなる。[23] 調査はこんな結論を出している。「投資銀行員は、ウォール街で働くべくして『生まれる』のではなく、働くべくして『作られる』のだ」。

そして音楽業界と同じように、経済が丸ごと勝者総取りな市場だと、運の効果は何倍にもなる。CEOたちを見てみよう。1980年代以来、経営トップの稼ぎは社員の稼ぎに比べてずっと大幅に上がった。今日、CEOの稼ぎの平均は一般社員の稼ぎの平均の250倍を超える。[24] 成功する経営者が構想を練ったり新しい事業に取り組んだりするのは、今もアルフレッド・マーシャルの時代も変わらない。でも今じゃ規模は当時よりずっと大きい。そういうことが間違いなく経営者たちのバカでかい稼ぎに一役買っている。

でも多くの場合、運や公平さの基準が崩れたことも、CEOの稼ぎが大きくなったことの原因だ。マリアンヌ・ベルトランとセンディール・ムライナサンは、金字塔になった研究で、石油会社のCEOたちに払われる報酬は、石油の値段が上がると、やっぱり跳ね上がるのを示した。[25] 石油の値段は世界市場で決まる。石油会社のCEOだって、地政学的な要因で上がったり下がったりする石油の値段を動かすのは無理だ。だから石油の値段の動きは、CEOたちの仕事っぷりがどうかとは無関係だ。それなのに、彼らは石油の値段が上がればいい思いをする。石油の値段が跳ねるとタナボタの儲けが手に入る。そんなタナボタはお給料で測ってずっと下のほうにいる働き手たちの手にも渡る。でも、ぼくの最新の調査によると、どん底にいる人たちにまでは渡らない。[26]

COLUMN

マネージャーだってときにはラッキー

クリフ・バーンスタイン

スーパースター・マネージャーはスーパースター・ミュージシャンと同じように、運でいい思いをしている。中華料理を食べながら、クリフ・バーンスタインはぼくに、自分の音楽のキャリアでは運が4度、決定的な役割を果たしていると語った。[27]

第一に、音楽稼業で仕事を始めたのは運がよかった。1973年にペンシルバニア大学の大学院で人口統計の研究を終わらせようとしている頃、音楽関係の会社数社に働かせてくれって手紙を出した。面接に呼んでくれたのはシカゴのマーキュリー・レコーズだけだった。なんで？　バーンスタインによると、ただただたまたまだそうだ。マーキュリーの社長アーウィン・スタインバーグは地元が同じだった。イリノイ州のハイランドパークだ。それにスタインバーグの息子さんの1人はペンシルバニア大学の学生だった。そんな偶然が重なったのもあって、たぶん人事部もこいつ面白そうだ面接してみようと思ったんだろう。そうやって業界に潜り込むチャンスを得た彼は、マーキュリーの財務部で働かないかと言われ、それを受け入れた。それからすぐに昇進してA&R部門に異動した。

マーキュリー・レコーズに勤めて1年、彼はまたしてもチャンスを摑んだ。ある月曜の朝早く、彼は契約前の——当時は無名の——カナダのハードロック・バンド、ラッシュを聴けと言われた。マーキュリーはその日のうちに、このバンドと契約するかどうか決めないといけなかった。ラッシュをどうするか意見を聞かせろなんて、なんでバーンスタインにお鉢が回ってきたのだろう？　そのときオフィスにいたのは彼だけだったからだ。聴いてみると、バンドはびっくりするぐらいよかった。バーンスタインはちょっと下準備をしてから、クリーヴランドのラジオ局WMMSに電話してみた。ラジオ局の人は、たしかにこのバンドはいいと言う。バーンスタインは、このバンドと契約するようスタインバーグを説き伏せた。その後ラッシュはグラミー賞を7度獲り、2013年にはロックンロールの殿堂にも入った。バンドの成功でバーンスタインの信用も自信も高まった。

1980年、バーンスタインはマーキュリー・レコーズを辞めてニューヨーク市のリーバー＝クレブスに移った。仕事は親しい友だちのピーター・メンシュと一緒だ。

1982年、バーンスタインとメンシュは独立することにしてQプライム・マネジメントを創業した。2人がリーバー＝クレブスを辞める準備ができる頃には、彼らはAC／DCにスコーピオンズ、マイケル・シェンカー（スコーピオンズのギターで曲も作るルドルフ・シェンカーの弟）、デフ・レパードなんて人たちのマネージャーを務めていた。AC／DCは連れて出られなかったし、スコーピオンズとシェンカーは安定した大手にとどまるほうを選んだが、デフ・レパードはバーンスタインとメンシュについていった。それもやっぱり運だ。デイヴィッド・クレブスがこのバンドはうまくいかないに決まってるって思ったからだ。クリフ・バーンスタインによると、このバンドが演るのをクレブスが見たのは、彼らがアトランタの郊外で野外コンサートの前座を務めたときの1回だけだった。その日はイヤになるほど暑い日で、バーンスタインの見立てでは体重50キロもなさそうなギタリストが、暑さと呑みすぎで気を失ってしまった。裏方が襟首を摑んでステージ脇に引っ張っていき、ショウはグダグダになった。当然クレブスはいい印象を持たなかった。でも、このサウスヨークシャー出の若者たちは、リーバー＝クレブスとの契約が切れたとき、大喜びでクリフとピーターについてQプライムに移った。クリフとピーターはデフ・レパードのマネージャーになった。Qプライムの最初のお客だ。それから四半世紀で、バンドはアルバムを1億枚以上売った。アトランタでのショウのとき、気温がもっと低かったらどんなことになってただろう。

Qプライムはすぐに、お客が1組だけじゃダメだと思い知った。クリフはずっとこんな見方をしている。「１組だけの面倒を見るな。あっちがお前の面倒を見ることになる。そしたらお前はあっちの言いなりだ。多角化しないといけない」。お話みたいなクリフ・バーンスタインのキャリアに訪れた４回目の幸運は、間違いなく満塁ホームランだった。１９８４年にマネジメントできるバンドはないかと探していて、バーンスタインとメンシュはロンドンに行き、レコード店を訪れた。店員が何人か、自前で作ったメタリカのＴシャツを着ていた。当時、メタリカはかろうじて知ってる名前だったが、バーンスタインとメンシュはこう思った。こんなにも入れ込んでるファンがいるバンドなら何か特別なところがあるに違いない。２人は１９８４年からメタリカのマネジメントをやっている。そしてバンドは、以来ずっと、音楽業界のてっぺんにいる中の１組だ。

これらのどの例でも、バーンスタインが仕事を選び、進める過程で、運がよかったのは当然だがそれだけでは足りなかっただろう。粘り、才能、鋭い判断、そのどれかが少しでも足りてなければ、こうしたチャンスを摑めなかっただろう。クリフ・バーンスタインと長年の仕事仲間であるピーター・メンシュは『ビルボード』誌の、音楽業界で一番力がある人たちのリストに毎度名を連ねている。商売の才覚があるからだし、アーティストに公明正大に敬意をもって接するからだ。でも、そうする間に何度か運が開けたからこそ、２人が自分の技を駆使するチャンスができたのだ。野球になぞらえるなら、選手が満塁ホームランを打つには、技もいるけど運もいる。自分より前の打順のバッターが３人、出塁してないといけないからだ。

■幸運と不運のバランスを取るポートフォリオ

株みたいな金融資産はよく知られているようになかなか予測がつかない。株式市場は厳密にいうとランダム、つまり株価がでたらめみたいに見える動きをするわけではないのだけれど。「目隠しをしたサルに新聞の金融面に向かってダーツを投げさせると」とバートン・マルキールが１９７３年のベストセラー『ウォール街のランダム・ウォーカー』〔井手正介訳／日経ＢＰ〕で書いている。「専門家が入念に選んだポートフォリオと同じぐらいいいポートフォリオが作れる」[28]。そんな予想を経験が裏づける。たとえば２０１６年、アクティヴ運用の大型株ファンドの３分の２がＳ＆Ｐ５００の大型株指数を下回る実績だった[29]。それに、アクティヴ運用のファンドがある年に市場全体の株価指数を上回る成績を出しても、同じファンドが翌年にまた株価指数を上回る可能性はあまり高くない。そのうえアクティヴ運用のファンドは、そんな残念な成績を出しておきながら高い報酬を取る。ウォーレン・バフェットみたいな抜け目のない投資家なら違うんだろうけど、経済学者にできる一番のアドバイスは、貯めたお金は幅広く分散投資する報酬の安いパッシヴ運用のインデックスファンドに投資しましょう、だ。

　ぼくらは運不運を動かせたりはしないけれど、リスクとリターンのバランスを取るのを目指すことならできる。たとえばウォール街の浮き沈みと深く結びついた仕事をしているとしよう。それなら安全な資産に投資するのが当然だろう。ＣＤ（この場合譲渡性預金のことね。

コンパクトディスクじゃなくて）とか短期国債とかで、リスクを減らすのである。金融経済学者はもう長いこと、意識していろんなものに投資してポートフォリオを分散し、不運のあおりを最小限に抑えろと口を酸っぱくして言ってきた。

別のやり方もある。「知ってるものに投資しましょう」だ。この哲学はよく、伝説のファンド・マネージャーであるピーター・リンチに結びつけられている。リンチのアドバイスはこんなふうにまとめられる。「自分が持ってる特別な知識を使って分析できる株に狙いを定め、よく調べてから持つべきかどうかを決めろ。投資するなら一番いいのは自分が働く業界の競合他社を見てみることだ[30]」。

1984年の『プレイボーイ』誌のインタビューで、ポール・マッカートニーは自分の投資哲学を同じような言葉にまとめている。

> ぼくが持ってる音楽出版の会社はすばらしくてね。美しいよ。（奥さんの）リンダのパパのリー・イーストマンとリンダのお兄さんのジョンのおかげだね。リンダのパパは仕事じゃものすごく頭の切れる人で、こんな独特な言い方をしてた。「投資するならよく知ってるものに投資することだ。コンピュータを作る会社とかそういうのに投資したら、ひと財産失うかもしれんよ。そんなのより音楽にしたほうがよくないか？　音楽にしとけよ」。ぼくはこう言ったんだ。「そうだね、そのほうがずっといい」。そしたらどんな音楽がいいかって聞くんで、最初に言った名前がバディ・

ホリーだった。リーはバディ・ホリーの曲の権利を持ってる人のところへ行って買ってきてくれた。そんなわけでぼくは今、出版もやってるんだよ。[31]

このやり方はポール・マッカートニーにはすばらしくうまくいった。「知ってるものを買え」って哲学を使ってる人は他にもたくさんいる。マイケル・ジャクソン（ビートルズの曲全部の版権を入札でポール・マッカートニーに競り勝って買い取ったことがある）やクインシー・ジョーンズなんかもそうだ。

よく知ってるものに投資するやり方にはいいところもあるけれど、同時に、けっこうリスクが高くもある。たとえばエンロンの社員はエンロンをとてもよく知っていた。社員の大部分が老後資金をエンロンに投資していた。そんなやり方がうまくいかなくなったのはエンロンが２００１年に破たんしたときだ。社員たちは仕事を失い、一緒に老後資金も失った。

投資をするとき、ぼくらは自信を持ちすぎる傾向がある。つまり自分で思ってるほどぼくらは投資対象のことをわかってないってことだ。研究によると、個人投資家（男はとくにそう）が売り払った株はその後市場を上回る成績、買い込んだ株はその後市場を下回る成績になる傾向がある。[32]それから、ともするとぼくらはパタパタ取引しすぎる。分散の効いたポートフォリオを買って持ち続けるのが、だいたいの投資家にとってはずっといい戦略なのにそのざまだ。どうみても、株を買ったり売ったりするときのぼくらは、自分で思ってるほどわかっちゃいないのだ。

なんにせよ、分散の効いたポートフォリオを持つのと自分がよく知ってるものを買うのを両立させる方法はある。よく知ってるものに分散投資してリスクとリターンのバランスを取るのだ。たとえばグロリア・エステファンはぼくにこう語ったことがある。いわく、キャリアの初めの頃から、女の歌い手の「賞味期限はこの業界じゃとっても短」くて、ファンの好みはころころ変わるってわかってた。「卵を全部カゴ1つに入れなさんな、音楽みたいに浮き沈みが激しいところじゃとくにそう」。彼女も旦那さんのエミリオも、意識してホテルや不動産、レストランに投資し、音楽以外の収入源でリスク分散を図ってきた。[33] キューバ料理やレバノン料理のレストランにも投資している。自分たちが受け継いだ伝統に根ざす料理ならよくわかるからだ。

これは単純だけれど奥の深い考えだ。ポートフォリオ理論、つまりいろんなものに投資して、一定のリスク水準でリターンを最大化する戦略は、ずいぶん前から使われている。でもこの考えを音楽業界の人に話すとえらい抵抗にあった。音楽の好みには流行り廃りがあるしやたらと揺れ動く。音楽で何がうまくいくかは予想が難しいし、うまくいくことがあってもなかなか続かない。レコード・レーベルや興行主、マネージャーにとって、お客リストに載ってるバンドの数が少ないなら、持ってるポートフォリオのリスクは高いってことだ。お客リストが長くても、お客がみんな同じジャンルだったり同じ市場の上げ下げに振り回されたりするならやっぱりリスクは高い。そんなリスクを分散投資で解消する手を考えちゃどうだろう？　でもやっぱり、それも彼らの商売のやり方とは違ってるようだ。音楽業界の会社はよく、アーティスト1人、ジャンル1つ、つまりなんらかの形でリスクある資産1つに集中して投資していて、リスク分散なんてほとんど気にしちゃいらっしゃらない。

例外の1つがQプライムだ。ヘヴィメタル、ロック、カントリーなど、幅広いバンドのマネジメントを請け負っている。共同創業者のクリフ・バーンスタインにこう尋ねたことがある。幅広く――メタリカからエリック・チャーチにギリアン・ウェルチまで――いろんなアーティストの面倒を見ているのは、リスクを分散するために意識してやってるんですか。たとえばヘヴィメタルが下火になっても、カントリー・ミュージックが盛り上がるかもしれない。それならお客の需要は安定するでしょ、と。ポートフォリオ理論の音楽版が聞けるんじゃないかって思ったけど、そうじゃなくて、クリフの答えはもっと単純だった。いわく、簡単だよ、ぼくはカントリーが好きでね。子どもの頃にずっとラジオでかかってたのがカントリーなんだ。うまくいってる人にあれこれ言ってもしょうがない。どうやって成功したにせよそうだ。

■「負けざる者たち」の教訓

高校時代の英語の先生が、ぼくにウィリアム・アーネスト・ヘンリーの詩「負けざる者たち」を宿題に出した。ぼくらぐらい若いほうが年寄りよりも、この詩が響くと思ったからだそうだ。彼女が何を言ってるのか、あの頃のぼくにはわからなかった。でも詩文は今でも忘れない。「ぼくはぼくの行く末を導く者　ぼくはぼくの魂の舵を取る者」。時が経つにつれて、ぼくらはかつて思っていたような、自分の船を操る無敵の船長じゃないのがはっきりわかるようになった。巡り合わせはよくも悪くも起きるものだ。

時として、信じられないような不運に行き当たらないと、「負けざる者」なんておとぎ話にしか出てこないのがわからない。『ニューヨーク・タイムズ』紙のコラムニスト、フランク・ブルーニが最近こう書いていた。ある朝起きてみたら、右目の視野がひどく、たぶん治らないぐらい損なわれていて、それでこうひらめいたそうだ。

夜寝るときは、自分はだいたいのところ舵取りができていると思っていた。完了していない仕事、まだかなっていない夢、それまでの人生であったいろいろ残念なことは、どれも結局は努力や想像力が足りてなかっただけだと思っていた。必死に頑張ればたぶんなんとでもなる、そう思っていたのだ。目が覚めてみると、そういうのがどれだけ勘違いだったかよくわかった。[34]

ブルーニがたどり着いた解決策は、まだできることに集中して、視野が損なわれたにせよ自分がどれだけ運がいいか認めることだった。「ちょっと見では思うがままの道で順調に歩みを進めていそうに見える人がいたら教えてくれ」と彼は書いている。「おうおうにして、彼なり彼女なりはこちらが想像もできないところで躓《つまず》いたりくじけたりしている」。

音楽稼業でも眼の病気（緑内障）でも、何度も運の悪い目に遭っていながらくじけなかった人が1人いる。シクスト・ロドリゲスだ。映画『シュガーマン 奇跡に愛された男』は、1970年代に音楽でのキャリアがしぼんでしまってからも日々をまったく穏やかに過ごしている男を描いている。監督マリク・ベンジェルールは、その後自殺するのだが、こう語っている。ロドリゲスは自分も貧しいのにお金の大部分を人にあげてしまった。[35] 映画が世に出てから、ロドリゲスの音楽のキャリアに2度目の風が吹いた。今度は強い追い風だ。齢76にして、彼は世界中をツアーして回り、名声と財産を楽しんでいる一方で、消えていた歳月の間と同じように禅の坊さんみたいな佇まいを保っている。建設業界から音楽業界に戻ることについて聞かれて、ロドリゲスは記者にこう語っている。「まあ、作業着は捨てないだろうな。こいつは季節風みたいなもんだ[36]」。

第6章

ライヴは続くよ

――体験経済と価格のメカニズム

ぼくはセールスマンなんだ。母方が何代も前から旅から旅への行商の家系でね。で、思うんだが、ぼくは自分が信じるアイディアや歌やメロディを売り歩くいいセールスマンなんだよ。

――ボノ

「ほんとうにすまない」。ボノは言い続けた。「あの晩はなんかどうかしてたんだ。エネルギーがヘンなほうに行ってた」。ボノはもともとポール・デイヴィッド・ヒューソンだ。彼は、10年近く前にマディソン・スクエア・ガーデンで行われたコンサートのことをぼくに何度も謝った。あの晩、つまり2005年11月22日、ぼくは大学院生の一団と一緒にニューヨークでのショウに行く予定だった。学生たちと、ショウのお客がどうやってチケットを買ったか、いくら払ったか、どうしてショウに来たか調べるためだ。アイルランドのロックバンドU2は、1980年代の初め以来、ツアーで誰よりもたくさんチケットを売って誰よりも稼いできた。2004年から2006年の「ヴァーティゴ」ツアーでU2は131回のショウを行い、3億5000万ドルを超える売り上げを集め、ドキュメンタリー映画も3本作られた。[01] 2009年から2011年の「U2 360°」ツアーでは、110回のショウで記録に残る7億3600万ドルを売り上げた。ほとんどのミュージシャンにとって一番のメシのタネであるライヴ公演の経済学を研究するのに、こんなにふさわしい実験場が他にあるか？

マディソン・スクエア・ガーデンのU2のコンサート以上に?

そんなわけで、あの晩から10年近く経ってからホワイトハウスのウェストウィングでU2のフロントマンであるボノに出くわしたとき、ぼくはやっと、研究の成果を彼に伝えるチャンスを手にした。ぼくの説明を彼は熱心に聞いてくれた。あのショウのチケットの3分の1近くは転売市場で購入されたってこと。値段は定価の2倍近かったこと。そういうチケットはいい席が圧倒的に多かったこと。でも彼が謝っていたのは、主に、自分で期待していたほどのショウにならなかったことだった。やってきたショウ全部の中からこのときのショウを彼がこんなにもはっきり思い出せるのでぼくはびっくりした。こりゃ本物のプロだ。何週間か経って、共通の友だちから、あのショウが思ったほどにはならなかったのをまた謝ってたって聞いた。

コンサートが売るのは体験だ。音楽だけじゃない。「人がコンサートに行くのは体験したいからだ。友だちと呑んで楽しくやるんだよ」。事業家で億万長者のマーク・キューバンは最近、年1回のポールスター・ライヴ!カンファレンスでそう語っている。[02] 彼はコンサートのチケットを売るのを、ダラス・マーヴェリックスがバスケットボールの試合のチケットを売るのになぞらえた。体験を売るってとこだ。「ライヴの音楽みたいな体験を提供できるエンタテインメントはあんまりない」。Qプライムのクリフ・バーンスタインも言っている。[03]「魔法みたいな感覚が働いて音楽の質を高めるんだよ」。それでアーティストとお客の間に他にはないつながりができる。彼の考えでは、これに匹敵するものと言ったら偉大な小説ぐらいだ。ジニー・ウィルキンソンはライヴ・ネイションの調査部門の元ボスだ。ファンがライヴ・パフォーマンスに行くのは「アーティストの音楽とパフォーマンスで自分を解き放つためだ。そんな体験を通じて他のファンとつながるためだ。あれは酔いしれるような信仰のような体験だって人がたくさんいる」。

録音された音楽は水より幅広く手に入りやすくなってきた。コンサートや音楽フェスに出かける人の数は記録的な水準だ。北アメリカの夏、典型的な1週間だと、北アメリカで約300万人もの人がライヴ・ショウに出かける。[04] 頂点に立つボノみたいなアーティストは、ファンが望むものをどうすれば届けられるか知っている。ライヴ・エンタテインメントの売り物は、心に響く体験だ。供給に需要にあれやこれやは、どれもコンサート市場にありありと現れる。チケットを売り切る《セルアウト》のが演る側の望みだ。裏切る《セルアウト》やつって思われるのはイヤだ。ファンは、唯一にして他に例を見ない、みんなと一緒の体験に参加して気持ちよくなりたいのだ。気持ちと市場がぶつかると、おうおうにして危ういハーモニーが生まれる。

■儲けるためのライヴ・ビジネス概論

「おめぇなあ、チケットの値段はオレらがどうにかできるもんじゃないんだって」。デイヴィッド・クロスビーが『ダラス・モーニング・ニュース』紙にそう語っている。クロスビー・スティルス・ナッシュ・アンド・ヤングのチケットがなんであんなにも高いのか聞かれたときだ。[05] 彼はこう説明している。「今どきのデカいツアーってのは、どっかの会社が大枚はたいてツアーを丸ごと買って、何から何まで連中がやりたいようにやってんだよ」。ぼくはデイヴィッド・クロスビーの紡ぎ出すハーモニーが好きなんだけど、でもコンサート商売のあり様では、彼は細かいところで大事な音をいくつかすっ飛ばしている。

ミュージシャンはツアーのチケットの値段についてちゃんともの申せる。実際ぼくも、いくつかのバンドのマネージャーから、チケットの値段はもっと高くていいんだとアーティストたちがわかってくれたらとこぼされた。バンドの代理人とコンサートの興行主が交渉することといったら、一番大きいのはチケットの値段だ。で、契約を成立させるにはバンドに、ボックスオフィスでのチケットの値段やなんかの条件を書いた契約書にサインさせないといけない。契約書に載ったチケットの値段にバンドが反対したら、ショウの幕は上がらないのだ。

バンドのマネージャー（やマネジメント事務所）は、バンドの方向性やビジネス面の判断に大きな影響を与える。マネージャーはバンドのために交渉したりバンドにアドバイスしたりする。取り決めの内容はさまざまでバンドとマネージャーの力関係による。でも典型的には、バンドがツアーやその他の仕事で稼いだアガリから諸費用を差し引き、その15％を手数料として受け取る。[06] 条件はいろいろだ。マネージャーの手数料率は20％のこともあるし、手数料率をかけるのが諸費用差し引き後じゃなくて差し引き前の売上高になってることもある。どの場合でも、マネージャーの取り分はバンドのメンバーの平均に近かったり平均を超えてたりすることもある。たとえばコンサートの売り上げが１００万ドルだったとしよう。移動やなんかにかかる費用は売上高の60％以上になることもめずらしくない。それで、バンドのアガリは諸費用差し引き後で40万ドル、バンドのメンバーは5人、マネージャーの取り分が15％とする。ショウでマネージャーの懐に入る手数料は6万ドルぐらい、残りの34万ドルをバンドのメンバーで平等に分け合うと、メンバーはそれぞれ6万８０００ドル受け取ることになる。マネージャーの手数料が費用差し引き前のアガリをもとに計算されるなら、あるいは手数料率が15％より高かったら、そのマネージャーは、バンドのメンバーより平均ではたくさん分捕ることになる。

頂点に立つバンドは専門家の集団の助けも借りる。弁護士（契約内容を検討したり取引内容を作ったり）、代理人（出演の契約を取ってくる）、ツアー会計（お金を数える）、業務マネージャー（お金を投資する）なんかがそうだ。そういう人たちはみんな大事だ。でも大小いろんなことの面倒を見るマネージャーより大事な人はいない。マネージャーはレコード・レーベルや物販業者、それに——一番大事なのが——大きなツアーではコンサートの興行主と交渉する。美的感覚の面でもそうだ。ポール・マッカートニーによると、仕立て屋を雇ってファブ・フォーでもおなじみのお揃いのスーツを作らせたのは、ビートルズの最初のマネージャーだったブライアン・エプスタインだそうだ。[07]

コンサートのビジネス面での典型的な取り決めでは、バンドのマネージャーや代理人はバンドに代わってコンサートの興行主と交渉にあたる。興行主は会場１つでショウ１回の契約をバンドと結びたいと考えていることもある。あるいは、最近増えているんだけど、国や大陸をまたいだいくつかの会場でショウを何度か行う契約を結びたいなんて考えていたりもする。コンサートの場合、興行主の役目はミュージシャンのスケジュールを押さえ、会場を押さえ、イベントの売り込みをかけることだ。典型的には会場を借り、チケットを売る会社（ティケットマスターとか）と契約して、チケットを発行したり売ったりさせる（会場がどこかのチケット販売会社と独占契約を結んでいなければ、だけど）。

バーンスタインは「なんだって交渉次第」なんて言うけれど、興行主とバンドの間のよくある取り決めは本の契約にそっくりだ。最初に将来のチケットの売り上げを裏づけに手付金が支払われ、売り上げが一定額を超えると印税が支払われるのだ。コンサート1回の典型的な取り決めを見てみよう。あるマネージャーが見せてくれたものだ。取り決めによると、バンドは「手付金」を受け取る。チケット売上代金で最初の10万ドル分にあたる額だ。次は興行主が費用分を回収し、ときには「最低限の利益」を手にする番だ。たとえば、費用5万ドルと利益2万2500ドル、とか。費用には広告費や会場のショバ代、機材の搬入費、それに警備費なんかが含まれる。バンドも費用（移動にローディ、追加の照明、ビデオ、音響エンジニア、振り付け担当に花火担当など）を払う。バンドはこれらの費用を自分たちの取り分で賄う。興行主とバンドは手付金と費用、最低限の利益を賄う以上（この場合は17万2500ドル以上）の売り上げが出たらそれを分け合う。普通はバンドが売り上げの85%、興行主が15%だ。手付金や費用を賄った後の売り上げからの分け前は、交渉力の強いバンドほど高い。スーパースターだと、たとえば手付金は7桁〔100万ドル単位〕、売り上げが一定額を超えたら90％以上を懐に入れたりする。

昔むかし、コンサートの興行主は、自分が商売している地域をそれぞれ独占していて、競争はほとんどなかった。ビル・グレアム・プリゼンツはサンフランシスコを握っていたし、ジャム・プロダクションズはシカゴを仕切っていた。そしてロン・デルセナーはニューヨークを50年にわたって支配していた。こうした興行主は、グレイトフル・デッド、ボブ・ディラン、フランク・ザッパ、ロッド・スチュワート、他にも誰もが知っているアーティストがキャリアを歩んでのし上がるのを後押しして決定的な役割を果たした。そして1996年、マスコミ系起業家のロバート・シラーマンがSFXエンタテインメントを設立し、各地の興行会社を買い取って合併させ、全国規模の会社にした。2000年、シラーマンはSFXをクリアチャンネル・コミュニケイションズに44億ドルで売却した。ラジオ局やテレビ局、芝居小屋、広告会社からなる企業グループだ。2005年、クリアチャンネルはコンサート興行部門をスピンオフし、新しい会社ライヴ・ネイションが生まれた。ライヴ・ネイションは成長を続けて2010年にチケット販売の超大手ティケットマスターと合併、ライヴ・ネイション・エンタテインメントができた。

ライヴ・ネイション・エンタテインメント最大のライバルはAEGだ。AEGは興行事業以外にもアメリカ国内と世界中にイベント会場を持ち、運営している。ロサンゼルスのステイプルズ・センター、イギリスのマンチェスター・アリーナなんかがそうだ。だから興行会社の最大手は水平方向にも垂直方向にも独占企業だってことになる。

国のレベルでは、コンサートの興行はここ数十年で集中が大きく進んだ。アメリカでは他にもそんな業界がたくさんある。たとえば1995年、全国のコンサート興行の22%を興行大手4社が手掛けていた。2017年、ポールスターのデータを使って計算してみると、大手4社はアメリカのコンサート売り上げの67%を占めていた。

でも街のレベルでは、2000年までは競争はほとんどなかった。各地域を独占する興行主が独立のまま生き残り、今もライヴ・ネイションやAEGなんかと競合している。その結果、コンサートの興行主が手にする利は薄い。あんまり利ザヤが薄いんで「5セント玉の河」なんて揶揄されている。[08]

コンサート業界の再編で、全国ツアーや世界ツアーが盛んになった。興行主は大物と独占契約を結んでツアーを組めるなら喜んでたっぷりお金を積む。ライヴ・ネイションのCEOマイケル・ラピーノによると、ツアーをひとまとめにするのが「アーティストが一番いい条件で契約できるやり方」なのだそうだ。[09] ライヴ・ネイションも、バンドが独占契約でコンサート・ツアーを仕切らせてくれるなら割り増しでお金を払うそうだ。経済学の符丁では、これは双方独占の事例だ。大きな買い手(興行主)が独自の製品を抱えた売り手(バンド)と交渉する。こうした交渉では、どちらの側も自分の戦略的資産を活用して自分の側に一番の条件にこぎつけようとする。たとえば、ライヴ・ネイションはティケットマスターと手を結んでいるから、彼らの力は川下に及び、より大きな利益を手にできる。アメリカではとくにそうだ。ティケットマスターはチケット販売で、ヨーロッパよりアメリカで大きなシェアを持っているからだ。[10] 一方、AEGはアーティストたちがショウをやる場を自分たちが世界中に持つ会場だけにさせようとした。そういうやり方を一括ブッキングという。[11] 興行主が自分で持っている会場でショウをやれば、お客が飲み食いしたり車を停めたりする代金まで懐に入れられる。そういう、関連分野の持ちつ持たれつで得られる収入があるおかげで、興行主には自分が持ってる会場を優先してショウを開くインセンティヴが生まれる。そうして、ツアーといえばやたらとロンドンではO2で演り、ロサンゼルスではステイプルズ・センターで演りって定石ができてしまった。どっちもAEGが持ってるからだ。エイゾフMSGエンタテインメントも似たようなもので、会場に関しては一括ブッキングをやりたがるそうだ。マディソン・スクエア・ガーデンと、ロスならザ・フォーラムだ。[12]

教科書どおりなら、補完性を持つ資産をこういうふうに活用すれば、関係者が分け合う利益の合計は最大化できるはずだ。でも、興行主が業界の一角を独占して競争を抑え込み、ファンやアーティストにとってはひどいことになるかもしれない。シャロン・オズボーンはオジー・オズボーンの奥さんでマネージャーも務めている。彼女がまさしくそんな心配を口にしたのは、AEGは剛腕を振るって、オズボーンにロンドンのO2スタジアムでやらせる代わりに、ステイプルズ・センターでもやらせようとしたからだ。「エンタテインメントの世界を独り占めしようなんてやつ、いなくなりゃいいのに」と彼女は書いている[13]（2018年9月にAEGは一括ブッキングをやめると発表したので、オズボーンは訴えを取り下げた）。

コンサート業界は統合が進むとともにどんどん仕事っぽくなったと何人かのマネージャーに言われた。今も、興行主が持ってくる領収書だの売り上げだのは、ツアーの会計係が見ればあれこれ文句を言いたくなる代物だ。2017年のファイア・フェスティバルみたいな華々しいインチキもある。でもたとえばライヴ・ネイションは上場企業だし、法律で財務情報を正確に報告する義務がある。マイケル・ロリックがツアーの会計係の仕事を初めてやったのは1995年、フーティ・アンド・ザ・ブロウフィッシュがジョーンズビーチ・シアターで演ったときだった。その頃から業界はずいぶん変わったと彼は言う。[14] あのときロリックは、チケットの中には広く売りに出されなかった分があるのに気づいた。1998年、この劇場でチケット売りをしていた従業員は盗みを働いていたのを認めた。劇場で行われるフーティや他のバンドのコンサートで前から10列目までのチケットを抜いて、チケット業者に転売して稼いでいたのだ。[15] 近頃はチケットは電子的に処理されるから、そんな手口はずっと少なくなったとロリックは言う。でも、電子化でチケット業者は、ボットを使って市井のファンよりも先に、たくさんのショウでいい席のチケットを押さえてしまえるようにもなった。

そんな展開になって、ファンやアーティストにはどんな影響が及ぶだろう？　興行は利ザヤの薄い商売で、国のレベルでは統合が進んでいても、興行主同士の競争は厳しい。ライヴ・ネイションでも利ザヤはたったの4％から5％だ。[16] 興行主の儲けは、アーティストには手付金をとられるわコンサートの費用は高くなるわで板挟みになっている。そんな薄い利ザヤを考えて、ライヴ・ネイションはコンサート会場の出入口の外でも稼ぐ道をいつも考えているとマイケル・ラピーノは言っている。「ライヴ・ネイションにとって、チケット販売と同じぐらい大事なのが」と彼は言う。「協賛部門だ」。つまりアンハイザー・ブッシュとかの企業からお金を募ってくる仕事である。「この仕事も同じぐらい大事なんだよ」。長い目で見るなら、興行主はショウの芸術の面にこだわっていくべきだと彼は言う。つまり興行の質とか芸術性とかが大事なのであって、商売の面だけじゃだめだってことだ。

■ベストな値段と届け方は？

エステルのヒット曲「アメリカン・ボーイ」にはラッパーのカニエ・ウェストが出てきてこうグチる。「フロアの席が足りないってプロモーターに言っとけよ。フロア席、もう売り切れだぞ」。

もう長い間、コンサートのチケットは需要と供給から見て安すぎた。1965年にシェイ・スタジアムでビートルズが演ったときのチケットは4・50ドルから5・65ドル（今日のお金に直すと32ドルから40ドル）だった。1978年にロサンゼルスのザ・フォーラムでビリー・ジョエルが演ったときもたった9・75ドル（今日のお金で34ドル）だ。「ロックンロールじゃ時代はいまだに社会主義だ」。ウィリアム・モリスで一番の代理人、マーク・ガイガーはそう言う。[17] データが彼の言葉を裏づけている。図6・1はコンサート・チケットの平均価格がここ数年で大きく上がっているのを示している。値段が物価一般と同じ速さで上がっていれば、

図6.1 チケット1枚の平均価格と一般物価の上昇率

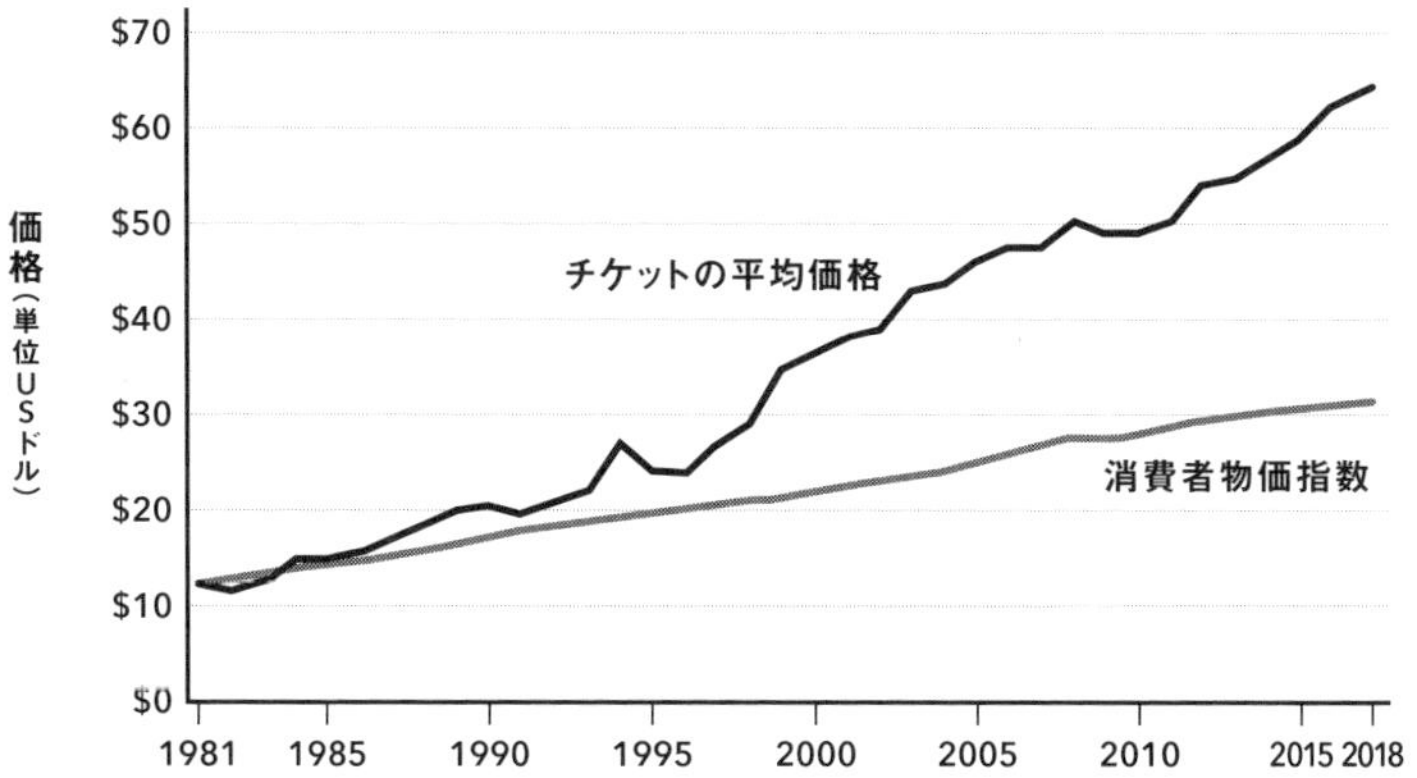

出典：ポールスター・ボックスオフィス・データベースに基づく著者の計算、1981年から2018年にアメリカで行われたコンサートのデータを使用。各年の数値は、チケットの販売収入をチケットの販売数で割ったもの。2018年の価格は、1996年から2017年に北アメリカで行われたツアー上位100件の平均価格の％変化に基づく回帰分析、および2018年前半に北アメリカで行われたツアー上位100件の平均価格の％変化から計算した。一般物価の上昇は2018年前半までCPI-RSで計測。

２０１８年のコンサートの値段は平均で32ドルになっていたはずだ。

　コンサートの価格は、とくに１９９０年代の終わりからインフレを大きく上回る上昇を見せた。１９９６年から２０１８年で平均価格は１９０％上がり、一方、一般消費者物価は59％の上昇だった。コンサートの値段が急速に上がったのをより大きな絵図で見ると、コンサートの値段は平均で、医療費の上昇（１１３％）よりも速く、大学の学費（２０４％）とほとんど同じぐらい速く上がっている。これら２つは経済全体の中でずっとインフレが続いている分野だ。

　チケットの値段は、一番いい席や大人気のショウだとさらにすごい上がり方をしている。コンサート全部をチケットの平均価格でランクづけし、それぞれのショウのチケット販売数で価格をウェイトづけする。データは１９９６年から２０１７年、ポールスターのデータで上位10％（つまりだいたいトップ）に入るショウを対象にする。すると値段は２１８％上昇している。中央値のチケット価格は１４０％の上昇、下位10％（だいたい底辺）では１０８％の上昇だった。最大のショウ、最高のチケットだと、値段は１９９６年から２０１７年の間に3倍になった（ここでも各ショウは売れたチケットの数で加重している）。大人気のショウのチケットの値段は大学の授業料よりも速く上がっている。

ぼくの研究では、コンサート価格の急速な上昇についていくつか仮説を立てた。この章でさっき書いた興行主の統合が進んだのは、コンサート価格の上昇が始まったちょっと前だった。でも統合では価格の上昇を説明できないようなのだ。チケットの値段はカナダやヨーロッパ、それにアメリカの中で統合が進んでいない地域でも上がっている。

１つには、コンサート価格の上昇は、エンタテインメント・イベント全般の値段が上がっているのを反映している。労働統計局のデータによると、スポーツのイベントや映画、芝居のチケットの値段も、モノ全般の値段より速く上がっている。これは、国が豊かになるにつれ、娯楽に対する消費者の需要が高まるのを反映している可能性が高い。コンサートの値段は１９９０年代の終わりまで、他のエンタテインメントの値段と足並みを揃えて上がっている。でも１９９９年から、コンサート価格の上昇は他のエンタテインメントの価格の上昇をずっと上回っている。１９９９年はナップスターが立ち上がった年であるのが目につく。

ナップスターは音楽業界で壊し屋になった。ナップスターでファイルの共有や海賊盤が横行して、レコードの売り上げやアーティストがレコードで稼ぐ印税収入が食い荒らされた。そうしてミュージシャンたちはコンサートこそ稼ぐ道と考えるようになった。経済学の符丁では、ミュージシャンは補完財を販売できる、という。ナップスター以前の時代、コンサートの値段を安く抑えて人気を集め、それでアルバムをたくさん売るほうが理にかなっていた。ナップスター以降の時代、アーティストにとって録音された音楽のほうが、人気を集めてライヴ・パフォーマンスの需要を高める方法になった。[18] そんな展開があったからこそ、デイヴィッド・ボウイは他のミュージシャンたちに、ツアーに出まくったほうがいいぞとアドバイスしたのだ。

そんな展開の結果、音楽業界はいっそう勝者総取りになった。そして中流のミュージシャンや音楽業界の働き手は暮らしにくくなった。ポール・マッカートニーの弁護士にして義理のお兄さんであるジョン・イーストマンはぼくにこう言っている。

1世紀に及ぶ音楽の世界はエジソンの画期的な（アナログ）技術で始まり、たくさんのミュージシャンや会社をお金の面から支える業界が生まれた。国全体で幅広い産業基盤が生まれたのと同じ頃だ。

デジタルの「破壊的技術」がナップスターで始まって、できて1世紀にもなる業界の、製造や販売といった経済的な基盤を破壊した。そうやって生き残ったのはひと握りのスターで、自分が出てれば場が持つぐらいの人たちだ。彼らが勝ち馬でまるごと全部持っていった……。

ぼくが思うに、これはぼくらのポスト産業社会でデジタル革命（やっぱり破壊的技術だ）が、国全体に危ない勝者総取りの経済を呼び込み、民主主義を脅かすぐらいの致命的な所得格差をもたらしたのに近い[19]。

コンサートの値段の変遷をもう1つ別の角度で見てみよう。ライヴ・エンタテインメントが始まった頃、いろんな面で、業界は人のぬくもりのないモノの市場よりも、町内会のパーティに近かった。モノの市場では、値段は需要と供給が釣り合うところに決まる。でも町内会のパーティだと、来たお客からお金を取る——食べ物とかいろんな器具とかの費用を賄えるぐらいでたぶん十分だ——のはまあ普通なんだろうけど、ぼったくりなんて思われるのもよくない。町内会のパーティを盛り上げるために、みんながお金を出し合うという事実が、パーティという体験をすばらしいものにする。友だちやご近所さんを食い物にしてるなんて誰も思われたくない。

バンドがショウで手にするお代も同じようなものだ。バンドの信念がそこに現れるもので、体験の根本的な一部だとファンは考える。アーティストはファンに、自分たちは正当な扱いを受けていると感じてほしいと思う。そしてファンに、コンサートで一緒に歌ったり踊ったり携帯を掲げたり、写真をインスタグラムにアップしたりして、コンサートに貢献してほしいと思う。スポーツのイベントにもそういうのがよくある。スーパーボウルなんかがそうで、一番最初の頃は町内会のパーティのノリがあった（あなたもフットボールの試合が始まる前に駐車場の車のところでやってるパーティに行ったことがあるなら、どんな感じかわかるでしょう）。

でも時とともに、エンタテインメントのイベントは町内会のパーティというより市場みたいになっていく。商業目的のスポーツ・イベント、コンサート、それにたぶん他のライヴ・イベントも、最初に町内会みたいな段階があって、そこからだんだん——需要が大きかった り適切な行動規範として期待されるものが変わったりして——市場みたいになっていく。価格が需要と供給の力で決まるようになるのだ。イベントが人のぬくもりの感じられない市場にあんまり素早く変わってしまうと、魅力は失われ、ひょっとしたら金の卵を産むかもしれないガチョウを殺してしまいかねない。ぼくはそれを「町内会のパーティ的な経済」と呼んでいる。1つの産業と忠実な顧客層を作り上げるには、それが理にかなったやり方なのだ（まあ、マーク・ガイガーなんかの代理人は、ロックンロールの社会主義だなんて叩くけど）。

町内会のパーティ的な経済の中では、お客を正当に扱いたいという想いと、市場が指し示す価格にしたいという想いの間に葛藤があるのは当然だろう。この葛藤のせいで、市場の見えない手は、コンサート・チケットの値段を決めるって段になると、なんだか不器用な感じがしたりする。アーティストの中には、需要と供給で決まる値段がどうだろうが、ファンからお買い得な料金しか取らないやり方を続ける人たちもいる。ミュージシャンはともすると傷つきやすいのだ。ソーシャル・メディアでどう言われてるか、とても気にする。それに、目先の稼ぎよりも長い目で見て、長続きするとか人気が続くとかのほうを大事にするのがお金の面でも得策で、そうしたほうが将来もっと儲かると考えるアーティストもいる。

そんな葛藤は他の市場でも見られる。たとえば車の相乗りサービスのウーバーは、割増料金（地域内の相乗りの需要が運転手の供給を大きく上回るときには料金を高くする）を導入したとき大変な反発を受け、以来同社はお客の倫理面での憤りを和らげるべく、やり方を修正し続けてきた。また台風が襲った後に州政府が、食べ物や木材なんかの必需品でぼったくるのを禁じるべく規則を課したりする。

コンサートだと、ティケットマスターはよく、ぼったくりだって非難からアーティストや興行主を守る悪役の役目を果たしている。ティケットマスターの悪名高いサービス料は、実際に彼らが提供するサービスからすると暴利みたいに見える。でもあれはチケットが安すぎるときに、会場や興行主、そして間接的にはアーティストにも、収入の一部を回す手段なのだ。[20]ティケットマスターはビジネスモデルの一部として、料金を高くしたアーティストの評判が地に落ちるのを防ぐ盾の役割を果たしているのだ。

町内会のパーティ的な経済でも、市場の力がまったく及ばないわけじゃない。チケットの値段が需要と供給を釣り合わせるという切り口なしで決められると、客席が空っぽになったり（値段が高すぎるとき）チケットが転売市場で定価を大きく上回る値段で活発に取引されたり（値段が安すぎるとき）する。混雑料金ってものがあって、道が混んでいるときに車に乗ってくる人から割増料金を取るやり方だ。混雑料金には抵抗が大きく、おかげでロサンゼルスやニューヨークじゃ、ラッシュ・アワーには渋滞が起きるままになっている。

リチャード・セイラーにコンサート・チケットにまつわる葛藤のことを尋ねてみた。シカゴ大学の経済学者で、行動経済学への貢献でノーベル記念賞を取った人だ。彼はこんなことに気づいたという。「よく当たるおおざっぱな目安として、倫理の点で人の神経を逆なでするようなルールを押しつけちゃいけない。経済学者の眼から見たらそんな倫理のほうがバカだって思えるときでもそうだ[21]」。

市場の力で決まる方向にコンサートの値段がどれだけ動いてきたかは、同じ会場内で一番悪い席と一番いい席の値段がどれだけ違っているにも示されている。昔は、だいたいのショウで、どの座席も全部同じ値段だった。でも、そんなやり方はうまくいかなくなった。ごく最近の1990年代、コンサートの（チケットの売り上げでウェイトづけして）半分近くは会場のどこの席でも値段は同じだった。一番後ろの列から一番前の列まで全部だ。2017年、値段がどこも一緒なショウは10％にも満たない[22]。ステージに近い席ほど値段は高くなっている。飛行機でファーストクラスの席の値段が高いのと同じだ。値段に差をつけてコンサートに来る人たちからできるだけたくさんお金を引き出そうと思ったら、自然とそうなる。いい席と悪い席で値段が違っていれば、ファンはどの値段なら払えるか（というか、同じことだけど、会場のどのあたりの席にするか）で、自分で自分を分類する。

アーティストはコンサートの値段を決めるときにどんどん革新的なやり方を使うようになっている。そうやってファンからもっとお金を引き出すのだ。たとえば、ショウの中には

ＶＩＰ席を設けているものがある。一番いい席はものすごく高くする。５００ドルを超えるチケットなんてのもある。買った人にはまたとない体験がついてくる。ショウの前にバンドに会って写真が撮れるとか。テイラー・スウィフトは革新的な値段の決め方の最先端だ。もう書いたけど、彼女はポイント制を導入していて、ファンは彼女のグッズを買ったり彼女のために時間を使ったりして自分がどれだけ彼女に忠実かを示せば、チケットが手に入る可能性を高くできる。これは価格差別の効果的なやり方だった。たくさん払う気のあるファンからはたくさん取るってやり方だ。

　市場の力に屈するものかと抵抗を続けるアーティストもいる。エド・シーランはテイラー・スウィフトのツアーに加わって仕事上の格が上がった。彼ははっきりこう言っている。「１７０ドル払って最前列のチケット買って、こんにちはなんて言いに来てほしくないね。そんなクソ、大嫌いだな。オヤジが金持ちなガキに、オヤジが貧乏なガキじゃ手に入らんもんをくれてやるようになったらクソもいいとこだよ」[23]。同じ伝で、トム・ペティもこう言ったことがある。「一番いい席を選んで値段をものすごく高くするなんてやり方がロックンロールになんの関係があんのかさっぱりわからん」[24]。

　カントリー歌手のガース・ブルックスは最近ワールド・ツアーに出た。16年ぶりのツアーで、２０１４年から２０１７年まで続き、79ヵ所の街でのショウは全部で３９０回に及んだ。ショウの値段はどの席でもお得な70ドルだったがそんな値段に統一したせいで、需要を満たすためにどんどんショウを追加しないといけなかった。ときには１日に２ステージだ。あるショウではチケットの80％が売れ、その段階でショウが追加され、待ちの列に並んだお客を2回目のショウに入れるなんてことまで起きた。ブルックスはこんな言葉を口にしている。「誰も来なかったらなんて思って死ぬほど怖かったんだ。そしたらお客が死ぬほど怖いぐらい来た」。ティケットマスターはこのやり方を「ガース作戦」と呼んでいる。ガース作戦は、利益を最大にする水準より下に価格を固定して、需要を満たすところまで供給を拡大する作戦だと考えることができる。「全部まとめて単純な話なんだよ」とブルックスは言う。「自分のキャパに自分の需要を超えさせるんだ[25]」。この作戦は実質的に転売市場の息の根を止めた。定価でチケットを買いたい人は誰でも買えたからだ。全部で630万枚のチケットが売れた。たぶんU2が「360°」ツアーで売ったチケットの数（2009年から2011年のツアーで730万枚）に次ぐ記録だ。ガース作戦の欠点は、市場で決まる、つまり稼ぎが最大になる値段でチケットを売った場合より、たくさんコンサートをやらないといけなくなったところだ。でも彼のファンは安い代金と増えたショウを楽しめた。ダフ屋はそういうわけにいかなかったけど。

ガース・ブルックスは、これまでのソロのアメリカ人で、一番チケットを売れるアーティストの1人だ。ガース作戦を採用するアーティストが他にもたくさん出てくるかどうかはわからない。でもこの作戦は間違いなくブルックスの哲学には合っていた。「街に行くとして」と彼は言う。「行くのは演るためじゃない。また呼んでもらうために行くんだよ」。ガース・ブルックスがそれにつけ加えて言ったことは、ぼくがあっちこっちのアーティスト、それこそベテランの雇われセッションマンからスーパースターまで、いろんな人から聞かされた話とつじつまが合っている。ツアーに出ている間は疲れているのだけれど、ステージに上がったとたん「一気にスーパーマンになるんだ。また25歳になりました、みたいな……飛べる気までするぐらいだよ」。

グレイトフル・デッドはツアーによく出るバンドの中で、史上一番うまくいった1つだ。彼らは仲介屋（つまりティケットマスター）を切り捨てて、チケットを直接ファンに売っていた。[26] 長い間、バンドはファンの名前がたくさん載ったメーリング・リストを持っていた。彼らファンは愛情を込めてこう呼ばれていた。「デッドヘッズ」だ。メーリング・リストのおかげで、一番のめり込んでくれているファンたちが、間違いなくチケットを買えるようになっていた。バンドは2300件を超えるショウをやったが、ショウは毎回違っていた。ほとんどの場合ショウのたびに演る曲は違ったし、同じ曲でもショウによって違う演り方をしていた。それでショウは二度とない体験になった。

■チケット転売市場の経済学——分析と対策

経済学者は、もう長いことチケットの流通市場に惹かれてきた。流通市場は住宅ローンにも自動車にも株式にも債券にもある。まず組成が行われ、販売された製品は、転売することができる。でも、流通市場の中でも消費者の怒りを呼び起こすのが、何をおいてもまず需要

＊でも1つ書いておくべきでしょうね。住宅ローンの流通市場が行き詰まったせいで、2008年に世界経済が丸ごと墜落している。

の大きいコンサートやスポーツ・イベントのチケットの転売市場だ。[*] コンサート・チケットの流通市場のことをもっとよく知ろうと、ぼくはアメリカで行われたコンサートを30件以上調べた。調査は今はケベック大学にいる経済学者のマリー・コナリーと一緒にやった。平均してみると、コンサート・チケットは10%を超える割合で、ダフ屋を通じて転売市場へ売りに出されることがわかった。でも、人気の高いショウだと、割合はいとも簡単に30%を超える。転売市場ではチケットは平均で定価のだいたい5割増しで売れる。でも、定価より下で売られていくチケットも多い。1つの会場の座席は、発行市場より流通市場でのほうが、値段がもっと細かく分かれているし、同じあたりの席でも値段にはより大きく差がつく。

流通市場なんてものがなんであるのか、仮説は大きく2つだ。どちらにも見るべき点がいくつかある。1つ目の説は、最初の値段では低すぎて供給と需要のバランスが取れないと言う。一番いい席に関してはとくにそうだ。鼻血が出そうなぐらい高いところにある席に比べて、一番いい席は転売される可能性が高い。2つ目の説は、チケットが発売される頃、ファンのだいたいは、まだショウの日に何をするか不確かだったり、チケットが発売されたのを知らず、ショウの日が近づくにつれてそれを知り、チケットを買えないか探し始めたりすると言う。どっちの問題も、チケットを最初に売りに出すときに別のやり方をすれば防ぐことができる。

ライヴ・ネイションのマイケル・ラピーノは、チケットの最初の値段が間違っているから転売市場なんてものができるんだと語気を強めて言う。2018年のポールスター・ライヴ！に集まったお客に向かって、彼はこう言っている。「転売市場ができてしまう問題は、チケットの値段をちゃんとすれば解決する」。でも彼はこうつけ加えた。「チケットの値段はアーティストが決めることだ。アーティストは好きなようにチケットの値段を決められる」[27]。これは割り切った考えだ。エド・シーランやキッド・ロック、レッド・ホット・チリ・ペッパーズ、ブルース・スプリングスティーン、他にもたくさんのアーティストが、市場の力でチケットの値段が決まるのに抵抗していて、ライヴ・ネイションもティケットマスターも、そんな彼らとも仕事をしたいのだ。それなのに、なんでボットを駆使するダフ屋ががっぽり儲けられるぐらいのお金がほったらかしになっているのかはよくわからない。スプリングスティーンやＵ２のコンサートだと、ダフ屋は１００万ドルから１５０万ドルぐらいは懐に入れられるというのに。

　経済学者に広まっている見方があって、ぼくもこれだなと思ってるんだけど、それによると、アーティストが何かの理由でチケットにズレた値段をつけていると、転売市場がいい働きをする。アーティストがチケットを一番ありがたがる人の手に配分し直すからだ。そんな意見を背中にしょって、N・グレゴリー・マンキューはあるとき『ニューヨーク・タイムズ』紙のコラムに記事を書いた。タイトルは「『ハミルトン』のチケットに２５００ドル払った。で、ぼくはぜんぜんハッピーだ」[28]。でも、経済学者のフィリップ・レスリーとアレン・ソレンセンがやった画期的な研究を見て、ぼくはそんな見方は単純すぎるとはっきり悟った。もっと微妙な見方では、ダフ屋、つまりプロのチケット転売業者でチケットを買ってもそのイベントに行く気はぜんぜんない連中は、チケットを転売できる流通市場が存在することで生まれるチャンスで儲ける。[29] イベントに行ったファンが得るものはとても小さくて、損していることもけっこうある。転売という営みと、発行されたときにチケットを手に入れようっていう熾烈な競争のせいだ。

チケット業者が経済面で果たす役割は4つある。①割安なチケットを買って転売して儲ける、②チケットの値段を市場が需要と供給が釣り合う均衡に向かうよう後押しして「価格の発見」を促す、③チケットに低い価値を感じる人たちからもっと高い価値を感じる人たちへと配分し直す、そして④投機を行い、損の出る値段で投げ売りしたりぜんぜん売れなかったりするリスクを背負い込む。1つ目の役割は一般的に有害だと考えられている。チケット業者のせいで、普通のファンはチケットを手に入れにくくなるからだ。でもそれ以外の役割は、消費者にとっても生産者にとっても経済的に有益だと考えられている。高速のボットでチケットを買い漁る業者と普通のファンが競争を繰り広げても有害なだけだ。ちょうど、金融市場で高頻度取引に手を染める連中が最新技術や高速回線に何百万ドルもつぎ込んで、競争相手より1ナノ秒でも先に取引を執行しようと軍拡競争を繰り広げているのが、市井の投資家には有害なだけなのとよく似ている。

レスリーとソレンセンは大きなコンサート56件を調べた。デイヴ・マシューーズ・バンド、エリック・クラプトン、ジミー・バフェット、ケニー・チェズニー、マドンナ、フィッシュ、プリンス、サラ・マクラクラン、シャナイア・トウェイン、スティングなんて人たちのコンサートだ。それを使ってチケット業者の果たす役割を調べたのである。対象のイベントでは、ティケットマスターがチケット発行の仕事を独占していた。56件のショウ全体で、合計103万4353枚のチケットが発行された。経済学者2人はどのチケットが転売されたか、いついくらで転売されたか調べた。情報はイーベイとスタブハブで手に入れた。当時で一番大きなチケット転売の場2つだ。調べてみると、いい席のほうが転売される可能性は高く、また転売されるのはイベント当日が近づいてからであることがとても多かった。利ザヤは平均で定価の40%を超えるけれど、チケットの4分の1は定価を下回る値段で転売されていた。

チケット市場の分析はややこしい。チケットを発行時に買う人たちの行動が、転売する人たちの存在に左右されるから、そして転売する人たちは経済的にいろんな役目を果たすからだ。チケット業者が飛びかかり、高い値で転売できそうなチケットを買い漁ったら、ファンはチケットが発行されるときに買いにくくなる。転売市場でチケットを買うと大きな取引コストもかかる。スタブハブで取引手数料を払ったことのある人なら誰だってそう教えてくれるだろう。レスリーとソレンセンは、消費者と業者の行動を洗練されたモデルに作り込んで、転売市場があるおかげで消費者がどれだけ得するかを調べた。彼らがたどり着いた結論はなかなか挑発的だ。チケットを転売市場で売れるチャンスが生まれて、チケット配分の効率性が高まる（だからこそマンキューは「ハミルトン」のチケットが買えてよかったと思ったのだ）。でも、そんないいことも、チケットの発行市場での競争が高まること、そして流通市場では取引コストがかかることで、一部は相殺される。舞い上がったほこりが落ち着いたところで目を凝らして見ると、結局大勝ちするのはプロのチケット業者だ。ファン全体としては、転売市場があることで損をしている。レスリーとソレンセンはこんな結論を書いている。「狭い意味での目標が、イベントに来た人の消費者余剰を最大化することであるなら、転売は制限する必要があるかもしれない」。

つまり、アーティストや政治家の人たちが、ファンを応援しようとチケットの転売を制限したり流通市場をつぶしたりするのは、非合理でもなければ経済に関する叡智に反してもいない。チケットを市場実勢の値段にしたくないアーティストはたくさんいる。そうしてチケットの市場には他では見られない奇っ怪な習わしがいくつも生まれた。たとえばティケットマスターは、1人あたり4枚までしかチケットを買えなくすることがある。チケット業者に買わせないためだ(大部分うまくいってないけど)。戦争のときの配給制やヴェネズエラみたいな統制経済以外では、市場で割当制なんて普通は見ない。

チケットを転売市場より安値で売らずに済ませるのに一番簡単な方法は、チケットをオークションにかけるやり方だ。ティケットマスターがこの作戦を試した。2000年代初めのことで、数百件のコンサートでひと握りのいい席で使ってみたのだが、2011年以降はやめてしまった。ティケットマスターが使ったオークションの仕組みは、グーグルがキーワード広告で使ったタイプのオークションの変形だ。複数のよく似たモノをいっときに売りに出すオークションである。経済学者のアディティア・ブハーヴェとエリック・ブーディッシュが調べたのによると、オークションで値段のつけ方の問題は解決した。チケットはもともとの定価のだいたい2倍で売れたし、その値段は転売市場でつく値段とだいたい同じぐらいだった。[30]でも、オークションでチケットを販売するのは手間がかかるし効率が悪かった。

チケットの定価を市場が決める値段に揃える以外にも、アーティストやチケット販売業者はダフ屋を追い出す手が他にないかあれこれ試している。で、図6・1を見ればわかるとおり、チケットの定価は市場価格に急速に近づいている。それで転売市場は食われているはずだ。ティケットマスターが「スプリングスティーン・オン・ブロードウェイ」のチケットやテイラー・スウィフト、U2、パール・ジャムのツアーの前売り券を売るのに使ったやり方は「お墨付きファン」と呼ばれている。チケットを買うかもしれない人は、先にお墨付きファンとして登録を済ませて、チケットを買うのに必要なコードを手に入れないといけない。ティケットマスターは登録した人を1人ひとり「ショウに行きたい本物の人か」判定する。[31]ティケットマスターはアルゴリズムを秘密にしてるけど、たとえば、ツアーの全日程のチケットを申し込んでいるファンにはお墨付きを与えない。アルゴリズムはボットや業者がチケットを買って転売するのを防ぐのが目的だ。お墨付きファンが買ったチケットはそのお墨付きファンから他のお墨付きファンに、ティケットマスターが提供する仕組みを通じて転売できる（これならティケットマスターももっと取引手数料が稼げる）。煎じ詰めると、お墨付きファンの仕組みはファンをダフ屋にして、市場実勢より安い定価で生まれるあぶく銭が本物のファンの手に渡るようにする。つまり、プロのチケット業者ではなくて、イベントにやってきたり登録された他のファンに転売したりするチケットの買い手だ。

航空会社が乗客を調べるように、お墨付きファンの仕組みでは登録どおりのファンがイベントに来ているかどうか、会場側が調べる。チケット業者がお墨付きファンの仕組みを出し抜く道を見つけ出すかもしれない。でもこれまでのところ、この仕組みは思ったとおりに働いているようだ。ティケットマスターによると、お墨付きファンの仕組みを通じてチケットを買ったファンの95％は転売していない。[32] このモデルのやり方を後追いするアーティストはたくさん出てくるだろう。

テイラー・スウィフトはみんなに先駆けてお墨付きファンの仕組みをもう一歩進めている。チケットを買えるコードが手に入る可能性は、彼女にどれだけ忠実か示せば高くなる。たとえば、彼女のアルバムとかグッズとかを買ったり、ソーシャル・メディアでスポンサーの会社とやり取りしたり、彼女の音楽ビデオを観たりなんていうのがそうだ。このやり方で達成できることが2つある。第一にスウィフトさんは、補完財を買ったファンはコンサートのチケットを買える可能性が高くなるようにしたことで、価格差別を実現した。彼女のショウに行くチャンスに出す気になるお金が一番多いファンは、たとえばアルバムやグッズを買ってそれを形にできる。そういうファンはコンサートのチケットを買う列の一番前に入れてもらえる。もっとグッズを売って収入を最大化するには、これは巧妙で絶妙なやり方だ。第二に、この新技術を使えば、アーティストやそのスポンサーがファンともっと直接にやり取りできる。

テイラー・スウィフトはさらに、もう１つ別の技術革新で転売市場の翼をさらに切り詰められないか実験している。チケットをゆっくり売り出すのだ。チケットがツアー丸ごとものの数分で売り切れるなら、たぶんチケットはどうしようもなく安すぎだ。それだけじゃない。ファンの中にはチケットが最初売りに出たときにはまだどうするか決めてなくて、後になってから、出て即チケットを買ったファンよりたくさん払ってもいいと思う人もいるかもしれない。で、そういう人のほうが熱心なファンかもしれない。そんなファンは転売市場でチケットを探すほかない。だいたい、転売市場があるのはそれも理由の１つなのだ。

だからテイラー・スウィフトはレピュテイション・ツアーで、チケットをまとめていちどきに売り出す代わりに、時間をかけてゆっくり売り出した。ファンたちは当初の売り出しからずっと後になってもチケットが買えた。「彼女のコンサート最後のチケットは、彼女がその晩ステージに上がるそのときに売りたい」。ティケットマスターの音楽部門のボス、デイヴィッド・マーカスは『ビルボード』誌にそう語っている。[33] そんなふうにやっていると、そのうち、値段の決め方ももっとダイナミックになるかもしれない。チケットの値段がいつ買われたかで変わってくる、飛行機の座席みたいなやり方だ。こうした技術革新を使って、テイラー・スウィフトは転売市場を抑え込み、ダフ屋やチケット業者の手に渡っていたはずの収入の一部を手に入れることができた。マーカスによると、テイラー・スウィフトのレピュテイション・ツアーでは、転売市場に回ったチケットは全体の３％だけだった。彼女の１９８９年のツアーでは30％で、このときはもっと昔ながらの販売方法を使っていた。

ショーン「ジェイZ」カーターも、２０１７年終わりの４：44ツアーでは、チケットをゆっくり売り出すやり方を、前のほうの席にもっと強気な値段をつけるやり方と組み合わせて使った。ジェイZは32日に及ぶツアーで合計42万６４４１枚のチケットを売り、ボックスオフィスでの売上高は４４７０万ドル、加えてプラチナＶＩＰチケットで４００万ドルを手にした。チケット売り上げは平均でショウ１回あたり１５０万ドルほどだ。これは２００９年から２０１０年のザ・ブループリント３ツアー、33日間のツアーのときから大幅な増加である。このツアーでは43万９５４０枚のチケットが売れ、３３１０万ドルの収入だった。ショウ１回あたりの収入は平均で１００万ドルほどである。[34]

コンサートのチケットの売り方に関しては、今後もさらに発明が行われるだろう。業界は町内会のパーティから市場の商売へと移り変わっていくわけだし、技術革新でアーティストはファンともっと親密につながり、収入を最大化するべく価格差別を行えるようになるからだ。

■ボーモルのコスト病――チケット価格の上昇要因

産業が時とともにどう変わっていくか、経済学で一番洞察の深い考えは、**ボーモルのコスト病**という名で知られている。[35] ぼくの同僚で亡くなったウィリアム・ボーモルとウィリアム・ボーエンがこの考えを思いついた。とても簡単な考えだ。産業の中にはすごい勢いで生産性が上がっていくものがある。それで同じだけのモノがより少ない労働量で生産できたりする（製造業なんかがそう）。一方、生産性の伸びが遅かったり止まっていたりする産業もある（病院や大学がそう）。停滞している業種で作られた製品やサービスを消費者が買うときのコストは、生産性の伸びが高い業種のコストに比べて、時とともに相対的に上がっていく。この展開で、医療や教育のコストが増えて他の支出を押しのけたり家庭や政府の予算に圧力が加わったりしているのをいくらか説明できる。

独創的な研究を行ったボーモルとボーエンは音楽のライヴを、生産性の伸びが止まった業種の代表例に使った。シューベルトの弦楽四重奏曲を演るには、今でも２００年前でもミュージシャンの時間と労力が同じだけかかる、そう2人は書いている。でもミュージシャンが貰うお代は２００年前より今のほうが高い。彼らは他の生産性が高くなった業種で働くのを選ぶこともできるからだ。つまり、ヴァイオリンを弾く人はゼネラルモーターズで働くこともできて、そのおかげでそのヴァイオリン弾きが受け取るお代は時とともに高くなったってことだ。まあそれでもそんなに稼げてはいないわけだけれど。人件費が高くなったことでライヴ・パフォーマンスの値段には上がる方向への圧力が加わり、おかげでクラシック音楽は製造業の製品に比べて、１５０年前より今のほうが消費者にとって相対的に高いのだ。製造業の製品は１５０年前より少ない労力で生産できる。この理屈を使えばテレビの受像機やコンピュータの値段はすごい勢いで下がったのに、カーネギー・ホールのチケットはずっと高くなったのがなぜか説明できる。

でも、ボーモルのコスト病という考えは今日の音楽の現実に当てはめようとするとうまくいかない。新しい技術、たとえばデジタル録音やストリーミングで音楽業界が生み出すものの質も数も大幅に高まった。そして新しい技術、たとえばシンセサイザーやチューナーで、生み出される音楽の性質や品質は絶えず変化している。ライヴのイベントでも、スピーカーやマイクがよくなってミュージシャンの生産性は高まった。

それでも、洞察の基本的な部分——作るのにかかるコストはよく見とけ——は強力で、ライヴ・エンタテインメントを見ればよくわかる。「そりゃもう、コンサートやればバンバン金が入ってくるさ」。ロブ・レヴィンはそう語る。『ビルボード』誌の契約ライターだ。「でもコストもバンバンかかるんだよ[36]」。会計士のマイケル・ロリックがぼくに教えてくれたのによると、ツアーのコストは「すぐに積み上がる[37]」。儲かる保証はない。コストが管理できないとツアーの儲けなんて吹き飛んでしまう。加えて、アーティストにはマネージャーに代理人、ビジネス・マネージャーがいて、合わせてアーティストの稼ぎの典型的に30%をかっさらっていく。アーティストはコストに注意していないといけない。別の事務所のマネージャーがぼくに語ってくれた、たぶんホラ話（でも本人はほんとだって固く信じてた）によると、頂点に立ってたあるバンドは、ツアー前にバカみたいにお金を遣ったそうだ。バンドと100人を超えるクルーのメンバーがみんなフロリダの高級ホテルに泊まってツアーが始まる前のリハーサルをやった（典型的にはクルーは安いホテルに入れられる）。旅路が始まるとき、みんなクルーのチェックアウト手続きをしないといけないのを忘れていて、おかげでツアーには余計なコストがたっぷりかかったそうだ。

マネージャーへのインセンティヴのつけ方もコストに影響する。バンドが儲かればマネージャーも儲かる。マネージャーの手数料がコスト差し引き後の収入の15％とか20％とかなら、実質的にマネージャーはバンドがツアーで支払うコストを一部肩代わりしていることになる。コストが高くなればマネージャーの手数料が減るからだ。そうするとマネージャーは、バンドがツアー中にショウの後でバカみたいにお金をかけてパーティするのに抵抗するかもしれない。でもマネージャーはバンドのやることにあれこれ口出ししすぎるのは避けたい。スーパースターなバンドから、あいつにいじめられたなんて思われたら、マネージャーなんて簡単にクビになる。ボノに向かって、君が考えた今度のステージのデザインは新しいけど高すぎるよなんて、誰か言いたい人います？　マネージャーの何人かがぼくに、アーティストは得てして「移り気」なものなんだと言っていた。ロックンロール・スターの生活には、ガードレールで決められた道なんてあんまりないのである。

図6・1のようにチケットの値段がすごい勢いで上がってきた理由の1つは、製造コストがすごい勢いで上がってきたからだ。コストが上がったのは主にライヴ・エンタテインメントの演出やセットがどんどん複雑になってきたからだ。お客は花火に手の込んだビデオ、ステージが上がったり下がったりなんてのを期待するようになった。ポール・マッカートニーまで、自分のショウでそんなお金のかかるハデな出し物をやっている。

パフォーマンスを実行するのにかかるコストは大部分が固定費だ。ファンが何人観に来ようがかかるコストは変わらない。花火なんかもそうだ。そんなわけで、アーティストと興行主がパイを典型的には85／15（とか80／20とか）で分け合うとして、売れたチケットのうち最後の10％が一番オイシイんだそうな。クリフ・バーンスタインがそう教えてくれた。もう固定費は回収できているからだ。

コンサートのコストを考えれば、なんでフェスティバルがあんなによくあるのかわかる。ライヴ・イベントの固定費は大部分——広告や警備、照明、ステージのセッティングなんかも含めて——フェスティバルに出る複数のアーティストに配分できる。典型的なフェスティバルでは、たとえばステージには何日にもわたって、毎日いろんなアーティストが上がる。それに比べてツアーでは、何日かかけてステージを組み上げてショウは1回だけ、それからステージをばらして荷造りし、次の場所へと持っていく。* フェスティバルではステージはもっと長く激しく使われる。それでショウ1回あたりのコストは下がる。

ぼくが言っているのは、ミュージシャンにとってコスト管理はお金の面でとても大事だってことだ。「ほしいものがいつでも手に入るってわけじゃないんだよ」って考えは、ロンドン・スクール・オブ・エコノミクスの学生だったミック・ジャガーが、ローリング・ストーンズの曲で使うずっと前から経済学の原理の1つだ。最強に能あるマネージャーなら、ミュージシャンが生み出す芸術の質を下げることなく支出を最小化する方法を探し、コストを抑えるべく交渉する。産業としての音楽稼業は、ボーモルのコスト病を避けるために、ずっと新しい技術に適応し、新しい技術を生み出していかないといけない。

＊ジャクソン・ブラウンの1997年の曲「ザ・ロード・アウト」にあるとおりだ。「ローディがステージに上がる番　ばらして荷物をまとめる番」。

■物販と顕示的消費——グッズは本当に儲かるのか？

クリフ・バーンスタインはぼくに、この本にグッズの販売について語る一節を入れろと言っていた。業界用語でいう物販だ。物販がどれぐらい大事だと彼が思ってるかっていうと、長くQプライムで物販担当をしていたピーター・ルービンに、マンハッタンのミッドタウンにある彼のオフィスで何時間も話を聞けるよう、手を回してくれたぐらいだ。[38] ルービンは60代半ばの男で、妙なことに、バーンスタインみたいに物販に熱心じゃなかった。

「誓ってもいい。オレがやってることなんて面白くもないし大事でもないと思うぞ」。ルービンはすぐさま自分からそう言った。ルービンは１９７０年代の半ばから、てっぺんにいるミュージシャンの物販を手掛けている。ピーター・ルービンは物販屋さんにしては控えめな人だ。これまで、ピンク・フロイド、ザ・フー、デイヴィッド・ボウイ、デフ・レパード、AC／DC、ビリー・ジョエル、ニルヴァーナ、バックストリート・ボーイズ、プリンス、ヴァン・ヘイレン、他にもたくさんのスーパースターをお客にしてきた。マイケル・ジャクソンがキング・オブ・ポップならピーター・ルービンはキング・オブ・物販と言っていい。で、実際、マイケル・ジャクソンも彼のお客だったことがある。ルービンは名の通ったミュージシャンたちに何度クビにされたか、自慢げに語る。中には同じアーティストに2回なんてこともあった。物販担当の首のすげ替えは、どうやらこの商売にはついて回るもののようだ。物販に関する契約の期間は短い。そして、と彼はつけ加える。アーティストは得てして「移り気なものなんだ」。
ルービンには経済に関する洞察がたくさんある。たとえば、ミュージシャンのスーパースターが物販のスーパースターとは限らない。スーパースターの中でもグッズを山ほど売りさばけるのはほんのひと握りだ。その結果、一番大物のスーパースターたちがスーパースターなおかげで手にする稼ぎは物販でさらに増える。* ルービンにとって大変なのは、物販はだいたいの場合、スーパースターの稼ぎの中でほんの一部にすぎないってことだ。スーパースターはすごい音楽を創ることにレーザーみたいに焦点を絞ってる。だから物販の稼ぎなんて彼らにとって遊びにすぎないのだ。「物販で大儲けできるぐらい大きなイベントならほとんど全部、イベント自体でものすごく儲かってるから、オレら物販の儲けだって小さくないんだけど、他の儲けに比べると大したことないんだよ」と彼は説明してくれた。物販のスーパースターは数年の間に物販で１００万ドル稼ぐかもしれない。でもそのスーパースターは、ツアーにレコード、エンドースメント契約、その他の活動で、２０００万ドル稼いでいたりするってことだ。

なんにしても、アーティストは自分のグッズとして売りに出されるＴシャツやなんかの絵柄を全部見て、承認したりしなかったりできる。そして典型的には、用心深く培ったバンドのイメージと食い違うことのないよう、とても気を遣う。ＡＣ／ＤＣぐらいになると、検討の俎上《そじょう》に載る絵柄は２５０点にも及び、その中から40点以上が選ばれ、シャツやフードつきのトレイナー、ポスターその他、ツアーのグッズに使われる。

*ルービンはこう言っている。物販のスーパースターの中には、世間から音楽の世界でのスーパースターだと思ってもらえてない人もひと握りいる。ブリング・ミー・ザ・ホライゾンとかコーンとか。でもそういう例はひと握りでめったにいない。

アーティストのグッズ販売能力は1人あたりの売上高で測られる。エルトン・ジョンは自分のコンサートでお客1人あたり4ドル、一方U2は1人あたり15ドルから20ドルだったりする。どちらもここ数十年、ずっとアリーナをいっぱいにしてきたのに差があるのだ。ひと握りの例外――ジャスティン・ビーバーとかワン・ダイレクションとか――を除いて、ミュージシャンのグッズの90%はツアーで売れる。オンラインとか販売店とかじゃないのだ。だから、アーティストがグッズをいくら売り上げるかは簡単に推定できる。聴衆1人あたりのグッズ売上高が推定できれば、物販契約の期間中にアーティストが行うコンサートに来るお客の予測人数をそれにかけるだけでいい。

典型的に、アーティストはグッズ売上高（消費税差し引き後）の70%を受け取る。でも、音楽稼業じゃなんでもそうだけど、細かいところは交渉次第だ。ツアーの契約やレコードの契約と同じく、アーティストは物販契約にサインすると、将来の取り分を先取りする形で手付金を受け取る。まあ先取りだから回収は可能なわけだけれど。

ファンがグッズを買うのはイベントを思い出にできる記念品がほしいからだ。アーティストはグッズを使ってブランドとしてのアイデンティティやロイヤルティを創り出したりする。おなじみローリング・ストーンズの舌と唇のロゴはバンドのアイデンティティとしてもグッズの絵柄としてももはや象徴だ。ルービンが言うには、人がグッズをほしがる理由はひとえに「オレはそこにいたぞ」だ。だからこそTシャツにはツアーの日付と場所が全部載ってるのだ。他のグッズだって、たとえばショウ1回や街1つ、会場1つに焦点を当てたものもある。またとない記念の品にするためだ。ファンは世界に向かって、オレはそこにいたぞと叫びたいのだ。そこにいたのなんて、インスタグラムやツイッターでいくらでも証明できるっていうのに。経済学者はこういうのを顕示的消費と呼ぶ。人付き合いの輪の側面から見てみると、グッズはバンドワゴン効果を強める。それでスーパースター現象がいっそう大きくなるのだ。

典型的なショウ1回で、だいたいは40点ぐらいのグッズが売りに出る。定番が6種類——Tシャツにフードつきのトレイナー、帽子、ポスター、プログラム、マグカップ——で、それで売上高全体の60％ぐらいを占める。グッズ屋さんは特別な商品もあれこれ品揃えしている。リトグラフにおしゃれな服なんかがそうで、そういうのがほしいと思ったファンからもお金が取れるようにしている。一種の**価格差別**で、ファンの中でもたくさんお金を遣う気まんまんの人たちは、自分たちの好みに合うように作られて、魅力的なグッズが見つけられるのである。

グッズの品質は時とともによくなってきた。ルービンは鼻高々に、今どきのツアーで買えるグッズはだいたい、質の点でも種類の点でもこれまでで一番だと言う。

でも物販は、「売り出す」系の商売というより「呼び込む」系の商売というほうが正しい。アーティストのグッズ売り上げを大きく増やすのは難しいか不可能かなのだ。月並みにしかグッズを売れないバンドにグレートな物販計画をくれてやれば、物販のスーパーバンドに早変わりってわけじゃないのである。たとえば、アーティストのグッズ売上高がお客1人あたり4ドルから8ドルになった、大成功でやっとそんなのなのだ。

レコード契約だと（第7章で書くけど）アルバム7枚などと、将来の作品にわたってアーティストを縛りつけようとすることが多い。でも物販契約はそれとは違って、契約期間が短い。典型的な物販契約の契約期間はアルバムの発表サイクル1巡分、だいたい18ヵ月から3年だ。ルービンはそれを「はかない商売」と表現する。そういうのだから、アーティストのキャリアが飛び立てば、アーティストはもっと割のいい条件で物販契約を結ぼうと交渉できる。競争相手は多くないのだけれど、物販業者の利ザヤは控えめで、売上高の10％ぐらいだ。これだけ利ザヤが薄くて契約も短いから、物販会社は負け犬をたくさん抱えるわけにはいかない。だから彼らは需要が安定しているか青天井なアーティストを探す。ロックンロール・バンドを聴くお客は先が読みやすく、しかも長続きする。もっとポップ系のアーティストだと成功ははかなくファンは移り気だ。だからグッズの売れ行きはもっと浮き沈みが激しい。

グッズを作って配送するには大きな固定費がかかる。「オレが持ってるのは、街から街へ動いて2時間ずつ営業する、そんな店なんだよ」とルービンは言う。「で、どっかの街で稼げなかった1ドルを手に入れるチャンスはもう二度とやってこない」。彼のやり方の経済的な仕組みは、大物でしかうまくいかない。アリーナをいっぱいにできるほどのバンドでないなら――つまりほとんどのバンドはってことだが――自分でグッズを作って自分で売るのが経済的にいいやり方だ。ツアー・マネージャーやクルーのメンバーは、必ずしも業界最高レベルとは言えないアーティストのために、グッズを運んでショウで売る仕事を請け負うことがときどきある。ダン・ライアンは3年間ル・ルーでベースを弾き、今はアマゾンでアレクサの主任プロダクト・マネージャーを務めている。彼によると、彼のバンドはTシャツを自分たちで作ってショウで売っていたそうだ。[39] 物販は小物のバンドじゃ大した稼ぎにはならない。だいたいはギグが終わって次のギグへ向かうときのガソリン代やごはん代で消える。

物販業者にとって理想のお客とは、1982年にルービンを雇ったデフ・レパードみたいに、のし上がる直前に契約してくれるバンドだ。そういう場合、売り上げは予想をはるかに上回ることになる。たとえばデフ・レパードが1983年1月にアルバム「パイロマニア」を出してから、ツアーの規模は大きくなり、イギリスのホールで10回のショウだったのが、アリーナで25回のショウになり、すぐに世界中のアリーナを回るツアーになった。おかげでグッズの売り上げは大きく膨らんだ。ルービンは運がよくて、ピンク・フロイド、プリンス、マイケル・ジャクソンが「世界一の大物アーティスト」だったときに彼らの物販も手掛けている。

その昔、物販は現金商売だった。ルービンは、何十万ドルも抱えてコンサートから飛行機で帰ってきた、なんて面白い話をしてくれた。大部分は5ドル札、全部スーツケースに詰め込んで持って帰ったのだ。あるスターのマネージャーは、日本の東京ドームの楽屋で、ショウが始まる前、ルービンにこう言ったそうだ。いわく、あんたの商売じゃ、現ナマ詰め込んだバッグってのがあるらしいな。「ヘンに思わんでほしいんだが、現ナマ詰め込んだバッグ、オレによこせって言ってるわけじゃないぞ」とマネージャーは言う。「でも現ナマ詰め込んだバッグってのがほんとで、そんなもんがオレの手に入らんならムカつくな」。

あれから物販稼業は、ずっと格式ばった商売になった。コンサートの間にグッズを売るには会場の許可がいる。典型的な契約だと、バンドは売上高の20％から30％を会場に払う。グッズを売る権利と関連するサービスの分だ。この手数料は、物販に対するバンドの取り分70％の中から払われる。物販業者は売上高（消費税差し引き後）の30％を手にする。物販業者はその30％で、グッズをデザインしたり仕入れたり、運搬したりモグリの業者を取り締まったりなんてのにかかるコストを賄わないといけない。帳尻を合わせるために、ルービンは材料費を売り上げの10％未満に抑えている。

ショウのときに40ドルで売ってる典型的なTシャツは、作るのに3・50ドルから4ドルぐらい（デザインと運搬のコストを除く）かかる。消費税が3ドルだとして、売上代金の残り37ドルをみんなで分け合うことになる。バンドの取り分（会場代を差し引いて45％）は16・65ドル、会場の取り分は9・25ドルだ。物販業者の手元に残るのは11・10ドル、それで製造コスト、ショウからショウへ運ぶ運送費、それにその他の費用を賄う。そんな費用を差し引くと、物販業者はTシャツを売って4ドル儲かれば運のいいほうだ。

モグリなら、バンドに印税だの会場に場所代だのを払わずに済む。だからモグリの業者には無許可のグッズを違法に販売する強いインセンティヴがある。アメリカでのコンサートではそれが1つの大きな問題だった。1980年代の半ばにジュールズ・ザロンって名の弁護士が、会場から半マイル以内でグッズを違法に販売している連中がいたらグッズを差し押さえてよしって裁判所命令を引き出す手を編み出した。今日では、物販業者と会場で、売上高の2％ほどをつぎ込み、非番の警官を雇って、モグリの業者が無許可のグッズを違法に売るのを取り締まっている。モグリの業者はインターネットを通じた販売でも深刻な問題だが、だいたいのミュージシャンは物販による稼ぎの大部分をツアーがらみで手にしている。

物販市場の新しい展開に、ポップアップ・ストアがある。大物アーティストの中には、大きな街に短い間店を出して、自分たちのグッズを販売している。たとえばカニエ・ウェストはポップアップ・ストアの先駆者だ。彼はブラヴァドと一緒にその手の仕事をしている。ブラヴァドはユニヴァーサル・ミュージック・グループの物販部門だ。そういう店は物珍しかったりオシャレだったりして、ときに大ヒットになる。

でもツアーでの物販はいつも利の薄い商売だ。新規参入の脅威で利ザヤが薄く保たれ、契約期間が短いおかげでアーティストは自分のブランド力が生み出す価値を、大部分その手に摑んでいる。ルービンが一番恐れているのは、大手で資金力たっぷりの商売敵が現れて、市場をかき回すかもしれないってことだ。何年も前、ティケットマスターの当時のCEO、ショーン・モリアーティが、それと同じことを恐れていると口にしたのも、ぼくは耳にしている。イーベイがスタブハブを買収し、チケット販売に参入したときだ。モリアーティが恐れたのは、イーベイなら何億ドルもつぎ込んで儲け度外視の作戦に打って出て、ティケットマスターの息の根を止めに来るんじゃないかってことだ。ピーター・ルービンはぼくにこう言っている。「オレらにとっていいときってのは、物販ってのはきっついシノギで、だから誰もデカい契約なんて結びたくないって思ってるときだ」。

越えないといけない壁はいろいろあるけれど、物販商売の今後は明るそうだ。レコード商売の調子が悪くなり、印税での稼ぎが減って、アーティストはツアーに出て稼がないと食っていけなくなった。おかげでバンドの収入の中で物販が果たす役割は大きくなった。加えて、ここ5年でアーティストのグッズを売ったりアーティストとコラボしたりする小売店が増えてきた。インターネットのおかげでアーティストはファンと直接につながってグッズを売れるようになった。もうツナギ役なんて通さなくていい。そんな展開で、いつでも物販商売がやれるようになった。ツアーに出てないときでも大丈夫で、これはアーティストにとっても物販業者にとってもファンにとってもいいことだ。インタビューの最後に、ピーター・ルービンはこう言っている。いわく、オレはこの商売を40年やってる間に皮肉っぽくなっちまったが、今ほど物販稼業の未来に胸が躍ってることもなかったね。

■早く家へ帰りたい

「私たちの業界は、売り物に他の誰よりもひどい値段をつける業界です」[40]。ティケットマスターの会長、テリー・バーンズは２００６年にそんな見方を語っている。以来、業界はずいぶん遠いところまで来た。でもまだまだ改善の余地は大きい。お墨付きファン、時間をかけたチケットの販売、変動料金制、供給の拡大（またの名をガース作戦）はチケット販売の効率を上げるための新しい戦略の一部だ。これからもいろんな発明が出てくるだろう。一番人気のスターや一番いい席なんかに関してはとくにそうだろう。

ガース・ブルックスが汗水たらして供給を増やし、ショウの座席の需要を買える値段で満たそうとしている一方で、一部のアーティスト――ポール・サイモンやエルトン・ジョン、ジョーン・バエズ、レイナード・スキナードなんかがそうだ――が最近になって、さよならツアーを行うと発表した。供給を限って需要をつり上げる作戦だ。

でも、彼らみたいなロックの象徴たちが引退しても、観に行ける一級品のエンタテインメントはまだまだたくさんある。2017年末のビジネス・コラムで、バリー・リソルツがこう書いている。「今の私たちの時代は黄金時代だ。なんの黄金時代かというと、あらゆるものの黄金時代なのである……だが、なかでもライヴ音楽に関しては特にそうだ」。彼はこう勧めている。「しょっちゅうやってるライヴ・イベントにしばらく行っていないなら、今じゃどんなことになってるか、丸ごと見逃してるのもわからんだろう」[41]。ロックな経済学の研究からもお勧めが1つあって、それでいくらかお金が節約できるかもしれない。転売市場でチケットを買うなら、買うのは最後の最後、ぎりぎりまで待ってからにしたほうが、一番割りのいいお買い物ができることが多い。チケットの値段はショウの当日になると下がる傾向がある。なんにしても、イベントが終わったらチケットは紙くずだ。不確かなのはものすごくイヤだってタイプでないなら、あるいはショウはなんなら別のときにも観られるなら、一番の買い時は一般にショウが始まる直前なのである。

第7章

音楽マネーを巻き上げろ

――バンドマンの契約理論

で、思い知ったんだが、商売ってのはお守りしてやらないといけなかったんだね。

――ポール・マッカートニー

弁護士事務所のイーストマン・アンド・イーストマンはマンハッタンの現代美術館から通りを挟んだ向かいにある。ジョン・イーストマンのオフィスでソファに座っていると、ロックンロールの歴史と向かい合ってるんだって、いやがおうにも思い知ることになる。[01] イーストマンにとって音楽業界で初めてのお客はソフトロック・バンドのシカゴだった。音楽系のお客は他にも、義理の弟でもあるポール・マッカートニー、ビリー・ジョエル、アンドリュー・ロイド・ウェバーなんかがいる。デイヴィッド・ボウイも亡くなる前はお客にして友だちだった。ジョンの妹のリンダは1969年にポール・マッカートニーと結婚して、1998年に乳がんで56歳で亡くなるまで一緒だった。都市伝説とは違って、イーストマンの一家は会社のイーストマン・コダックとは関係ない。実際、ジョンのお父さんのリーは苗字をエプスタインからイーストマンに変えている。ハーヴァード・ロースクールを出た後だ。

遡って1968年、ポール・マッカートニーとリンダ・イーストマンが結婚するちょっと前、マッカートニーは未来の義理の父に、ビートルズがアップル・コープと結んでいるこんがらがったビジネス上の契約をなんとかするのを手伝ってくれませんかと頼んだ。リー・イーストマンは自分の息子にも手伝わせることにして、以来2人はマッカートニーのキャリアの面倒を見続けた。一方、ビートルズの残りのメンバーは、1967年にブライアン・エプスタインがドラッグのやりすぎで亡くなった後、ビジネス面のマネージャーにアレン・クラインを選んだ。それからのビジネス面や法律面での諍《いさか》いが最後のひと押しになって、ビートルズは1970年に解散した。

ジョン・イーストマンは80近い歳で、スタンフォード大学卒業、法律はニューヨーク大学で修めた。彼によると、レコード会社の代理人を務めたことは一度もないそうだ。彼が情熱を注いでいることが2つあって、それは、ミュージシャンが人生のお金の面と創造の面を自分で切り盛りする(それでどうなるかというと、レコード会社から権利を力ずくで取り返したり、ミュージシャンの甘ちゃんっぷりを悪用した節操のないマネージャーを訴えたりなんてことになる)のを手助けすること、それに、芸術と音楽の創造の源とは何かに考えを巡らせることだ。

マネージャーやレコード会社が仕掛けるなんらかの詐欺にひっかかるミュージシャンがなんであんなにも多いんでしょう、ぼくはジョンにそう聞いてみた。「君の疑問への答えは、全力で穏便な言い方をするなら、欲が深いから、それに釣られやすいからだな」だそうだ。ジョンは、たちの悪いマネージャーや悪魔に魂を売った企業の意地汚さや欲深さを、かぶりつきでお腹いっぱいになるほど見てきた。「ロックンロール方面のお客ができたらいつも」と彼は説明する。「正当な理由でマネージャーを裁判所に訴えてうまく追い払うところから仕事が始まる。それから時間をかけてお客の身の回りをリストラするんだ。お客が自分の著作権やその他自分の創作活動から湧き出るものを自分で持てるようにするのが主だね」。この作戦で、彼はビリー・ジョエルを破産から救い出した。それからジョンとリーのイーストマン親子はポール・マッカートニーの音楽稼業をとてもよく管理した。おかげでマッカートニーは、ウィングス時代のほうがビートルズ時代よりたくさんお金を稼いだ。

ミュージシャンがお金の面でカモられやすいのはどうしてなんだろう？　移り気で音楽稼業のビジネス面には気が向いてないからだろうか？　そのとおり、と彼は言った。でもすぐにこう続けた。でも絶対そんなでないといけないわけじゃない。「今君が座ってるそこに座ってられないならお客には契約にサインさせない」。彼は力を込めてそう言った。「で、ペンで取引の中身を紙1ページにまとめて、こう言うんだ。『これ読んでわからないなら取引はなしだ。それか、わかってもらえるまでここで座って話す』。頼み込めば話をしてくれる、人間みたいなお客だったら、そりゃ頭がいいほうのお客だな」。

これはミュージシャンでもミュージシャンでなくても、いいアドバイスみたいに聞こえる。仕事上の取り決めは、ミュージシャンに不利な内容になることもある。原因は、交渉材料があまりないせいだったり、需要と供給なんて根本的な要因のせいだったり、アーティストが節操のないビジネス面でのパートナーにうまいことやられてるからだったりする。どこが間違っているか、そしてうまいことやられるのをどうすれば避けられるかをこの章で話す。

■ロックな経済学の「契約理論」

ぼくの義理の兄弟、ジョン・ビックは、ときどきぼくの弁護士もやってくれる。彼が言うには、契約書とは関係者がお互いと合意したと理解している内容を書き下したものである。契約は法律で守らないといけないと決まっていて、だから契約書にサインなんて気軽にやっちゃいけない。

経済学の立派な分野の1つに契約理論というのがあって、利害が重なり合ったり相反していたり、結果がどうなるか不確かだったり、絵図が全部は見えていなかったりする中で、関係者がいろんな目的を果たそうとどんな契約内容を設計するかを研究している。契約が一番うまくいくのは、関係者の利害がそれで揃えられるときだ。でもおうおうにして、関係者の利害は、少なくとも部分的には対立する。たとえば、レコード会社は経費をじゃぶじゃぶ遣えばもっと儲かる。経費はアーティストに支払う印税から差し引けるからだ。で、アーティストからすると利害は逆方向を向いている。

どんな事態があり得るかぜんぶ予測して契約に盛り込むなんてできるわけない。たとえば、音楽を配信するときの形式が塩ビのアルバムからデジタルのストリーミングに思いもよらず移り変わり、契約書にはストリーミングでの売り上げに対する印税率が書かれていなかったらどうなるだろう？　この手の不測の事態が生じると契約どおりではうまくいかなくなり、裁判沙汰になったりする。まあ、不実と不信のほうが裁判沙汰のほんとの原因であることが多いのだけれど。

関係者が、お互いいい思いができる関係を続けられると思っているなら、お互い誠意をもって相手に接するインセンティヴが生まれ、相手の利益になる行動を取るようになる。思ってもみない事態が生じたり、知らなかったことがあったりしても。

もう1つよくある心配は、関係者の一方、普通はレコード会社が、もう一方よりものがよく見えている場合だ。たとえば、今どきの契約は典型的に、レコード会社が曲のストリーミングやアルバムの販売で得た収入の一定割合をアーティストに分配するよう求める。経済学者のリチャード・ケイヴスが書いているように、「アーティストの側から見るとモラル・ハザードの問題が存在する。レーベルが帳簿をつけ、アーティストに支払う額を計算するからだ[02]」。

レーベルが売り上げをごまかし、それでアーティストへの印税をごまかした例は山ほどある。ビートルズはＥＭＩと同社のアメリカ子会社であるキャピトル・レコーズが印税をちゃんと払っていないとして訴え、裁判は何年も続いた。帳簿のつけ方にモラル・ハザードが生じる恐れがあるからこそ、簡単に言うなら「信じろ、しかし裏は取れ」という当然の作戦が取られることになる。アーティストは自分が送り込む代理人に、レーベルの帳簿を調べさせられるようにすればいい。アレン・クラインはミュージシャンであるお客のために、いろんな形でのちょろまかしを掘り起こして回ることでキャリアを築いた。今どきのレコード会社は、もう昔ほどはお金をごまかさなくなったそうだ。

■レコード契約と手付金

音楽稼業がなんでもそうであるのと同じに、レコード契約は交渉次第だし、だからレーベルやミュージシャンごとにさまざまだ。新人アーティストがユニヴァーサルとかソニーみたいな大手レコード会社と結ぶレコード契約は、典型的にアルバム4枚か5枚分だが、長いものだと7枚目まで続く場合もある。契約したからって2枚目のアルバムが出せるって保証はない。一方、レコード会社には2枚目のアルバムを出す権利がある。実際、1枚目のアルバムだって世に出ないこともある。1枚目のアルバムを出すとの会社の約束には、アルバムが「商業的に十分な」水準を満たしている場合という条件がつく。つまり、レコード会社が「売れる」と思った場合ってことだ。[03] 多分、レコード契約を結んだアーティストの半分も2枚目のアルバムを出せてはいないだろう。1枚目すら結局出せないアーティストだってたくさんいるはずだ。

アーティストが録る曲を独占して売り出せる権利と引き換えに、レコード会社はアーティストに、ストリーミングや使用許諾、アーティストが録った曲の販売で得られる収入の13%から14%を支払うと同意する。* 不動のスターだと印税率は20%の高さにもなる。アーティストは録音した曲の権利を(著作権を除いて)永久にレコード会社に移転する。不動のスターだと所有権の移転期間はもっと短くもできる。レコード会社は典型的に、将来の印税を裏づけにしてアーティストに手付金を払い、アーティストの音楽の宣伝に一定の資金を提供するこ

*これは単純化しすぎで、印税率は配布方法や国によって違っていたりするし、録音された曲が売れれば売れるほど印税率は上がっていくことが多い。また、人気のアーティストは交渉で高い印税率を引き出すこともできる。加えて、アーティストが手にする正味の印税率は、プロデューサーがアーティストの取り分の一部を受け取る契約だと、もっと低くなる点にも注意。

とに同意する。アーティストの取る手付金と録音にかかるコストも将来の印税から差し引かれる。でもアーティストは、一連の印税が手付金と費用の合計を超えなくても足りない分を支払わなくていい。つまり、費用と手付金は回収はできるが返金はされない。

お客のシカゴと一緒に、ジョン・イーストマンは、アーティストに自分たちの音楽に対する権利を持ち続け、レコード会社に一定の期間だけ貸す、という作戦を持ちかけた先駆者になった。このやり方はローリング・ストーンズ（でも彼らの共同マネージャー、アンドリュー・オールダムは巧妙にも、いろんな権利を自分で持っていた）やフィル・スペクターもやっている。でもそんな条件を勝ち取れるほど交渉力のあるミュージシャンは、どちらかというとひと握りだ。

エンタテインメント系の弁護士が冗談半分で教えてくれたのによると、彼の仕事の界隈にはこんなことわざがあるそうだ。「アーティストが印税受け取ってるようじゃ、弁護士の仕事っぷりもまだまだだな」。

ジョン・イーストマンの見方は違う。「レコード契約の手付金は値の張る銀行預金みたいなもんだ」と彼はぼくに言っている。

これらの見方は、一見相容れなさそうだけれど、実は簡単につじつまが合う。スーパースターなバンド、ビートルズやローリング・ストーンズだと手付金は小さく印税率は大きいほうがいい。でも大手レーベルとレコード契約を結ぶアーティストの大部分は手付金と費用を賄えるところまではいかないから、印税ではびた一文稼げない。それなら手付金は大きく印税率は低いほうがいい。

レコード・レーベルは、アーティストのメシのタネにかける網を広げている。たとえば、新しいアーティストが大手レーベルからレコードを出そうってときの契約だと、普通、ツアーの売り上げや物販収入、ファンクラブでの稼ぎまで、レコード会社が分け前を取れるようになっている。これは付随エンタテインメント契約と呼ばれている。レコーディングやツアーで一括契約を結べるスーパースターはひと握りで、彼らはレーベルじゃなくて興行主のほうとそんな契約を結ぶこともある。たとえばマドンナは2007年にライヴ・ネイションと1億2000万ドルで10年にわたる一括契約を結んだ。[04] この手の取り決めは、まだ基本というより例外の類だけれど、経済的には筋が通る。いろんな活動が互いに補い合うからだ。レコードの宣伝でコンサートやグッズの売り上げも後押しできる。でもほんとに心配なのは、新人アーティストがそういう取り決めで食い物にされるかもってことだ。新人じゃ交渉に使える材料もあんまりないし、大手の音楽企業と契約しようと必死になってるかもしれない。ほとんどのアーティストが稼ぎの大部分をライヴ・パフォーマンスに頼っているのを考えると、それでどんなことになるかちゃんとわかりもせずに、ライヴ・パフォーマンスの稼ぎに関する権利を扱った契約にサインするのは、どんなミュージシャンだって考えものだ。[05]

■なぜ「不当」な契約が多いのか？

大手レコード・レーベル3社（ユニヴァーサル、ソニー、ワーナー）のビジネスモデルは、大事な点で、油田を探す会社とかヴェンチャー・キャピタルとか、そういうのに似ている。実を結ばない投資が山ほどあって、だからときどき出る当たりで大儲けして、何も出なかった井戸の分の損を埋めないといけない。大手レコード会社が作るレコードのうち、手付金と費用を賄えるのは、10枚出してもほんの1枚か2枚だ。[06]レコードを出すアーティストが印税を受け取ろうなんて大穴狙いもいいとこだ。ひと握りのアーティストがスーパースターに成りあがってみると、こんな取り決めは不当に思えてくる。だから彼らはレコード・レーベルに対して恨みつらみを抱えがちなのである。でも、そもそもこのビジネスモデルがあるからこそ、レーベルは新人アーティストに賭けられるのだし、彼らに作品を創らせたりそれを宣伝したりするのに結構な額のお金をつぎ込めるのだ。

成功できなかったアーティストは、よく、レコード・レーベルのこともブツブツ言う。業界トップのエンタテインメント系弁護士が教えてくれたのだが、ミュージシャンはよく、レーベルが自分たちの作品の宣伝に力を入れてくれないとこぼすそうだ。彼によると、あるレコード会社の重役はそんなとき、こう返すそうだ。「オレらはあんたのレコードをラジオで流させたし、どこの店にも置かせたよ。他に何してほしいってんだ？　あんたのレコードを人に無理やり買わせるわけにもいかんしなあ」。

音楽業界では、ずっと癒着だのインチキだのが大きな問題だったのはそうだけれど、ミュージシャンがレコード・レーベルに不満を持っている主な理由は、たぶん、信用できないっていうより、ああいうビジネスモデルだと後から見た再分配のあり方や成功が偶然に左右されることだろう。学も商売っ気もあるミュージシャンが、経験たっぷりの弁護士を雇っても、めったなことでは成功には手が届かないし、不利なレコード契約を結んでしまうこともある。音源の販売やストリーミングでの収入の大部分をレコード・レーベルに分捕られてしまったりする。

だいたいのインディ・レーベルでは、ビジネスモデルは違っている。インディ・レーベルは何千もあって、何万組ものミュージシャンが創り出す音楽を形にして売っている。でもインディ系全体としては、録音された音楽による売り上げ全部の3分の1ほどを占めているに過ぎない。[07] 小さいインディ・レーベルだと、トントンにもいかないアーティストをあんまりたくさん抱えてはやっていけない。結果として、彼らがアーティストに払う手付金は小さく、印税率は高くなりがちだ。また宣伝にも、だいたいはそんなにお金をかけられない。でも、アーティストがインディ系で大当たりするとものすごく儲けられる。印税率が高いからだ。

インディ系で大変な成功物語になった最近の例は、フォーク・バンドのザ・ルミニアーズだ。デンヴァーのトリオで、２０１１年にナッシュヴィルのデュアルトーン・レコーズとレコード1枚の契約を結んだ。デュアルトーンは従業員が5人だけで、アルバムの売り上げ目標は3万枚ぐらい、分け前も気前がよかった。ザ・ルミニアーズのフロントマン、ウェズレイ・シュルツが言うには、バンドがデュアルトーンを選んだのは、同社が「一番よくて一番公平な取引内容だったから」だ。[08] ザ・ルミニアーズのデビュー・アルバムは、バンド名そのままのタイトルで2012年に発売され、世界中で240万枚売れて『ビルボード』誌トップ200のチャートに43週間載り続けた。グループは2013年のグラミー賞で2部門にノミネートされ、サタデイ・ナイト・ライヴにも出た。詳しい話は公表されてないけれど、彼らは印税で何百万ドルも稼いだはずだ。

最初のアルバムが目覚ましい成功を収めた後、ザ・ルミニアーズは大手レーベルと契約して大きな手付金を受け取ることだってできた。インディ・レーベルと複数のアルバムにわたる契約を結んだってよかった。でも彼らは、また零細のデュアルトーンとアルバム1枚の契約を結び直すのを選んだ。彼らの2枚目のアルバム「クレオパトラ」は2016年に発売され、『ビルボード』誌のチャートでいきなりNo.1になった。ドラムのジェレミア・フレイツはこう言っている。「ぼくらはぼくらに賭けるんだ。誰かに借りができるようなおかしな立ち位置には立たない」[09]。そんな賭けが大当たりしたってことだ。

■レコード契約の埋没費用――勝ち馬と負け犬

レコードを出しているアーティストが飛び立ってスーパースターになったら、契約の条件を変えようと交渉する強いインセンティヴが生まれる。でもアーティストはレコードを出すとき、普通は数年間、アルバム数枚にわたって拘束される契約を結んでいる。だから彼らは契約が切れるまでは、もっといい条件を追い求めて動くことができない。ザ・ルミニアーズみたいに、アルバムを出すたびに契約の条件を交渉し直せるなんて贅沢ができるアーティストはあんまりいない。

　ブルース・スプリングスティーンは回顧録で、契約内容の変更を交渉するときのイヤな感じを書いている。相手はプロデューサーのマイク・アッペル、時は１９７５年、「ボーン・トゥ・ラン」で成功した後のことだ。スプリングスティーンの目的は、主に、それまでの５年間にアッペルがプロデュースしたレコードの売り上げについて、最初の契約よりもっと公平だと自分が思う取り分を受け取れるようにすることだった。前から結んでいる取り決めの条件を遡って見直す代わりにと、アッペルは契約を更新しようと言い出した。スプリングスティーンはこんな結論を出した。「自分の人生をもう5年差し出してこれまでの5年間の仕事に対する公平な取り分を受け取るなんて絵図で、ギター抱えながら生計立ててくなんて、どんだけしょぼい未来だよって。それじゃぜんぜんやる気にならなかった」[10]。スプリングスティーンとアッペルは袂を分かち、１９７７年に示談で和解した。

　経済学の符丁では、最初の契約の条件は埋没費用だ。今後のことを決めるときに気を取られてはいけないものである。埋没費用は橋の下を流れる川の水みたいなもので、どうにかできるもんじゃないのだ。もう決まったことで、契約書にサインもしてしまっている。でも埋没費用は、経済学者の連中が認めたがるよりもずっと、人にとっては気にかかるものなのだ。

人は公平に扱われているかどうか、とても気にするからである。ぼくらは心の中で、埋没費用をつねづね発生してぼくらを悩ませるコストと同じように扱う。そうしてぼくらは未来に向かって歩みを進める前に、まず過去のツケを清算しようとする。

でも契約は破るのも変えるのも難しい。それだからこそジョン・イーストマンは、ミュージシャンにこう言って聞かせるのだ。「契約書には１つ、よくよく見ないといけない条件が書いてある。何かっていうと、契約に書いてある条件だ」。マネージャーはよくアーティストを、近眼みたいに目先の大きな手付金に飛びつき、長い目で見た稼ぎを軽んじるように駆り立てる。そんなことになるのは、マネージャーが手付金から分け前を貰えるからだと彼は言う。

ときどきアーティストが、契約を無効にしたり条件を交渉し直したりするほかないって境地にたどり着くことがある。ロックンロールが絶頂だった１９６０年代、アレン・クラインはサム・クックやローリング・ストーンズ、ビートルズ、その他たくさんのアーティストのマネージャーを務めていた。彼はアーティストに不利な契約があるとレーベルをいじめ倒して契約の条件を変えさせるので有名だった。

もっと最近だと、マイアミのラッパー、ガズィ・ガルシアは２０１７年に大ヒット・シングル「グッチ・ギャング」を出して成功した。仕事での名前はリル・パンプだ。その後彼は、２０１８年の初めにワーナー・ブラザースとの契約を無効にできた。２０１７年７月に契約書にサインしたとき、彼は未成年（まだ16歳）だったからだ。[11] 大手レーベル３社とインディ・レーベル数社がこのラッパーと契約しようと争奪戦を繰り広げた。DJキャレドのウィ・ザ・ベスト・ミュージック・グループもその1社だ。格が上がったのを利用して、リル・パンプはまたワーナーと契約した。手付金はずっと大きくなった。800万ドルだって話だ。最初の契約で受け取ったのは35万ドルだと報じられているのからするとものすごい進歩だ。35万ドルという額は、初めてレコード契約を結ぶときにどんな額を提示されるかの指標になる（契約期間やなんかの他の条件はいろいろかもしれないけれど[12]*）。

世間のレコード・レーベルの懐具合はずいぶんよくなった。ストリーミング・サービスの購読者が増えたのが大きい。そのせいで、スーパースターの卵を巡る争いは激しくなった。そんな新しい才能の争奪戦に、ユーチューブやなんかのストリーミング・サービスが油を注いだ。それで情報が広く行きわたるからだ。まだ契約を結んでいないアーティストの音楽がインターネットで公開され、それでたくさんのレーベルがアーティストに気づく。ヒップホップのスターだととくにそうだ。彼らの音楽はストリーミング・サービスでは大人気だからである。

トム・コーソンはワーナー・ブラザースの会長だ。彼は「イケそうに見えるものはなんだって誰かが拾う。どう見てもオレたちはヒップホップ系じゃものすごく競争が激しくてものすごくお金のかかる流れの真っただ中だ」と言う。[13]『ビルボード』誌によると、2018年の初めにジュースWRLDはインタースコープと300万ドルで契約し、サラ・バビーはワーナー・ブラザースと約200万ドルで、そして03グリードはアラモ／インタースコープと

＊契約を結ぶときにミュージシャンが未成年だったというのは、昔からある交渉材料だ。ローリング・ストーンズが最初の共同マネージャーであるエリック・イーストマンと和解できたのは、1つには、契約を結んだときに彼らは未成年だったから、契約が有効かどうかは微妙だったというのがある。

170万ドルで契約した。加えてリル・ザン（コロムビア）、ズィラカミとサズミュラのシティ・モルグの2人組（リパブリック）、それにショアライン・マフィア（アトランティック）は、みんな7桁の額で契約したって話だ。そんな額に、厳密に言うと何が含まれてるか（手付金にレコーディングの費用、宣伝費、その他）ははっきりしない――それにマネージャーとか弁護士とか広報とかはお客の取引のことはいつも大げさに言うものだから、ちょっと注意しないといけない――けど、レコード・レーベルの懐具合は10年ほども苦しい時代が続いていて、おかげで競争は間違いなく激しくなった。

トム・コーソンにこう聞いてみた。「ソーシャル・メディアやストリーミング・サービスのおかげで新しいアーティストに関する統計的な情報が手に入るようになりましたね。『マネーボール』に出てくるみたいな技術を使おうとするレコード・レーベルもあります。そういうもののおかげで、成功の確率（これまではアーティスト10組と契約したとして儲けが出るのは1組か2組、そうでしたね）はよくなりましたか？」。「振り返ってみると」と彼は話した。「たぶん勝率は10に2・5ぐらいにはなったんじゃないかな[14]」。でもそう言っておいて彼は、争奪戦が激しくなったからコストも上がってると指摘した。だから、ビジネスモデルは根っこの部分ではこれからもこれまでどおり――勝ち馬で負け犬の分を取り返さないといけない、それから、勝ち馬はなかなか予想できない――の可能性が高い。今日、結ばれた契約の大部分は、後から見るとお笑い種に見えるだろう。

■ビートルズ解散の原因——バンドのメンバー間での契約

よく見過ごされていたり、ときに暗黙のお約束になったりしてるのが、バンドのメンバー間の関係やそれぞれの責任だ。たとえばビートルズには稼ぎは全部4等分するという取り決めがあって、法的にも有効な契約だった。4人がそれぞれビートルズ以外で別個に稼いだ分も含めてだ[15]。バンドが破たんし、ポール・マッカートニーがバンド・メンバー間の法的な取り決めを解消しようと裁判に打って出た。ジョン、ジョージ、リンゴが解散しようというポールに反対したからだ。契約にはバンドが解散した場合についても書かれていておかしくなかった。解散後もメンバーがそれぞれ稼いだお金を分け合い続けたりしたら、ひどいタナボタ問題が起きるからだ。ポールが汗水たらしてツアーしても、稼ぎの4分の3はジョンとジョージとリンゴの懐行きだったら、なんでポールはそんな苦労をするだろう。そして同じことが他のメンバーそれぞれにも言える。

ジェイソン・ヴァン・ダイクは、ザ・ルミニアーズが2009年にニュージャージーからデンヴァーに移るまで、2人の創設メンバーと一緒に演っていた。彼はこう言っている。「ぼくらがほんとにうまくやれないってわかってたことの1つに、契約書を作って物事をほんとにはっきりした形にすることだってのがあった」[16]。「ホー・ヘイ」でバンドがのし上がると、ヴァン・ダイクは2014年にザ・ルミニアーズを訴え、曲に関する協力者、著作権者、共同作者としての立場を否定されたと主張した。裁判は結局、内容は非公開の和解で終わった。

ザ・ルミニアーズほど商売では成功しなかったけど、ル・ルーのダン・ライアンも同じように、メンバー間ではっきり契約を結んだほうがいいと言う。彼らはメンバー全員がいつもバンドの曲作り全部に加わるわけじゃなかった。[17] 曲がテレビのコマーシャルに使われたとして、印税を貰っていいのは誰だろう？　グループ全員？　それとも曲を書いた人だけ？　あり得る場合が全部あらかじめわかるわけじゃないけれど、権利と義務が明快で、契約ができるだけたくさんの場合に対応しているなら、関係者間の関係はずっとスムーズになる。

バンドには、ローリング・ストーンズやビートルズ、メタリカ、デスティニーズ・チャイルドみたいに、メンバーがまだ10代のときにできたのがたくさんある。そんなふうに、人が若いときに仕事仲間に出会い、以来ずっと一緒に仕事をするなんて普通はないんじゃないかと思う。でもだいたいのバンドではそれが普通なのだ。そして契約書を作ったり読んでわかったりなんて、普通のティーンエイジャーがやれそうなことじゃないわけで、だからバンドのメンバー間で仕事上の関係が、得てして問題を抱えているのはそんなに驚くことじゃない。それに、バンドのメンバー間の関係は何十年も経つ間に微妙になってきたりする。10代の頃の友だちって、大人になると合わなくなったりするでしょう。

■ロックと詐欺、インチキ

ドナルド・パスマンはエンタテインメント系が専門の弁護士で業界トップの１人だ。彼はミュージシャンにこんなアドバイスを語る。「お前のシノギ、お前ぐらい大事にするのはお前だけ[18]」。

トム・ペティがレコード・レーベルとモメてた件なんかは、音楽稼業のなんたるかをわかり、細かいところまでよくよく注意するのがどれだけ大事か、よく示している。トム・ペティとハートブレイカーズはシェルター・レコーズから出したアルバム2枚がゴールド・ディスクになり、3枚目に取りかかっているところだった（ジミー・アイオヴィンが共同プロデューサーとして呼ばれた）。1978年のことで、そのときシェルターの親会社のABCレコーズがシェルターをMCAに売却した。ペティはこう言っている。

あいつらがオレらを売り払った、食料品だか冷凍豚肉だかみたいに売った、そんな気がした。契約書にはこんな条文があってね。オレらとの契約を誰かに売るときは、オレらの同意が必要って。だからオレらは連中のとこへ行って、こう伝えた。「オレらとはこれっきりにしてもらいます」。そしたら、要はこんなこと言われた。「そりゃ無茶だ。それにおまえら、デカい会社と闘うお金なんてないだろ」。オレ、ほんとブチ切れたよ。[19]

でもトム・ペティは引き下がらなかった。その後の法廷での争いでカギになった問題は、スカイヒル・ミュージックとの長期契約で、ペティの曲の出版権にかかわるものだった。ペティは、曲に関する権利を譲り渡すように強要された、そうしないとレコードを出す契約を結んでやらないと言われたと主張した。出版権とは楽譜が載った歌集のことだと思ったペティは、たった1万ドルの手付金で曲の権利を手放した。「そんなことしたら将来ぜったい儲からないなんて知らなかったんだ[20]」と１９８０年に彼は言っている。何年も経ってから振り返って彼はこう語る。「だからほんとにオレは曲を取り上げられてしまった。出版権なんてなんのことかも知らないうちに」。

裁判の費用を賄うべく、トム・ペティとハートブレイカーズは「裁判ツアー」と銘打ってツアーに出た。ペティが破産を申請して、契約上の義務を果たさずに済むようになり、関係者の間で和解が成立した。和解の一部として、トム・ペティとハートブレイカーズはバックストリート・レコーズと契約金３００万ドルで契約することにした。ＭＣＡ傘下でアーティストにやさしいレーベルだ。そしてペティの曲の出版権は彼の手に戻った。

音楽業界には倫理にもとる人がやたらといる。ミュージシャンを食い物にする連中だ。

１９８９年、ビリー・ジョエルは９０００万ドルの損害賠償を求めてマネージャーのフランク・ウェーバーを訴えた。最初の奥さんだったエリザベスの兄弟でもあり、娘のアレクサ・レイの代父でもある人だ。ジョエルによると、ウェーバーは①ジョエルに知らせず、許可も取らずに借金の形で２５０万ドルを奪い取り、馬の飼育や不動産といった、自身が管理するいろんな形の事業に投資し、②ジョエルの資産を投機性がとても高いものに投資して１０００万ドルを失い、③ジョエルの音楽ビデオの費用を二重請求し、④しかるべき情報開示を行うことなくジョエルの著作権を担保に1500万ドルを借り入れ、そして⑤ジョエルの財産の状態について、ジョエルを欺いた。一連の判決、控訴、反訴を経て、最終的にビリー・ジョエルは800万ドルを回収した。金融リテラシーに関する価値ある教訓を得たビリー・ジョエルはこう語っている。自分のキャリアの中で、ビジネスの面には口を出さないことにしていた。「ヒット曲の魔術師がお金を稼ぐのに汲々としている」なんて批判がグサグサくるタイプだからだ。[21]ピアノマンが売り出し中のミュージシャンにお勧めするのは、帳簿のつけ方の授業を受けること――それに「ちょっと法律がわかっててもいい」――だ。

ビリー・ジョエルはどう見ても人を許すタイプだ。その後彼は、以前は義理の兄弟だったこの相手を許し、フロリダのショウのチケットをタダで贈るほどになった。2人目の元奥さんであるクリスティ・ブリンクレイは彼のそんな振る舞いを「頭がぐるんぐるんする」と言っている。[22]

すばらしい声のポップ・シンガー、スティングは、昔は英語の先生だった。その彼も、ドナルド・パスマンのアドバイスをよく聞いてビジネスを切り盛りしていればよかったスーパースターの1人だ。スティングの金融アドバイザーを15年間務めたキース・ムーアは1980年代から1990年代の初めにかけて、スティングのお金を1000万ドル近く遣い込んだ。ムーアはスティングの銀行口座から、彼に知らせることも同意を取ることもなくお金を引き出して怪しい投資を行った。環境にやさしい変速機を開発するだの、オーストラリアにインド料理のチェーン店を立ち上げるだのみたいな投資話だ。[23]キース・ムーアはフランク・ウェーバーみたいに運がよくはなかった。彼は横領で懲役6年の判決を食らった。

スティングは他にも、あんまり賢いとは思えないお金の判断を下している。『デイリー・メイル』紙によると、２０１６年にスティングは高いお金を貰って何度か誰ぞの結婚式で歌うのに同意した。お金が必要だったからで、そんなことになった原因は2つ、1つはスティアパイク・リミテッドという会社へのひどい投資、もう1つは彼自身の浪費癖だ。ムーアは振り返ってこう言っている。「私の記憶によれば、スティングのミーティング耐性はほぼ『ゼロ』でした。すぐに飽きて物事のビジネス面を他人にやらせてそれでまったく平気、そんな人でした[24]」。

１９７０年、レニー・ハートが姿をくらましました。グレイトフル・デッドの初代資金管理担当で、バンドのドラムの1人、ミッキー・ハートのお父さんだ。バンドのお金15万５０００ドルも一緒に消えた。レニーは1年後にサンディエゴで捕まり、横領で有罪になって、6ヵ月の懲役を食らった。ミッキーがお父さんと口を利くことは二度となかった。でも、バンドは１９７２年の曲「ヒズ・ゴーン」のおぞましい歌詞で、この元マネージャーをののしっている。「お前の頭からお前の顔をはがして盗む」。

簡単にお金を騙し取られるのはスーパースターに限らない。名もないミュージシャンたちだってやられている。ＢＢＣが２０１８年に番組ですっぱ抜いたのによると、バンド・マネジメント・ユニヴァーサル（ＢＭＵ）というロンドンの会社があって、ミュージシャンに、スタジオでの仕事やギグを提供しますとか、レコード契約を確保するのをお手伝いしますとか、その他いろいろオイシイ話を騙《かた》って、最大４０００ポンドの手数料を取っていた。でも同社のサービスはめったに実行されなかった。たとえばオランダの歌い手であるヤスパー・ルーロフセンは、彼のバンド、カウンティング・ウルヴズに、有名アーティストと仕事をするチャンスを保証するとＢＭＵの人に言われたと言っている。バンドは３８４０ポンド払ったけれど、チャンスはぜんぜんやってこなかった。「キャリアの役に立つ使い方ができただろうに、オレたちはお金を燃やしてしまったんだよ」とルーロフセンは言っている。[25] ＢＢＣはＢＭＵのやり口に不満を持つアーティスト20組超にインタビューした。ミュージシャンズ・ユニオンのボスであるホラース・トゥルブリッジはＢＭＵを「ここ20年で見た音楽詐欺の最悪の例」と呼んでいる。

■ミュージシャンのマネジメントという仕事

ミュージシャンにとって、いいマネージャーを選ぶのは大変なお仕事だ。バンドのマネージャーは、バンドのメンバーそれぞれと同じぐらいは簡単に稼げる。でもいいマネージャーは高いお金を払ってでも手に入れる価値がある。クリフ・バーンスタインやピーター・メンシュみたいなマネージャーはプロの仕事で広くリスペクトされている。ビジネスを理解し、お客をお金の面で安心できるほうへといざない、長く仕事が続けられるように仕向ける。「地元のマネージャー」という種族もいる。彼らはバンドができた頃から一緒で、運がよければバンドと一緒にビジネスを学んでいく。ポール・マッカートニーは、あるときビートルズの最初のマネージャー、ブライアン・エプスタインを悼んでこう語っている。「あいつは仕事のアドバイスがほしいときはお父さんをあてにしてたんだが、お父さんはっていうと、どうすればリヴァプールで家具屋がやれるかは知ってた[26]」。

エルヴィス・プレスリーは地元のマネージャーを何人か使った後、トム・パーカー大佐に行き着いた。前はイベントの呼び込みをしてた人で、アメリカへは不法入国だった[27]。でもパーカーは音楽稼業をよくわかっていて、エルヴィスの仕事の格を大きく引き上げ、レコードや物販で有利な条件の契約を引き出せる人だった。パーカーが鋭かったことの1つに、エルヴィスをＡＢＣがやったフランク・シナトラのテレビスペシャルに出演させた一件がある。１９６０年に兵役から帰って最初のテレビ出演だった。この作戦はうまくいき、エルヴィスは歳のいった層にも受け入れられた。パーカーの手数料率はエルヴィスの稼ぎの50％を超えていたと伝えられている。でもパーカーの果たした役割を称えて、エルヴィスはあるときこう言っている。「あいつがいなかったらオレはこんなにビッグにはなれなかったよ。あいつはものすごく頭がいい[28]」。

国全体をまたいで、それに国を超えて絶賛されると、スーパースターは、自分のキャリアを自分でマネジメントして、お金を節約しようなんて考えだしたりする。つまり、マネジメントの仕事を自前でやろうってことだ。カニエ・ウェストが、長年のマネージャーだったイズヴォー・ズィヴコヴィック、その後スクーター・ブラウンと袂を分かってこの作戦を試した。ブルーノ・マーズやビヨンセ、テイラー・スウィフトも似たような作戦に出ている。[29]うまくいくかどうかは時間が経たないとわからない。でも過去を振り返ってみると、ミュージシャンは、マネージャーがいてもいなくても、食い物にされやすい生き物だ。

■なぜスターは破産する?——ライフサイクル・モデルの逸脱者たち

身の丈以上の暮らしをしたり、先々のために備えていなかったりしてお金で行き詰まるミュージシャンは多い。ウィル・スミスはヒップホップ・グループのDJジャジー・ジェフ&ザ・フレッシュ・プリンスで演っていたが、その後「ザ・フレッシュ・プリンス・オブ・ベルエア」に出演した。彼は教科書に載りそうなぐらいの代表例だ。彼ら2人組は1989年にヒットした「ペアレンツ・ジャスト・ドント・アンダスタンド」で初めてグラミー賞を獲った。最初のアルバムはトリプル・プラチナ・ディスクになった。このままいい時が続くと思ったスミスは湯水みたいにお金を遣った。でも彼の2枚目のアルバムはコケた。スミスは「ありゃダブル・プラスティック・ディスクだ」と茶化す。所得税も払わなかったので、スミスは税務署に車とバイクを差し押さえられ、税金を280万ドルも払うことになり、そのうえ将来の収入も差し押さえられた。「有名で文無しって」とスミスは振り返っている。「ウ×コな組み合わせだな。そんなでもお前は有名で、みんなお前のこと知ってるわけだ。お前がバスで座ってるだろ。そのときも、『あいつだ』ってみんなわかってんだよ[30]」。

破産の一歩手前でスミスはチャンスを摑んだ。たまたまの出会いからベルエアにあるクインシー・ジョーンズのお屋敷で即席のオーディションが行われ、そして……ってのは有名な話。スミスはハリウッドで一番大きな星の1つになった。

お金のかかわる判断となると、ミュージシャンもだいたいのアメリカ人とそんなに違わない。でも稼ぎはどうなるか予想がつかないし、自営の割合は高いし、レーザー光線みたく自分の芸ひと筋だ。だから彼らの懐具合はおうおうにして危なっかしい。ミュージシャンは典型的に、自営の請負業者の立場で稼いでいる。だから彼らの取り分から税金を天引きする雇い主なんていない。ウィル・スミスと同じように、ミュージシャンはだいたい、税金の分だけ稼いだお金を取っておくなんてことはしない。そうして税務署とモメるのだ。

ミュージシャンたちはもうずっと、節税しようと手を尽くしてきた。たとえばポップ・シンガーのシャキーラは脱税の容疑でスペイン当局の捜査を受けた[31]。ミュージシャンの中にはビジネス面のマネージャーとか税理士とかが脱税を仕組み、それで大変なことになる人もいる。たとえば、稼ぎをタックス・ヘイヴンの第三者に計上するなんてのがそうで、そうしてミュージシャンは自分の稼ぎを管理できなくなる。キース・アーバンとマドンナはパラダイス文書に名前が出ていて、オフショアでの脱税の手口を詳しく暴露された。

でも、お大尽なお金の遣い方——引退してから暮らしていくには貯金しなさすぎだったり、子どもには大学の授業料やなんかを払ってやらないといけないのに考えもしなかったり——こそがミュージシャンの多くが問題に陥る原因だし、何百万というアメリカ人もそんなことになっている。エルトン・ジョンは行き着くとこまで行ったケースだ。結局は大恥をかくことになった裁判で、エルトン・ジョンは元マネージャーとプライスウォーターハウスクーパーズを訴えた。お金を適切に管理しなかったとして3000万ドルの損害賠償を求めたのだ。エルトン・ジョンは裁判に負け、その上、裁判文書によると、彼は2年にも満たない間に6000万ドルを超えるお金を浪費した。お花に40万ドルなんてのもあった。アンドリュー・フェリス判事はこう述べている。「サー・エルトンは明らかに並外れて気前がよい気性である。自分や贈り物や友人の便宜のためにお金を遣うのを好む。しかし彼はビジネスに関することにはほとんどあるいはまったく関心を持たず、また自分が関心のない物事だと理解しようともしない」[32]。傷口に塩を擦り込むように、この裁判の費用でジョンは約1200万ドルも払うはめになった。

ものすごくたくさんお金を稼ぐからって、お金が足りなくなったり破産したり絶対しないってわけじゃない。ラッパーのカーティス・ジャクソンは、仕事での名前は50セントで、2年間で3億ドル稼いだと伝えられている。2016年、彼は連邦破産法11条に基づく破産保護を申請し、債権者に対して年に2300万ドル支払うことになった。彼の借金には、オーディオ機器の会社に対する1700万ドルや、ライバルのラッパーのガールフレンドのプライヴァシーを侵害したことに対する600万ドルの賠償金なんかが含まれていた[33]。

ナショナル・フットボール・リーグで1996年から2003年にドラフトにかかった選手を調査してみると、16%は引退して12年以内に破産を申請している[34]。中央値で見ると、選手はキャリア通算で（２０００年の物価に換算して）３２０万ドル稼いでいる。キャリアの長さは中央値で6年だ。さらに、稼ぎかキャリアの長さが並みを超える選手でも破産する可能性が低いわけじゃない。ということは、稼ぎよりもたくさん遣うのが問題で、稼ぎが少ないのが問題なわけじゃなさそうだ。

　経済学にはライフサイクル・モデルというのがあって、人はたくさん稼いだときにお金を貯め、あんまり稼げないときや引退した後に備える、と仮定する。でも経済学者が調べてみると、そのときどきの稼ぎをやたらと遣ってしまいがちな人がたくさんいる。衝動買いしたくて自分でもどうしようもなくなるか、自分の振る舞いが先々で自分の懐具合にどう響いてくるか、軽く考えすぎてるかのどっちかだ。経済学者は後者を双曲割引と呼んでいる。他にも説明はあって、スーパースターなミュージシャンのマネージャーを務めたことのある人たちがよく口にする。天にも届きそうな稼ぎは、実はいっときのもので続かないのがわかってない人がたくさんいるのだ。たとえばウィル・スミスは2枚目のアルバムがコケて、お金の遣い方に見合っただけ稼げなくなったとき、ただただびっくりしたみたいだ。

　ミュージシャンがお金の面で責任ある生活を送るのを手助けするべく、キャリア・コーチのアストリッド・バウムガードナーは彼らに分別重視のルールを示してこれに従えと言う。[35]

　１つ目は「自分の課題を言葉にしろ」。それにはお金を遣いすぎとかクレジット・カードに頼りすぎとかが含まれる。２つ目は「簡単なお金の話はわかるようになれ」。そうすれば先々の人生まで自分の財布をどう管理すればいいかわかる。３つ目は「先々の稼ぎがどうなっていくか考えろ」。ミュージシャンはおうおうにして、ギグにレッスン講師に印税その他と、いろんな収入源を合わせて糊口をしのぐ。4つ目は「賢くお金を配分しろ」。自分の収入と支出を見直して、稼ぎで賄える範囲で暮らし、払ってもらうべきものは払わせ、ぼられないようにする。5つ目は「お金は借りるな」。クレジット・カードやなんかの利息のかさむ借金はとくにそうだ。6つ目は「貯金できる今のうちに貯金を」。先々稼げたり稼げなかったりするからだ。厳しいときや引退してからは、そうやって貯金しておいてよかったと思うだろう。7つ目は「アンクル・サム［アメリカ政府を擬人化したキャラクター］にふんだくられる税金の分だけお金は取っとけ」。そして費用は帳簿につけておいて、課税所得から差し引けるようにしておこう。

■お金に困らないアーティストの特徴

ある意味、こうしたルールを全部合わせると、煎じ詰めれば自分がかぶるコストをわかり、先々の計画を立て、稼ぐ範囲で暮らすってことだ。仕事でも暮らしでも、お金がかかりすぎるのは致命的である。時間をいくらかとって、自分のお金がどこへ行くか、どこから来るか見極めているアーティストは、お金の面で万全だし、死ぬまで自分の情熱の向く先を追いかけていける。旅から旅への雇われミュージシャンでもアリーナでトリを務めるスターでもそうなのだ。

第8章

ストリーミングが世界を覆す

——サブスクリプション経済革命

いつも勝つのはハイテクなやつだ。
でも、海賊盤よりいいモノ出せるんならどうだ？

——ダニエル・エク、スポティファイの共同創業者にしてCEO

ナップスターが立ち上がった1999年は、録音された音楽の売り上げが頭打ちになった年でもある。録音された音楽のアメリカでの売り上げは、1999年から2015年で146億ドルから67億ドルと、半分を切るところまで減った。インフレの分を調整しなくてもその体たらくだ。[*] なんで減ったんだろう？　音楽がデジタルに変わって海賊盤やファイルの違法な共有が爆発的に増えた。ストリーミングが出てきてやっと、売り上げの減少は底を打った。2015年から2017年、売上高は20億ドル増えて、それまでの10年にわたる減少を取り返した。音楽業界が待ち望んだ回復がやってきたのだ。[01]

2017年、アメリカでは頭がぐるんぐるんするような全部で1兆曲が合法的にストリーミングされた。2019年はその倍ぐらいになったかもしれない。[02] ストリーミング・サービスの出現で、音楽稼業の経済の仕組みは変わった。音楽のストリーミング・サービスはスポティファイ、アマゾン、アップル・ミュージック、ディーザー、QQ、タイダル、グーグルプレイ・ミュージック、インターネットラジオ、それにユーチューブといった場で提供される。このサービスで音楽は、耐久消費財とその所有の市場から、サービスとその賃貸の市

＊インフレ分を調整した額で比べると、録音された音楽の売り上げは1999年のピークから2015年の大底まで68%減少している。

場へと、大きく姿を変えてきている。ストリーミングのおかげで人が音楽を聴いて過ごす時間は長くなっている。世界中で音楽の海賊盤が減ってきたのも、消費者は手ごろな値段でずっと便利なサービスを受けられるようになったのが一役買っている。２００６年にスポティファイを共同で創業したダニエル・エクは、もっといい、もっと便利なサービスを提供すれば、消費者は喜んで音楽にもっとたくさんお金を遣うようになるだろうと正しく先を読んだ。

音楽業界はだいたい10年に1回、新しい技術で新しい展開を見せてきた。78回転ですぐ終わるＳＰ盤が、長くかけられるＬＰ盤のアルバムと、１９５０年代から１９６０年代の45回転盤に取って代わられた。１９７０年代にカセットや8トラックのテープが広まって、１９８０年代にウォークマンが流行る下地ができた。それからＣＤが来た。１９９０年代にはＭＰ3プレイヤーとデジタル・ダウンロード、２０００年代にはiPodが現れた。今はストリーミングが伸びている。技術進歩の歩みは、あなたが捨てたり引き出しや棚にしまったままにしてたりして、もう二度と使うこともない古い機器で測れる。ぼくらはストリーミングが起こす革命が始まって間もないところに立っているのかもしれない。音楽の配信は、いつかまた姿を大きく変えるだろう。それでも、音楽のストリーミングが今どんなかを見れば、経済の仕組みがどうテクノロジーと結びついているか、経済面でのインセンティヴとテクノロジーがぼくらの文化をどう形作っているか、よくわかることがある。

■ストリーミングの勢力図

ごく最近の２００８年、録音された音楽の売上高のうち3分の2は手に取って触れる製品（主にＣＤ）、30％はデジタル・ダウンロード（主にアップルのiTunesストアで売れた曲の分）によるものだった。[03] 今日、ストリーミングは録音された音楽の売り上げの3分の2を占め、手にとって触れる製品とデジタル・ダウンロードはそれぞれだいたい15％を占めている。塩ビのレコードは主に販促用の記念品として息を永らえているけれど、数寄者の間で需要がまた伸びている。ＣＤの売り上げをテコ入れしたのは古い車がまだけっこう街を走っているという事情だ。古い車はダッシュボードにＣＤプレイヤーを積んでいる。[04] でもそうした車が寄る年波に勝てずに引退したら、ＣＤは8トラック・テープと同じ道をたどるかもしれない。* 「ぼくには信じていることがあって、それは、これからの10年はストリーミングと塩ビの時代になるだろうってことだ。車や台所にはストリーミング、居間と巣穴には塩ビだな」。ジャック・ホワイトは歌い手にしてサードマン・レコーズの創業者だ。彼が最近『ローリング・ストーン』誌にそう語っていた。「これからのフォーマットはこの2つだな」[05]。

塩ビは高いしストリーミングみたいに持ち運びやすくない。だからどっちかというとひと握りの数寄者向けにとどまるだろうとぼくは思う。ストリーミングは今と未来の音楽配信の様式だ。そしてストリーミングは音楽の何もかもを変えようとしている。

ストリーミングにはいろんな形がある。1つ大事な区分があって、それはインタラクティ

＊この予想には例外があって、それは日本だ。かの地ではいまだにCDが王様だ。第10章を見よ。

ヴかそうでないかだ。インタラクティヴなサービスだと、消費者はアーティストやアルバムや曲を自分で選べる。インタラクティヴでないサービスだと、曲はあらかじめ決まっている。ラジオ放送みたいな感じだ。もう1つ大事な区分は、広告が流れるストリーミング・サービスか購読料を取られるストリーミング・サービスかだ。前者だと聴き手はお金を払わなくていいけど、ときどき広告が流れて邪魔される。後者だと聴き手は毎月料金を払って広告ナシでコンテンツを聴ける。スポティファイやパンドラなんかだと、広告アリと購読料アリ、どちらのサービスも提供している。

アーティストやレコード・レーベルの立場では、有料の購読サービスを受けてくれる人たちがありがたい。ストリーミングで曲を聴いてもらえるなら、曲あたりの印税は購読料アリのほうが広告アリのサービスよりも高い。購読料収入のほうが広告料収入よりずっと大きいからだ。

有料の購読サービスは、ここ数年アメリカでものすごく伸びた。有料購読サービスの成長こそが、録音された音楽の売り上げの増加を支えている。2013年から2017年で有料購読者数は6倍近くになった。630万人が3530万人だ。[06] アーティストとレコード・レーベルが有料購読サービスで受け取った収入はもっと急激に増え、2013年には6億ドルだったが2017年には40億ドルになった。広告アリの購読サービスでの稼ぎも増えたがもっとゆるやかで、額ももともと小さいけれど、2013年には2億2000万ドルだったのが2017年には6億6000万ドルになった。

大手のストリーミング・サービス会社数社が熾烈な競争を繰り広げ、聴き手や購読者を奪い合っている。スポティファイとアップル・ミュージックは、2018年半ばの時点で、どちらもアメリカで2000万人を超える購読者数を誇る。アマゾンもそれにそう遠くないところにいる。[07] アマゾンのサービスは無制限で、2017年の後半6ヵ月で購読者数は2倍になったとCEOのジェフ・ベゾスは言っている。彼らのサービスは40ヵ国で提供されている。世界全体で見ると、スポティファイは頻繁に利用するユーザーが1億5700万人、有料購読者が7100万人いる。アップルの有料購読者数は世界全体で推定4500万人だ。アップルは無料で広告アリのサービスは提供していない。パンドラを毎月利用するお得意さんなユーザーが7500万人いるけれど、有料購読者は550万人だけだ。シリウスXMラジオは北アメリカで3300万人を超える有料購読者を抱えている。中国の巨大インターネット企業、テンセントのストリーミング・サービスは世界中で一番たくさんの人の耳を握っている。月次のユーザーは8億人、その大部分が無料で広告アリのサービスを使っている。

今日、音楽業界の未来はとっても明るいって空気が漂っている。ストリーミング・サービスは天井がまだまだ見えないからだ。携帯電話が市場の隅々まで行き渡った経緯、あるいはネットフリックスなんかのビデオの購読サービスが浸透する過程を参考にするなら、ストリーミングで音楽を聴く人の数はこれからの数十年、年に2桁の成長率で伸びていってぜんぜん不思議じゃない。ウィリアム・モリスのマーク・ガイガーはこんな予想をしている。世界全体で有料購読者の数は、今はだいたい1億人だけれど、これから15年で10億人にもなるだろう。[08] それから彼は、広告アリのサービスを使うユーザー数はもっと多くなるだろうとも言っている。

■ストリーミング商売の濁った水《マディ・ウォーターズ》

ストリーミングで新しく違った種類の製品が生まれた。モノであるアルバムの売り上げやデジタル・ダウンロードとは比べ物にならない。録音を手に取って触れる形にしたもの、たとえばCDやなんかは耐久消費財、誰かが買って持つものだ。で、買ったCDに入ってる曲をそれから何度でも聴ける。ストリーミングも録音業界が生み出したもの、つまり録音された曲を使ってサービスを創り出す。つまり、流せる曲が膨大に載ったカタログで、サービスを受けるのに必要な料金を毎月払い（あるいは広告を我慢し）、音楽をストリーミングする機械を持ってれば、消費者はいつでもどこでもこのカタログが使える。サービスにはプレイリストやキュレイテッド・リコメンデイション、オンディマンドの曲やアルバム、アーティスト特集やなんかの特典がついてくる。聴き手の立ち位置で見ると、ストリーミングは昔ながらの耐久消費財を使った聴き方から変わっていない点もあるが、実のところ両者は大違いだ。ストリーミングに関する数字をアルバムの売り上げに取り込もうという試みがなされてきたが、よく言ってハリボテである。

車で言えば、ストリーミングは買うっていうよりレンタルに近い。車を借りる人は、車を持ってる人に比べて、たくさん乗るしあんまり車を大切にしない。借りた車がへこもうが壊れようが、あんまり関係ないからだ。ストリーミング・サービスを購読した聴き手は曲のカタログを丸ごと好きなように使えるから、ストリーミング・サービスはいろんな車を全部持つみたいなものだ。スポーツカーにステイション・ワゴン、ＳＵＶ、トラック、いろいろだ。それが全部好きに使える。一方、ＣＤを1枚持っても特定の車が1台使えるだけだ。

ストリーミング・サービスは中までスケスケとは言えない業界だし、土台になるビジネスモデルはとても混乱している。スポティファイみたいなストリーミング・サービスだと、典型的には売上高の65%から70%を曲の権利を持つ関係者（レコード・レーベルやアーティスト、出版社、作曲家）に印税として支払っている。[09] 印税率はレコード・レーベルとストリーミング業者の交渉で決まる。ストリーミング・サービスで払われる正確な額は、実際にはとてもややこしい計算で求められるけれど、65%から70%で一定の割合を仮定するのが理にかなっている。[10] 印税率が決まれば曲の権利を持つ関係者に、ストリーミング・サービスに使われた曲の割合に沿って印税が支払われる。

架空の例を使おう。ストリーミング業者が1年に曲を１０００億回流して有料購読者から6億ドルを受け取り、その3分の2（4億ドル）を著作権を持つ人に払うとする。あるヒット曲がストリーミングで1億回（ストリーミング全体の０・１%）流れたなら、その曲の著作権を持つ人に払われるのは０・１％×4億ドルで40万ドルだ。スポティファイみたいなオンディマンドで曲を流すストリーミング業者が抱える有料購読者がもっと多くて、売り上げももっと多ければ、権利を持つ人への支払いも多くなる。広告主から受け取る収入も、ストリーミング全体に占める割合に従って権利を持つ人に分配される。

ここでの計算は、支払いがものすごく正直に行われると仮定している。ストリーミング業者の中には、ひいきのアーティストや会社の株を持っているアーティストのストリーミング回数を水増ししたなんて非難を受けている会社もある。で、売り上げがどう計算されているかはずっと怪しいもんだし、それに売り上げが印税の対象にならないように会社の他の部門に計上されてるかもなんて疑いもある。たとえばストリーミング業者のタイダルは、仕事のやり口に関して捜査を受けている。[11] 1960年代のレコード会社にはアルバムの売り上げを実際より少なく申告していたところがたくさんあったし、1970年代にはコンサートの興行主はチケットの売り上げを過小に、費用を過大に申告していた。それを考えると、ストリーミング業者の中に粉飾をやらかして利益を水増しし、自分を大きく見せてるところがあってもぼくは驚かない。ロックな経済学の歴史を見ると、「信じろ、しかし裏は取れ」って思い知らされる。

でも、ここでの分析は売上高にかかわる問題を単純化しすぎている。実際には、ストリーミング業者とレコード・レーベルの間では、印税率だけじゃなくていろんなことが交渉次第だ。ストリーミングは秘密が多くて怪しい商売だ。そんな特徴の1つとして、レコード・レーベルはときどき、ストリーミング業者が自分のところのアーティストを推すキャンペーンを張ってくれたら間接的にそれに報いる、なんてことをしている。販促キャンペーンは、あからさまに行われることもある。たとえばスポティファイは、ドレイクのアルバムで大ヒットした「スコーピオン」をものすごい勢いでプッシュし、ソーシャル・メディアでぶつくさ言うファンがたくさんいた。「スコーピオン」はスポティファイのいろんなプレイリストに載り、ドレイクの写真が彼の音楽とは関係ないプレイリストにも表示された。「ベスト・オブ・ブリティッシュ」、「ダンス大ヒット」、「ハッピー・ポップ・ヒット」なんかにまで彼の顔が出てくる。アップル・ミュージックも力を入れてこのアルバムの販促をかけた。ウェブサイトを立ち上げ、ドレイクのアルバムのジャケットを、ユーザーが自分で創れるようにしたり、Siri にドレイクに関する答えを仕込んだりした。そんな作戦が実を結び、「スコーピオン」は、スポティファイのアメリカ国内における週次ストリーミング件数の最高記録を3日で更新、またアップルの日次ストリーミング件数の最高記録も更新した。[12] さらに「スコーピオン」は『ビルボード』誌トップ２００のチャートに、２０１８年に出たアルバムで一番長く載り続けた。

あんまり知られていないやり口に、レーベルと業者が新人アーティストの販促を、ストリーミング・サービスを使って一緒に行うというのがある。で、スポティファイは広告アリのサービスで、曲に有料のスポンサーをつけるという実験を行った。[13] こうしたマーケティングの手口には、手を結んで販促やったらもう一線を越えて買収《ペイオラ》なんじゃないのという疑問が湧く。レコード業界がラジオ局にお金を払って自分のところのアーティストの曲をかけてもらうのは、今じゃ法律で禁止なのだ。

ストリーミング・サービスはいろんな面で互いに競い合っている。大手の業者はどれも、似たような曲のカタログを作って割増料金を払った購読者に提供している。でも、業者はそれぞれ違うプレイリストを設計しているし、音声応答機能やなんかの特徴もそれぞれだ。ラジオの放送局と違って、ストリーミング業者はユーザーそれぞれの音楽の選び方の履歴に関する情報を山ほど集め、その情報を使ってユーザーそれぞれにしつらえた、おすすめの曲のリストを作る。音声応答サービスは当たり前にフリーダムなものだから、アマゾン・エコー・ドットやグーグル・ホームは、画面を介するもっと型にはまったストリーミング・サービスよりも、それぞれに独自の情報（たとえば、晩ごはんのときに流す音楽の好みとか）を集められる。そんな情報を使って、利用者に合わせてカスタム化したプレイリストとかおすすめなんかを作り出せる。その上、ストリーミング業者はメタデータに投資して、曲のいろんな特徴をコードに書いて、曲の選別をユーザーの好みにもっと合わせようとしている。

そんな個人個人に合わせたサービスには1つ大事な面があって、それは、ストリーミング業者にとって情報は資産だということだ。この資産は「個人の特性に適合することによる資本」だ。つまり、聴き手の履歴を見られるストリーミング・サービス業者は、見られない競合相手より、購読者それぞれにもっとうまく合わせたサービスを提供できる。個別の購読者それぞれにより合わせたサービスを提供できる業者ほど、購読者が他へ乗り換えてしまう可能性を低く抑えられるし、長く使ってくれてるお客が相手でも値上げが検討しやすくなる。

ストリーミング業者は、もともとの事業から派生した補完的なサービスを提供しているし、また補完的な製品も創り出している。たとえばスポティファイは、レコードを出すアーティストに、ストリーミングでの実績データを指標の形で提供している。アーティストたちは指標を見て、自分たちのファンやターゲットにする購読者層の特徴を読んだり、ツアーで回る場所を選ぶのに使ったりできる。アップルも同じようなサービスをやっているし、アマゾンも参戦するぞと公言している。そしてスポティファイはソングキックと手を結び、ユーザーの関心に基づいてコンサート情報を提供している。業者の中には物販サイトにもリンクを張っているところもある。

ストリーミング業者にはいろんな面で規模のメリットがある。彼らは大きければ大きいほど、レーベルとの交渉事で強く出られるし、ユーザーの好みのデータがたくさんあるほど聴き手にもアーティストにもよりよいサービスができるというものだ。それに、ストリーミング業者が払う印税は、なんだかんだいって売り上げのだいたい一定割合だけれど、一定で変わらない、だからお客が増えても増えない費用（ウェブサイトやおすすめのアルゴリズムを開発する費用なんかがそう）だってある。その結果、いろんなストリーミング業者の間では、もっと成長しよう、世界の中でもインドやラテンアメリカなんかの新しい地域に進出しようって競争が激しく行われている。規模と他にはない特徴が音楽のスーパースターを生み出すのと同じように、ひと握りのストリーミング業者が先々で音楽市場を牛耳るお膳立ては、もう整っている。

ストリーミング業者のビジネスモデルには、最後にもう1つ書いておきたい切り口があって、彼らは売り上げを最大化し、利用者の数を増やすべく価格差別を始めているってことだ。一番よくある購読料は月に9・99ドルだけれど、この料金はサービスの内容や使う機器の数、使う家族の人数なんかで変わってくる。今、アマゾンはアマゾン・プライムの会員に、制限つきのカタログ（全部で200万曲）をタダで、無制限のカタログを月に7・99ドル（エコー・ドット1台だけのサービスなら月に3・99ドル）で、さらに家族のメンバー6人までなら無制限のカタログを月に14・99ドルで提供している。スポティファイは広告アリのオンディマンドのサービスをタダで、広告ナシのサービスをプレミアム個人会員と家族プランの購読者に提供している。アップル・ミュージックはタダのサービスを提供していないけれど、個人プランは月に9・99ドル、家族プランはメンバー6人まで月に15ドルで提供している。ユーチューブは圧倒的に広告アリでサービスを行っているけれど、最近、音楽を広告ナシで月に11・99ドル、家族プランを月に17・99ドルで提供している。[14] 学生相手には料金を安めにしている業者も多い。そんな価格戦略で彼らが目指しているのは、料金に敏感でない消費者には高めの料金を課し、売り上げを増やして市場シェアを高めることだ。

■経済学者から見たストリーミングの影響

技術革新ならなんでも、経済面での影響をわかろうというときに便利な切り口は、その技術革新がパイの大きさ（つまり全体の所得が増えたか減ったか）と、パイの切り分け方（つまりいろんな関係者が受け取るパイの大きさがどれだけか）にどんな影響を与えたかを考えることだ。有料のストリーミング・サービスが出てきて、パイは間違いなく大きくなった。録音された音楽につぎ込まれるお金は増えた。ここ数年ストリーミングが増えているからで、それでミュージシャンも彼らのレーベルも、全体として見ると潤う。ストリーミング・サービスの購読者数は今後も伸びていくだろうから、パイはこれからもっと大きくなるだろう。

パイを切り分けるほうはもっとややこしい話で、アーティストがそれぞれレーベルとどんな契約を結んでるかで違ってくる。それでも、ストリーミングでどれだけいい思いができるかは、明らかに音楽のジャンルで違う。たとえば、ニールセンによると、２０１８年の上半期にヒップホップとＲ＆Ｂは、全アルバム売上高の15・５％、一方オンディマンドの音楽のストリーミングでは全体の36％を占めた。[15] ダンス・ミュージックとエレクトロニック・ミュージックも、アルバムの売り上げよりオンディマンドのストリーミングのほうが、比べてみるとシェアは高い。ヒップホップ、Ｒ＆Ｂ、ＥＤＭではストリーミング・サービスがアルバムの売り上げより成績がいいのは、若い子たちや都会の消費者層がストリーミング・サービスを使っている割合が高いことを反映している。

ストリーミングは古い曲のリバイバルも後押ししている。業界で旧譜というやつだ。出版やパフォーマンスの印税は年金みたく定期的な収入になるから、ガツガツした金融市場でアーティストの印税収入を証券化して売りに出すなんてことが行われている。そんな金融商品の開発の先鞭をつけたのはデイヴィッド・ボウイだ。彼は自分のアルバム25枚から上がる印税収入を証券化して5500万ドルを調達した。1997年のことで、その名もボウイ・ボンドだ。

でも新人アーティストはだいたい、物理的なレコードやデジタル・ダウンロードに比べてストリーミングのほうが受け取るパイは小さい。少なくとも最初はそうだ。なんでかっていうと、音楽が買ってそれから（だいたいは何度も）聴く耐久消費財だった時代、新譜はだいたい旧譜よりよく売れたからだ。売り出し中のアーティストは新しい曲をどんどん出すことが多い。だから最初はストリーミングに移ってもそんなに売り上げが稼げない。ストリーミングで手に入る印税収入の現在価値と、それ以前のレコード業界のありようを並べて考えてみると、パイ全体が十分に大きく成長し、いつか新人アーティストがストリーミングでもいい思いができるようになるかもしれない。

■ 新しいビジネスにまつわる3つの勘違い

ストリーミングはこれまでとは違うビジネスモデルを持つ新しいサービスだ。そのせいで、ストリーミングの経済の仕組みについて、世間はよく、こんな3つの勘違いをやらかしている。

1つ目に、業界の人たちはよく、ストリーミングをゼロサム・ゲームだと思っている。理屈はこうだ。あるアーティストのストリーミング件数が増えれば、そのアーティストが全体のストリーミング件数に占める割合は高くなる。で、他のアーティストの取り分は当たり前に減る。つまり、それぞれ勝手気ままにもっとレコードを売ろうと頑張るのでなく、パイからもっと大きなひと切れにありつこうと、アーティスト同士で競争してるって見方だ。この理屈は全体の大きさが変わらない世界ならともかくも、変わる世界では成り立たない。時とともにお金を払うお客の数は増えて、パイがもっと大きくなったりするからだ。で、大きさが変わらない世界だって、パイはものすごく大きいから、アーティスト1人のストリーミングが増えたからって他のアーティストのシェアが食い荒らされたりなんてことにはつながらない。

こんな計算を考えてみよう。2018年前半、音声系のストリーミング業者全体で、ストリーミングは全世界合わせると23億件行われ、一番ストリーミングされたのはカナダのラッパー、ドレイクだった。[16] 彼の曲はこの期間にストリーミングで流れた曲全部のうち1・7%を占める。もしドレイクがミュージシャンにならずに弁護士になることにしていて、彼の曲のリストが丸ごとこの世に生まれなかった——それ以外はまったく同じだった——としたら、ケンドリック・ラマーが全ストリーミングに占める割合はどれだけ増えただろう？

答え——あんまり。ドレイクの曲のストリーミングを全体の合計から取り除いても、ケンドリック・ラマーの曲のシェアは、0・50%から0・51%に増えるだけだ。カーディ・Bになると恩恵はもっと小さいし、ケンドリック・ラマーほどストリーミングしてもらえないアーティストはみんなそうだ。分母を減らした効果は非線形だからだ。で、ドレイクよりストリーミング件数の少ないアーティストを全体から取り除けば、他のアーティストのシェアが受ける影響はいっそう小さくなる。だから、現実問題として、パイの大きさが変わらない世界でも、ストリーミングに関してはアーティスト間の競争にゼロサムな要素はあんまりない。

その上、ストリーミングにお金を払うお客の数は頂点までまだまだのところにいる。その意味でもストリーミングはゼロサム・ゲームじゃない。ヒット曲が出て購読するお客が増えれば全体《サム》はもっと大きくなる。有料購読者の数が横ばいになっても、月極の購読料金が上がったり、価格差別を利用して購読料金の体系がさらに細分化されたりすれば、パイは成長を続けられる。

よくある勘違いの2つ目は、スポティファイやタイダルといったストリーミング業者がアーティストにストリーム1件あたりで払うお金は、ストリーミング業者のミュージシャンの稼ぎに対する貢献度とか、ミュージシャンにどれだけ気前がいいかとかを測る有意義な指標だって考えだ。音楽系ブログや『ニューヨーク・タイムズ』紙、『フォーブス』誌といったニュースの発信源が、ストリーミング1件あたりのアーティストの取り分を、ストリーミング業者の彼らに対する気前よさを測る指標に挙げている。[17] でも購読料アリのストリーミング市場では、録音された音楽で彼らがどれだけ稼げるかは、業者の印税率、購読者の月次購読料、それに購読者数の3つの変数で決まる。ストリーミングが何件行われたかは関係ない。それを見てみよう。業者がA社とB社の2社あって、どちらも料金は月に9・99ドルだとする。どちらも有料購読者は100万人、曲の権利を持つ関係者には売り上げの70%を支払うとする。A社の購読者がストリーミングする回数は、B社の購読者の2倍だとしよう。A社は購読者が好きな曲を勧めるのがうまいからだ。この例だと、ストリーミング1件あたりのミュージシャンの稼ぎは、A社がB社の半分になる。でも音楽業界にとってありがたいのはどう見てもA社のほうだ。曲を勧めるのが上手で聴き手はハッピー、それでいて曲の権利を持つ関係者にはB社と同じだけ分け前をくれるわけだから。この例ではっきりしたのは、ストリーミング1件あたりの印税は、アーティストその他の音楽コミュニティにとってありがたいストリーミング業者を判定する指標として正しくないってことだ。ほんとのところ、他の点がまったく同じなら、うまくいってるストリーミング業者のほうがうまくいってない業者より、ストリーミングされた曲1件あたりで支払う印税は、少なくてもおかしくない。

だからって、ストリーミング・サービスには「バリュー・ギャップ」の問題があるって話はウソだってことにはならない。つまり、ユーチューブはバリュー・ギャップの一番の例だ。ユーチューブの有料購読者は少ない。また売り上げのうち権利関係者に払う割合はそれに輪をかけて小さい（第9章で書くけど、1998年デジタル・ミレニアム著作権法がヘンなせいでそんなことになっている）。他の業者も印税率や月極の購読料は同じようなものだ。でも、有料購読者よりも広告アリの購読者に大きく頼っている業者は印税の元手になる売り上げが少ない。広告で得られる売り上げは購読者から得られる売り上げより少ないからだ。だから、アップル・ミュージックがスポティファイよりストリーミング1件あたりの印税が高いってことは、アップルの購読者がスポティファイの購読者より音楽を聴いて過ごす時間が短いってこと（それから、スポティファイは広告アリの購読者からのアガリに、大きく頼っているってこと）になるのかもしれない。そして、スポティファイのストリーミング1件あたりのアガリが時とともに減ってきてるのは、スポティファイの購読者が増え、聴く曲の数も増え、聴いて過ごす時間も増えているってことで、これは音楽業界にとってありがたいことである。

勘違いの最後は、ストリーミング件数をアルバムの売り上げに換算する公式があるはずだって考えだ。アーティストやアルバムの人気を測ってみたいって思うのは自然な流れである。音楽は社会財だからだ。そうして、アルバムの売り上げとデジタル・ダウンロードとストリーミングを1つにまとめて人気度を測る簡単な方法を探して、怪しくて間違いでいっぱいの探求が始まった。たとえば『ビルボード』誌は、大きな影響力を持つトップ200のチャートで、ストリーミング1500件でアルバム1枚の売り上げに相当するものとして扱っている[18]。でも、ストリーミング件数を換算したうえでアルバム売り上げと合算して人気度を測るっていうのは、馬力を指標にして車と馬と馬車の人気を測るっていうのと、考えの浅はかさじゃどっこいだ。ストリーミングとアルバム売り上げはぜんぜん違った製品で、2つを合算するのに使われる物差しなんて、無茶苦茶もいいとこだ。ストリーミングのおかげで聴ける曲は増え、音楽を聴くのにかかるお金の面での限界費用は実質ゼロ、だからストリーミングで音楽の消費は増えた。違いはもう１つあって、それは、当たり前だがアルバムは曲をセットで売るけれど、ストリーミングは曲をバラで売るということだ（その点はこの後詳しく）。

■ストリーミングはなぜ海賊盤を駆逐できたか？

音楽の消費者の立ち位置から言うと、ストリーミングで録音された音楽は、アラカルトから食べ放題に変った。そっちのほうが、認められてもいないウェブサイトから海賊盤の曲をダウンロードするより便利だ。ひとたび月極の購読料を払ってしまえば音楽を消費するお金の面での限界費用はゼロだ。で、食べ放題の朝ごはんよろしく、消費者は追加で消費するコストがゼロだとどんどん消費する傾向がある。彼らの側での制約は主に時間だ。

もうはっきりしていることだけれど、消費者は便利さには喜んでお金を払う。スポティファイは、ナップスターやビットトレントを後追いしたライムワイアーやパイレイト・ベイ、その他掃いて捨てるほどある海賊盤の曲のダウンロード・サイトが提供していたタダのファイル共有サービスよりも、速くて簡単に使えるよう設計された。このやり方はうまくいった。公表されている資料によると、スポティファイは２０１８年末までに有料購読者が９６００万人、その購読料が65億ドルに達すると予測している。[19]

利用者は自分の好みや置かれた状況に合うストリーミング・プランを選びがちだ。時間の機会費用が高く、可処分所得が高い個人は広告ナシのプレミアム・サービスを使う可能性が高い。若くて稼ぎの少ない聴き手だと、広告を耐え忍びつつ「フリーミアム」のサービスに行きがちだ。でもお昼ごはんと同じように、タダのストリーミング・サービスなんてないのである。

■ 広告アリの無料ストリーミングに対する需要

パンドラや中国の超大手QQは、広告アリが基本のストリーミング業者だ。そこでの音楽を聴くコストとは、お金をかけた広告を聴かされる（とか観せられる）不便さだ。パンドラのユーザーはだいたい15分おきに1本か2本の広告に邪魔される。1時間音楽を聴いてると、合わせて3分ぐらい広告を見聴きすることになる。[20] 広告はユーザーの人口構成やいる地域に合わせて仕組まれる。中には面白いのもあるし、媒体に合わせた広告もある。なんにしても、広告は聴き手にとってコストを伴う。彼らは広告を聴いて過ごす時間の形でコストを負担する（経済学の武器は、お金の受け渡しがないときだって使えるんですよ）。

右下がりの**需要曲線**がちゃんとあるのをまざまざと見せている例の1つが、パンドラが行った実験だ。空前の大規模な実験で、広告数が増えると音楽——それからパンドラ自身——に対する聴き手の需要がどれだけ減るかを調べたのだ。2014年6月から2016年4

月、パンドラ・ラジオは3500万人近い聴き手に、聴かせる広告数をいろいろ変えてみた。[21] 9つ作った実験グループに聴き手をでたらめに割り振った。9つのグループの間では、広告の数や頻度が違っている。聴き手は21ヵ月にわたってそんな広告に晒される。グループにはもう1つ、対照グループがあって、これに入った人は普通の広告数（だいたい1時間に3分）だ。広告が一番多いグループでは一番少ないグループに比べて広告数は2倍を超える。これは、グーグルやフェイスブックみたいなインターネット企業がいたいけな利用者相手にしょっちゅうやってるA／Bテストの例だ。結果は一般には公開されない。この実験はものすごく大がかりで、経済学者のデイヴィッド・レイリーなんか学界を捨ててパンドラの調査チームを率いることにしたぐらいだ。彼の発見を見れば、経済学の分析の手口を音楽稼業に持ち込むとどんだけ力を発揮するかがよくわかる。

消費者が広告に対して示す反応は、彼らが高い値段に対して示す典型的な反応と同じだった。ウザい広告というコストが大きくなると、商品（ここでいえばストリーミング）の需要が減ったのだ。図8・1にはそれが現れている。実験の間を通じて、広告が一番多かったグループは対照グループに比べて、パンドラを聴いて過ごす時間が減っている。一方、広告が一番少なかったグループは対照グループに比べてパンドラを聴く時間は増えている。広告の数が増えるにつれて利用時間は減っている。利用者がパンドラを聴く日が減ったり、購読を丸ごとやめてしまったりしたからだ。パンドラやなんかの広告アリのストリーミング業者にとって根本的なトレードオフがここにある。もっと聴き手を集められれば、広告を出す側の企業

図8.1 広告の少ないグループと広告の多いグループがパンドラを聴いて過ごした時間の平均、対照グループに対する割合

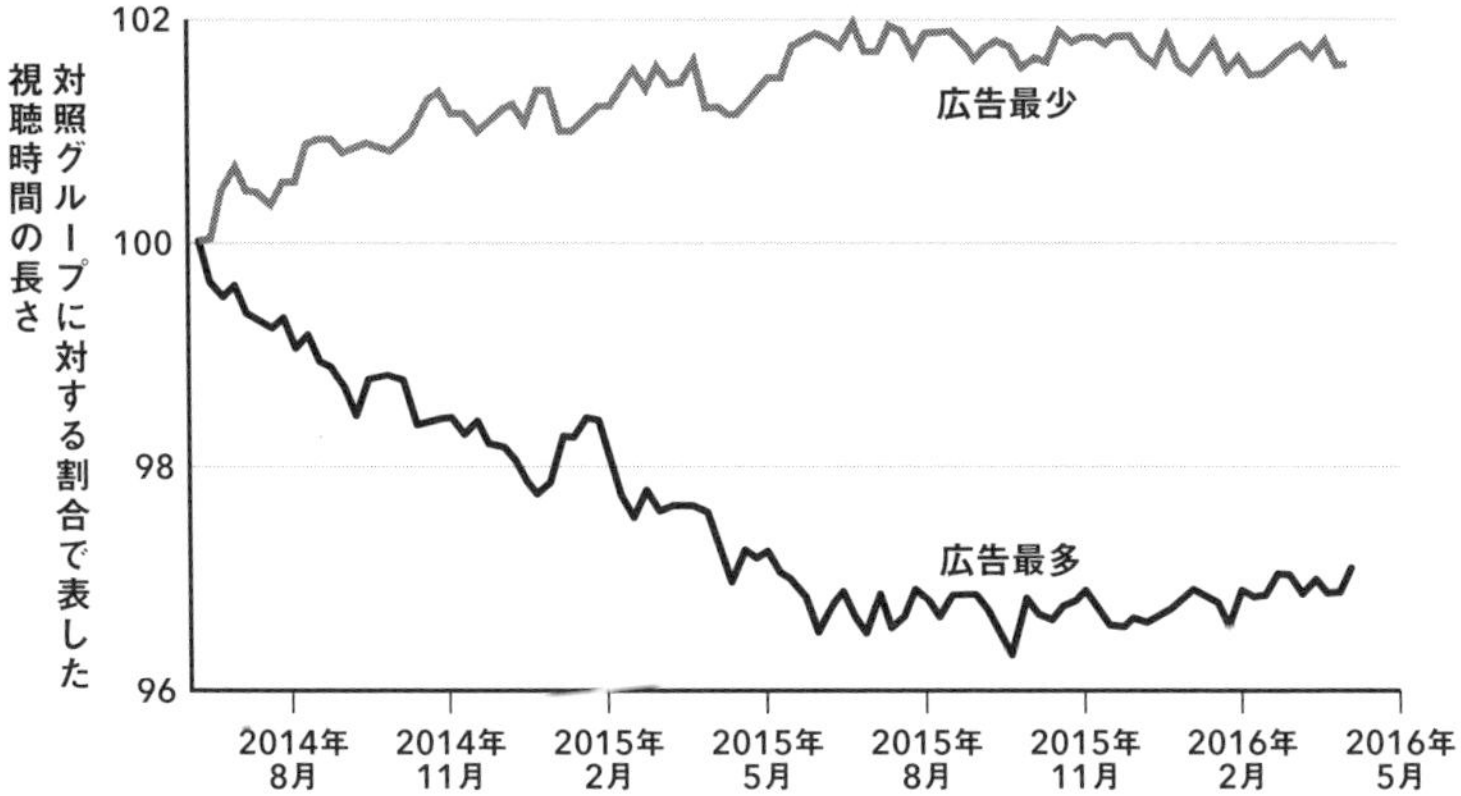

出典：ジェイソン・ファン、デイヴィッド・レイリー、ニコライ・リアボフ。

から取る料金を高くできる。でも広告の数を増やせば聴き手が減る。おもしろいのは、パンドラの実験によれば広告を増やすほど同社の売上高は増えるのかもってことだ。広告をもっと頻繁に流すと、パンドラは聴き手をいくらか失って、それで広告料は下がるかもしれない。でも広告をもっと売った分で増えた収入が、それを補っておつりがくるぐらいになるからだ。

　パンドラの実験からもう1つ大事なことがわかっている。パンドラはタダで広告アリのラジオと、有料で広告ナシの購読サービスの両方を提供している。ただ、売り上げの80％は広告で稼いでいる。[22] 月4・99ドルで聴き手は広告ナシで自分に合わせたラジオが聴ける。タダで広告アリのサービスと有料で広告ナシのサービスは代替財である。タダのサービスがどんど

ん不便になると、聴き手はどんどん有料のサービスに切り替えるってことだ。誰かが有料サービスを購読する可能性は、広告が1時間に1本増えるたびに0・14％高くなる。でもだいたいの聴き手は、ただただ聴かなくなってしまう。有料サービスを契約した人1人あたり、パンドラを使うのをやめてしまう人が3人出る。歳のいった聴き手のほうが、うっとうしい広告を避けるべくお金を払う可能性は高い。若い聴き手のほうがサービスを使うのをやめてしまう可能性は高い。たぶんユーチューブみたいな、他のタダのストリーミング・サービスに乗り換えるんだろう。

■音楽の新たな登竜門――プレイリスト

ラジオは相変わらず新しい音楽を見つける大事な情報源だ。中西部ではとくにそうだ。でもストリーミングも音楽を見つける情報源として、どんどん大事になってきた。２０１８年に証券取引委員会に公開された文書によると、スポティファイは、同社のサービスで聴かれる音楽の31％はプレイリストを通じて選ばれていると報告している。その2年前から20％の増加だ。プレイリストというのは、人やコンピュータのアルゴリズム（機械学習とか）、あるいは両方の組み合わせが選んで集めた曲のセットだ。プレイリストには広く一般向けのものもある。スポティファイだと「今日の大ヒット曲」なんかがそうだ。あるいは人それぞれに合わせたのもある。スポティファイが提供する曲の数は３５００万を超える。聴き手はそこから選ぶわけだから、どう見ても、何かの仕組みを使って曲選びを単純にしないとなんともならない。スポティファイが開示した書類によると、「当社のプレイリストは曲の発見を促すのに成功しており、レーベルやアーティスト、マネージャーがアーティストを盛り上げ、成功度を測るのに真っ先に使える武器の1つになった」。

実際、プレイリストは音楽の新しい登竜門になった。経済学者のルイス・アギアルとジョエル・ワルドフォーゲルは、曲がスポティファイのプレイリストに載るとその曲の人気にどんな影響が及ぶかを調べた。[23] 統計学のいろんな技を使って、彼らはこんな結論を出した。プレイリストは曲の発見に大きな影響を及ぼす。たとえば、彼らの発見の1つにこんなのがある。「今日の大ヒット曲に載るということは、標本期間だと1850万人が利用するリストに載るということであり、ストリーミングは2000万件近く増える。これには11万6000ドルから16万3000ドルの価値がある」。まあ当然だけれど、レーベルは自分のところの曲をプレイリストに載せてもらってアーティストを後押ししようと競い合っている。

人それぞれに合わせたプレイリストが出現しても、音楽を聴くのは人付き合いに関わる営みだ。スポティファイやなんかのストリーミング業者は利用者がやり取りする機能を組み込んでいる。利用者は自分のオススメの曲を自分のネットワークを通じて他の人と共有できる。フェイスブックも、利用者が自分の好みの曲を友だちと共有できるようにしている。ひと握りの曲を何百万人もの聴き手に勧めるプレイリストは、スーパースター効果を強める傾向がある。この手の機能は、録音した曲を出すアーティストのバンドワゴン効果を強め、累積的優位の恩恵を高める。第4章でも書いたけれど、これまでのところ、ストリーミングのせいで音楽市場がスーパースターの手の内から逃れたと示す証拠はほとんどない。どちらかというとひと握りのアーティストが、おいしいところを大部分かっさらっていく、そんな市場じゃなくなりそうだなんて兆しは見えないのだ。

■「長い尻尾」は儲かっているのか？

曲を録音して出すアーティストたちは、ほとんど誰に知られることもなく、報われることもなく苦しい戦いを続けている。彼らで作られた長い尻尾《ロングテイル》は、これからも長く孤独なままだろう。でもインターネットとデジタル技術で、新しいスーパースターの見つかり方や、月並みなミュージシャンの仕事の仕方が変わり始めている。腕さえよければ、ラップトップ・コンピュータに積んだガレージバンドやロジックプロなんかのソフトウェアでアビーロード・スタジオ並みの音が録れる。芽の出ないミュージシャンが質のいいパイロット版やデモを録って、広くばらまくのが今ほどたやすかったことはこれまでなかった。おかげで、昔ながらのＡ＆Ｒ部門が育てたり探したりなんてことしなくても、スーパースターが生まれるようになった。たとえばジャスティン・ビーバーは自分の音楽ビデオをオンラインに載せたので発見されたし、マルチタレントのジェイコブ・コリアーもそうだ。成功したミュージシャンの分布はものすごく偏った形をしている。ストリーミングやデジタル技術がそれを変えるとは思えない。でも、アーティストが分布の一方の端からもう一方の端へと移るための方法は、とっくに変わってしまった。

それから、デジタル技術はこれまでのいつにもまして、もっと曲が作られるよう促している。[24] たとえば2018年、オンラインの音楽事典である「ミュージックブレインズ」には、月に1万8000件もの新曲が追加された。これは2004年の月次の数字（8400曲）の2倍を超えている。[25]

よく言われるように、ストリーミングのおかげで、だいたいのミュージシャンは小銭を稼げるようになったけれど、大儲けするのは誰にとっても難しくなった。データがそれを示している。2018年のMIRAミュージシャン・アンケート調査によると、ミュージシャンの28%はストリーミングでいくらかは稼いでいる。でもこのグループの真ん中ぐらいにいるミュージシャンはたった100ドルしか稼げていない。

長い尻尾の住人に、ほんとにもっとチャンスが訪れるとしたら、たぶんそれはペイトリオンみたいな業者を通じてやってくることだろう。ペイトリオンでは、アーティストはお得意さんたちから直接に料金を受け取る（第2章を参照）。あるいは他の新興企業で、名もない「宅録」アーティストに、自分の音楽を人気のサービスに乗せて直接に売り込んだり流したりさせる、そんな業者かもしれない。

そんな会社の1つがレへゴー・ミュージック・グループだ。2014年にイタリア人の起業家マルコ・リナルドが立ち上げた。レへゴーのビジネスモデルは、昔ながらのやり方をしてるところよりもアーティストにやさしい。アーティストは短い（たとえば1年の）契約を結ぶ。専属契約でもいいしそうでなくてもいい。それでアーティストはだいたい、自分の曲を自分の家か地元のスタジオで録音してレヘゴーに送信する。レヘゴーは曲をリミックスし、コンピレイションやアルバムにする。それを世界中の大手ストリーミング業者で聴けるように手配し、狙う聴き手に向けて販促をかける。同社の抱えるアーティストは、瞑想のための音楽を創るリン・サマーディ、ジャズを書いて録るマーカス・デイヴィス、ニューエイジをやってるルナ・ブランコス、他にも何百人もいる。専属契約でレヘゴーに曲を提供すると、印税は50－50の折半だ。レヘゴーの曲は年に40億件以上もストリーミングされ、同社はものすごい勢いで伸びている。[26]

レヘゴーの事務所はニューヨークとロサンゼルス、ロンドンにあるけれど、力仕事をするのは、ポーランドのビエルスコ・ビャワにある繊維工場を改装した、レンガ造りで築１００年の建物だ。ぼくは２０１７年6月に行ってみた。レヘゴーのバカでかい設備を見ると、現代的なサービス業種の衣を着てはいるけれど、古臭い産業経済が透けて見える。前は機織り機と紡錘が居座っていた4万５０００平方フィートの工場は、最先端の機材を擁する防音の録音スタジオと、販促担当や出版社、グラフィック・デザイナーが使う広いオフィス・スペースに改装されていた。くつろげる場所もあって、遊べるようにテーブルサッカーや卓球台が置いてある。レヘゴーはアメリカやその他世界中で起きていた、産業構造の変化の縮図だ。

図8.2 レヘゴーのアーティスト上位30組のストリーミングによる月次所得

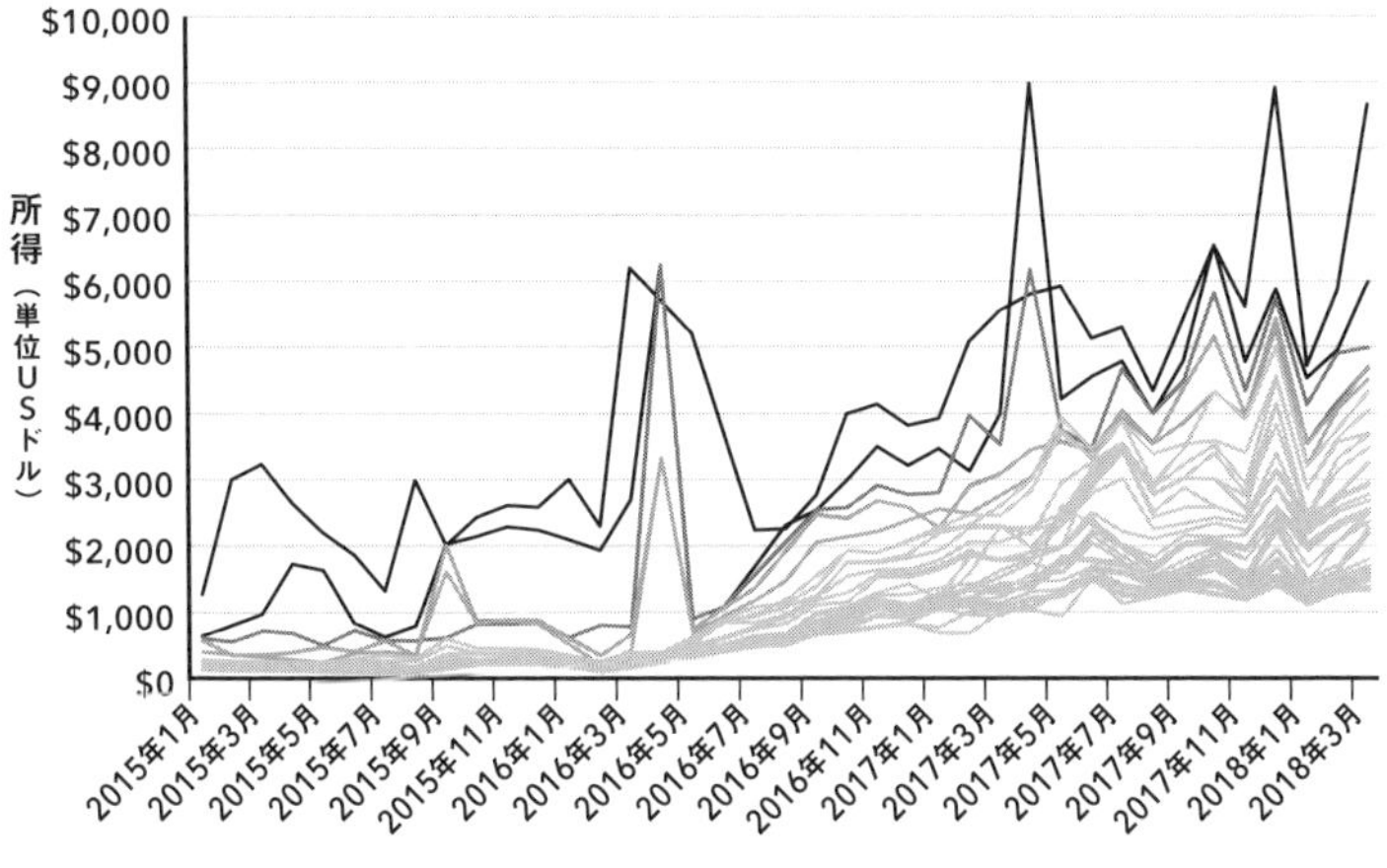

出典：レヘゴー提供のデータに基づく著者による計算。

レヘゴーはぼくに社外秘のデータを提供してくれた。２０１５年１月から２０１８年３月に同社の上位30組のアーティストそれぞれが、同社を通じたストリーミングやデジタル・ダウンロードで毎月どれだけ稼いだかを示すデータだ。図８・２を見ると、彼らの稼ぎは一様に伸びているけれど、トップのアーティストはとくに伸びているのがわかる。期間最終の12ヵ月で、上位5組のアーティストは平均５万７８００ドル稼いでいる。２０１５年には１万３５００ドルだった。折れ線グラフがスパゲッティみたいにてんでばらばらに散ってるから、アーティストのそれぞれの稼ぎは時とともにどんどん違ってきているのがわかる。もう１つ気づいてほしいのは、上位5組を除くと、同業者に比べて前の月から稼ぎが大きく跳ね上がっているアーティストはそういない点だ。それでも、ミュージシャンの大部分は時とともに稼ぎが増えている。13位のアーティストの稼ぎは、２０１５年には月にだいたい１００ドルだったが2年後には月に１０００ドルを超えている。この歩みが続けば、それから、こういう結果がもっとたくさんのアーティストでより大きな規模で再現できれば、レヘゴーは「音楽を創る人たちのために世界をよりよい場所にする」という目標をほんとに実現できるかもしれない。

■ 音楽がインセンティヴに反応する

ストリーミングに組み込まれたお金のインセンティヴで、音楽が創られたり聴かれたりするときのあり方が変わってきている。スクリーンにタッチとかキーボードのタイプで、聴き手はすぐに曲を飛ばせる。「曲がかかる」というとき、それで印税の計算やチャートのランキング用にカウントしてもらうには、ストリーミングだと30秒以上続かないといけない。「ピッチフォーク」のマーク・ホーガンはこう言っている。「だからこそ、ポップ系では曲の始まり方がいつも大事なんだが、ストリーミングだといつにもましてそれが決定打になる。キャッチーなフレーズがすぐにバンバン出てこないといけない」[27]。ホーガンはケイティ・ペリーのシングルで、ニッキー・ミナージュがフィーチャーされた「スウィッシュ、スウィッシュ」を例に挙げて、曲の最初の30秒は、みんながなじみあるイギリスのハウス・ミュージックからのサンプリングで埋め尽くされていると言う。聴き手は自分が聴いたことのある曲だとあんまり飛ばさないからだ。

他の手口には、コラボのうち一番人気あるメンバーを曲の最初の30秒に出し、それからそんなに有名じゃないメンバー（たち）が出てくるように仕組むなんてのがある。2016年から2017年に『ビルボード』誌のトップ100に入った曲を見ると、この作戦が露骨に現れている。[28] 2017年のトップ100の曲で最初の30秒間に出てきた歌い手の（ストリーミングでの）ランクは中央値で72、一方曲の残りの部分で出てきた歌い手たちのランクは中央値で129だった。2016年だと差はなおさら大きく、最初の20秒間に出てきた歌い手たちのランクは中央値で59、一方曲の残りの部分で出てきた歌い手たちのランクは中央値で129だった。ポスト・マローンの「コングラチュレイション」（クエイヴォがフィーチャーされている）が例の1つだ。ポスト・マローンの耳になじんだ声がまず出てきて、クエイヴォの声は30秒経った後に聴ける。

アルバムなるものが終わったのは、ストリーミングが与えるインセンティヴがもたらした、いっそう劇的な変化のせいだ。アルバムとはもちろん、まとめて売りに出る曲のセットのことである。経済用語でいうと、アルバムは曲の一括販売である。一括販売がうまくいくには、どうしてもほしいってわけじゃない曲も消費者に買ってもらわないといけない。そうやって価格差別が進み、レコード・レーベルやアーティストがそれでおいしい思いをする。デジタル・ダウンロードとストリーミングで、アルバムをばらして買えるようになった（まあ、ストリーミング・サービスを購読するのは曲のカタログを丸ごと一括で買ったことになるって見方もできるんだけど」[29]。一曲一曲をバラで買ったりストリーミングしたりできるわけだ。J・R・ロテムは名高い作曲家にしてプロデューサーであり、リアーナ、50セント、グウェン・ステファニーやなんかのスターと仕事をしている人だ。ストリーミングで作曲のやり方が変わってきたと彼も認めていて、『ミュージック・ウィーク』誌に「だいたいのところ、すごいアルバムを丸ごと作ってやっとひと仕事ってやり方は、曲を1曲作るのほど大事じゃなくなってるみたいだ」と語っている。「みんなの音楽の聴き方ってさ、どの曲も最初の30秒だけ聴いて、次の曲次の曲ってどんどん飛ばしてくんだよ」[30]。

アーティストやプロデューサーがはっきり意識してストリーミングのインセンティブに反応していようと、そのインセンティブの背後で人気や儲けを左右しているダーウィン的な選別の過程が働いていようと、そんなことはある意味どっちでもいい。それでも残るのは、ストリーミングに伴うインセンティブに反応して音楽が変わってきているって事実である。

■ テイラー・スウィフト――お金儲けの天才

オンラインのストリーミング業者が現れたのを見たアーティストたちは、いろんな作戦でそれに対応した。大部分は自分のレーベルに、ストリーミング業者と交渉させて、業者のバカでかいカタログに自分たちの曲を載せて販促をかける契約を結ばせることにした。ジェイ

Zやなんかの頂点に立つアーティストたちが結束し、羽が生え揃ったばかりのストリーミング・サービス、タイダルを擁する会社を買い取った。で、世のアーティストたちに、専属契約を結んでくれたら曲の印税は高くするよと宣言した。[31]

もう1人、際立つアーティストを挙げよう。ポップスターのテイラー・スウィフトだ。28歳の歌い手にして曲も作るこの人は、もうすでに史上最高の成功を収めたミュージシャンの1人だ。第6章で見たように、彼女はお墨付きファンやチケットをゆっくり売り出す手口、熱心なファンのポイント制を先陣を切って導入し、そうすることで稼ぎを膨らませ、補完財(グッズですな)の売り上げも増やした。音楽のストリーミングでも彼女は大胆な作戦を他に先駆けて導入し、自分にもレコードを出す他のミュージシャンにもいい結果をもたらした。自分の曲をスポティファイやアップル・ミュージックといったストリーミング・サービスに提供するのを戦略的にときどき差し控えたのだ。

スポティファイの、広告アリで無料のサービスではあんまり稼げないのにがっくりしたスウィフトは、2014年の終わりに自分の曲をスポティファイから引き上げ、アップルと独占契約を結んで有料サービスを受ける購読者に限って曲を提供するようになった。3年経って彼女はスポティファイに曲を戻した。スポティファイと彼女のレーベルであるユニヴァーサル・ミュージックが、アルバムのリリースから2週間経ってから有料の購読者だけにストリーミングを認める契約を結んだのだ。* 6枚目のアルバム「レピュテイション」を出した彼女は、リリース後の1週間、どこのストリーミング業者にも曲を提供しなかった。ファ

＊彼女がスポティファイに曲を再び開放した日は、ライバルのポップスターであるケイティ・ペリーが新譜のアルバム「ウィットネス」を世に出した日でもあった。

ンはアルバムのＣＤかデジタル・ダウンロードを買うほかなかった。で、その１週間でアルバムは１２０万枚売れた[32]。この作戦の損得勘定は、よくよく考えると市場を細分化して価格差別を行うことで成り立っている。つまり、お金を払う気まんまんの買い手はこらえ性がなくて、だからストリーミング・サービスで聴けないならアルバムを買うだろうってことだ。それから、購読料アリのサービスのほうが広告アリで無料のサービスよりも、お金がもっと入ってくる。肝心なのは、このガツガツ行く作戦でスウィフトは、デジタル・ダウンロードやＣＤをもっと売れるようになり、アルバムの売り上げ記録を伸ばし、そうしてストリーミングの印税ももっと稼げるようになったってことだ。

アーティストもリスクを背負い込む。市場を分断して価格差別を行い、お金が入るだけ入るようにすると嫌われるかもってことだ。ファンから「金儲けだけだろ、芸術じゃねぇよ」なんて言われるのだ。テイラー・スウィフトがものすごく賢いのは、実入りを最大化する経済的戦略を追従しながら、それでいてあくまでも自分は天使だって顔をして、評判にはほとんど、というかまったくダメージを受けずにそんなことをやり遂げている点だ。たとえば２０１４年、彼女は『ウォールストリート・ジャーナル』紙に寄稿して、レコードを出すアーティストの立場でこう言っている。「音楽は芸術です。芸術は大事で希少です。大事で希少なものには価値があります。価値があるものにはお金を出さないといけません」[33]。経済学の命題として、音楽がほんとに希少かっていうとちょっとどうかと思うけれど、寄稿でスウィフトは巧みにも、自分が守ってるのは芸術なんで、儲けじゃないんですよとの立ち位置に立っている。

さらにテイラー・スウィフトは剛腕を振るってアップルに圧力をかけ、購読を考えている人たちに同社が提供する3ヵ月の無料お試し期間中、そのお試し購読者が聴いた曲の分の印税をアーティストに払わせようとした。[34] 2015年、スウィフトはアップルに、お試し期間に聴かれた曲の分もちゃんと払え、さもないと自分の曲を引き上げて使わせてあげないよと脅したのだ。「お代も貰えずに3ヵ月なんて長すぎます。何も貰えないのに働くなんて誰にとっても不公平でしょう」。アップルに宛てた公開書簡で彼女はそう書いている。* アップルはすぐさま引き下がった。「朝起きてテイラーの手紙を見て」とエディ・キューは負けを認めている。アップルの上級副社長だ。「変えないといけないのが手に取って触れるぐらいはっきりした」。

■ストリーミングの戦場でこれから何が起こるのか

音楽業界のストリーミング革命は、たぶんまだ半ば《ミッドストリーム》までもたどり着いていない（ダジャレですごめんなさい）。ストリーミングは音楽にとって今と未来の新技術だ。でも音楽の配信にかかわるビジネスモデルは進化していく可能性が高く、これから先、何年も方向性が変わり続けるだろう。スティーヴ・ブームはアマゾン・ミュージックの副社長だ。彼はこう言っている。いわく、私たちはまだ、新技術がもたらし得るものの表面をひっかいたにすぎな

＊アップルからの反論として、同社のエディ・キューはこう述べている。同社は「そもそも、この短い（お試し）期間の分を補うべく、継続してより高い印税率で支払う額を決めるということで今の契約内容になったのです」。でもアップルは、お試し期間に関してもアーティストに印税を支払い、また印税率は従来のままの水準に据え置くことに同意した。

い。[35]

　スポティファイは海賊盤の音楽サイトの利用者を何千万人も吸い上げて、お金を払うお客にできるのを見せつけた。同社は株式公開（ＩＰＯ）に新しいやり方を使って成功を収め、同社の企業価値は２５０億ドルを超える評価を受けた。でもスポティファイはそれまでの３年間、毎年損を出していた。２０１７年は50億ドルの売上高で14億ドルの損失だった。スポティファイが黒字になるには費用を抑え、購読者を減らさないまま競合他社より高いところまで月極の料金を引き上げるか、補完財（物販とか）を創り出して収入源を増やすかしないといけない。あるいは、レコード・レーベルに競争を挑み、直接にアーティストと契約を結ぼうとするかもしれない。実はスポティファイはディストロキッドと手を組んでいる。ディストロキッドはアーティストから料金を取って曲をストリーミング・サービスやオンライン・ストアに直接アップロードできるようにしている会社だ。これはそんな方向への一歩なのかもしれない。

　長い目で見てスポティファイが生き残るためには課題があって、それは、アマゾン・ミュージックやアップル・ミュージックは損を出し続けても大丈夫だって点だ。こうした業者は親会社に、補完財の形で大きな恩恵をもたらすからである。そしてユーチューブはとても近い代替財だけど別のルールで動いている（第９章を見よ）。アップルはハードウェアの会社で、iPhoneとかiPadとかの機器を売って儲けている。アップル・ミュージックのおかげでiPhoneやiPadがもっと売れるなら、アップルはアップル・ミュージックで損が出ても、喜んで持ちこたえるだろう。そしてアマゾンはインターネット上でモノを売って稼いでいる。エコー・ドットやアレクサが大人気の入り口になって、スニーカーやなんかのモノをアマゾンの店舗サイトで買うお客を何百万人も呼び寄せるなら、アマゾンはアマゾン・ミュージックの損を余裕で呑み込み続けるだろう。

同じような動きが経済の他のところでも起きている。たとえばグーグルは自動運転の車を開発する会社、ウェイモと一緒に、フォードやゼネラルモーターズみたいな昔ながらの自動車会社に挑みかかっている。グーグルは優れた技術、資金力、そして互いに補完性のある活動を兼ね備えている。それが車造り一本の会社には脅威なのだ。銀行だって部門によっては同じようにアップル・ウォレットに追い詰められるかもしれない。

そうして疑問が1つ湧いてくる。スポティファイは独立独歩でずっとやっていけるのかって疑問だ。スポティファイは、同社を傘下に収めることで補完性による恩恵を手にできる会社に呑み込まれるかもしれない。グーグルなんかが思い当たる。グーグル・プレイがうまくいかなかったらってことだ。あるいは中国のｅコマースの巨人、アリババもそうだ。アメリカに出て行ってアマゾンに立ち向かおうっていうならそうかもしれない。あるいは他のインターネット企業大手かもしれない。もう1つ可能性があるのは、スポティファイがコケたときに大手レコード・レーベル――すでにスポティファイの株を持っている――が同社を乗っ取る展開だ。まあ、そうなるとあからさまに利益の相反が起きるけれど。インディ系のレーベルよりも自分たちのところの曲を推すインセンティヴが働くからだ（スポティファイがＩＰＯする前、大手レーベルを合わせると、同社の株式のだいたい10%を保有していた。ＩＰＯ後、彼らは持分を減らし、手にした売却益をアーティストやインディ・レーベルにおすそわけした）。

アマゾンのスティーヴ・ブームは、ストリーミングは勝者総取りのテクノロジーじゃない、複数のストリーミング業者が、どこか1社（つまりソーシャル・メディアならフェイスブック、検索エンジンならグーグルみたいなところ）に席巻されることもなく共存するって展開があり得ると思うと言っている。[36] そんな読みが当たるのは、企業が自分を差別化できる場合だけだ。たぶんユーザーの使用履歴を自分だけが使えるのを利用して、個人に合わせたサービスやなんかの独自の恩恵をユーザーに提供できるならってときである。

マーク・ガイガーが推測したのによると、将来、ストリーミング・サービスは映画や音楽やその他のコンテンツをまとめて売るようになる。[37] 今のところ、スポティファイとアップルは音楽のストリーミングを月極の料金で提供し、一方ネットフリックスはやっぱり月極の料金で映画を提供している。消費者にしてみると、別々になってるストリーミング・サービスが一緒になったら便利だ。ガイガーはネットフリックスがスポティファイを買収すると予測している。そうなれば、エンタテインメントがなんでも買えるワンストップ・ショッピングだ。アマゾン・プライムはとっくに、映画と音楽の両方に手を出している。そのうち総合エンタメ・ストリーミングのアマゾンです、なんて言い出すかも。フェイスブックやグーグルといった他の会社もガイガーが言う「一括提供革命」の競争に加わるかもしれない。ガイガーと彼のお客にとって、核心を突く疑問は、映画と音楽とその他のエンタテインメントのサービスがセットになっていたら、売り上げの分け前をどう決めるか、ってことだ。

目を引くもう1つの展開として、ストリーミング業者は昔ながらのレコード・レーベルや出版社と競っていこうとするかもしれない。ネットフリックスが映画スタジオに対してやったのと同じ作戦だ。スポティファイは、レーベルを通さず直接スポティファイに曲をアップするようアーティストを唆し、ニューヨーク市のオフィスに録音スタジオまで建てた。アマゾンも著作権で保護されてはいない曲をいくつか録音している。ストリーミング業者は情報の面で有利なので、マネして取って代われればとっても儲かるタイプの音楽（「ハッピー・バースデイ」やなんかの子ども向けの曲とか）は何か、独自の見方ができるのだ。そしてアップルも自分で音楽系の出版社を立ち上げた。

さらにもう1つ、間違いなく変わる分野があって、それには音響技術がかかわる。たとえば革新的な会社、ソノスが作り出したスマート・スピーカーはものすごく売れた。新しい世代のスマート・スピーカーがグーグル・ホームやアマゾンのエコー・ドットといった、今ストリーミングや音楽を聴くのに使われている機器に取って代わるかもしれない。

アマゾンの創業者でCEOのジェフ・ベゾスは、前にぼくにこんなことを語ったことがある。彼はよくこう尋ねられるそうだ。「これから変わるものはなんでしょう?」。でもこう尋ねられることはめったにない。「これから変わらないものはなんでしょう?」。「実は、2つ目の疑問は1つ目より大事なんだよ」と彼は言っていた。「戦略を立てられるのはそっちだからだ」[38]。こういう読み筋があったからこそ、ベゾスは地上で一番お金持ちの事業家になったんじゃないか。音楽のストリーミング、もっと広くはメディアに関しては、お客はこれからも便利なほう、安いほう、メニューが豊富なほう、上手に曲をお勧めしてくれるほうへと流れていくんだろうと思う。ストリーミング・サービスの中でも、こうした一番大事な戦場で結果を出したところが21世紀を生き延び、栄えるひと握りの業者になるんだろう。

■ストリーミング革命は始まったばかり

今、ストリーミング革命はまだ初期の段階だ。ストリーミング業者はたくさんあるが、今後、間違いなく振り落としの時期がやってくるだろう。成功するビジネスモデルがどんな姿かははっきりしない。ストリーミング業者は、レコード・レーベルに取って代わるかもしれないし、レーベルに呑み込まれるかもしれない。ストリーミング業者がいくつか単体で生き延びて、市場を席巻するかもしれない。あるいはストリーミング業者はみんな、支配的なインターネット企業で補完財があればもっと儲かるところの子会社になる——アマゾン・ミュージックやアップル・ミュージックやグーグル・プレイの場合は今のまま——かもしれない。新手のプレイヤー、たとえばネットフリックスやフェイスブックみたいなところは、ストリーミング業者の競合になるかもしれないし、戦略的に手を組む相手になるかもしれない。そして新しい機器、たとえば将来の世代のスマート・スピーカーなんかが出てきて、ストリーミングのあり方や可能性が大きく変わるかもしれない。

そんなあり得る展開――そしてもっとたくさんある、今は予想もされていない展開――のどれが起きても、音楽の制作や曲の発見を左右するインセンティヴを大きく変える可能性がある。ストリーミングのある風景には紆余曲折がある。それは今後も、音楽のパイの大きさや切り分け方を大きく左右し続けることだろう。確かなことはただ1つ、ストリーミングの先行きは、ミュージシャンやマネージャー、レーベル、出版社、配信権の管理団体、政策当局などが関心を持つべき問題をいくつも提起する。そうした問題は経済学の道具を使って研究できる。ロックな経済学はこれからの数十年も動きが盛んな一角であり続けることだろう。

第9章

ぼやけた境目

――知的財産をめぐる守護者と破壊者

お金を喜んで出さないなら、音楽のファンはお気に入りのミュージシャンがこれからも質のいいアルバムを作り続けるなんて期待しちゃいけない。ミュージシャンだって人の子なら、いい仕事をしたら報われるはずだと思うから。要は需要と供給ってこと。需要がなきゃそのうち供給だってなくなる。

――シェリル・クロウ

２０１４年４月21日の午後早く、宣誓と証言を待って座っているファレル・ウィリアムスは質問に答えながら居心地が悪そうだった。事実彼は何度かそう口にした。彼の証言は歴史的な裁判の一部で、裁判ではファレル・ウィリアムスとロビン・シックの書いた２０１３年のヒット曲「ブラード・ラインズ」が、法の引いた境を踏み越えて、マーヴィン・ゲイが１９７７年に出した曲「ガット・トゥ・ギヴ・イット・アップ」の著作権を侵害したかどうかが争われた。

１週間に及ぶ裁判と2日間の審議の後、陪審員たちはマーヴィン・ゲイの遺族の訴えを認める判決を下した。ウィリアムスとシックは第９巡回区裁判所に控訴した。アメリカの西部を担当する裁判所だ。でも彼らはそこでも退けられた。２０１８年3月のことで、判断は2対１に分かれた。ウィリアムスたちと出版社は、ゲイの遺族に対し、５３０万ドルを払って損害を賠償し、また今後入ってくる作詞作曲と出版による印税の50%を支払うよう命令された。裁判所はウィリアムスの主張を退けてこう述べている。「音楽の作曲は狭い範囲の表現に限らない」[01]。反対意見のジャクリーン・H・グエン判事はこう書いている。「『ブラード・ラインズ』と『ガット・トゥ・ギヴ・イット・アップ』は客観的に同じではない。メロディ、和音、そしてリズムは異なる。それにもかかわらず、多数意見は両作品を比較せず、あらゆるところで将来のミュージシャンや作曲者に壊滅的な打撃を与える危険な判例を打ち立てた」。

裁判の芝居がかった場面——ほんと山ほどありましたよね——はともかくも、ウィリアムス対ゲイ裁判は、曲の著作権やかかっているものの大きさを判断するのがどれだけ難しいかを描き出している。[*] 1831年著作権法は著作権の保護をオリジナルな曲の作詞作曲に広げた。ぼくも素人なりに「ブラード・ラインズ」と「ガット・トゥ・ギヴ・イット・アップ」を聴き比べてみたんだけど、ウィリアムスがマーヴィン・ゲイを盗作したって思うほどには2つの曲は似ていない。それから、裁判は作詞作曲に限って争われていて、録音された演奏は含まれていなかったから、2つの曲に共通する、リズムをとるカウベルの音色やファルセットで歌うところを取っ払うと、どの辺が同じなのかいっそう見えなくなる。ウィリアムスが負けたのはゲイの表現をパクったからじゃない。ウィリアムスがゲイの曲のフィーリングやグルーヴにインスパイアされたから負けたのだ。機会があったら2曲を聴いてみて、判決は正しいと思えるか、考えてみてくださいな。

この裁判が将来の裁判や他の地域で判例に使われるかはわからない。でもこれで、もっと

＊証言台に立ったロビン・シックは、「ブラード・ラインズ」を録ったとき、自分はお酒と鎮痛剤を飲んでいて、ウィリアムスが「曲をほとんど全部書いた」と白状している。

争いが起きて、でも裁判で恥ずかしい思いをしたり不確実な評決に賭けたりする危ない手より、裁判でないところで手を打つやり方が取られるようになるだろう。ウィリアムス対ゲイの評決が出る前でも、サム・スミスはグラミー賞を獲った「ステイ・ウィズ・ミー」の作者にトム・ペティとジェフ・リンを追加している。トム・ペティが、この曲は自分の１９８９年のヒット曲「アイ・ウォント・バック・ダウン」にとてもよく似ていると言ってからのことだった。[02]それから、マーク・ロンソンはブルーノ・マーズと作った２０１４年のヒット曲「アップタウン・ファンク」の著作権にかかわる裁判のうち2件を和解で終わらせている。もう1件の裁判は係争中だ。[03]もう１つ広く知られた訴訟では、レッド・ツェッペリンの「天国への階段」の誰でも知ってる出だしはスピリットのインスト曲「タウラス」の盗作ではないとの判決が最初の裁判で下った。でも控訴審でその判決は棄却され、差し戻しになった。裁判の結果がどうなるかで、判決は著作権の保護の範囲を広げる判例になるかもしれないし、狭める判例になるかもしれない。[04]

　合法の範囲でインスピレイションを得るのと、著作権を侵害するのとの境目はあいまいになったっていうのはまだまだ控えめな言い方だ。クインシー・ジョーンズがぼくにこう言っている。いわく、音楽の何がすごいってみんな「同じ12音階を何度も何度も使っている」ことで、だからかぶってもそりゃ仕方ないよ。[05]でもシャザムみたいなアプリがあったりして、作曲する人や裁判官に、この曲はあの曲をパクってるよと教えてくれたりはしない（でもまあ、たぶんあったほうがいいんだろう）。マーク・トウェインはこう言ったとき、何ごとかがわかっていたのだ。「神様にもできないことが1つだけある。この星の著作権の法律を理解することだ」。

著作権とは、著作者に自分の原作を他人が一定の期間利用できないようにする権利を与えるものだ。著作権法を音楽に適用すると、本やなんかの文字の作品に適用するより、ずっと複雑でややこしいことになる。音楽には著作権が2つある。録音した音に対する権利と、もとになった曲と詞に対する権利だ[06]。曲を使うときにどんな権利を守らないといけないかは、曲を具体的にどんなふうに使うかによる。映画のサントラかストリーミング・サービスでカタログに載せるのか、ビデオゲームの効果音に使うのか、携帯の着信音に使うのか、それとも地上波のラジオで流すのか、なんてことだ。必要な権利を手に入れるための料金も、作品の使い方によっていろいろだ。権利のいくつかは、使い方によってはあらかじめ決まっている代金さえ払えば許諾は強制になる(つまり使うのに許諾はいらない)。一方、他の使い方だと権利の中身も代金も、毎度毎度交渉で決めないといけなかったりする。

著作権法の目的は、原作者に一時的に独占権を持たせ、彼らに新しい音楽や本といった作品を創るインセンティヴをお金の面で与えようというものだ。著作権の保護が経済的に特によく筋が通るのは、同じものを創っていくときにかかる追加のコストが小さいときだ。「著作権が侵害されないように引いた境目が短すぎると、原作者が自分の取り分を取れなくなる」と書いているのはスタンフォード大学法学部のポール・ゴールドスタインだ。「でも境目が長すぎると、他の人たちが自分の取り分を取りにくくなる」[07]。ファアレル・ウィリアムスとマーヴィン・ゲイの遺族の争いからわかるように、境目はいろんな作者たちの間を通るように引かないといけない。著作権は持つ人と使う人のバランスをうまく取らないといけない。つまり、音楽を創り出す人とそれを放送したり聴いたりする人の間のバランスってことだ。同じ問題は他の形の知的財産権でも起きる。何ごとかの象徴になるような写真から科学方面の特許まで、いろんな知的財産がみんなそうだ。

音楽の著作権の体系は、元は自動演奏ピアノの時代に楽譜にかかわる権利を守るためにできたものだった。法律と行政の精巧な体系が１００年以上にわたって発達し、①音楽の利用にあたって守られなければならない権利を定め、②印税率を定め、③印税を集金して権利を持つ人たちに分配する仕組みに仕上がった。当たり前だけど、その仕組みはデジタル時代にはもはや陳腐だ。権利や取り立て屋、それに音楽の数限りないいろんな使い方それぞれに対する料金を決める手順、そういうのを投げつけられれば、普通のヒト科なら誰だって、頭はターンテーブルより速くぐるんぐるんしだすだろう。この章では、デジタル時代における著作権の保護を考えるときに持ち上がる重要な経済的問題をいくつか取り上げる。

デジタル技術のおかげで、すでに創られた著作権を伴う素材を、違いなく複製して共有するのにかかる費用は実質的にゼロになった。新しい音楽を創って配布するのにかかる時間は短くなり、費用は安くなった。経済学だろうが何の学問だろうが、著作権の境目をどこに引くべきかという本質に迫る疑問に、完全で明快な答えを出せたりはしない。でも経済学の研究は、疑問を形作り、関連するいろんなトレードオフを深く理解するのを助けてくれる。

■財産権は「市場」に欠かせない——中国発のヒット曲が生まれづらい理由

知的財産を保護するのはものすごく大事で、アメリカ合衆国憲法の第1章に祀られているぐらいだ。具体的には第8条第8項が連邦議会に与える権限としてこれを挙げている。「科学および有用な技芸の進歩を促すべく、一定の期間にわたって著作者および発明者に対し、それぞれが自らの著作および発明を独占する権利を与えること」。ポップ・ミュージックは間違いなく「有用な技芸」に当てはまる。

作曲する人は創造する人だ。作詞する人や作曲する人がいなけりゃ音楽なんてあり得ない。でも曲はひとたび書かれ、あるいは録音されれば、経済学者が言うところの非競合財になる。なんのことかと言うと、誰かがそれを消費したからって別の人がそれを消費するチャンスが減ったりはしないってことだ。あなたが曲を聴いたり演ったりしたとして、ぼくも同じ曲を聴いたり演ったりできるし、それであなたの体験にケチがついたりはしない。それに比べて、あなたがハムサンドを食べたとして、ぼくはその同じサンドウィッチを食べられない。非競合性を持つ財には他にもテレビやラジオの放送、特許権のあるアイディア、ファッション・デザイン、建築計画なんかがある。非競合性を持つ財にはタダ乗りしようってインセンティヴが強く働く。つまり、財を消費しておきながらお代を払わずに済ませたいってみんな思いがちってことだ。合衆国憲法をつくったジェイムズ・マディソンたちは、著作や発明といった知的財産にも財産権をはっきり認める必要があるとわかっていた。タダ乗りを防いで新しい著作や発見の追求への投資を後押しするためだ。それが著作権と特許の法律の礎になった。

有限の財産権――一定の期間に限って、自分が創った作品を他人が使えないようにできる法律上の権利――を確立した著作権法は、創り主の利益と消費者の利益のバランスをとるのが目的だ。[08] インターネット以前の時代だと、新しい本なり曲なりを市場に持ち込んだ人は、自分の作品はまねっこだのそっくりさんだのから守られるべきだともっともな主張を掲げることができた。でも、かつてスティーヴン・ブライヤーが若い頃、最高裁の判事に任命されるよりも前に言ったとおり、そういう主張はデジタル時代じゃあてにならない。今どき完璧な複製が作れるし、できたらできたでほとんどすぐさま世界中に拡散できるからだ。

財産権は経済には欠かせない。何かを売り買いしようってときに、誰が持ってるのかわからなかったら売り買いなんてできますか？ 何かに投資しようにも、儲けの分け前が貰えるかどうか定かでなかったら、投資なんかしないですよね？ 経済学でわかる本質的なことの1つに、市場をうまく働かせるには財産権をきちんと決めておかないといけない、というのがある。これは曲みたいな知的財産にも、それに物的財産にも当てはまる。中国では最近まで音楽の著作権が保護されてなかった。地上で一番人が多いこの国から、国内発の音楽があんまり出てこないのはそういうこともあるからだ。でも境目はどこに引くのがいいんだろう？ 著作権はいつまで保護するべきなんだろう？ ストリーミングが1日に20億件を超えるなんてご時世に、どうやって印税を集金すればいいんだろう？ そして実際、創り出される音楽の数や質に、著作権の保護は、ほんとのところどう影響しているんだろう？

■ナップスター──破壊的創造のケーススタディ

ナップスターなんかのファイル共有サービスのサイトが出てきて、法に反して音楽のデジタル海賊盤が広く大規模にばらまかれるようになった。で、音楽業界にとって著作権の保護は欠かせないこと、それから今の仕組みが脆いことがあからさまになった。原理的には、違法なファイル共有サイトがあると、音楽の合法的な売り上げにいくつかの面から影響が及ぶ。1つ目は一番大事な面で、そういうサイトがあるせいで、ほんとはまっとうな形で買うかもしれなかった人が、代わりに違法ダウンロードで音源を手に入れられる。2つ目に、ファイル共有サービスで消費者は新しい音楽にもっと接するようになり、そのおかげで新しい音楽をもっと買ったりライヴ・パフォーマンスにもっと行くようになったりするかもしれない（要は、ファイル共有が宣伝みたいな働きをするかもってことだ）。3つ目に、違法なファイル共有サイトで音楽を聴いた人が聴いた音楽のことを付き合いのある人たちに話し、話を聞いた人たちがお金を出して音楽を買うかもしれない。ただ、実証データは圧倒的に代替効果が強いと示している。つまり、「音楽なんてタダで手に入るのに、なんでお金を出さないといけないの？」ってわけだ。

音楽はずっと違法コピーの標的になってきた。アラン・グリーンスパンは連邦準備理事会の議長になる前、アメリカ・レコード協会の依頼で調査を行って、こんな結論を出した。「入手可能なデータで見る限り、家庭で音楽の録音テープが作れなかったとしたら、借り物のレコードやテープからの録音で作られたテープのだいたい半分は、代わりにレコードやテープの購入に結びついていただろうと思われる……（中略）……１９８２年でいえば、これはレコード販売総数のほぼ32％にあたる」[09]。彼に依頼した連中の思惑を忖度した分を割り引いたとしても、違法コピーはものすごく行われていたってことだ。１９８０年代のレコード業界はいい感じで伸びていた。だから海賊盤なんて生きるか死ぬかの脅威だとは思われてなかった。バンドの中には、グレイトフル・デッドなんかみたいに、コンサートを録れよとファンの背中を押す人たちまでいた。たぶんそれでアルバムの売り上げが食われたことだろう（でもライヴ・ショウの需要は高まり、ファンのバンド愛も深まる）。

でもナップスターと仲間たちがやって来て、レコードを出すアーティストたちとレコード会社の稼ぎにとって、生きるか死ぬかの脅威になった。さっき書いたけど、レコード会社の売り上げも、ミュージシャンの印税収入も、ナップスターができた１９９９年からデジタル海賊盤のせいで激しく減った（図２・２を見よ）。ナップスターを使えば、自家製のカセットテープなんかじゃ考えられないぐらい簡単にしかも幅広く、お金も払わずに音楽が手に入るようになった。メタリカが著作権の侵害だとナップスターを訴えて勝訴し、このファイル共有サイトは破たん、２００１年に閉鎖された[10]（今のナップスターはストリーミング・サービスのラプソディが２０１６年に名前を変えたものである[11]）。他のファイル共有サービス業者やトレントを使ったサービスも後に続いた。ニューテラにフリーネット、カザー、ライムワイアー、スカウア、グロクスター、cドンキー2000、パイレイト・ベイなんかがそうで、そのうちいくつかも著作権の侵害で訴えられた[12]。海賊盤にちゃんと取って代われる法に則ったストリーミング・サービスが出てきたのはそんなに古い話じゃないのである。

経済学者のジョエル・ワルドフォーゲルは、ナップスターが出てきて2000年代に音楽の海賊盤がそれまでになかった勢いで増殖したのを自然実験に使った。著作権の保護が弱くなったら創り出される音楽の質や数にどんな影響が及ぶかを調べたのだ。各年に創られた曲の質をいろんな形（評論家がつける点とか、世に出てから一定の期間が経った時点での放送回数とか売り上げとか）で測った。彼はびっくりするような結論にたどり着いた。「録音された新しい音楽の質は、ナップスターの登場以来、下がってはいない[13]」。そして創られる曲の数は実は減ってないどころか増えている。

著作権の保護が弱まったのに、なんで曲作りの数や質は下がらなかったんだろう？　シェリル・クロウの「要は需要と供給」だの、ファンがお金を喜んで出さないならミュージシャンは質のいいアルバムを作らなくなるだのってのは勘違いなんだろうか？

ひょっとすると著作権の保護なんてそんなに大事じゃないのかもしれない。そんなものなくたって、ミュージシャンはいい音楽を創り続けるわけでしょう？

そんな結論を怪しんでいい理由が2つある。1つ目に、ナップスターは何もないとこから生まれたわけじゃない。技術革新のおかげでナップスターができ、違法なファイル共有が広がったわけだが、その同じ技術革新のおかげで、音楽のデジタル版を創って配信するのが急激に安くなった。そうして、著作権の侵害が蔓延すれば創作活動に悪影響が及ぶはずだったのだが、音楽を創ってばら撒くコストが安くなったことのほうが、その悪影響に打ち勝ったのだ。ワルドフォーゲルはこう書いている。「著作権保護の効果が弱まっていなければ、他の技術革新で、音楽の制作活動にもっと拍車がかかる時代になったかもしれない」。２つ目に、何かの仕事が大きく変わる期間として、10年はどっちかというと短いほうだ。ナップスターが著作権を何十年もないがしろにし続けていられたとしたら、シェリル・クロウの言うとおり、質のいい音楽の供給はそのうち減ったんじゃないだろうか。

著作権の保護が音楽の制作の数と質を高めると示す一番強力な実証的証拠が、イタリアのオペラの歴史から現れた。ミシェーラ・ジョルチェッリはカリフォルニア大学ロサンゼルス校、ペトラ・モーザーはニューヨーク大学の経済学者だ。２人が調べたのはナポレオンが戦争で勝ったときだ。このとき、著作権の保護に関わる自然実験みたいなものが生まれた。イタリア諸国の中で１８０１年にフランスの影響下に入った国々は、フランスの著作権法（作者が死んでから10年後まで著作権が守られる）を導入した。一方、１８０４年より後にフランスの影響下に入った諸国は著作権法を導入しなかった。その頃にはフランスの議会は民法を導入していたのだが、その民法は著作権を保護しなかった。[14] だからロンバルディやヴェニスの作曲家たちの著作権は守られ、一方サルディーニャの作曲家たちの著作権は守られなかった。著作権が守られていない地域ではパクリが横行した。

ジョルチェッリとモーザーの2人の経済学者が発見したのによると、著作権が保護されている国々では制作されたオペラの数が150%増えたが、それに比べて著作権の保護という恵みを受けられなかった諸国ではそんなことにならなかった。ジョアキーノ・ロッシーニは人気も実力もある作曲家で、キャリアの始めの頃にヴェニスとミラノで著作権が守られていたことでいい思いをした1人だ。

著作権が守られた作曲家たちは、人気とその寿命で測って質の高いオペラも作った。ジュゼッペ・ヴェルディがいい例だ。彼はどう見ても数の代わりに質で勝負している。ヴェルディの出版社は**価格差別**なんてアイディアまでひねりだして、著作権の保護の下で稼ぎを最大化しようとしている。出版社がヴェルディに宛てた手紙にはこうある。「楽譜はすべての劇場に提供するのがいいでしょう。でも劇場それぞれの規模で値段を変えるのです。たくさんある小さい劇場には1人あたり250リラから300リラ、一方1000人規模の劇場には1人あたり10リラから12リラというふうに。そのほうが入るお金はずっと大きいですから」[15]。

■ 音楽の著作権を語る3つの論点

著作権の保護と、新しくて質のいい音楽を創ろうというミュージシャンのインセンティヴの結びつきは、今どきでは憲法を創った人たちが思っていたよりずっと入り組んでいる。理由はいくつかある。1つ目に、創作活動にはハウツー本なんてない。新しい発見につながる要素が正確には何なのか、予測するのは難しいし人をそっちに向かわせるインセンティヴを作るなんて輪をかけて難しい。クエストラヴは著書『創造へのクエスト』〔未邦訳〕にこう書いている。「オレらはアイディアが見つかったらその場で採用する。で、アイディアが見つかる場っていえば、だいたいは他のアーティストの作品だ」[16]。ザ・ルーツがエルヴィス・コステロと録った2013年のアルバム「ワイズアップ・ゴースト」についてクエストラヴはこう言っている。「あのアルバムでオレがやってるドラムは、スティーヴ・フェローニなんだよ」。つまり彼は、創作の境目はどうしようもなくぼやけているのを認めているわけだ。

やってることがなんであれ、創造的であるためにクエストラヴが勧めるのはこんなことだ。焦点を拡散させて何ごとも「迎え入れ」、コラボできる環境に首を突っ込み、「別のことやってるやつらとわざとツルんで」、情報収集のプロみたいなものの考え方をする。こういうのは著作権の保護じゃなかなか促せない。

ジョン・イーストマンから聞いたのによると、偉大なミュージシャンには残りの連中にはない、形のない才があるという。

ベートーヴェンはハイドンの下で勉強して、最初に書いた交響曲2つはほとんどハイドン一辺倒だった。3つ目で彼の才能が花開き、彼が知的な頂点に達するのは晩年の四重奏曲の頃だ。で、ビートルズだけど、彼らはクエストラヴみたいに勉強はしなかったんだが、でも自分たちより前の世代のロックンロールの偉人たちに熱狂した。

ベートーヴェンとビートルズはみんな偉大な作曲家だ。彼らがただのとてもいい作曲家たちと違ってるのは、天賦の才ってやつだな。それがないと作品は偉大な音楽の神殿に祀られない。この天賦の才こそ、偉大な作曲家が音楽の立派な屋台骨の一角を占められる理由なんだよ。[17]

経済学の研究では、特許を取った発明を徹底的に調べてきた。音楽なんかより、創造性が果たした貢献を定義したり測ったりするのがずっと簡単だからだ。ペトラ・モーザーは、いろんな文献を読んで、刺激は強いけどたぶんほんとな結論にたどり着いた。「過去、発明のほとんどは特許とは関係ないところで生まれている[18]」。科学や音楽で創造を釣れるエサなんてなかなか考えられない。たぶん、経済学が出した一番イケてる洞察はとっても単純で、こんなのだ。新しいことを見つけようって人が多ければ多いほど、新しいことが見つかる可能性は高くなる。[19]

著作権の保護と、創造のインセンティヴを結ぶ鎖が入り組んでいる点の2つ目は、今どきの音楽はスーパースター市場になっているってことだ。ひと握りのスターがいて、彼らは曲で大儲け、他の大多数はちょっとしか稼げない。第5章で書いたけど、運にタイミングにその他たくさんの予測のつかない要因が、人気を左右するのだ。曲本来の質だけじゃないのである。スーパースターだって曲を出してみたら大コケだったってこともある。それに、大手レコード・レーベルでたっぷり経験を積んだプロだって、どの曲が売れるかそうそう予測できない。たとえばワーナー・ブラザースはビービー・レクサの3枚目のEPからカットする1発目のシングルに「ザ・ウェイ・アイ・アー（ダンス・ウィズ・サムバディ）」を選んだ。レクサさんは運がよかった。ストリーミングですぐに結果が返ってきたからだ。ワーナーはすぐさま、EPの別の曲「メント・トゥ・ビー」（フロリダ・ジョージア・ラインがフィーチャーされていた）も人気があるのに気づいた。「メント・トゥ・ビー」が10億件以上もストリーミングされ、『ビルボード』誌のホット・カントリー・ソングのチャートで2018年の半分以上も1位に居座り続けるなんて、彼らは予想してなかったのだ。[20]音楽での成功に、「なるべくしてそうなった《メント・トゥ・ビー》」なんてめったにない。星の巡りがよかったから、たまたまそうなったのだ。*結果がどうなるか予想がつかないから、著作権の保護と創造するインセンティヴの結びつきは、ひいき目に言っても間接的にしかならない。

　作曲家のレイニー・ショックニーが、彼の生業ではインセンティヴがたまたまでき上がるのをそこはかとなく示している。ショックニーはビーチ・ボーイズのブライアン・ウィルソンのいとこだ。テレビ・ドラマの「アンガー・マネジメント」向けに書いた曲で一発当てた。曲の譜面を書き、さらにテーマ曲ではホイッスルを吹いたので声の出演者として名前が載り、作曲者としての印税に加えてそれでも稼いだ。番組がシンジケートの配給になり、彼はこの仕事で100万ドルを超える額を稼いだ。「ほんとたまたまでな」と彼は言う。「ほんとおかしな話だ。っちゅーのはさ、5000ドルだの5万ドルだのになったのと同じ類

*「たまたまそうなった」じゃ「なるべくしてそうなった」みたいないい歌詞にならない。でも、音楽稼業を語るならそっちのほうがもっと正しいことがよくある。

の曲書いて500ドルにしかならないことだってあったんだよ。それぐらいピンキリでな。オレらがヤるのはヤるのが好きだからで、ヤって名を上げたいからヤるんだよ……で、オレらは力の限りヤるんだ。『なんてこった、音楽ヤってお金が儲かるなんて』ってな」[21]

著作権を保護しても、次の曲を創ろうなんてインセンティヴにはあんまりならないなら、なんでそんなもの保護してるんだろう？　経済学とか法律方面じゃ大方はひたすらインセンティヴの効果ばっかり話してるけど、ぼくはその他に、著作権の保護を支持する大事な議論が3つあると思う。公平さ、アーティストとしての評判、それに創ったものの手綱だ。1つ目に、著作権が侵害されるのは不当だ。もう書いたけど、音楽は経済の中で一番のお買い得だ。アメリカ人はどっちかっていうと音楽にほとんどお金を遣わないけれど、なのにエンタテインメントをいつまでもいつまでも楽しんでいる。経済に巣食う他の人たちに比べると、ミュージシャンは十分に報われてない。著作権を保護すれば、彼らが貢献した分だけ報われる一助になる。彼らだったらお金なんか貰わなくったって仕事したんだろうに、ってのはとりあえず関係ない。

評判も大事だ。何ごとかを創って手に入るものの1つには、努力が認められるってことがある。著作権で音楽への貢献が法律で裏づけられることになった。創造による貢献で世間に認められたいと思うのは何もミュージシャンに限った話じゃない。たとえば学者だって、お金もかかってないのに盗作だなんて訴えを起こしたりする。

それと関係してるのだけれど、創造する人は、自分の作品を創造面である程度管理できてしかるべきだし、今のところ実際に管理できる。曲を作ったとして、曲の使われ方が気に入らなければ、映画で自分の曲が使われるのを断れる。たとえばデイヴィッド・ボウイは、映画監督のダニー・ボイルが、映画『トレインスポッティング』に出てくる奇っ怪なトイレのシーンでボウイの「ゴールデン・イヤーズ」を使わせてくれって言ってきたとき、それを断った。その後も彼は、アカデミー賞も獲ったこの監督がボウイの伝記映画を撮ろうとしたとき、自分の曲の使用許諾を出さなかった。おかげでボイルの映画はボツになった。[22]

ゼネラルモーターズは歌い手のブランディ・カーライルに、広告キャンペーンで彼女の曲「ザ・ストーリー」を使わせてくれと申し出た。最初、彼女は断った。でも後になって、同社が2008年の夏のオリンピックの間、ハイブリッド車とバイオ燃料を宣伝するキャンペーンに曲を使わせてくれと言ったときには、この歌い手はそれを認めた。人気あるコマーシャルに曲を使ってもらって、彼女のキャリアは軌道に乗った。さらに後になって、彼女のバンドはこの宣伝キャンペーンで稼いだお金を代替エネルギー源の開発を支援する環境団体に寄付すると発表した。

でも、著作権法がたどった歴史のせいで、音楽を創る人たちには自分の曲が地上波のラジオでかかったりカヴァーされたりするのを管理する権利がない。この手の許諾は強制されるもので、つまり、ラジオ局はしかるべき代金を払いさえすればどの曲でもかけられるし、カヴァー・バンドは払うもん払えば曲を自分らなりに好きに演れる。ヒット曲を出している歌い手で作曲家のアロー・ブラックは、曲の創り手が創ったものをそういう面で自分で管理するのが法律で認められていないのを、力を込めて批判している。

そうだな、彫刻家だったら自分の作品がいつどこでどう消費されるか、選ばせてもらえるだろ。彫刻家が自分の彫刻をヴェニス・ビーチに置いたら、そりゃもうそれを見るにはヴェニス・ビーチに行くほかないわけだ。なんなら幕でもかけて、午後の5時から8時までしか見られないようにだってできるんだよ。

オレの音楽じゃそんなことしようと思ってもできないんだよ。オレが美しい朝のことを曲にするだろ、これはそういう曲だからオレのウェブサイトで朝だけ聴けますなんて、そういうことを言う自由はオレにはないんだ。そんな権利はない。世界中の誰でもオレの曲をカヴァーして好きなときに演れるわけだし、出した途端にラジオ局でも（パンドラとかの）他の形の放送局でも、その曲をかける権利を持ってて、「やめろ、かけるな」って言う権利はオレにはない……。

そういうとこ、ちゃんとしてもらわんと……アーティストには一発屋がたくさんいる。というか大部分は一発屋だ。連中に1年やって、そんなアタリで稼げるだけ稼がしてやろうよ。自分の著作権の価値を台無しにするやつらと競争しなくてもいいようにしてやろう。聴いたことあるだろ、ビートルズのヒドいカヴァー。[23]

政治系のイベントも、アーティストが自分の作品を管理しようってときに、法律面での壁になって立ちはだかる。政治家は、曲を作った人がダメだって言おうが、曲を使える。使用の許諾が強制されるからだ。でもそういうとき、作曲家は他の面から切り込んで、使用を禁じるよう訴えを起こせる。たとえば、曲を使われては自分が支持してるみたいな誤解が生まれるって主張すればいい。でもそういう裁判では、そうそういつも話が簡単に進むわけじゃない。たとえばエアロスミスのスティーヴン・タイラーは弁護士を通じて、ドナルド・トランプの選挙事務所に、自分たちのバンドの「ドリーム・オン」を選挙活動のイベントで使うのをやめろと求めた。でもやめちゃもらえなかった。この歌い手は正式な共和党員なのだけれど、その後、トランプ大統領が自分の「リヴィング・オン・ジ・エッジ」をウェストヴァージニア州のチャールストンで使ったときにもやめてくれって言っていた。[24] タイラーはツイッターでこうつぶやいている。「オレが認めてないのにオレの曲を使うなんて誰にも許さん。オレの音楽は大義のためにあるんで、選挙の運動だの集会だののためにあるんじゃないぞ。著作権と作曲家を守ること、オレは今の連中が政権を握る前からそのために闘ってきたんだ[25]」。

アーティストが自分の作品を管理できるようにという問題意識は、メタリカが２０００年にナップスターを訴えた画期的な裁判のきっかけになった。彼らは、ミキシングも済んでない自分たちのデモテープが不正にコピーされて、ナップスターで好き勝手にダウンロードできるようになってるのを見つけた。それでこのヘビーメタル・バンドは当たり前に怒り狂った。「ナップスターは、ぜんぜんお金の問題じゃなかった」。後になってドラムのラーズ・ウルリッヒはそう説明している。「商売の話じゃなかったんだよ。著作権の問題でもなかったんだ。ありゃ文字どおり誰が決めたんだって話だったんだ。お前の音楽はタダでダウンロードしていいなんて、いったい誰が決めたんだって。オレたちこう言い合ってた。『待てよ待て待て。そりゃオレらが決めることだろ』」[26]。

■ミッキーマウス保護法――著作権をめぐるレント・シーキング

著作権法でカギになる変数は、著作権が守られる期間の長さだ。期間が長すぎれば創造活動は枯れてしまう。短すぎれば創り手たちは取れるものも取れなくなる。20世紀の間、著作権が保護される期間はアメリカでも他のたくさんの国でも、どんどん長くなった。

1998年著作権延長法はソニー・ボノ法としても知られている。その頃議員をしていて、元はソニー・アンド・シェールのメンバーだった人にちなんでそう呼ばれるようになった。この法律は新しく創られた作品の著作権を保護する期間を、作者の亡後50年から70年までに延ばした。優れた経済学者の一団、ジョージ・アカロフにケネス・アロー、ミルトン・フリードマンたちが最高裁判所の法廷に意見書を提出した。著者や作者が亡くなってからずっとずっと後にもう20年間保護を延長しても、何ごとかを創造するのを促す経済的インセンティヴには実質的にならないと彼らは主張した。「上乗せされる報酬を受け取れるのは何十年も先のことであり、その現在価値は小さく、条件はよくても1%も改善されないだろう」と経済学者たちは書いている。[27] 彼らはさらに続けて、「保護を延長すれば消費者が負担するコストは増え、新しい作品を創るときの構成要素として自由に使える材料の品揃えが減ってしまい〔その結果〕新しい作品を生み出すコストは上がり、生み出される作品の数は減ることになる」と言っている。

もう1つ、経済的に輪をかけてヘンなところが1998年法にはあって、それは、まだ著作権が保護されていた1923年以降の作品について保護の期間を延長したことだ。それをあげつらって、この法律には「ミッキーマウス保護法」なんてあだ名がついた。そのせいでミッキーマウスが誰でも使えるようになるのが2024年まで先延ばしになったからだ。くまのプーさんの著作権の保護もやっぱり延長された。経済学者が群れ成して書いているように「すでにある作品の保護の期間を延長しても、新しい作品を生み出すインセンティヴがいっそう高まることはなく、一方コストのほうはいくつかの面で増加する」。で、そんなコストは本や漫画、Tシャツ、コスプレの衣装やなんかでミッキーマウスやくまのプーさんを使った製品に関してはものすごく高くつくことになった。ま、当然だけど、価値の高い著作権を持つ人たちは、世界中で保護期間を延長するよう政府に働きかけた。経済学者はこういう営みを「レント・シーキング」と呼んでいる。レント・シーキングとは、社会になんにもいいことをせずに稼ごうとすることだ。つまり、レント・シーキングをやらかす連中とは資源を使い込んでパイからもっと多くを掠め取り、でもパイをもっと大きくしようなんて考えもしない、そういう輩である。

著作権の保護期間の延長で何かいいことが起きるって証拠はほとんどない。ジョルチェッリとモーザーだって、イタリアでは著作権を保護することで創られるオペラの質も数も高まったとは言ったけど、同時に、著作権の保護期間を延ばしても質や数は高まらなかったと結論づけている。

ボストン大学のミーガン・マグレイヴィは同僚たちと一緒に、著作権の保護期間の延長に逆の立場から切り込んでいる。彼らが調べたのは、1960年代にイギリスで人気のあったアーティストの音源に対する著作権が失効したときに何が起きたかだ。彼らは135組のアーティストが録った1万1639件の音源を分析して、著作権が失効すると再発売が3倍に増えたのを発見した。面白いのは、曲の著作権が切れると、元の曲を創ったアーティストは、ライヴでその曲をあんまりやらなくなることだ。ってことは、アーティストは著作権が保護されている間にレコードの売り上げやダウンロードを増やすことを考え、演る曲のリストを作ってるってことだ。「こうした結果は、著作権の保護期間を延長すれば、再発売は減少する可能性があると示唆している」。研究者たちはそう結論を述べている。[28]

著作権の保護期間が作曲した人の寿命よりずっとずっと長いなんて、インセンティヴじゃ説明がつかない。アーティストが自分の手で作品を管理するとか名声が誰のところに行くべきかとか、そういうのでも言い訳にならない。さらに、消費者や他の創り手から見ると、大昔に作品ができたときにあった著作権の法律から、保護期間を延長するのはずるいなんて、そんな言い方までできるかもしれない。

COLUMN

「Ｙｅｓ」に何度も誘われて

ダン・ウィルソン

ダン・ウィルソンは音楽稼業に携わる人が思い描くことを、片っ端から全部成し遂げた人だ。レコーディングでもツアーでも、作曲でもプロデュースでもそうだ。彼はセミソニックのフロントマンだ。「クロージング・タイム」のヒットで知られている。曲を作る人としては、キャロル・キング、テイラー・スウィフト、ホールジー、ジョン・レジェンドの他、１００人を超える協力者の名前が出ている。グラミー賞でも、アデルの「21」への貢献ではアルバム・オブ・ザ・イヤー、ディクシー・チックスの「ノット・レディ・トゥ・メイク・ナイス」ではソング・オブ・ザ・イヤーを獲っている。ぼくはウィルソンに、彼のキャリアがたどった道のことで話を聞いた。２０１８年6月29日のことで、彼はこのインタビューとグラミー賞のために、ミネアポリスからハーヴァードへとやってきた。

――プロのミュージシャンになりたいと思ったのはいつですか？

10歳か11歳の頃、オレは歩いて学校に通ってて、プロのミュージシャンになったときにトレードマークになる歌い方を決めたのはその頃だ。8歳から18歳までピアノのレッスンを受けてた。先生は頭のいい女の人で、音楽理論を大事にしてた。5度圏とか和音の構造とか。初心者に教えるピアノの先生だとあんまりそういう人はいない。10代の終わりのほうでクラシックとジャズを勉強して、ジャズから作曲を学んだ。高校時代はずっとバンドに入ろうとあれこれやっていて、裏庭とか地下室とかでのパーティで演るバンドに入ってた。それからハーヴァード大学に入ったんだが、基本的にはそのときが本格的に取り組んだ始めだな。それからはいつもボストンのどっかで演ってるバンドに入ってた。

その後、3年か4年ぐらい音楽をやめてたことがあった。画家になろうとしてたんだな。でも曲を書くのは続けてた。そうするうち弟に、自分のバンドに入ってくれって頼まれた。トリップ・シェイクスピアだな。で、おれはあいつらの曲のセカンド・ギターのパートを全部覚えた。それまでギターなんてそんなにやったことなくてさ。その頃はやってけるだけの稼ぎが必要だった。オレら、街の危ない界隈で超びんぼーに暮らしてたんだけどさ。

トリップ・シェイクスピアとはアルバム3枚、EP1枚作ってな。で、バンドはなんとなく別れた。オレはジェイコブ・スリクターやジョン・マンソンと一緒にセミソニックを作った。

——自分のキャリアの格が上がっていくのをどう思ってますか?

そうだな、傍から見ると、オレのキャリアは話のネタにできたりするんだろうな。でも内から見ると、オレは自分のキャリアをネタ話として経験したわけでも上がってく格として経験したわけでもないんだな。まあ、いろんなことがひと連なりになったもんではあったんだが、梯子を上ってく感じじゃないんだよ。

中学のときの数学の先生ってのがいてさ。オレのことをウチの親にこんなふうに言ったんだ。粘土を手に取って手を握ったら指の間から粘土が出てくるでしょ。お宅の息子さんもそんなですってさ。「彼の才能がどんな方向に出てくるのかはわかりません。でもものすごい才能を抱えてます。だから必ずそれが現れます」。先生、天才もものによっては勝手気ままな方角に突き出すのもある、そう思ったんだな。先生は、オレは数学がよくできるって思ってた。でも、オレが数学ですごいことをするとは先生も思ってなかった。オレもそういうやつはたくさん知ってる。今、曲作ってるとして、でも映画撮ってもすごいだろうし、絵を描いてもすごいんだろう、そういうやつだ。人生、進む道って宇宙からアーティストに次々に降って来る「Ｙｅｓ」の連なりで決まってくんだよ。傍の世界から見てると自分で進む道を切り開いたみたいに見えるんだろうな、でもそうじゃなくて、ただそっちの「Ｙｅｓ」からあっちの「Ｙｅｓ」へって、磁石みたいに引き寄せられて動いただけなんだ。ある意味、オレがやってんのはそういうことだ。

セミソニックが抜群に最高の作品録ってるとき、オレの最初の娘はもう長いこと入院してた。やっと家に帰ってきたときには24時間呼吸器つけて、つきっきりで看病してやらんといけなかった。彼女が3歳になるまでそんなのが続いた。どう考えても彼女の病気がずっと長く人生に影を落とすことになる。完全に意識して決めたわけじゃないけど、ツアーに出て年に200日も家にいないなんて、やっちゃいけない気がした。そんなわけで、オレは想像力を発揮して、他の人たちに曲を書くにはどうしたらいいか考えた。ある意味、これは意識して決めたことだった。それがものすごく成功したことが、オレのギグやる回数に間違いなく影響してる。作曲家稼業がうまくいかなかったら音楽の先生になってもおかしくなかった。

——今もライヴ・パフォーマンスやツアーはやってらっしゃいますよね。どうしてですか？

人前で演るのは好きでね。理由はいくつかある。他のミュージシャンとやり合うのが好きだから、やるなら一番大きく勝負賭けられて、すぐに結果が出るようなやり方をする。なんかが一番強烈に降りてくるのはお客の前で演るときだ。お客の気分を直に感じられるから。それにオレ、笑わせせんのも好きなんだよ。

——音楽をプロデュースするようになったのはなんでですか？

最初は作詞作曲する人になろうと思って、頭に浮かんだお手本は（ウチの親がソフト・ロックとかフォークとか聴いてたから）キャロル・キングだった。あの人、他の人に山ほど曲を書いてるし、自分でもたくさん曲を演ってるし。曲作りが信じられんぐらい柔軟でさ。オレにとって、あの人の才能が黄金みたいな絶対の基準だった。

オレが出てきたときっていうのは、Ａ＆Ｒのやつに完全にでき上がった音源を聴かせて、ヒットしそうだって思わせないといけない、そういう時代になろうとしてるときだった。で、宅録がどんどんできるようになってきてたから、デモっていえばヒットしそうなレコードの原案になってて当たり前になってきた。ありゃもうデモじゃなかった。文字どおりのレコードかレコードの原案だな。曲を作ったらレコードにできるもの、そんなプレッシャーはとても強かった。オレもレコードのプロデュースを勉強しないといけないのがわかった。

２００１年だったか２００２年だったかに、しばらく自分で遠征みたいなものに出て、ヨーロッパのポップ・ミュージックのプロデューサーとレコードを山ほど作った。オレが見たところ、デジタルの媒体を相手に仕事してる連中は自分のテクをなんぼでも教えてくれる。アナログで音を録る連中は、昔からやたらと秘密とかブラックボックスとかで隠すのが好きでさ。一緒に仕事したデジタル系のプロデューサーが、録った音をかっこよくするにはどうすればいいか、山ほど教えてくれたよ。オレもレコードをプロデュースするのがほんとに楽しくなった。

宅録なんて誰だってできるんだ。今じゃ、居間でラップトップで好き勝手やれるんだからさ。オレも楽器持ってて家で曲を録れる機材持ってる。でもデカい仕事にしたいときはＬＡのスタジオを使う。

——宅録やコンピュータがミュージシャンに与えた影響はどんなものでしょう？

コンピュータで、音楽はいろんな人にとってひとりぼっちな営みになった。初心者はとくにそうだ。でも音楽は人とやるもんなんだよ。一番すごい連中って、楽器が地獄みたいにうまくて周りの連中をとてもいい気持ちにできるもんなんだ。

ミュージシャンは当たり前に完全主義なんだが、おかげで連中は何ごとだかが完璧だったり正しかったりするまでひとりぼっちで働くようになる。それだけでも孤独になりがちだよな。で、今じゃスタジオ丸ごとも世界中のすごいヴァイオリン弾きのサンプルも手に入って、それが全部ラップトップに入ってる。他のミュージシャンとは交わらない道がまた1つ、だよ。

——あなたのレーベルは、「クロージング・タイム」がヒットしてグラミー賞の候補になるって、最初からわかってたんでしょうか？

いんや。アルバムは却下されたしあの曲はシングルにもならなかったし、もっと曲を作るチャンスも貰えなかったしさ。

ウチのマネージャーのジムが言ってたよ。「新しい曲をいくつか書くだろ、レーベルが予算組んでくれるだろ、それから遊び場に戻ってもう何曲か書いて積んだ山に載せるだろ。アルバムがレーベルからボツ食らってあと3曲書けたら、レーベルがシングルに選ぶのはどの曲だろうな？」。オレはこう答えた。「もちろん新しく書いた曲だろ。だって連中、お金出したんだしさ」。そしたらジムがこう言うんだ。「そのとおり。んじゃ問題。新しく3曲書くとして、『クロージング・タイム』や『シークレット・スマイル』や『シンギング・イン・マイ・スリープ』よりいい曲が書けるって保証できんのか？　シングルにしようってオレらが決めた3曲より？」。オレはこう返した。「いんや。ありゃすごい曲だからな。あの3曲に勝てる曲なんて保証できんよ」。で、あいつはこうだ。「んじゃこういうことか？　お前はこれからスタジオに戻って、あの3曲の代わりに、もっといいなんてまずなさそうな曲を録って、それをアルバムからカットするシングルにする。そういうこと？」。

そんなわけでオレらはレーベルを何週間もガン無視してた。あいつら、もっと曲を録れってオレを説き伏せに電話してきてさ。とうとうラジオ局相手に営業やってるやつで、「オレはこのリスク背負うぞ」っていう新手まで出てきてさ。レーベルの社長がウチのマネージャーに電話してきてこう言った。「いいか、こんなレコード出すなんて、全部おまえのせいだからな」。

「Ｙｅｓ」に誘われて、とはこういうのを言う。

■音楽業界に蔓延る「えこひいき」の存在

経済学の大原則に、商業政策は中立たるべし、というのがある。あるテクノロジーや会社を他よりもえこひいきしてはいけないし、毛嫌いしてもいけないってことだ。この原則がなるほどと思えるのは、政府は勝ち馬でも負け犬でも選び出すのがヘタクソだから、それに、力のある会社なら政府に働きかけてえこひいきしてもらえるからだ。そんな力のある会社なら、たとえお客に一番のサービスだか一番の安い値段だかを提供しなくたってそんなことができるのだ。それだけじゃなくて、技術の進歩はおうおうにして予想もつかない。1796年に辞任の挨拶をしたとき、ジョージ・ワシントンは力強い言葉でこの中立の原則を支持している。「しかし、私たちの商業政策も公平で偏りのない手に委ねられるべきだ。人を押しのけてえこひいきや選り好みを求めるものでも与えるものでもあってはいけない。物事に対して中立を求めるものでなくてはならない。穏便な手段で商業の流れを広げ、それでいて何ごとも強いない、そうしたものでなければならない」*。

今のアメリカの政策を見たらワシントンが泣くだろう。今の政策だと音楽を流すなら地上波やユーチューブのほうがストリーミング・サービスより印税がずっと安い。歴史や法制の状況のせいで、地上波のラジオ、衛星を使ったラジオ、インタラクティヴや非インタラクティヴのストリーミング・サービス、それぞれで音楽を使うときの使用許諾の内容も料金も違ってしまっている。これは音楽業界ではバリュー・ギャップと呼ばれている。[29]

＊アレキサンダー・ハミルトンはワシントン大統領が辞任の挨拶を書くのを手伝っている。リン=マニュエル・ミランダの曲「ワン・ラスト・タイム」がこの出来事を寿いでいる。曲はワシントンがハミルトンにこう指図しているのを描き出している。「ペンを取れ、書き始めろ　学んだことを話したい　私が苦闘を重ねて学んだ知恵を」。

■既得権益にしがみつく

昔ながらの著作権法では、アメリカのラジオ局は録音された音楽の演奏の著作権に対して使用料を払わなくていい。だからアレサ・フランクリンは彼女の代名詞とも言える「リスペクト」がラジオでかかってもお金を貰えない。でも曲を書いたオーティス・レディングや彼の相続人は印税を貰える。ラジオが曲をかけたときに、演奏するアーティストに印税を払わなくていい国なんて、他にはイランと北朝鮮ぐらいなもんだ。アメリカにしちゃ変わった連中とお友だちなんですなぁ。

以前は演者だって自分の曲がラジオでかかれば恩恵にあずかれてるはずだ、自分の作品の宣伝になってレコードの売れ行きがよくなるから、なんて言われていた。つまり演奏の印税なんて余計だ、演奏してる連中は現物支給で恩恵にあずかってるじゃないかってことだ。でも20世紀ならいざ知らず、デジタル時代じゃアホもいいとこだ。ストリーミング・サービスだって、スポティファイもアマゾンもアップル・ミュージックも、ラジオ局と別に変わらない宣伝効果をツアーにもたらしてくれるのに、その手の業者が払ってる演奏に対する印税は結構な額になる。それだけじゃない。経済コンサルタントのバリー・マッサースキーが書いているのによると、今ラジオでかかってる音楽の半分をちょっと超えるぐらいが、旧譜（出て2年以上）の曲で、だからラジオが新譜を宣伝してくれるっていうのは正しいとは言えない。マッサースキーは、音楽がラジオを広めるのであってで、逆じゃないと言っている。

図9.1 音楽の使用料が売上高に占める割合・使い方別（2017年）

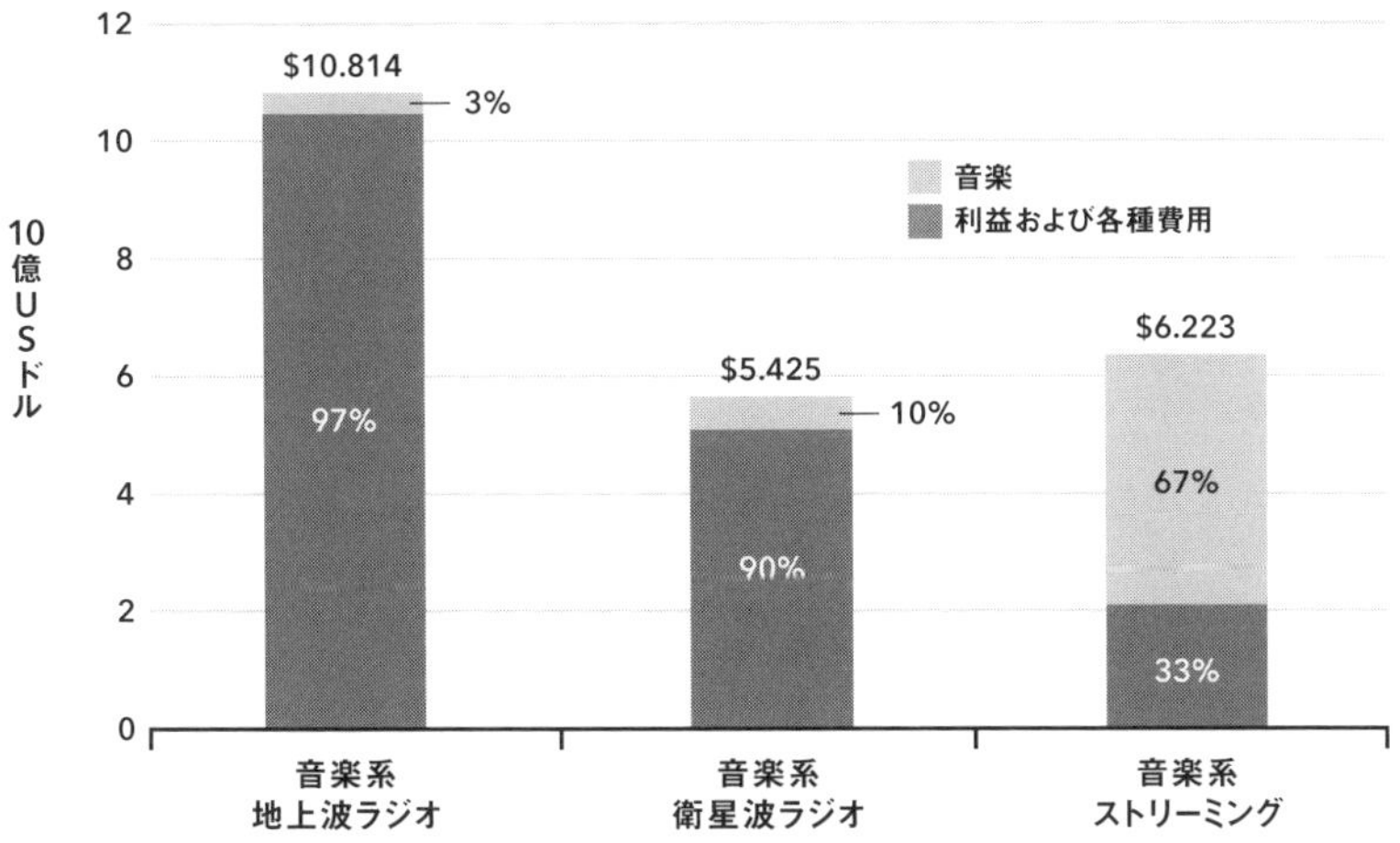

出典：マッサースキー・コンサルティング。使用料の対象でない売り上げは除外して売上高を示している点に注意。

ラジオとストリーミング・サービスで扱いが違うのは中立の原則に反していて、ラジオ局やってる人らに有利だ。図9・1は、音楽系ラジオ局は音楽系衛星局やストリーミング業者に比べて、音楽に関わる権利の持ち主に払っている額の売上高に対する割合がずっと小さいのを示している。[30] ラジオ局が儲かる仕組みがこれだ。音楽系ラジオ局が支払うその手のお金は、音楽に関する事業経費のたった4・6%にしかならないけれど、放送内容に占める音楽の割合は3分の2に及ぶ。そしてラジオ局をやってる人は議会の選挙区のだいたいどこにでもいるし、彼らの業界団体である全国放送事業者協会はロビー活動でうまく立ち回り、演奏に対する印税を何十年も払わずに済ませてきた。レント・シーキング大成功の巻だ。

非インタラクティヴのストリーミング・

サービス、たとえばシリウスXMやパンドラでは、利用者は特定の曲を選んでかけることができない。そういうサービスだと、許諾は強制で、著作権料委員会（CRB）が決めた印税率が適用される。でも、中立の原則はさらに顔に泥を塗られている。2つのサービスはそれぞれ違った印税率を適用されている。法律の基準もCRBが適用するルールもそれぞれ違っているからだ。

オンディマンドの（つまりインタラクティヴな）ストリーミング・サービス、たとえばスポティファイやアマゾン・ミュージック、アップル・ミュージックでは、利用者はどの曲をかけるか自分で選べる。この手の業者は、録音された音を使うときは著作権を持つ人から使用許諾を貰わないといけない。それから、第8章で説明したように、印税率は権利を持つ人と直接に交渉しないといけない。

■ユーチューブがスポティファイより有利な理由

たぶん中立の原則を一番ぶっちぎっているのはユーチューブ、オンラインの動画共有サイトだ。スポティファイとパンドラを合わせたよりもずっとたくさんの音楽がユーチューブで聴かれている。[31] ユーチューブは1998年デジタル・ミレニアム著作権法（DMCA）の規制を受ける。DMCAは利用者がインターネットにアップロードするコンテンツが著作権の侵害にならないように逃げ道を作り、逃げられるための条件を決めている。中でも大事なのは、著作権を持つ人からアップロードしたコンテンツを削除してくれと要請が来たらプロバイダは速やかに削除しないといけないという条件だ。これは削除通知と呼ばれている。ユーチューブは著作権を伴うコンテンツを使っても、ＤＭＣＡが決めた条件を満たしている限り、料金を払わなくていい。スポティファイやパンドラ、その他広告アリの業者はそんなおいしい思いはできない。彼らが流す曲は利用者がアップロードするものではないからだ。

　ユーチューブには削除通知が何百万件も毎週のように届く。でもユーチューブのやり口は著作権の持ち主にとってモグラたたきみたいなもんで勝ち目がない。人気あるコンテンツが削除されても、利用者はおうおうにして、同じあるいは同じような著作権つきのコンテンツをまたアップする。そんなやり方されちゃたまったもんじゃない。あんまり成功してないアーティストなら特にそうだ。お金もないし弁護士軍団も雇えないから、四六時中ユーチューブにアップされる何十億ものコンテンツを探して取り締まるなんて無理だ。簡単に思いつく対策はあって、ユーチューブやなんかの業者に、著作権を持つ人から、あのコンテンツはおたくでは提供してほしくないとの通知が届いたら永久に提供しないよう求めればいい。でも、インターネット接続サービスのプロバイダはずっとこの対策に抵抗している。そりゃそうだ。代わりにレコード・レーベルは下手に出て、ユーチューブが受け取る広告料収入からどっちかっていうと小さい割合を受け取れるように交渉した。そんなことになったおかげで、ユーチューブは、たとえばスポティファイよりも経済的に大きく有利な立場に立った。たとえばスポティファイはユーチューブに近いサービスを提供していると考える利用者は多い。

クリントン大統領がＤＭＣＡに署名したとき、この法律はいっときの方便のはずだった。インターネットが成長して進化できるようにするためだった。インターネットが立派に育って、業者がどんな手口で商売するかもっとはっきりしたら、そのときによくよく考えて作り込んだ適切な法律を作ればいい。でもグーグルが後になってユーチューブを買収し、他のインターネット・サービス・プロバイダなんかも一緒にあんなにもデカく強力になった。そうして、いっときの措置だったＤＭＣＡによる保護を取っ払い、コンテンツを作った人たちとインターネット業者の間でもっと納得のいくバランスを取った規制に置き換えるなんて、ヘラクレスにでも頼みたいぐらいの大仕事になった。これもまた、レント・シーキングが持つ力を示す例だ。

■デジタル世界に合った著作権にアップデート

この章の初めのほうで、音楽での著作権のルールを見ると頭がぐるんぐるんするかもよって書いた。まっとうな著作権の保護と、行き過ぎた著作権によるぼったくりを隔てる境目はぼやけている。印税も許諾の条件も、どんな環境で使うかで違っている。音楽の印税収入を集めて分配する組織を統べる制限は時代遅れになっている。マーティ・ゴッツマンは興行権を管理する組織で長年働いている。ぼくが話したとき、彼はその辺の残念な状況をうまいことまとめて言っていた。「著作権のルールって、もうどうでもいい細かいことをいじくらなくっていいんだよ」[32]。

　ものごとのあり方を変えようと、何十年も内輪もめと行き詰まりを続けたあげく、音楽業界のほとんど全体がひとつになって、一連の提案をイチオシするところまで来た。音楽近代化法（ＭＭＡ）がそれをひとつにまとめたものだ。この法律は２０１８年に署名が済んで成立し、新しい組織を作ってデジタル・ストリーミング業者から印税を集めて分配させることになった。公のデータベースを作り、払われたお金が音源を作曲した人や出版社にちゃんと流れるようにする。音楽が使われたらプロデューサーやエンジニアも印税を受け取れる方法を創る。１９７２年より前に録られた音楽の著作権も保護する。ＣＲＢが料率を決めるときに使う基準は自由な市場に基づく基準に変える。スポティファイやなんかのストリーミング業者が著作権の侵害で訴えられたときに抱え込む賠償責任には、一定の条件の下で上限をつける。そしてその他法律面でいろいろ専門的な修正を行う[33]。この法律は２０１８年４月に下院を全会一致で通過した。ものすごく珍しいことだ。でも２０１８年９月に上院を通過してゴールにたどり着く前、最後の最後になっていくつか論争があった。たとえばシリウスＸＭはぎりぎりになって、印税率を当時のレート（２０１８年時点15・5％）でもう５年、２０２２年から２０２７年まで固定できる表現を押し込むのに成功した[34]。

　ＭＭＡの改革はとても大事ではあるのだけれど、利益団体のどれもが支持できる最低限のアクションであって、デジタル時代に合わせて著作権法を近代化するために必要なことの表面をひっかいたにすぎない。ＭＭＡは、たとえばラジオとユーチューブの印税率が違ってるせいでできたバリュー・ギャップには踏み込んでいない。印税率はまだものすごく規制されていて、市場の力で決まるようにはなっていない。

もっと大事な一歩といったら、それは、市場に根差す平らな統一の土俵を作り、音楽に関する権利を持つ人たちやその代理人（興行権を管理する組織やレコード・レーベル）がストリーミング業者やラジオ局、動画共有サービス業者、その他自分たちの音楽に手を伸ばす連中の全部と直接に交渉できるようにすることだろう。この仕組みは、インタラクティヴなストリーミング・サービスや映画、ビデオゲームで録音された曲が使われたときに活用されている。この仕組みをＡＭやＦＭのラジオ、ユーチューブなんかの、他の業態にも持ち込んだらどうなんだろう？

法学者のピーター・ディコーラとデイヴィッド・トウヴは30件を超えるインタビューを内密で行った。インタビューの相手は、20社を超えるインタラクティヴなストリーミング業者が、音楽に関する権利を利用できるようにするための交渉に直接かかわってきた人物たちだ。その彼らがこう言っている。「インターネットで音楽を聴けるサービスに許諾を出すのに、早ければほんの9ヵ月しかかからない」。ストリーミング・サービス全体の中央値だと、業者がサービスを始められるだけの曲の権利を得るのにかかる時間は18ヵ月だ。[35] 権利を得る交渉にかかる時間は２０００年代最初の10年間、短くなってはいない。でも交渉の対象になる曲の数は数百万件に増えた。というわけで、市場にやらせれば効率よく仕事ができそうだ。統一の仕組みを作って、どんな形で曲を流そうが許諾を貰わないといけないようにして、一部の業態は規制で決めた料金で自動的に許諾が得られるなんてやり方をやめれば、アーティストは自分の作品を創造面で管理できる。ミュージシャンにとっては大きな成果だ。

■ 創造性を支えるルール作りが必要

車を運転しながら音楽を聴く人は、地上波のラジオ局から衛星局のラジオ局からインターネットラジオ局からストリーミング・サービスへと、違いなんて気づきもせずにどんどん切り替えられる。でもアメリカでは、こうした業態の間で印税も使用許諾の条件も、規制のせいで違っている。おかげで政府の政策は、今のところいくつかの業態を他の業態よりひいきしていて、それが進歩の邪魔になっている。ぐにゃぐにゃしていてぼやけた境目は議員の人らが作った著作権法が引いたものだ。彼らがそんな境目を引いたのは、レント・シーキングを企む連中の利益を守ったり大きくしたりするのが目当てで、ミュージシャンや作曲家や発明家の人たちが持つ創造を目指す本能を支えるためじゃなかったのである。

第10章

音楽は国境を越える

——中国で進む音楽革命

山が立ちはだかり
海が隔てようと
それでも世界は狭いのさ

——リチャードとロバートのシャーマン兄弟、1964年

アメリカ以外でぼくが初めて行ったコンサートは、2001年の香港、エア・サプライのショウだ。あの都市国家が中国の支配下に返されて4年後のことである。満員御礼の客席では誰も立ち上がらず、踊らず、一緒に歌うこともなかった。お客はロック・コンサートに来ているというより、チェスの試合を見物しに来たような調子だった。ラッセル・ヒッチコックとグラハム・ラッセル、オーストラリア人とイギリス人の2人組は頑張って仕事をし、バラッドのラヴソングを次から次へと繰り出した。「イーヴン・ザ・ナイツ・ベター」、「ダンス・ウィズ・ミー」、「ヒア・アイ・アム」、「オール・アウト・オブ・ラヴ」。お客はうやうやしかったけど、ほとんど誰も、バンドのヒット曲をぜんぜん知らないみたいだった。

音楽やライヴのエンタテインメントに接するときの流儀は世界中で違っている。でも各地のやり方はどんどん近づいてきた。中国のお役所も最近、コンサートに行った人がショウの間に立ったり踊ったりするのを認めるようになった。でも立つなら自分の席の椅子に立たないといけないんだそうだ！　もう1つ変わったのは、中国で開かれる音楽フェスの数が増え

てきたことだ。たとえば国際的なスターが北京と上海で開かれるウルトラ・フェスティバルに登場したりする。それから、世界中のどこの国よりもストリーミングで音楽が流れているのが中国だ。

デジタル技術でグローバルな音楽市場は様変わりした。もう何百年も、国々が音楽を使って人の国民意識を育て、独自の文化的遺産を打ち立ててきた。カナダ、フランス、オーストラリア、ニュージーランド、他にもいくつかの国では、ラジオ局が自国の音楽を広めるべく最低限流さないといけない国内のコンテンツの量が決められている。でもストリーミングを使えば聴き手は世界中の音楽を丸ごと全部どれでも聴けるので、そんな壁も破れる。これから10年で、グローバルな音楽市場は今よりもずっと均質になるだろう。あなただって将来は、外国の国際的スターの曲をもっと聴いているんだろうと思う。

この章では、経済学の眼鏡をかけて、世界各国の音楽市場がそれぞれどう違っていてどこが同じか見ていくことにする。ぼくが焦点を当てるのは具体的には中国だ。中国は、音楽を制作したり発表したり聴いたりすることに関しては、世界の他の部分に何十年も遅れている。文化大革命のせいだ。孤立主義の政策であり、また著作権を保護しなかった。それもどんどん変わってきている。スーパースター市場では規模がものを言う。世界最大の人口と世界第2位の経済を擁する中国は、音楽でも世界のリーダーになろうとしている。(第4章で見た) スーパースター・モデルによると、中国はすぐに、マンダリン・ミュージックの超ビッグ・スターをどんどん生み出すようになる。

中国が音楽の眠れる巨人なら、スウェーデンは吠える（というか少なくともバカでかい声で歌う）ネズミだ。1000万人にも満たない人口で、スウェーデンは音楽市場で自分よりずっと階級が上の相手をノックアウトしている。スカンジナヴィア半島のこの国からは、アバやロクセット、それにスポティファイやなんかの最先端の音楽テクノロジー企業、マックス・マーティンみたいなチャートのトップをにぎわす作曲家が出ている。なんでだろう？　答えはたぶん、スウェーデンでは音楽教育が広く盛んに行われていて、市民は英語が上手で、グローバル市場を受け入れているからだ。スカンジナヴィアのこの国は、経済学で言うところの集積の経済でもいい思いをしている。近場に同じ産業の他社があって創造性や生産性を高めていれば、おこぼれにあずかれるってことだ。集積のメリットは、ときどきはたまたまで始まることもある。そしてもちろん、たまたまやラッキーは音楽の成功に大きな役割を果たす。でも集積の経済の影響は長く続くこともある。他の国、日本やインドでも、音楽市場の発達を左右するそれぞれ独自の要因がある。

■世界の音楽市場を見渡してみる

個人消費で測るとアメリカは世界最大の音楽市場だ。2番目は日本である。イギリス、ドイツ、そしてフランスを加えて音楽市場のトップ5、中国は最近トップ10にランクインした。[01]

人口が大きく所得が高い国ほど音楽にお金を遣う傾向がある。図10・1の散布図は、録音された音楽への支出（縦軸）とGDP（横軸）のデータが手に入る49ヵ国を描いている。軸は対数スケールでとった。グラフに描いた右上がりの線は、平均では国のGDPが増えればそれに比例して音楽への支出も増えるのを示している。ほとんどの国は線の近くに固まっているけど、大きく離れたところに目立つデータが1つある。中国だ。録音された音楽への中国の支出は、経済の大きさから推し量った額を20億ドルも下回っている。

インドネシアやインド、ロシア、そしてシンガポールが、次に線を大きく下回る国々だ。こうした国で支出が思ったより少ないのは、著作権がちゃんと保護されてないせいだろう。加えて、インドの音楽市場は独特で、ボリウッド映画のサウンドトラックが席巻している。お約束なヒンドゥ語の歌と踊りがステキで、あれはボリウッド映画に欠かせない。インドの音楽売上高の80％はボリウッド映画の曲で占められている。[02] ボリウッド映画の曲が好かれているせいで、他の分野の音楽が押しのけられてるんだろう。だからインドでは音楽への支出が思ったより少ない。スポティファイみたいなストリーミング・サービスもインドの市場では苦戦していて、かの地で成功するにはボリウッドの曲を好むインドの人らの好みに合わせていかないといけないんだろう。

日本、イギリス、そしてスウェーデンは経済規模だけを使って推定した場合よりも、ずっとたくさん音楽にお金を遣っている。日本が一番大きく推定を上回っている国なのは、あの国の人らは長らくCDにご執心で、インターネットを通じて音楽を聴くのがなかなか広まら

図10.1　49ヵ国における録音された音楽への支出とGDP（2017年）

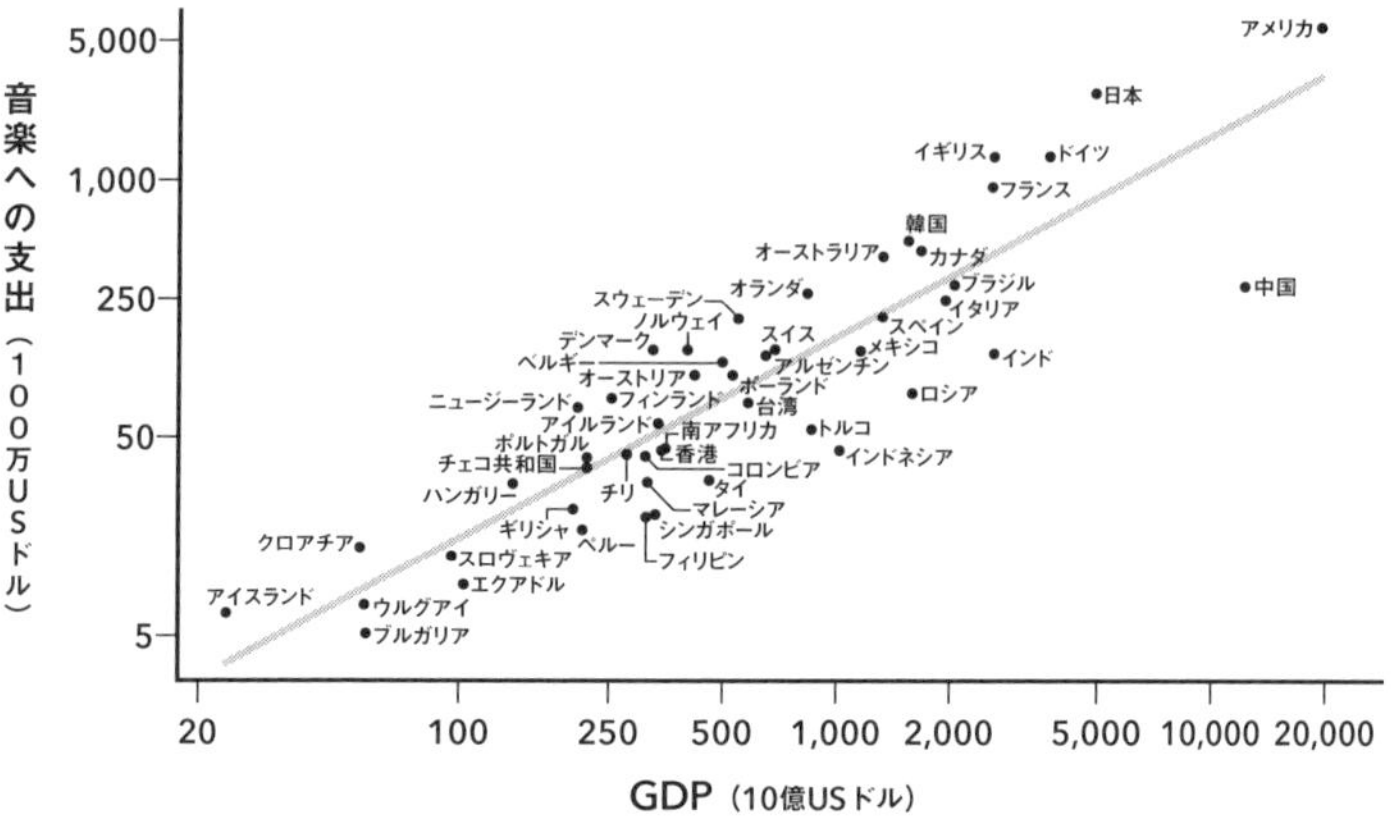

出典：IFPIグローバル・ミュージック・レポートと世界銀行のデータに基づく著者の計算。音楽への支出は2017年の為替レートでUSドルに換算。描いてある直線は、最小二乗法を使って支出の対数をGDPの対数で回帰したもの。

ないのを考えると筋が通る。[03] その点で日本の音楽市場は2000年頃のアメリカの市場に似ている。アメリカで音楽の売上高が一番大きかったのはその頃だ。日本では、音楽は大人気のアニメやビデオゲームの業界でも大きな役割を果たしている。イギリスとスウェーデンは革新的な音楽を生み出す長い伝統がある。それのおかげで、両国では音楽への支出が思ったより大きくなっているのかもしれない。

■消える「自国バイアス」

デジタル・ダウンロードやストリーミング・サービスがこの世に広まって、聴き手が聴ける曲の数は大幅に増えた。音楽好きならサム・グッディやなんかのレコードの小売店に行って、店が置いてる限られたアルバムの中から選ぶほかなかった時代はとっくに終わった。手に取って触れるレコード（塩ビ盤とかCDとか）にはいろんな「取引摩擦」がつきまとう。消費者は在庫にあるものからしか選べないし、彼らが知ってるのも限られたアーティストや曲だけだからだ。ストリーミング業者やオンライン・ストアだと、利用者はほとんど青天井で供給される世界中のミュージシャンが創り出す音楽を見つけ出して聴くことができる。どこに住んでても関係ない。

ストリーミングやデジタル・ダウンロードで取引摩擦が減り、いろんな国で人が聴く音楽のパターンが変わってきた。各国それぞれで一番よく聴かれ、買われる音楽が、それぞれの国のミュージシャンが生み出した支配的なジャンルよりも、むしろ世界中のミュージシャンが創った曲を取りまとめてできた同じ1つの組み合わせに収束する方向に向かっているみたいだ。音楽はやっぱりスーパースター市場のものだし、たぶんストリーミングのせいでいっそうそうなっているのだけれど、スーパースターの出身国は変わってきている。

国際的な取引の研究が専門の経済学者たちによると、取引の流れには強い「自国バイアス」がある。どんな分野にせよ、人は自分の国で作られたモノやサービスを買いたがる傾向があり、他の国で作られたモノやサービスじゃイヤなのである。[04] 取引では国境が大事なのだ。

経済学者のジョエル・ワルドフォーゲルとお仲間が一連の研究で、そんな分野の分析用具をいくつかの国に適用し、消費者が買う音楽の国籍を調べた。[05] この研究にはいくつか、統計学的に強い仮定が必要で、そうしないとデータの少なさを乗り越えられない（たとえば売上高はべき乗則に従うと仮定して、チャートでの順位から推定している）。それでも、この研究の結果から大事なことが読み取れる。いろんな国の人がどんな音楽を聴くか、デジタル化によって世界中で従来の習慣がどう変わり、いろんなタイプの音楽に対する需要がどう動いたか、そういうことがわかるのだ。

もう何十年も、この世で人が聴いたり買ったりする音楽には、他の製品と同じように、強い自国バイアスが見られる。たとえばスウェーデンのポップ・ミュージックのチャートだと、他のどの国のミュージシャンよりスウェーデンのミュージシャンがトップにたどり着く可能性が高いし、日本のチャートなら日本のミュージシャンがトップに来る可能性が一番高い。そんな自国バイアスの一部は言葉の違いのせいだってことで説明できる。人にはお国の言葉の曲を聴きたがる強い傾向があるのだ。でも言葉で全部が説明できるわけじゃない。たとえばイギリスでも、アメリカのグループよりイギリスのグループがポップ・チャートで1位を取る可能性が高い。で、アメリカではその逆なのだ。

ワルドフォーゲルの研究で明らかになったのは、そんな自国バイアスが、相変わらず強いながらも2004年から弱まってきたってことだ。アップルがiTunesストアを開き（2003年4月）、ストリーミング・サービスが山ほど現れた頃である。自分のお国の音楽を選びがちという自国バイアスの、だいたい40%が2004年以降消えている。それから、スポティファイ上で流れる音楽では、チャートのランキング（これはラジオでの放送や売り上げ、ストリーミングでの配信回数なんかで決められる）ほどには自国バイアスの傾向が見られない。ストリーミングはこれからも国境の壁を壊し続ける可能性が高いってことだろう。

この手の研究からわかった根深いことがもう1つあって、それは、いろんな国の人が聴く曲の組み合わせはどんどんお互い近づいているってことだ。ワルドフォーゲルはそんな流れを「平らな土俵に向かう動き」と呼んでいる。レコードを出しているアメリカのアーティストも含めて、過去の大物が出したヒット曲の割合が減っているってことだ。そうして世界中の人たちがもっといろんな、遠く離れた国々のミュージシャンが創った曲を聴くようになった。音楽の世界はストリーミングのおかげでやっぱり狭くなったのだ。

1990年代以来、スウェーデンは音楽では世界最大の貿易黒字を誇る国の1つになった。2000年代の初め以降はあんまりスターを生まなくなった――それにあの国で一番最近の国際的スターだったアヴィーチーは2018年に28歳の若さで亡くなっている――けど、その後もいろんな面でヒット曲を生む国であり続けている。マックス・マーティンとデニス・ポップは、1998年にポップが胃がんで亡くなるまでは目を見張るような成功を収めている作曲・プロデュースのコンビだったし、その後もマーティンは仕事で成功を続けている。ボン・ジョヴィやクリスティーナ・アギレラ、リッキー・マーティン、ケリー・クラークソン、バックストリート・ボーイズ、ブリトニー・スピアーズといったアメリカのスターたちが、やけにスウェーデンに行ったりするのは曲作りのためだったりする。[06]

スウェーデンが音楽で並外れた成功を収めたのはなぜか、説はいろいろ出ている。でもどれが正しいか決められるテストはない。クインシー・ジョーンズがぼくに語ってくれたのによると、アメリカのジャズ・ミュージシャンはよくスウェーデンに行っていて、それでかの地のことが広まり、関心が高まったんだそうだ。[07] 彼は夜型の人で、冬のスウェーデンの夜は長いから、なんてことも言っていた。マックス・マーティンは、自分が成功できたのはスウェーデンの公立学校で受けた音楽教育のおかげだと言っている。小学1年生は全員、リコーダーを習うし、9歳までは音楽の授業が必修だし、放課後の音楽活動には幅広く補助金も出る。[08] アバが大成功してから、曲をプロデュースしたり音楽稼業を支えたりする最先端のインフラが整えられた。出版に録音スタジオ、動画の撮影といったインフラだ。そんな条件の大部分は、スウェーデンでなくても（たとえばデンマークなんかに）ちゃんと揃ってる。だからスウェーデンは運がよかっただけってことかもしれない。運のいいスーパースター何人かがスウェーデンを音楽の世界に知らしめて、もっとスターを生み出せるインフラがそれから整ったってことかも。スウェーデンのミュージシャンは外国でも、スポティファイのランキングのほうがチャートやラジオでの放送、アルバム売り上げなんかのランキングより高い。スポティファイやストリーミングがもっと広がれば、スウェーデンは音楽の世界で輸出大国であり続けるんだろう。

　音楽の世界がどんどん狭くなっているとして、それならアメリカのミュージシャンやレコード・レーベルは国の内でも外でももっと厳しい競争に直面するだろう。そんな新しい環境でレコード・レーベルがしのいでいこうと思ったら、ラインナップを雑多にして世界中のアーティストとレコード契約を結ぶ手なんかがある。バンドのほうも、地元ひとつで固めるんじゃなくて、他の国から来たメンバーや音楽を引き入れ、地域の面で多様性を高めるのがいいかもしれない。そんなトレンドの最先端で、国際的なスターがコラボした最近の例には、プエルトリコのルイス・フォンシとダディ・ヤンキーがカナダのジャスティン・ビーバーと演った「デスパシート」、アメリカのメイジャー・レイザーとＤＪスネイク・オブ・フランスがデンマークのムーと演った「リーン・オン」、コロンビアのシャキーラと南アフリカのフレッシュリーグラウンドが演った「ワカ・ワカ（ディス・タイム・フォー・アフリカ）」なんかがある。ストリーミングが広まって、分野をまたぐアーティストがいっそう増えていく、新しくもこれまでとは違った方向へと踏み出していくのかもしれない。

■中国経済のミニチュアとしての中国の音楽業界

アメリカの音楽業界の重鎮には「中国は音楽に関しちゃこれからの国だ。で、これからもずっとこれからの国だ」なんて思ってる人がいる。でも「これから」は連中が思ってるよりずっと早く来るかもしれない。ＩＦＰＩのデータを見ると、２０１２年から２０１７年で音楽の売上高が中国より速く伸びた国はアルゼンチンしかない。あの国の標準語を喋れる人の数は、他のどの言語を喋れる人より多い。スーパースター・モデルで考えると、中国市場はスーパースターを生む準備が整っているはずだ。早かれ遅かれ、中国にはお国出身のスターが生まれ、アジアや、ひょっとすると他の大陸の音楽市場まで席巻することになるだろう。

中国は音楽に関してはどっちかというと相変わらず辺境の地なんだけど、この国の音楽業界からは、お金の面で学べることがいくつかあるし、そもそも中国経済全般のミニチュア版と見ることもできる。この本でぼくが強調してきた経済学の７つの教え（供給と需要とあれやこれや、スーパースターの生まれる土壌、運の力、補完性、価格差別、コスト病、音楽の奇跡）が、どれも中国の音楽市場に見られるのだ。中国の音楽市場に直接触れてもっと勉強しようと、ぼくは２０１８年３月に中国へ行き、音楽のライヴやレコードの業界の重鎮たち十数人、それにミュージシャン何人かに話を聞いた。アメリカの音楽業界がなかなか見えにくいところだとしたら、中国の音楽業界なんてもうぜんぜん見えない。ジョン・カッポは２００８年から２０１６年にＡＥＧチャイナの社長兼ＣＥＯだった人だ。彼は中国の音楽業界を中国のことわざで言い表した。翻訳するとこんな感じ――「水清くして魚棲まず」[09]。ビジネス面のあれこれは、おうおうにして、何層にも折り重なった内緒話や内輪のやり取りに包み隠されている。そうしたほうが力のある関係筋は取り分をデカくできるからだ。

　中国の音楽稼業に関しては、データがあからさまに足りてないわ、商慣習はあやしいわ、独占やインチキもまかり通ってたりする。政府も音楽稼業に目を光らせていて、曲は検閲されるしコンサートは厳しい規制にあっていて、でも状況は変わってきていて、もっと商売らしくなってきた。

■ジャック・マーと中国版マドンナ

中国の音楽市場がどんだけ無茶苦茶かを語るのに、2016年に上海で行われた王菲《ウォンフェイ》の新年コンサートの話ほどぴったりなものはない。歌い手である王菲（西側ではフェイ・ウォン）は北京で生まれ、1987年にイギリスの支配下にあった香港に移った。18歳のときだ。彼女が知られるようになったのは1990年代の初めで、広東語（香港で使われている言葉）でポップ・ミュージックを歌っていた。1990年代以来彼女が録った歌は、だいたいは彼女にとってもともとの言葉である標準語の歌だけれど。加えて彼女は映画やテレビにも出演している。

王菲は中国版のマドンナだって言えるかもしれない。彼女のニックネームは「女神さま」だ。6年間活動していなかったが、上海のメルセデス・ベンツ・アリーナで2016年12月29日と30日の2回にわたるコンサートを行うのに同意した。話が怪しくなるのはここからだ。どう見ても彼女は、その先5年は中国でコンサートをやらないと決めていた。おかげでもともと高い彼女のショウの需要がいっそう高まった。アリババの創業者であるジャック・マーは、報道によると、ショウ1回あたり1600万ドルを王菲に払ったそうだ。[10] 1回目のショウはマーの友だちのために開かれたプライベートなイベントとのことだった。2回目のショウは一般公開された。12月30日のショウのチケットは、定価が260ドルから1100ドルもした。でも問題はここからだ。アリーナには8000を超える座席があるのに、そのうち広く一般に売られたのは、報道によると800席だけだった。ほんとはもっと少なかったのかもしれない。チケットの大部分はチケット販売業者やダフ屋の手を介して売られた。で、売値は最高で8万5000ドルまで跳ね上がった！　お金がどこに流れたのか、誰がチケットを販売したのか、実際ショウに行けた人がどれだけいたのか、どれもはっきりしない。

天にも届くぐらいチケットが高いのも、そもそも普通に買えるチケットがひと握りしかないのも、政府にとって恥の極みになった。政府は事件を調査し、当分の間、このアリーナがショウを開くのを禁止した。何があったのか、かかわった人たちは口にしたがらない。熱烈なファンたちが、喜んで何万ドルも払って47歳の歌姫を見にきたって事実が、今の中国に広まる大きな所得格差をありありと見せつけている。*

■中国当局は海外音楽をどう受け入れてきたか？

中国でもアメリカと同じように、ミュージシャンの稼ぎといえば大部分はライヴ・ショウが出どころだ。中国では音楽への支出のうちライヴ・イベントが60％超を占めている。これは台湾や日本、韓国、オーストラリアよりも上だ。[11] 中国のライヴ・イベントといえばだいたいどんな感じかというとこう——サンフランシスコ伝説の興行主がやってた会社、ビル・グラハム・プリゼンツにステロイドてんこ盛りだ。

＊ジャック・マーは中国で一番のお金持ちだ。王菲一番のファンといえばその彼かもしれない。この人、自分が作った映画用にこのディーヴァとのデュエットまでやらかしている。

普通のやり方だと、会場と興行主が契約を結んでコンサートの開催を決め、興行主がチケットを配布する。水が濁ってくるのはこのあたりだ。中国の人たちは携帯にウィチャットやアリペイのアプリを入れていて、普段から買い物といえばほとんどなんでも現金よりそっちで支払いを済ませている。けれども、チケット市場はまだ昔ながらの紙でできたチケットに頼っている。古臭い技術を使っているからチケットを印刷したり転売したり友だちに配ったりできる。でも追跡はできない。チケットは昔ながらの流通経路、たとえばボックスオフィスやティケットマスターなんかを通らない。代わりに、高度に作り込まれた精巧な転売市場があって、大部分がオフライン、そして現金で取引が行われている。

ジョン・カッポが昔をこう語っている。彼が２００９年に中国でコンサートの興行をやりだしたとき、転売市場は地元のカルテルが握っていて、縄張りを巡って文字どおり争っていた。争いが収まってからけが人を病院に入れるための予算まで組んでたぐらいだとカッポは言う。幸い、その後市場はそこまで暴力がいっぱいではなくなった。

もう１つ特殊なのは国家安全局（つまり警察）だ。彼らはチケットの一部、座席の1割から2割をよこせと要求する。で、その警察は、ときどき同じチケットをコピーしたり孫コピーしたりして、売りさばいたり友だちや家族に配ったりする。しかも紙のチケットは追跡できない。こんなのどう見ても問題で、ショウには同じ席のチケットを持った人が2人も3人もやって来ることになる。興行主はそんな警察に合わせて、彼らや彼らの友だち、お客のために、席を空けておくのだ。

コンサートの選別でも政府は強い権力を振り回す。ショウはあらゆる角度から――歌詞やビデオ、衣装、踊りの型まで――事前に当局に許可を貰わないといけない。そんな習わしのせいで、業界はのびのびやれないしお役所仕事が蔓延する。

政治方面で刺激が強い立ち位置に立ったり、政府に向かって上等キメたりするアーティストは、ショウを禁止されることがある。[*]セレーナ・ゴメス、マルーン5、ジョン・ボン・ジョヴィなんて人たちが、ダライ・ラマと付き合いがあるって理由でショウができなくなっている。[12]ビョークは上海でのコンサートで「チベットを解放しよう！」と叫んで締め出された。ケイティ・ペリーは中国で公演したこともあったのだが、台湾の旗をファンに手渡され、うっかり広げてしまって、もう中国では演れなくなってしまった。２０１７年に北京の文化部は、ジャスティン・ビーバーはあまりに「素行が悪い」のでツアーさせるわけにはいかないと判断した。

中国の政府当局は座席指定なしのコンサートを認めておらず、フロアの座席数は厳しく制限されている。コンサートに行くと、通路でも座席の前でも立ってはいけないし踊ってもいけない。デュア・リパが２０１８年9月13日に上海のコンヴェンション・センターで演ったときなんか、ファンが何人か、踊ったり七色の旗を振ったりしたあげく、警備員に追い出されてしまった。[13]

正確な数字はわからないけど、中国本土で一番人気のあるアーティストは台湾や香港出身だと何人かから聞いた。バンドのメイデイとかジェイ・チョウなんかは台湾出身で大人気だ

＊ツアーを禁じられたアーティストでも、曲はストリーミングで聴ける。

し、ジャッキー・チュンやイーソン・チャンは香港出身で人気の歌い手だ。韓国の男の子たちのバンドもごく最近までものすごい人気で（ライヴはけっこう口パクなんだけど）、中国のティーンの女の子たちは韓国語の歌詞を丸暗記している。でもＫポップは２０１６年に政治的な理由で禁止された。エレクトロニック・ダンス・ミュージックには好調不調の波がある。

ジョン・カッポの推測では、中華圏（本土に香港、台湾）出身のアーティストのコンサートが占める割合は、今でだいたい90％ぐらいだ。彼によると、以前はコンサートの10％から15％ぐらいは西側のアーティストのもので、また10％から15％ぐらいは韓国と日本のアーティストのものだった。[14]

中国の音楽には国の人ならよく知ってる空っぽの期間がある。文化大革命時代の孤立政策のせいだ。ビートルズなんて聴いたことないって人があの国にはたくさんいる。デイヴィッド・ボウイやニール・ダイヤモンド、ビリー・ジョエルなんて名前を出してもぽかんって顔をされる。エルトン・ジョンは人気があるけど、それはミュージカルの「ライオン・キング」のおかげだ。でも中国の学生で、外国で勉強したことのある人たちのおかげで、西側の音楽への関心や需要が高まった。

エリック・ド・フォントネは２０１０年にアメリカから中国に渡り、セカンド・ハンド・ローズやなんかの中国のロックバンドをマネジメントし、西側のインディ・バンドが中国で演るのを手助けするようになった。ド・フォントネは中国の音楽市場に強気だ。彼の計算によると、チケット価格は政府に厳しく管理される中、彼が来て以来30％から50％上がった。

「ショウに使える会場は目に見えて増えた。ここ2、3年はとくにそうだ。一番の大都市ではそうだし、二線級、三線級、それこそ四線級の街でも増えてる」[15]。前からあった会場も、座席数を増やしているそうだ。

王菲のドタバタがあってから、会場側は料金を値上げした。ずっと前から**需要**が**供給**を上回っていたからだ。加えて、政府は会場が取れる使用料の制限を緩めた。興行主たちの多くは脱税の疑いで捜査を受けていて、反対できるような強い立場にはなかった。そしてチケットの販売は、アリババがチケット販売業者のダマイを2016年5月に買収してから、まっとうな仕事っぽくなったしチケットの追跡もできるようになった。

西側のアーティストがアジア・ツアーの途中で中国で演ることがどんどん増えている。メタリカやローリング・ストーンズは中国を2回ツアーして回っている。テイラー・スウィフトも2015年に1989ツアーで中国に立ち寄っている。* サム・スミス、マライア・キャリー、ピンク・マティーニ、チャーリー・プースもショウを計画している。西側のアーティストで中国をドル箱と見る人は増えている。

メタリカみたいなバンドだと、中国でのチケットの値段は（彼らが把握できる限りでは）アメリカ以上に高い。値段が高いのは、1つには人や機材を中国まで運ぶのにものすごくお金がかかるからで、だからアーティストは余分にお金がかかる分だけ高めの代金を取らないといけない。

ジョン・カッポの話からは、中国の市場でもスーパースターなアーティストが生まれる土

＊1989年がツアーの名前に選ばれたのは中国とは何の関係もなくて（テイラー・スウィフトの生まれた年だってだけだ）、でも政府はスウィフトがグッズを売るのを禁じた。かの地で1989年といえば1989年の天安門広場のデモをまざまざと思い起こさせるからだ。スウィフトのイニシャルがT・Sなのもいけなかった。グッズにはそれを描いたのもあり、T・Sはたまたま天安門広場（Tiananmen Square）のイニシャルでもある。それでも、T・Sグッズの海賊版はアリーナの周りのあっちこっちで売られていた。

台ができ上がったとスーパースター・モデルが示しているのがわかる。昔、コンサートは混乱の中で行われていた。今ではもっと手順も決まっていて仕事らしくなった。昔、アーティストがツアーするにはやたらとお金がかかったし大変な苦労だった。大都市を回るのですらそうだった。そしてファンの体験は充実しているとは言いがたかった。会場の温度は暑すぎたり寒すぎたり、トイレは使えなかったり最初からなかったりした。売店の棚はおうおうにして空っぽだった。そしてステージを組み上げるのにかかる時間は5日とか6日とかだ。指示はいい加減、設備は不十分、天井は弱くて重いものを支えられなかった。今日、会場はもっときちんと運営されている。「今の中国には大きなショウをやれるインフラが整ってる。ファンやアーティストにもっといい体験を届けられるようになったんだよ」とカッポは言う。「上海のメルセデス・ベンツ・アリーナや北京の五棵松体育館（今はキャディラック・アリーナ）は世界に通用する施設だ。LAのステイプルズ・センター並みだな」。

中国の市場のほうも再編が進み、商売らしくなってきた。昔、ジャッキー・チュンが本土をツアーで回ったときは興行主が山ほど必要だった。市場1ヵ所に1人ずつだ。今じゃもうそんなことはない。大きな街をあちこち回るツアーでも、興行主は1人で全部こと足りるなんてことが多くなった。ライヴ・ネイションもAEGも中国で商売している。CMCライヴ・エンタテインメントは、クリエイティヴ・アーティスツ・エイジェンシーと共同出資で、全土にわたる音楽コングロマリットを築き、水平方向には中国全土からアジア全域にわたってショウを興行し、垂直方向にはアーティストを開拓し、マネジメントして、水平・垂直両方向で独占を目指している。[16] 2018年、CMCライヴはジャッキー・チュンとメイディそれぞれのツアーの興行を担い、大小の都市を含む数百回のショウを行った。

ジョン・カッポは、中国にやって来るアメリカのアーティストと仕事をするのから、中国のアーティストが中国や他の地域でツアーするのをプロデュースしたりマネジメントしたりするほうへと軸足を移した。ラスヴェガスやカナダでショウをやろうと企画を練っている。でも、中国本土のアーティストで大きなアリーナをいっぱいにできる人はあまりいない。人口が1500万人とか2000万人とかの大都市でさえそうだ。で、2晩3晩、続けてアリーナをいっぱいにできるアーティストと言ったら、たぶんジャッキー・チュンとか王菲だけなんだろう。

COLUMN

「マイウェイ、マイショウ」ストーム・フェスティバルの創造主

エリック・ジョウ

エリック・ジョウは台湾で生まれ、アメリカで育った。ブラウン大学に入って1999年に経済学と哲学の学位を取って卒業した。ぼくがジョウの話を聞いたのは2018年3月19日だ。

ジョウが中国に来たのは2002年だ。1年だけのつもりだった。最初の計画は、

テレビのリアリティ番組で、アメリカン・アイドルよろしく歌を競うショウだった。上海メディア・グループ、ユニヴァーサル・ミュージックとの共同事業だ。その頃、中国には地元のスターなんてほとんどいなかった。中国のだいたいの人が聴く音楽といえばマンドポップで、台湾だか香港だか出身の歌い手が歌っていた。ジョウの番組のタイトルは翻訳するなら「マイウェイ、マイショウ」ってところだ。とんがって自立した性格を映しているんだろう。コンテストを勝ち抜けばレコード契約、それからアーティストとしてマネジメント契約をユニヴァーサルと結べて、番組での勢いに乗れる。

番組はすぐに中国のテレビで一番人気になった。1回目の放送を見た人は3000万人、2回目は1億人を超えた。ジョウによると、一番多いときで1億5000万人が毎回見ていたそうだ。スーパーボウルかってぐらいの人が見たってことである。

そんなふうに成功するとすぐにマネする輩が現れる。「中国はマネするのがうまくてね」とジョウは言う。ほんのひと晩のうちに30を超えるネットワークが競合する番組を作った。この形式の番組がどれだけ人気だったかを示すものの1つとして、国の規制当局が音楽で競い合う番組は「風紀を乱す」という理由で、1ネットワークでその手の番組は2つまでに制限したくらいだ。

ジョウの番組は中国本土のポップスターの登竜門になった。そこからはジェイソン・チャンなんかが出た。中国のテレビの音楽コンクール番組で優勝すると、今じゃシンガポールにマレーシアといったアジア諸国、ときどきは北アメリカやヨーロッパをツアーして回っている。
ジョウによると、番組が成功したのはたまたまじゃない。アーティストの物語を注意深く創り込み、コンクールの出場者が関心を引けるようにした。バイトを100人雇って百度《バイドゥ》の掲示板に歌い手について好意的なコメントを書かせた。この作戦でブレイクするのに必要なだけの関心が集まり、それでさらにコメントがつき、すぐに歌い手何人かがバズった。音楽稼業のネットワーク効果と累積的優位の例がまた1つ、だ。ジョウは「ぼくらがひねり出したバズを引き起こす作戦」に胸を張る。

番組は7シーズンにわたって続いたけれど、ジョウは3シーズン目が終わったところで番組を離れ、独立した。友人たちは中国にとどまれよと言う。この国の文化を創り上げるチャンスだと言う。ジョウは中国語がきれいに話せて、でも西側で育った人だ。自分なら2つの文化を橋渡しできる、彼はそう思った。

それからすぐ、ジョウはライヴ音楽の商売に移った。投資家やスポンサーの後押しを受けて、彼はストーム・エレクトロニック・ミュージック・フェスティバルという企画を思いついた。2013年に立ち上げられたストームは、ダンス・ミュージックが中国で人気になった流れに乗った。ジョウによると、彼はブランドとして確立できる売り物がないか探していた。「アーティストのコンサートを小屋にかけても、ブランドはアーティストのものになる」。で、競争もあるから、興行主が稼ぐネタはほとんど残らない。でもフェスティバルをやって成功すれば、それをブランドにできるし、利ザヤも厚い。

ジョウは、培った売り込みの手練手管を使って、フェスティバルを物語に乗せた。ストームって何ゆえ？　彼はこんな設定を語った。「うしかい座α星の宇宙人がアンドロメダ星雲から追放されて、２０００年の流浪の果てに、地球という惑星にたどり着き、ストーム・フェスティバルを創造した」。この物語からは、宇宙人とハイテクに彩られた未来っぽいイメージが浮かぶ。２０１７年、ストーム・フェスティバルは中国の都市7つ（北京、上海、成都、広州、深セン、南京、長沙）で開かれ、全体で19万人のお客を呼びよせた。

エリック・ジョウが次に企んでいるのはストーム・アカデミーだ。中国の音楽で次世代の才能を教育し、育てるのである。

■中国で急増する音楽フェス

中国での音楽フェスティバルの人気は高まったけれど、それはそれで新たな課題も明らかになった。フェスティバルといえば公園なんかで開かれる。で、中国の公園は「人民の公園」なのだ。アーチー・ハミルトンは背の高いスコットランド人で、２００７年以来中国でフェスティバルをやっている。その彼によると、最初のフェスティバルが開かれるその日に公園に行ったらお年寄りたちが集まって太極拳の鍛錬に励んでいた。それから、お金を払ってない人がフェスティバルに入ってくるのを防ごうとロープを張っていても警察がやってきて解いてしまったり、警備の人が勝手に入り口を作ってしまったりなんてことがけっこうある。でもフェスティバルなら、座席指定なしでもOKで、立ったり踊ったりしても大丈夫なのだ。その点ではアメリカやなんかのフェスティバルと変わらない。

中国で初めて毎年開かれるようになったロック・フェスは、１９９７年に北京で行われたミディ・ミュージック・フェスティバルだ。[17] ハミルトンの計算だと、今中国には４００件を超えるミュージック・フェスティバルが存在している。国際的なスターや世界クラスのDJが出てくるエレクトロニック・ダンス・ミュージックのフェスティバルは、とくに急速に増えている。たとえばライヴ・ネイション・アジアは、バドワイザーと複数年の契約を結び、中国、香港、台湾で開かれるクリームフィールズ・ダンス・ミュージック・フェスティバルを同社が提供することになった。そんなわけで、フェスティバルはこれからものすごい勢いで増えていきそうだ。まあ、政府が許せば、だけど。

ストーム・フェスティバルを創ったエリック・ジョウによると、ここ数年フェスティバル業界の競争はものすごく厳しいそうだ。ストームは中国で一番大きいフェスティバルの１つだ。２０１７年に上海で開かれたときは、２日間３つのステージが組まれ、各ステージでは１日８組が登場し、７万人のファンがやってきた。チケットの値段は3通りだ。立ち見が50ドル（３８０人民元）、ＶＩＰ席だと１４０ドル（９８０人民元）、超ＶＩＰ席になると２９００ドルから８７００ドル（2万人民元から6万人民元）、会員制クラブみたいな調子でシャンパンが出たりする。ジョウによると、ストームの立ち見券には早割があって、人口層の特徴に基づいてターゲットを決めている。つまり、価格差別をやっているのだ。値段に敏感な人たちには安めのチケットを提供して、もっとたくさん売ろうという試みである。立ち見のエリアが埋まるのはとても大事だと彼は言う。VIP席の人らはガラガラの会場を見下ろしたくなんかないからだ。ジョウの計算だと、フェスティバルの売り上げのうち40%ぐらいがチケットの販売、40%ぐらいがバドワイザーやアディダスなんかのスポンサー企業、20%ほどが食べ物や飲み物の売り上げから来ている。スポンサー企業からの収入はアメリカより中国のほうが大きい。中国のミレニアル世代はけっこう稼いでいるからだ。フェスティバルの費用のうち半分ぐらいは出演するアーティストへの支払いだ。

中国のフェスティバル商売は競争がどんどん激しくなっている。ライヴ・ネイションやAEGに加えてお金持ちの人たちが自分でフェスティバルを立ち上げている。まあ、だいたいは儲からないんだけれど。そんな競争でアーティストの出演料は上がり、儲けが食われていく。聞いた話だと、ザ・チェインスモーカーズは2017年の上海ウルトラ・フェスティバルに100万ドルで出演したそうだ。当時、彼らはラスヴェガスで活動していたのだが、ひと晩演って手にしたアガリはヴェガスよりずっとデカかった。フェスティバルの興行主たちは競い合って、独占契約でアーティストを囲い込もうとしている。フェスティバルの前後しばらくの間、中国の他のイベントに出させないようにするためだ。

とはいうものの、ショウやフェスティバルは直前になって警告も説明もなく中止されることがある。たとえば２０１８年には北京と上海のウルトラ・フェスティバルが中止された[18]。ニッキー・ミナージュは２０１８年11月に上海に向かった。でもステージには上がらないと言った。行ってみたらイベントのお客は少なすぎで、インチキのにおいがしたからだ。そういう環境だと、ファンにとっても興行主にとっても会場にとってもアーティストにとっても、どう見ても危うい。

でもまあ、中国もずいぶん長い道のりを来たものだ。「10年前は」とアーチー・ハミルトンは言う。「音楽のライヴだのコンサートだのフェスティバルだのなんて誰も知らなかったんだ。それが今じゃ、世代によっちゃ大流行りなわけだし[19]」。

■中国での音楽著作権の保護——孔子からＱＱまで

中国には著作権を尊重する伝統はない。実のところ、孔子も古典『詩経』（『歌集』って訳されることも）じゃ他の人が作った民謡《フォーク・ソング》をまんまパクったりしてる。大学教授のデイヴィッド・ハーリヒーとユ・チャンによると、孔子は「これらの歌という知識は中華人民すべてで共有するべき遺産であり、個人が私的に所有するべきではないと考えていた[20]」。

中国は２００６年に規制を敷いて、著作権アリの資料をインターネットを通じて配信するのに制限を課した。でも規制は薄味で、音楽の海賊盤も、不正なアップロードやダウンロードも相変わらずあふれていた。２０１０年、盗作や不正に加工された資料をウェブ上から削除できるよう、著作権法が改正された。著作権を持つ人の利益を代表する非営利の管理団体が作られ、中国国家版権局の下に置かれた。２０１５年7月、国家版権局は通達を出した。「インターネットの音楽配信サービス業者に対し、音楽製品の不正な配信の停止を命じる通達」で、違反した者には厳しい罰を与えると脅した。それを受けて２００万件近い曲がウェブから削除された。

サム・ジアンは投資家で以前はテンセントの重役だった人だ。彼が言うには、その昔、中国では海賊盤が大変な問題だったけれど、最近は大幅に減っているそうだ。理由は2つで、政府があの手の営みを厳しく取り締まったこと、それから、ストリーミング・サービスの会社がお互いを見張りあって、競争相手のどれかが音楽を不正に流して、不公平にも有利な立場に立てないようにし始めたことだ。[21] 今の中国では、音楽の著作権は映画や他の知的財産よりも、たぶん強く保護されている。なんにしても、中国での印税は西側よりずっと安い。出版権はとくにそうだ。

COLUMN

マイケル・ジャクソンの音楽を中国に持ち込んだ人

ビル・ツァン

もう60代後半のビル・ツァンの名刺には、肩書きが5つ並んでいる。その1つが中国音像与数字出版協会の副会長だ。２０１８年３月20日、ぼくは彼にインタビューした。

なんで音楽稼業に首を突っ込んだんですか？　彼は通訳を通じてこう語った。「まったく私事でね。文化大革命の間、みんな文化に触れる機会はほとんどなくて、でも私は『白鳥の湖』の録音を聴いて心を動かされたんだ。ロシアの古典だな。魔法みたいだった。その場で、できるなら音楽を仕事にしようと決めた。それほど美しかったんだよ」

ツァンは文化大革命後の中国で音楽の進化を目の当たりにした。１９８０年から１９９５年、中国は香港や台湾の音楽に門戸を開いたと彼は言う。学校ではだいたいクラシック音楽を教えていた。でもほとんどの人はポップ・ミュージックのほうが好きだった。１９９０年代、外国で勉強した学生たちが西側の音楽を中国に持って帰った。２０００年代には韓国や日本の音楽が中国の音楽の発展に影響を与え、政府は韓国のポップ・ミュージックやダンスが広まるのを後押しした。２００７年以来、中国の人たちはヨーロッパやアメリカの音楽にどんどん触れるようになっている。ツァンがとくに胸を張るのが、マイケル・ジャクソンの音楽を中国に持ち込むのを助けたことだ。マイケル本人を中国に連れてこれなかったのを、彼は残念がっている。

ツァンはこれから10年でこんなことになると言う。「西側の国々が中国の音楽にもっと影響を与えるようになるだろうね。若い人たちはそういうのに接しているし心も開かれてる。ポップ、ジャズ、Ｒ＆Ｂ、ロック、ＥＤＭ、どれもすごい速さで伸びている。

香港や台湾の音楽は、今じゃあんまり伸びてない」。

彼が思い描く将来はこんなのだ。国際的な会社と契約を結んでいるアーティストたちが国境をまたいでコラボし、伝統的な中国の音楽が西側の影響を取り込むだろう。「アメリカの音楽はアフリカの音楽やジャズ、ヒップホップを取り込んだ」と彼は言う。「中国の音楽は西側の音楽を取り込んでワールド・ミュージックになるんだ」。

■中国での音楽制作と普及――テンセント、ハイファイヴ、カンジァン

著作権があんまり保護されてなかった頃の名残のせいで、中国のレコード業界はまだ卵の段階だ。エンタテインメント方面の弁護士で、音楽の著作権とか使用許諾とか、そういうのがわかってる人はほとんどいない。音楽の制作は主に4種類のグループが仕切っている。大手レーベル（ユニヴァーサル、ソニー、ワーナー）、台湾のロック・レコーズ、ヴァイブ9みたいな本土の小規模なインディ系音楽会社、それにインディ系のアーティストだ。中国には大手レーベルにあたるものはないけれど、テンセント・ミュージック・エンタテインメント（TME）はあっちこっちのレーベルを買収し、自分のところで音楽を制作している。中国の音楽制作で大きな勢力になるかもしれない。中国は業界をまたぐ大きな独占企業を受け入れている。テンセントは今の立場を利用してライヴ・エンタテインメントの提供もやりだ

すかもしれない。中国の音楽企業はアメリカのレコード・レーベルよりも、おうおうにして事業の範囲が広い。音楽企業がアーティストのキャリアを丸ごと世話したり、そうしてアーティストの稼ぎの大部分を分捕ったりすることがある。エリック・ジョウはこう言っていた。中国とアメリカの音楽稼業で大きく違うのは、アメリカだと仕事は分担されてるってところだそうだ。「マネージャーがいて代理人がいて興行主がいてって調子で生態系が丸ごとひとつでき上ってる。中国だと、マネージャーに代理人に興行主に——親戚に——って、まとめて1人でやってたりする」。そういう仕組みは利益相反の苗床だ。1960年代にアメリカでもよくあった。音楽企業はアーティストを育てたり曲を売り込んだりなんてほとんどやらない。代わりに彼らがやろうとするのは、ブイブイ言わしてる歌い手を食い物にすることだ。運のいい中国の歌い手がインターネットで大ヒットして、スマートフォンを通じて自分の音楽を流したりすることもある。

中国のアーティストは、よく、自分のセレブな地位を利用して稼ごうと、**補完的活動**に手を染める。よくある手口に、グッズを売り出してブランドのスポンサーを名乗るっていうのがある。たとえばバンドのメイデイは、ツアーやレコーディングで手にした稼ぎの大部分を音楽の制作に再投資し、グッズの販売で頑張って糊口をしのいでいる。バンドはステージでグッズを身に着けている。グッズを宣伝するためだ。

新しい会社も出てきている。音楽を広め、著作権を保護し、曲を宣伝し、個別のアーティストやレーベルのために印税を徴収する会社で、ハイファイヴがその例だ。できて2年、社員90人の会社で本社は成都にある。音楽の出版、曲のストリーミング業者への提供、印税の徴収、アーティストの宣伝、ウェブ上の「音声フィンガープリント」の監視と曲の不正な複製の取り締まり、ショウに出演するときは代理人の役目、いろんな仕事をこなす。同社が面倒を見ている曲は1000万に及ぶ。ハイファイイヴは音楽の制作にも投資していて、ストリーミング業者にお金を払ってバナー広告を出させ曲を売り込むのにもかかわっている。そうやってハイファイイヴはアーティストの印税の30%を受け取る。

もう1つ画期的な会社があって、カンジァン・ミュージックという。外国のレーベルの曲を中国のストリーミング・サービス（QQとかネットイースとか）に載っけて印税を徴収するのも、中国の曲を輸出して外国のストリーミング・サービス（スポティファイとかアップルとか）に載っけるのもやっている。[22] できて4年の会社で、約400万曲の使用許諾を持っている。カンジァンは2018年4月までの12ヵ月で輸入した曲のうち上位100曲を教えてくれた。主に西側のインディ系アーティストで、トーブ（リトアニア）、アレックス・クリンド（デンマークとノルウェイ）、ナイトウィッシュ（フィンランド）、それにアメリカの制作会社ツーステップス・フロム・ヘルなんかが入っていた。ツーステップス・フロム・ヘルは『Xメン』、『インターステラー』、ハリー・ポッター・シリーズなんかの大ヒット映画のために曲を制作した会社だ。中国ではストリーミングされる曲は大ヒットにとても偏っている。カンジァンのトップ10がストリーミングとダウンロード全体に占める割合は、11番目から100番目の90曲が占める割合と同じぐらいだ。中国では音楽企業が曲やイラスト、音楽ビデオをふるいにかけて、国内で使われても大丈夫なようにする。歌詞や映像にまずい内容が含まれてないかチェックするのだ。ハイファイヴやカンジァンみたいな会社は、検閲を第一線で取り仕切らされている。

２０１８年の初めに起きた有名な事件があって、ラッパーのＧＡＩ《ガイ》が急に、大人気のリアリティ番組「シンガー」に出なくなった。ちょうど、ファンが彼の2回目の出演を楽しみにしてた頃だ。国家新聞出版広電総局（ＳＡＰＲＦＴ）は中国でマスコミを規制する役所の元締めだ。ＳＡＰＲＦＴはお触れを出して、ヒップホップ・カルチャーとかいろんなサブカルに属するアーティスト、それに彫り物のある人は誰も、テレビ番組には出られないことになった。そのもっと前に、ラップの曲がいくつかブラックリストに載せられた。[23]

従えって圧力は中国の文化に織り込まれてるし、政府の方針でも圧力が加わる。それで音楽業界がなかなかワールドクラスに育たないのかもしれない。政府の検閲がなくても、中国の教育では典型的に、創造性とか独自性とか、そういうのより丸暗記が大事にされている。西側のミュージシャンの最高峰は、けっこうカウンターカルチャーの土壌から生まれることが多いし、音楽に乗せて極端まで振り切った想い、愛とか怒りとか悲しみとか痛みとか喜びを表現する。ベートーヴェン、マイルス・デイヴィス、チャック・ベリー、ボブ・ディラン、ビートルズ、アレサ・フランクリン、キャロル・キング、フレディ・マーキュリー、ジェイムズ・ヘットフィールド、Dr.ドレーといった人たちは、自分たち以前の作り上げられた偶像を打ち壊してきた革命家だ。中国のミュージシャンたちが彼らの後に続いて音楽の最前線を広げるところまで飛躍できるかはまだわからない。

■ストリーミングが中国でも盛り上がる

海賊盤が弾圧されるようになってから、中国でも録音された音楽のストリーミングが花開いた。ライヴのストリーミングや音楽リアリティ番組も大人気だ。２０１６年のニールセン調査によると、10億人近く、つまり人口の72％が毎週音楽を聴いている。[24] 聴き手は平均で週に16時間音楽を聴いて過ごし、また彼らの3分の2はストリーミング・サービスを使っているという。１日にストリーミングされている曲は70億件ほどだ。テンセント・ミュージック・エンタテインメント（ＴＭＥ）は中国最大の音楽ストリーミング・コングロマリットだ。ＴＭＥはＱＱ、クゴウ、クウォウの3つのストリーミング業者を持っている。3つはそれぞれ違う種類の利用者を呼び寄せている。たとえばＱＱは、クゴウやクウォウより、北京や上海みたいな一線級の大都市での人気が高い。これらのストリーミング業者3つを合わせると、２０１７年の場合で、毎月使う利用者は6億人、毎日使う人は2億人だった。[25]

ネットイース・クラウド・ミュージックは2番目に人気のストリーミング業者だ。毎月使う利用者は4億人だと同社は言っている。[26] アリババも頑張っているのだけれど、これまでのところストリーミングではあんまりうまくいってない。スポティファイ、グーグル、それにアマゾン・ミュージックも中国では使えない。アップル・ミュージックはちょっとだけ使える。でも、スポティファイとＴＭＥは戦略的パートナーで、お互いの株をだいたい10％ずつ持ち合っている。[27]

アメリカと同じように、中国のストリーミング業者も（広告アリの）「フリーミアム」サービスと有料の購読サービスの両方を提供している。中国のストリーミング業界は購読料よりもむしろ、圧倒的に広告収入に支えられている。たとえばＱＱだと購読料を払う利用者は４％にすぎないし、クゴウやクウォウだと有料の購読者の割合はさらに低くてたった２％だ。**価格差別**の例として、ＴＭＥの有料購読者は独占コンテンツを聴けるし音質のいい音楽（「スーパー・クオリティ・ミュージック」と呼ばれている）がダウンロードできる。[28]

テンセント・ミュージック・エンタテインメントはコスト差し引き後の売り上げの50％超を印税に払っている。２０１６年、４億ドルが印税に支払われ、２０１８年に支払われた額は推定でその２倍、８億ドルだった。売上高は２０１８年の上半期で13億ドル、１年前に比べて92％の増加だ。そんなＴＭＥの売上高の半分ほどは、ライヴ・ストリーミングによるものだった。国内で制作されたコンテンツに人気が集まり、インターネット上で大ヒットしているのを示している。２０１７年５月、ＴＭＥとユニヴァーサル・ミュージック・グループが数年にわたる使用許諾契約を結んで、ＱＱやクゴウ、クウォウはユニヴァーサルが抱える曲をストリーミングで流せることになった。[29] ＴＭＥは他のレーベルいくつかとも同じような契約を結んでいる。

テンセント・ミュージック・エンタテインメントが抱える曲のライブラリは、２０１７

年には1500万曲から1700万曲だったが、2018年には2000万曲に増えた。TMEの副社長、アンディ・ンーによると、TMEのプレイリストのうち英語の曲は60%超、中国語の曲はほんの4%だ。でも利用者の80%は中国語の曲しか聴かない。

TMEの親会社であるテンセント・ホールディングス・リミテッドは、アジア最大の企業で世界最大のインターネット企業だ。TMEが音楽のストリーミング事業で利益を上げているかははっきりしない。でもスポティファイと違って、TMEにとってはストリーミングで損をしても、ウィチャット、ビデオゲーム、その他親会社が作るアプリの需要がそれで高まるなら帳尻は合う。だからTMEはテンセントの他の事業に**補完的**恩恵を与えている。アマゾンのアレクサがアマゾンの中核である小売事業への需要を駆り立てる補完的な入り口であるのと同じ、それから、アップル・ミュージックが製造業であるアップルの中核である機器事業を補完しているのと同じだ。

中国には何億人もの利用者がいるから、ストリーミング業者は利用者の好みや聴き方に関するものすごくデカいビッグデータを集められる。それを使えば、利用者へのおすすめを作ったり、コンサート・ツアーに合わせて企画を練ったり、音楽の制作の指針を作ったりできる。でもこのサービスは歴史が浅いから、ビッグデータはまだ使われ始めたばかりだ。

中国の音楽市場は世界で一番大きく、一番成長が速いけれど、TMEの投資家であるサム・ジアンが語ってたのによると、オンラインの音楽に遣われるお金は中国全体で「一線級の大都市で不動産開発1件に遣われるのと同じぐらい」だそうだ。でも、毎日何億もの人がストリーミングで音楽を聴いているなら、そんな業界でも中国の文化や余暇の過ごし方、消費を形作る大きな力になる。中国でも他のところと同じように、音楽の力は貫目《かんめ》をはるかに上回るのだ。

■中国の音楽ビジネスのリスクと機会

中国はエンタテイナー――新しいのも古いのも、西のもアジアのも――に、たくさんのお客に手を届かせられる限りない可能性を提供している。中国が音楽で国際的なスーパースターを生み出す予兆ははっきり見えている。ストリーミングを聴いたりやライヴ・ショウに行ったりする人の数は膨大だし、全国ツアーを支えるインフラもどんどんよくなり、標準化が進んでいる。音楽の興行主であるジョン・カッポは中国の音楽市場の先行きは明るいと見ており、こう指摘している。「中国の人たちが何億人も、スマホで音楽を聴いてる」。これからの10年で大きな成長が見られると彼は予想している。

エリック・ジョウは「音楽のヤオ・ミン」が現れて、国際的に名の知られた中国人のスーパースターになると考えている。本物のヤオ・ミンはアメリカのバスケットボールで旋風を巻き起こした人だ。「世界中のカンファレンスに出かけてそう言って回ったんだよ」と彼は言う。「中国のパイは今じゃものすごく大きい。中国人の国際的なスーパースターが現れればパイはもっとずっと大きくなる」。

ビル・ツァンが理想として思い描いているように、中国はほんとに新しい「ワールド・ミュージック」を生み出すかもしれない。そして世界のほうも準備ができているのかもしれない。あっちこっちの国で音楽の好みはひとまとまりに織り込まれたワールド・ミュージックという方向に向かっている。グローバルなストリーミングのプレイリスト1つから難なく曲が選べる時代だ。

とはいうものの、リスクはものすごく大きい。中国の政府がやってきて商売を丸ごとぶっ潰してしまうかもしれない。インターネットで流れる音楽は、もっと厳しく規制されるかもしれない。コンサートやフェスティバルにはエネルギーをため込んだ若い人らが山ほど集まるから、秩序を重んじる政府のやり方には、大変な脅威になるかもしれない。

アーチー・ハミルトンは今どきの中国の急所をえぐる決定的な矛盾に光を当てた。この矛盾は中国の音楽市場の未来だけじゃなくて、この国が世界経済で果たす役割の未来も左右するかもしれない。[30] 彼はそれを「規模のパラドックス」と呼ぶ。「中国では、大したことないうち、つまり、100人とか200人とか300人とかの話のうちは」当局はけっこう好きにやらせてくれる。「大したことないことなら何やったってお咎めなしだ」。でも大きくなりすぎると危ない。「ヒップホップの一件はまったく規模のパラドックスそのものだった。小さなぽっと出が裏でやってたのが、急にデカくなってものごとを動かすようになって、それがぶっ飛んでるわけだな。で、出る杭は打たれる。もうヒップホップなんてものはなくなったって言うんだよ」。

ハミルトンはなんだか経済学者みたいな調子でこんな見方を語る。「中国は、貿易じゃ輸出主導で景気拡大を取う通商政策を取り、文化じゃ輸入代替政策を取ってるようだ」。彼はこれを「取り組みのパラドックス」と呼んでいる。「中国の外への拡張と内への封じ込め」のコントラストだ。現実的な問題として、2つが逆方向に向かってるせいで、音楽にもお上に認めてもらう手順が必要になる。おかげで、国の道徳的な問題意識や価値観が、経済や商売に関することより優先されている。

これまでのところ、政府はためらいながらも中国の音楽稼業が発達し、成長するのを許している。ヒップホップを禁止したのだって完全にってわけじゃない。ヒップホップも、ひどい言葉を出したり女の人を見下したり彫り物をしてたりしなければ認められている。でも、中国が世界の音楽に激しく影響されても政府が停止ボタンを押さず、同時に世界の音楽に影響を与えられるかどうかは、まだわからない。

第11章

アウトロ

——世界一お得な買い物

金持ちにもなった　貧乏にもなった
言っとくけどさ、ねぇベイビー、お金持ちがずっといい！
——エラ・フィッツジェラルド

アル・ステナーは最初、長老派の牧師になり、それからミシガン州立大学で哲学の博士号を取った。１９６０年代にセントルイスに移り、ワシントン大学で教え、家族を養った。アルはピアニストとしても才能があった。エラ・フィッツジェラルドが自分のジャズ・バンドを引き連れてキール公会堂で演りに街へやってきたとき、バンドで長年ピアノを弾いていたポール・スミスがインフルエンザでダウンした。そこで彼女は「セントルイスで一番のピアノって誰？」と聞いて回った。誰かが「アル・ステナーがいいよ」と勧め、アルのほうもやる気満々で穴を埋めに来た。自分はこのときのために生きてきたんだと感じたこの哲学の教授は、ショウの後、歌のファースト・レディに「自分の演奏はどうでした？」と尋ねた。アルはほんのちょっとがっかりした。彼女は「いい仕事だったよ、でもいくつかミスしたね」と答えたからだ。

残念にも、アルはアルツハイマー病で昔の記憶をなくしてしまった。ぼくが彼に会ったときには、自分の人生の大きな節目をほとんど思い出せなかった。エラ・フィッツジェラルドと会ったことも、哲学の論文もだ。アルとエラ・フィッツジェラルドの話をぼくに語ってくれたのは息子さんのジャックだ。アルの記憶は薄れてしまっていたけれど、彼はまだピアノが弾けた。とてもうまかった。「マック・ザ・ナイフ」「ムーン・リヴァー」「サマータイム」とかいった覚えてる曲を力強く弾いたときなんか、まるで昔に戻ったみたいだった。ぜんぜんミスなんかしなかったし。

アル・ステナーの体験はそんなに珍しくない。音楽セラピーは神経系の病に罹った人の記憶や情緒を揺り起こすことがわかっている。ドキュメンタリー映画『アウェイク・インサイド』は、認知症やなんかの記憶障害を患った人が若い頃の音楽を聴いて、記憶を取り戻す様子をいきいきと描いている。亡くなったお医者さんのオリヴァー・サックスはこう書いている。「音楽の知覚、音楽の感性、音楽の情緒、それに音楽の記憶は他の形の記憶が消滅した後も長く生き残ることがある」[01]。神経科学の研究によると、音楽にそんなにも生き残る力があるのは、1つには、音楽を聴くのには脳のいろんな部分がかかわり、結びつきを引き起こしたり連想のきっかけになったりするからだ[02]。

音楽を聴くと、人が日々の営みの間に体験する情緒も大きく影響されたりする。ポール・マッカートニー(や他のゲスト)がジェイムズ・コーデンの「相乗りカラオケ」(トーク番組のコーナー)で歌うのを聴くと、ぼくはどうしてもニヤニヤしてしまう。ビリー・ジョエルを聴くとどうしても昔を懐かしんでしまう。そういう「ちなみに」みたいな話だけじゃなくて、音楽がぼくらの生活に与える心理的・身体的な影響を調べた論文だって山ほどある。経済学者の立ち位置で見ると、その手の研究は音楽がぼくらに「効用」を与えてくれるのを示している。ぼくらが製品やサービスを消費して手に入れる満足感だ。ぶっちゃけ、音楽があるとぼくらはもっと幸せになるってことだ。音楽は人が感情を律するのを手助けするし、日々のつまらない雑用の気晴らしにもなる。それに、今どきじゃ音楽はいっそういろんな機会に聴けるようになったから、音楽は今までなかったぐらい人を幸せにしている。

■音楽と幸せの行動経済学

音楽がぼくらの幸せに心の面から与える影響を測る方法がいろいろ試されてきた。で、そんないろんな方法が、音楽を聴くといろんないいことがあると示している。聴くっていうのはリアルタイムの出来事だから、直球勝負を挑むなら、人が音楽を聴いてるときに情緒の状態がどうなるかを調べるのがいい。調べてみると、音楽を聴いて時を過ごすのは日々の活動の中で一番楽しい営みだって結果になる。たとえばぼくが心理学者のダニー・カーネマンや他の人たちとやった研究によると、音楽はスポーツや礼拝、いい気持ち（たとえば幸せな）で臨むパーティとか嫌な気持ち（たとえばストレスとか怒りとか）なしで臨むパーティとかと同じ類に属している。[03] で、もちろん、音楽はそういう他の営みと組み合わされる。

音楽はついでの営みであることが多い。車で仕事に向かうとき、雑用やってるとき、運動してるときなんかに気持ちよく気を紛らわせてくれる、そんなものである。パーティやお喋り、ごはんのときなんかもBGMがよく流れている。この章を読んでるあなた、今ひょっとして音楽も聴いてません?

　最近の研究で、何か他のことをしながらついでに音楽を聴くと、その他のことがもっと楽しくなるのがわかっている。そういうことはたとえばオハイオ州コロンバスで810人、フランスのレンヌで820人の女の人を集めて行われた詳しい調査で明らかになった。ぼくがカーネマンやなんかと行った調査だ。[04]具体的に言うと、ぼくらは彼女たちに、前の日にやったことをリストアップして、それぞれやってるときにどれぐらい楽しかったか、イライラしたか、悲しかったかを教えてもらった。ぼくらのこの調べ方は日再現法(DRM)といって、いろいろ画期的なところがある。ぼくらは被験者に、1日を出来事に切り分けて、それぞれの出来事のときにやってたことを全部特定してくれと頼んだ。それぞれのときにやってたことが2つ以上あるなら、その中で一番大事なのに印をつけてもらった。このデータを使って、ぼくらはたくさんの結果を論文にしたけど、音楽に焦点を当てたことはなかった。

　挙げられた出来事は2万2715件、そのうち音楽を聴くのがかかわってたのは1572件だった。[05]でも、音楽を聴くのがメインだったのはそのうち7%だけだ。フランスよりアメリカのほうが音楽は広く聴かれている。そしてアメリカのほうがついでにやることである場合が多い。

　音楽を聴きながら被験者が主にやってたことってなんだろう? 音楽と関係ないけど音楽を聴きながらやってた営みの中で一番大事だって印がついてたのは、通勤、移動、仕事、お喋りやなんかの人とのやり取り、それに宿題や料理だ。図11・1はこれら4つの営みそれぞれについて、被験者が（0から6の評点で測って）報告した幸せ度の平均だ。やってるときに音楽を聴いてたかなかったかで2つに分けてある。それから、図には営み全部での結果も載せてある。こっちもやっぱり、そのときについでに音楽を聴いてたかどうかで2つに分けてある。

被験者が報告してるのによると、たとえば通勤は毎日のように決まってやることの中で、一番ダルい営みの1つだそうだ。[06] 人とのやり取りや移動のときに音楽を聴いてないと幸せ度は平均で3・7、音楽を聴いていると幸せ度は平均で4・0だ。通勤のときに音楽を流すと幸せ度はあらゆる営み全部の平均近くまで上がる。

図11・1が見せる4つの営みのどれをとっても、やってる間に音楽を聴くと被験者が報告する幸せ度は高くなっている。音楽を聴くのがとくに効くのは、仕事をしてるときと人とやり取りしてるときだ。

日々の営みのうち、音楽に焦点を当てたもの以外全部で見ると、幸せ度は平均で4・0である。音楽をついでに聴きながらやっていた営み全部だと、幸せ度の平均は4・3だ。これら2つの差がどんなものなのかっていうと、日々の営みそれぞれについて報告された幸せ度全体のばらつきの、5分の1がこの2つの差だってぐらいの大きさなのだ。

報告ベースの幸せ度は高くなるし、加えて悪いほうの情緒、つまりストレスとかイライラとかも、後ろで音楽を流していると軽くなる。音楽を聴くと幸せになるし、嫌な気分も追っ払えるのである。

図11.1 音楽アリと音楽ナシで行った場合の平均幸せ度（0〜6の評点）

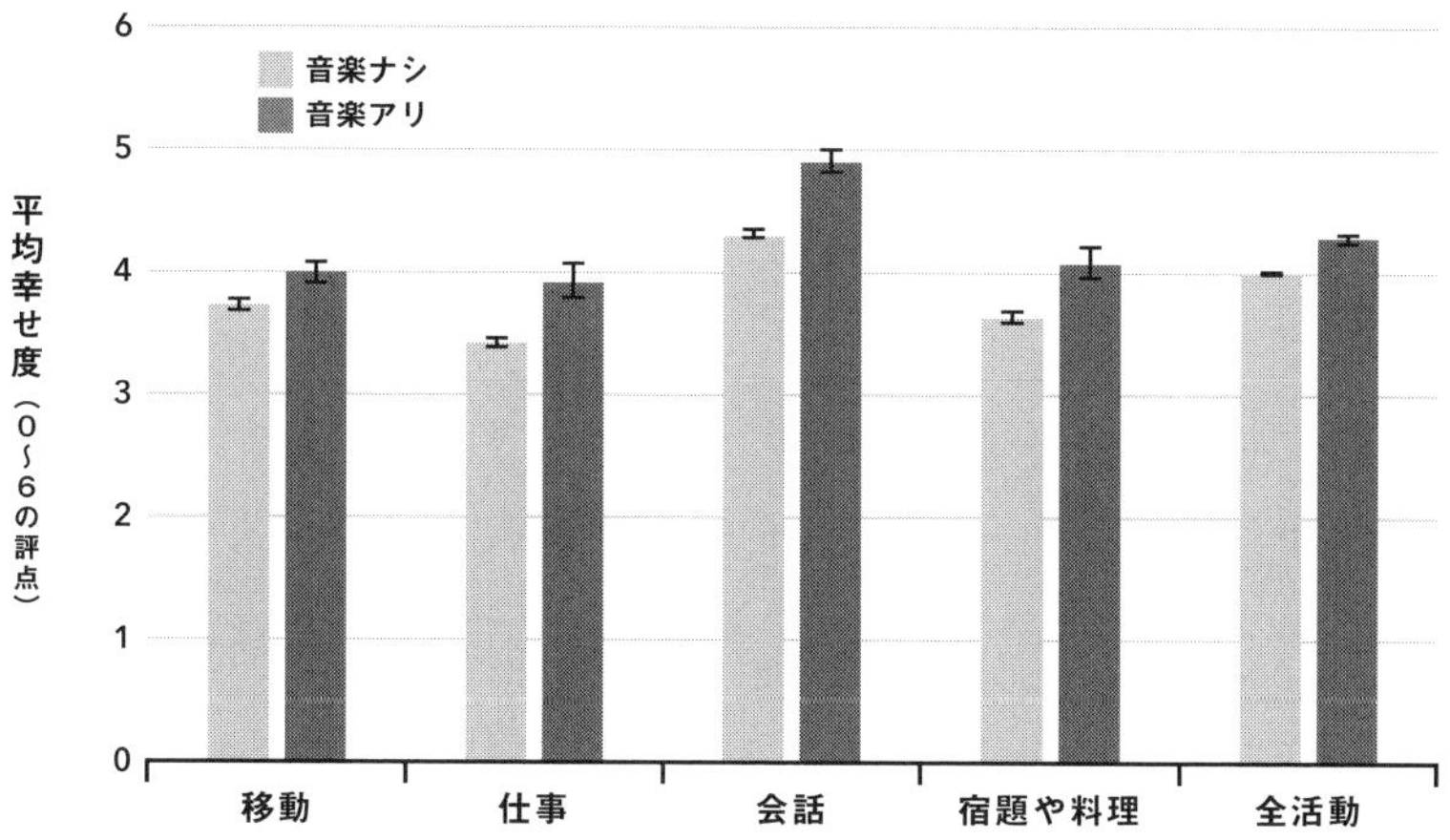

出典：日再現法によるフランスとアメリカでの調査に基づく著者の計算。棒グラフ上のヒゲみたいなのは、95%の信頼区間の大きさ。

音楽を聴けばそれだけで人の心が経験することがよりよくなる、そんな結論に飛びつく前に、統計について注意しときたいことが2つある。1つ目に、音楽は、パーティとか娯楽とか、他の営みをしながら聴くと、だいたいはとても楽しくなるというのはたしかにあり得る。通勤とかを考えているときならそれでかまわないのだけれど、出来事全部を考えているときだと、話はややこしくなる。ただ、出来事の間にやってた主な営みを統計的に統制しても、結果はほとんど変わらない。[07]

　もっと大事なのは2つ目で、何かやってるときに音楽を聴く人だけを集めてみると、ただ他の人たちよりハッピーなみなさんだったってこともあり得る。たとえば、通勤のときに音楽を聴こうと思い立つ人なら、通勤のときに音楽を聴こうと思わない人より、音楽を聴こうがどうしようが幸せな人となりなのかもしれない。運よく、ぼくらが集めたデータだと、１日の間に同じ人が同じことを主にやっていた別々の出来事が含まれている。出勤のとき、一方では音楽を聴いていて、もう一方では音楽を聴いていなかった、みたいな事例があるから、それを比べてみればいい。比べてみると、何かやってるときに音楽を聴くと感じる幸せのうち、人となりの違いで説明できるのは半分にも満たないのがわかった[08]。だから、１日の間に音楽を聴きながら何かをやってると、音楽を聴かずに同じ営みをやっているのに比べて、やってることに感じる幸せ度合いが改善するってことみたいだ。

スウェーデンで２０７人の男女を対象にダニエル・ヴァストフィアジャルと仲間たちが行ったＤＲＭによる調査でも同じような結果が出た[09]。いい情緒、幸せだとかうれしさとかを感じることは、音楽アリのときのほうが音楽ナシのときより多かった。音楽アリで出来事に接した被験者は、大きな覚醒（インスピレイションを得たとか力が湧いたとか）があったと報告していることが多い。スウェーデンの研究者たちはＤＲＭに新しくヒネリを１つつけ加えた。参加者たちに、なんで音楽を聴くことにしたか教えてくださいと頼んだのだ。「音楽を聴く一番よくある動機は、力が湧くようにとか、リラックスできるようにとか、情緒を揺り動かすためとか、お仲間ができるようにとか、ヒマだったからとか」だったそうだ。ということはつまり、人は自分の情緒を思ったように動かすのに音楽を使うってことになる。

経済学者は長らく、「なんで幸せになったり悲しくなったりしますか？」と聞かれたときに人が言う答えを、研究者なら真に受けちゃいけないと考えてきた。ぼくの生業だと、何が好きとか何が嫌いとかと人が口で言うことより、人が何を選ぶかを見てその人の好みを導き出すほうがウケがいい。そんな「顕示選好」推しは行動経済学が出てきてからだんだん薄れてきたけれど、「自分はこうだ」なんて主観的な言葉より、できることなら客観的なデータのほうを見るのには、もっともな理由がある。そういう意味で、たくさんの人が音楽を聴くのに暇な時間や働いてる間をたっぷりつぎ込んでいるのは、そうすることで満足度が高まるからだと言っていい。これは心理学方面の研究結果と一致する。

もう1つ、音楽を聴いてるときの心の状態について人が自分で言うことを信用していい理由がある。生理学の研究で、音楽を聴くと身体も神経もいい方向に反応するのがわかっている。他の楽しい体験をしているときと同じだ。これから説明するように、生理面でそんな反応があるのは、健康面でもいいことがあるのに関係している。

■音楽稼業とは「青春を引き延ばす商売」である

丸ごと音楽の心理学ばっかり扱う学術誌なんてものがあり、音楽と健康や幸せのことを書いた本も山ほどある。そういう文献をパラパラ眺めるだけで、音楽が健康や幸せのいろんな指標にずいぶんいい影響を与えるのがわかる。たとえばストレス・ホルモンの水準や健康そのものがそうだし、神経系の病気を抱えた人のそれらなんかもそうだ。

たとえばマリー・ヘルシングはストックホルムにあるカロリンスカ研究所にいる研究者だ

が、彼女は仲間たちと実地実験を設計して、被験者が音楽を聴くとストレス・ホルモンの一種であるコルチゾールの水準にどんな影響が及ぶか調べた。[10] 被験者を実験グループ（女性21人）と対照グループ（女性20人）にでたらめに振り分ける。実験グループはＭＰ３プレイヤーに入ってる曲の中から聴きたいのを選ぶ。実験の最初の週はどちらのグループも、仕事が終わったら家で30分、音楽を聴かずにリラックスして過ごしてくれと言われる。１週間経ったところで実験グループは、これから2週間、仕事がある日のリラックス・タイムに音楽を聴けと指示を受ける。一方、対照グループは引き続き、音楽ナシのリラックス・タイムを平日に30分だ。結果を見ると、唾液に含まれたコルチゾールの水準は、被験者が音楽を30分聴いた後では、対照グループに比べて大幅に下がっていた。自己申告でもストレスは減っていた。この結果は、音楽にかかわる情緒面での体験について尋ねる質問に対する答えには意味があるとにおわせている。実験の論文で彼女たちはこう結論づけている。「こうした結果を合わせると、好きな曲を聴くのは、曲を聴かないのに比べて、ストレスを感じてコルチゾールが分泌するのを抑え、いい情感を盛り上げるのに効果的なやり方だと考えられる」。

　同じような結論にたどりついた研究は山ほどある。研究者のシアーシャ・フィンとデイジィ・ファンコートは、音楽を聴くと生物学的にどんな影響があるかを調べた44件の研究を読み込んだ。そのうち27件は臨床研究だ。[11] 使われた生体指標には、結果の指標としてコルチゾール、免疫機能、血糖などが使われた。「検査した生体指標33種のうち13種は音楽を聴くと反応が現れ、値が変化したと報告されていた」と彼女たちは書いている。彼女たちの結論はこうだ。「私たちが音楽を聴いて生物として受ける影響は、まずストレス反応の変調の形を取る。影響は音楽のジャンルにも、自ら選んだ曲にも、聴いた時間の長さにも関係なく現れる。ただ、研究の過半数はクラシック音楽を使っている」。

いろんな病気に苦しむ患者の治療に音楽が使われることがどんどん増えている。映画『アライヴ・インサイド』がそれをよく描いている。後ろでどんな仕組みが働いて音楽が記憶を助けるのかまだよくわかってないのだけれど、事例研究や臨床、実験何件かで証拠は積み上がっている。アルツハイマー病に罹った人たちは、慣れ親しんだ曲だと、はっきり長く覚えていたりする。他の刺激だとあんまりそんなことはない。[12] 音楽セラピーの教授、ブライス・ラガッセとマイケル・タウトがいろんな研究論文を調べてこんな結論を出している。「リハビリテイション学では膨大な実証が積み上がっており、リズミカルな刺激は、脳卒中や外傷性の脳損傷、脊髄損傷、パーキンソン病、多発性硬化症で機能低下に陥った人が機能を取り戻すのを後押しするのが示されている[13]」。

神経画像を使った研究でこんなことがわかっている。自分が子どもの頃から青年の頃に人気だった曲を聴くと、内側前頭前皮質、つまり脳の中でも自分の過去に関する情報を呼び起こすのを助ける領野がとくに活性化する。それから、子ども時代から青年時代に聴いた曲は、他の年代に聴いた曲よりも、記憶にはっきり、長く残ると示す実証はまだまだある。[14]

面白いのは、スポティファイの利用者がどんな音楽を選ぶかを調べたセス・スティーヴンス＝ダヴィドヴィッツの発見だ。どんな歳の人も、一番よく聴くのは自分が青年だった頃に流行った曲なのだ。[15] たとえばレディオヘッドの「クリープ」って曲を考えよう。世に出たのは1993年だ。2018年、「クリープ」は、曲が世に出たときには14歳だったけど今では38歳になった男性たちの間で164番目によくストリーミングされた曲だった。彼らより10年前に生まれた男性たちの間でも10年後に生まれた男性たちの間でも、上から300番にも入らない。1960年から2000年の間に『ビルボード』誌のチャートでトップになった曲を全部見て、スティーヴンス゠ダヴィドヴィッツは「男性が大人になってからの好みを形作るのに一番大事な時期は13歳から16歳」、「女性が……（中略）……11歳から14歳」なのを発見した。音楽の好みや思い出を作るのに、青春期はとくに大事な時期なようだ。

　ハーラン・コーベンはニュージャージー州の都市の郊外で育った。その頃に自分というものができていくとき、音楽がどんな役割を果たしたか、振り返っている。「心の内じゃ、迷走してたしパニクってた。反抗期はどうやら穏やかなもんで、やることって言ったらスティーリー・ダンみたいなバンドを聴くぐらいだった」*。彼はとくに「ディーコン・ブルース」に胸を打たれた。「郊外の街に閉じ込められた誰かがなんとか逃げ出そうとしてる、そんな曲だと思った」。その後彼は書くことに興味を持ち、「自分なりの逃げ出す道を見つけた」。

　前にQプライムの創業者のクリフ・バーンスタインとピーター・メンシュに、なんでメジャーリーグの春のキャンプにしょっちゅう行ってんですかと尋ねたことがある。ピーターの答えはこうだ。「青春時代を引き延ばそうって頑張ってるんだよ」。クリフは笑ってつけ加えた。「オレらがやってるのは青春時代を引き延ばす商売みたいなもんだな」[16]。

＊ハーラン・コーベン「小説家のハーラン・コーベンが語るスティーリー・ダン」『ウォールストリート・ジャーナル』紙、2016年11月15日

■音楽は時代が進むほど「超お買い得」になってきた

音楽はこれまでこの世に生まれた一番のお買い得の1つだ。聴き手にとって、音楽はどうやら魔法の力を持ったなんにでも効く薬の一種だ。つまらない体験はマシにしてくれるし、楽しい体験はもっと楽しくしてくれる。それに、音楽は人が気分をアゲたりサゲたりするのにも役に立つ。社会にとって、音楽には出自の違う人たちをひとつにまとめ、壁を倒し、人びとに大義を後押しさせる力がある。ぼくらの人生を振り返っても、節目節目の出来事にはいつも音楽がある。高校の卒業記念ダンスパーティ、結婚式、お葬式、誕生日、パレード、スポーツのイベント、大学の同窓会、そして大統領の就任式。

それだけいいことずくめなのに、アメリカ人が1年に遣うお金といったらだいたいの年は音楽よりポテトチップスのほうが多いぐらいだ。消費者は平均で、録音された音楽に1日に10セントも遣わない。それなのに平均で、1日に3時間から4時間も音楽を聴いて過ごす。こんなに長い時間やっててこんなにも楽しい営みなんて、他にあんまりない。それから、1990年以来、ぼくらが音楽に遣う時間は長くなってるけど、遣うお金は実質ベースで80%も減っている。お得なお買い物がいっそうお得に！

ライヴ・エンタテインメントもファンにとってお得な買い物だ。最高峰のアーティストのライヴ・イベントのチケット価格はここ何十年か、物価一般よりずっと速く上がってきたけど、コンサートに行く人はこれまでなかったぐらい増えた。消費者はまだ、ライヴ・エンタテインメントはいいお買い物だと思ってるってことだ。そしてツアーして回ってるスターは今までなかったぐらいたくさんいる。

■振り返り――ロックな経済学7つのカギ再び

新しいアプリやビジネスモデルができると音楽業界は間違いなく変わる。ファンの好みも変わるしまったく新しいジャンルやアーティストが浮いたり沈んだりする。でも音楽稼業をわかるには7つのカギになる教訓があった。それはこれからも生き延びるし、業界の新しい展開を理解するのに今後も助けになるだろう。

供給、需要、それに、まっとうな扱いを求める人の願望がもたらすあれやこれや、著作権やダフ屋にかかわる政府の政策、たとえばそういうのがいつも、音楽稼業の先行きを決めるのに大事な役割を果たす。技術が進めばもっと直販が盛んになり、アーティストが創作活動をする場、つまり市場がまた新しく生まれ、アーティストが自分の音楽を届ける新しい道ができるんだろう。それでも音楽業界はどっちかというとひと握りのスーパースターが牛耳り続けるだろう。市場の規模やアーティストの独自性、人気を決めるのにネットワークが果たす役割を考えるとそうなるはずだ。そして、どのスーパースターが勢いに乗れるかを決めるのには、運が才能とあいまって圧倒的に大きな役割を果たし続けるだろう。うまくいけば、大勢のアーティストがお客の心を摑もうと競い合う、これまでなかったぐらいごった返した市場で頭角を現せるのだ。

成功しているアーティストや会社は補完的活動をうまく利用し続けるだろう。ライヴ・パフォーマンスとグッズの販売なんかがそうだ。彼らは価格差別しつつもファンを怒らせない道を見つけ出して実入りを最大化し、不必要なコストを避ける。音楽はいつも聴き手の気分を左右する。科学者も音楽セラピーで、患者を治療できる新しくていい方法を見つけられるかもしれない。

中国の記者が最近ぼくにこんなことを聞いてきた。「最近大ヒットしたアプリ、Tiktokのことは、あなたの本ではなんて言ってますか」。正直、Tiktokなんて聞いたこともなかった。成長の速いソーシャル・メディア業者で、短い動画を作ったり共有したりできる。利用者は5億人だ。でもぼくはこう説明した。この本で言ってるのは、消費者は速くて便利なサービスを求めている、だからアップルとかアマゾンとかスポティファイみたいなストリーミング業者は、海賊盤の音楽を提供するサイトからあんなにも利用者を分捕れるんだ、それから、音楽は人と人との付き合いが伴う営みだから、ネットワークを通じて広まるんだよってことだ。音楽業界が進化し、新しいアプリが出てくる、そんなときにロックな経済学の教えがあれば、ぼくらはそんなエキサイティングでデストロイな展開を理解し、もっと大きな絵図でそれを見ることができるのだ。

■ 幕が下りるとき──「ロックな経済学」が未来を切り拓く

1930年に「孫たちの経済的可能性」というエッセイ〔『ケインズ全集 第9巻 説得論集』所収／宮崎義一訳／東京経済新報社〕で、ジョン・メイナード・ケインズはこんな推測を描いた。100年後、大きな経済問題といったら、みんなが暇なときに何をすればいいかになっている。

そうして人類は、創造されて以来初めて、本物の問題、永久について回る問題に行き当たった。経済面での差し迫った心配事から自由になってそれでどうするか、空いた時間を何に使うかという問題だ。科学と複利の金利が人類のために勝ち取ってくれた暇な時間を使って、賢く心地よく幸せに生きるにはどうすればいいだろう。[17]

だいたいの人は、ケインズが思い描いたほどには差し迫った経済面の問題から自由になったなんてとても言えない。それにはどんどん勝者総取りになる経済で不平等がひどくなってるせいもある。10年後にはケインズが言ってた年になるけど、状況は変わりそうにない。それでもケインズの予測には見るべきところがある。ダニエル・ハマーメッシュが言ってるように「製品やサービスを買って楽しむぼくらの能力は速く伸びすぎていて、ぼくらの楽しみに使える時間の増え方がそれに追いつかない」[18]。ケインズはこう予測している。「そういう人たちは、人生それ自体の秘訣の息をつなぎ、完成を目指して育む。自分の生活の糧にするべく売り払ったりしない。豊かさが訪れたときにそれを受け取れるのは、まさしくそんな人たちなのだ」。

たしかに、経済活動も消費者支出も体験やエンタテインメント、文化に根差すものであることがどんどん増えている。ノーベル記念賞を取ったアンガス・ディートンとダニー・カーネマンは、エラ・フィッツジェラルドの「お金持ちがずっといい」って有名な言葉は丸ごと正しいってわけじゃないのを発見した。稼ぎが大きいと暮らしの満足度は高くなりがちだけど、ある程度——彼らの計算では年に7万5000ドル——を超えると追加でいくらか稼いでも日々の幸せはもうあんまり増えない。2人の言葉を借りると、「高い所得で満足な暮らしは買えても幸せは買えない」。心理学の研究が山ほど行われて、体験、家族や友だち、健康それに価値観なんかがぼくらの幸せに一番大事なもので、ぼくらがどれだけモノを買って手に入れるかじゃないってことがわかっている。[19] ハウツー本にはよく、もっといい生き方したいと思ったら、手に取って触れるモノじゃなくていい思い出になる体験にお金を遣ったほうがいいって書いてある。あれはそういうわけなのだ。

音楽は体験経済の代表的な構成要素だ。いつの日か、そんなに遠くない未来に、暇すぎて暇すぎてどうしたらいいかわからなくなるなんていうケインズのジレンマにぶつかれたらいいよななんて思うけど、音楽を聴くのは、暇なときでも仕事のときでも、ぼくらの体験をずっといいものにできる大事な要素であり続けることだろう。それがロックな経済学のサビだ。体験を盛り上げ、思い出を呼び起こし、生きる目的や意味を見つける手助けをする、音楽はそんなほとんど他にない場所に立っている。そして、目的や意味にみんなの手を届かせる、それは行き着くところ経済の一番大きな目的だ。

ケインズの未来を論じたエッセイはこんな考えで終わっている。

> 経済の面での幸せという目標にぼくらが近づく足取りを決めるものが4つある。人口を管理できるか、戦争や内戦を避けようと決意しているか、科学が扱うのが適切なことは科学に任せる意思があるか、そして、生産と消費の差で決まる蓄積率だ。最後の1つは最初の3つさえ揃えば勝手になんとかなってくれる。
>
> さしあたり、行き着く先に向けて少しは準備をしておいてもいいのではないか。目的に向けた営みに加えて、生きる秘訣を身につけ、あれこれ試してみるのだ。
>
> しかし何よりも、経済の問題を重要視しすぎてはいけないし、そのために必要だからといってもっと大事でもっと長きに及ぶ他の物事を犠牲にしてはいけない。経済問題は専門家が相手にするべきものに属する。それこそ歯医者みたいな専門家だ。経済学者が歯医者と肩を並べるぐらい慎ましくも能ある人たちだと世間に思ってもらえるようになったとしたら、なんとすばらしいじゃないか！

ぼくが通う歯医者さんは、空き時間に息子さんのエレクトロニック・ミュージックのバンド、スペイス・ジーザスのマネジメントをやっている。歯医者さんから教わることは、ケインズが思ってたよりずっとたくさんある！ ロックな経済学は経済面での幸せを目指す道すがら、経済や人生のことを教えてくれる、見目麗しいモデルをぼくらに与えてくれるのだ。

ポートフォリオ・ボックス・データのスペースの評価

― 付論 ―

第4章と第6章でコンサートの値段と売上高のトレンドを描くのにポールスター・ボックスオフィス・データベースを使った。ポールスターのデータはいろんなことに使える。マスコミ（『ウォールストリート・ジャーナル』紙とか『フォーブス』誌とか）はコンサート業界の規模とか有名人の稼ぎとかを見積もるのに使うし、ポールスターはツアーの表彰をするバンドを選ぶのに使う。興行主はツアーで売れるチケットの数を見積もるのに使うし、グッズの販売業者はバンドがどれぐらいグッズを売れるか見積もるのに使う。ポールスターはコンサートの観客数や売上高、チケット価格のデータにかけては黄金並みの絶対的基準の扱いを受けている。でも、音楽業界の内輪には、ポールスターのデータは不完全だってぼくに言った人がたくさんいた。データの質はどんなときでも心配の種だけど、音楽業界だととくにそうだ。なかなか見えにくいし、マネージャーに興行主、会場には、それぞれデータを改ざんしたり、そもそも報告しなかったりするインセンティヴがある（でもまあ、ライヴ・ネイションは上場企業だから、正確に報告する義務があるって法律で決まってるんだけれど）。この付論では、ポールスター・データの網羅性、正確性、信頼性を検討する。*

元になるコンサートのデータは、会場や興行主、マネジメント事務所から『ポールスター』誌に報告される。報告される情報は、イベントの日付、トリとオープニングのアーティスト、興行主、会場の名前と場所、ボックスオフィスの売上高、売れたチケットの数、高いチケットと安いチケットの値段だ。この付論では、ポールスターに報告されたコンサートだけからなるデータを、他の出所から手に入れたもっと正確なデータやもっと網羅性の高いデータと

*この3つの言葉には、統計学的に具体的な意味がある。網羅性とは、全コンサートのうちポールスター・データに含まれているものの割合、正確性とはデータから計算された統計量が平均で見ると正しい傾向にあるかどうか、信頼性とはポールスターに報告されたデータとボックスオフィスの実際の記録の相関がどれだけ強いかを指す。

比べる。分析の結果ぼくがたどりついた結論は、大筋ではこうだ。網羅性の面でいくらか弱いところがあるけれど、ポールスター・ボックスオフィス・データベースは、トップ・アーティストのコンサート収入に関してはまあまあ網羅性が高くて正確で、信頼できるデータを提供している。1990年代以降に関しては、それからアメリカに関してはとくにそうだ。

ポールスターのデータを他の出所のデータと比べられたのはこんな理由だ。①セットリスト・ドットエフエムというウェブサイトが、クラウドソーシングを使って大物アーティストのコンサートに関する情報を集めている。それから②大きなアリーナを2ヵ所運営している、とある大きな州立大学が、どこの大学かは秘密って条件で、持ち出し禁止の興行成績データをぼくに提供してくれた。[01] 2つのアリーナは直接にはポールスターに情報を提供していないけれど、これらの会場でショウを開いたマネジメント事務所や興行主はけっこうデータを報告している。

これらのデータソース2件はどちらも長所と短所がある。セットリスト・ドットエフエムには値段やお客の数、売上高の情報が入ってないが、大物アーティストに関してはほんとによくデータが網羅されている。大手州立大学のほうはポールスターに自分ではデータを報告しない会場2つだけだけれど、やったショウ全部の確かな興行成績データだ。2つ合わせて見るとポールスター・データの網羅性、正確性、信頼性がどんなものか見えてきた。最初ぼくは、セットリスト・ドットエフエムと比べることでポールスター・データの網羅性を調べ、それから価格や売上高のデータの正確性と信頼性に手をつけた。

■網羅性に関する証拠

この分析では１９８０年代の初め以来、セットリスト・ドットエフエムに報告のあった2万３０００件を超えるショウのトリをとった26組のアーティストに焦点を当てた。具体的にいうと、ビヨンセ、ビリー・ジョエル、ボン・ジョヴィ、ブリトニー・スピアーズ、ブルース・スプリングスティーン、ブルーノ・マーズ、シェール、コールドプレイ、セリーヌ・ディオン、デイヴ・マシューズ・バンド、ジェイZ、ジョン・メイヤー、ジャスティン・ビーバー、ケニー・チェズニー、レディ・ガガ、マドンナ、マライア・キャリー、マルーン5、メタリカ、ピンク、リアーナ、シャナイア・トゥエイン、テイラー・スウィフト、U2、アッシャー、そしてホイットニー・ヒューストンだ。ぼくはセットリスト・ドットエフエムのデータから、彼らのショウそれぞれの日付、場所、トリのアーティストのデータを切り出した。データが集まったら、そこから表彰式のショウ、テレビ番組、ＭＴＶなんかのコンサートでないものをわかるかぎり取り除いた。それでも、セットリスト・ドットエフエムのリストにはコンサートでないものがいくつか残ったかもしれない。そのせいでポールスターのデータの網羅性が実際より低く見えてしまうかもしれない。ポールスターが集めたコンサートのサンプルはセットリスト・ドットエフエムに報告されたショウの一部分として、おおむね適切だった。だから、セットリスト・ドットエフエムはコンサート全部を網羅しているのに近いと言ってよさそうだ。

表A.1 大物アーティスト26組のコンサート数、セットリストとポールスター

	アメリカのみ			全て		
年代	セットリスト	ポールスター	ポールスター/セットリスト	セットリスト	ポールスター	ポールスター/セットリスト
	(1)	(2)	(3)	(4)	(5)	(6)
1980s	1,876	1,121	60%	2,906	1,173	40%
1990s	2,553	1,794	70%	4,343	2,174	50%
2000s	5,585	4,884	87%	8,569	6,340	74%
2010s	4,337	3,529	81%	7,342	5,786	79%

注記：ポールスター・ボックスオフィス・データベースとSetlist.fmのデータを著者が分析。対象のアーティストのリストは本文を参照。Setlist.fmのイベントのリストからはコンサートでないものの排除を試みた。

表A・1は、さっきの26組の大物について、ポールスター・データベースに含まれるコンサートの数がセットリスト・ドットエフエムに含まれるコンサートの数に占める割合を示している。結果は、アメリカでのイベント（3列目）と、ポールスターとセットリスト・ドットエフエムの両方にデータがある国全部（6列目）に分けてある。セットリスト・ドットエフエムが集めたコンサートがコンサート全部だってことにすると、ポールスターのデータは2000年代にアメリカで行われた大物のショウの80%以上を網羅していることになる。ポールスターのデータに含まれるコンサートの割合はライヴ・ネイションがポールスターに報告するのをやめた時期には下がっている。ただ、その後ライヴ・ネイションは報告を再開している。アメリカ以外のコンサートに占める割合では、ポールスターの網羅性は10年区切りで見ると改善していて、今では全米のコンサートを網羅するところまで近づいている。

■ 正確性と信頼性に関する証拠

大きな州立大学が持つ2ヵ所のアリーナを運営する人たちがぼくにデータをくれた。このデータは直接ポールスターに提供されてはいないのだけれど、アーティストのマネージャーや2つの会場で行われたショウの興行主が、ポールスターにデータを報告しているかもしれない。大学は2010年の半ばから2017年の終わりまでの間に2つの会場で開かれたライヴ・イベントに関するデータを提供してくれた。この期間に行われたコンサートでポールスター・ボックスオフィス・データベースにも出てきたものは135件あった。これは2つの会場で行われたコンサート全部の57%を占める。ポールスターのデータ全体に比べてこれは網羅性が低いけれど、まあ驚くことじゃないだろう。会場を運営する人たちはポールスターに直接報告してはいないわけだから。

ポールスターに報告された135件のコンサートのデータは、平均で見ると、大手州立大学がぼくにくれたショウのデータとだいたい同じだった。これは心強い。ショウ1件あたりの売上高は、ポールスターだと80万1086ドル、大学のデータだと77万6170ドルだ。両方に含まれていた135件のショウでの差はたった3%である。売れたチケットの数は平

図A.1 大学による売上高とポールスターによる売上高（単位100万USドル）

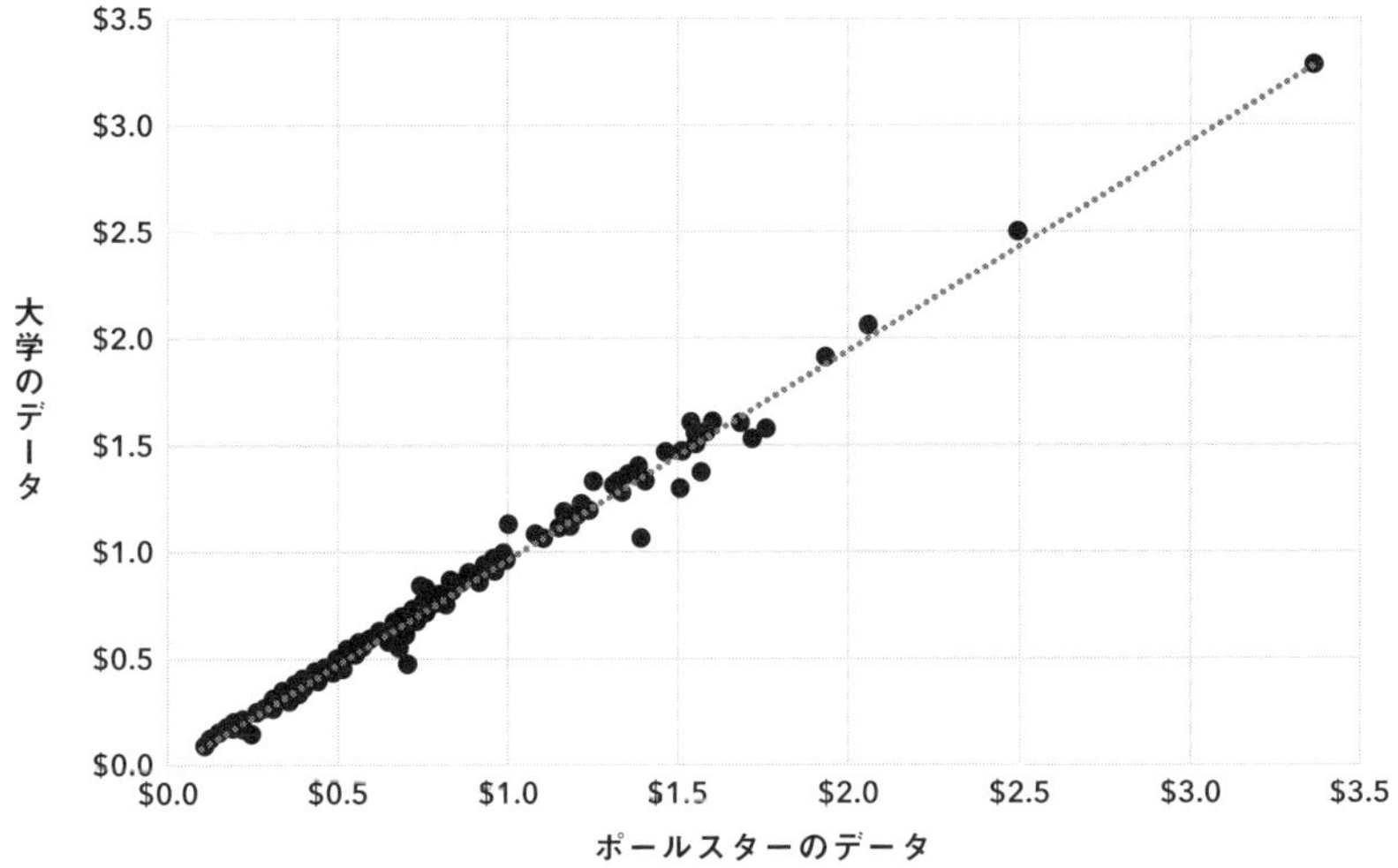

均で、ポールスターだと1万1324枚、大学の記録だと1万1191枚、差はほんの1%だ。そしてチケットの値段（ショウごとに売れたチケットの数で売上高を割って出した）は平均で、ポールスターだと70・74ドル、大学の記録だと69・96ドルだった。びっくりだったのは、チケットがたくさん売れたショウのほうがポールスターにあんまり報告されない傾向があったことだ。なんにしても、こうやって比べてみると、ポールスターに報告されたデータはとっても正確だってことになった。

ポールスターのデータは実際のボックスオフィスのデータとも、びっくりするぐらい相関が高かった。図A・1はショウあたりの売上高を、大学のデータ（縦軸）とポールスターのデータ（横軸）で散布図にしてある。2つの数値の相関は0・99で、近似

図A.2 大学によるチケット販売数とポールスターによるチケット販売数

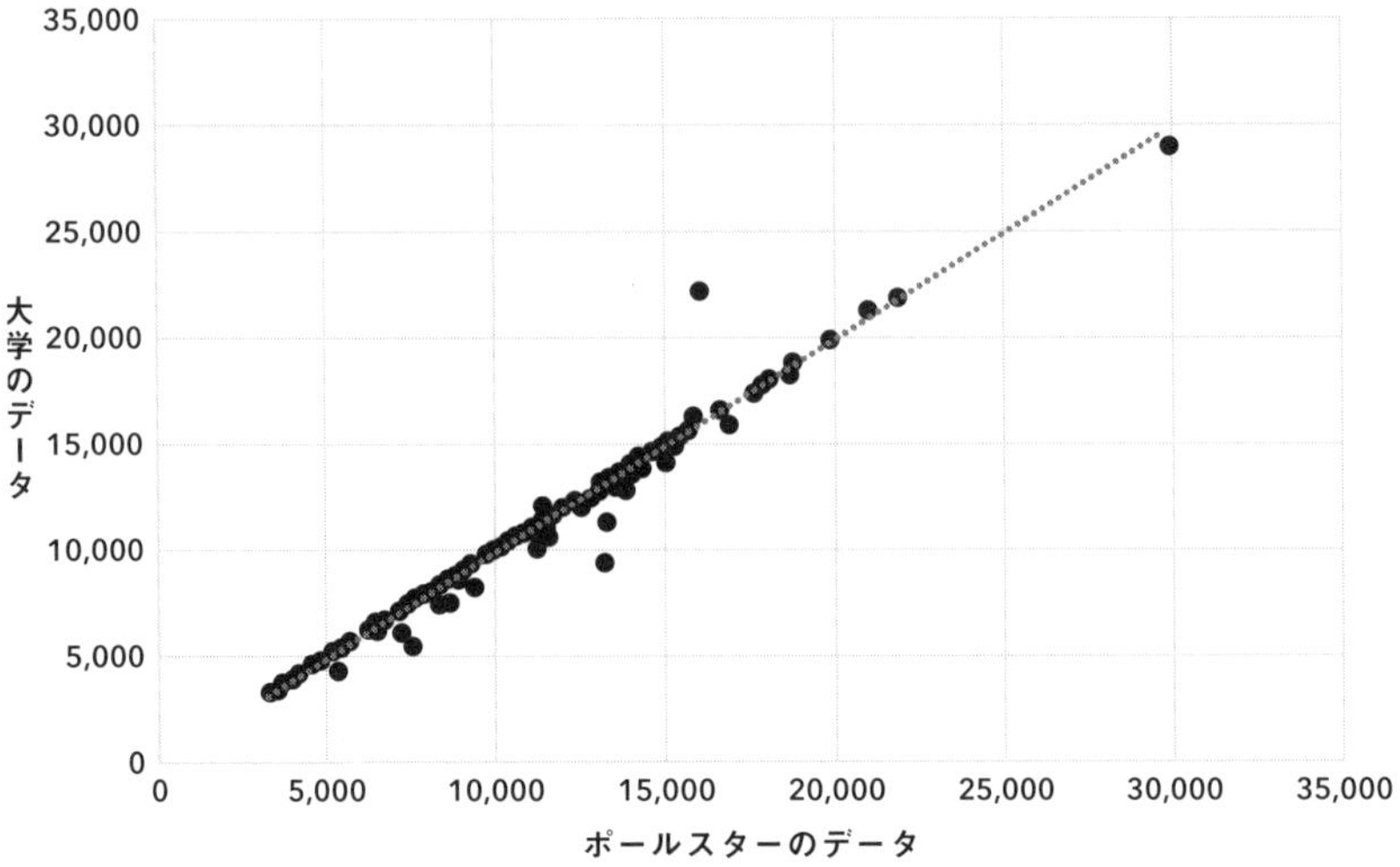

線の傾きはほとんど45度、ってことはポールスターに報告された売上高はほとんどの場合、大学が記録しているデータと同じってことだ。面白いのは、大きく外れたデータがいくつかあって、どれも近似線から下に外れがちな点だ。ポールスターに売上高を報告するとき、マネージャーや興行主はときどき数字を水増ししてるんじゃないかってにおいがする。

図A・2を見ると、ショウあたりのチケット販売数でも、大学のデータとポールスターのデータはすごく一致しているのがわかる（チケットが3万枚売れたショウが1件あるけれど、これは同じアーティストが2日続けてやる2回のコンサートを1件とカウントしている）。それから、ショウ1件あたりで見たチケットの平均価格はポールスターでも大学のデータでも似たようなものだ。2

つのデータの相関は、売れたチケットの数でも平均価格でも0・99で、ポールスター・ボックスオフィス・データベースはとても信頼できると示している。

最後に、大学がくれたデータとポールスターのデータは、時間で追ってみても同じようなトレンドを描いている。たとえば2011年から2017年、2つの会場で開かれたショウの平均チケット価格は、ポールスターのデータでは27%の上昇、2つの会場で開かれたショウ全部の母集団を大学のデータで見ると24%の上昇だった。ポールスターのデータと大学のデータから計算した、2010年から2017年の平均チケット価格の年変化率の相関は0・93だ。

■ポールスターのデータで補正した点

ポールスターのデータにはコンサートでないイベントもいくらか含まれている。コメディ・ショウとかドサ回りのブロードウェイ・ショウ、それにスポーツ・イベントなんかだ。ぼくはデータからコンサートでないものをできるだけ取り除いた。それから、一部のアーティストに関しては、記録全体にわたって再コード化を行って名前を統一した（「&」の使い方とか）。フェスティバルとか共演（トリが2組以上の場合）とかの売り上げは、出たトリに均等に配分した。

アメリカや世界中で開かれる大物のコンサートに関しては、ボックスオフィスのデータは大部分がポールスター・ボックスオフィス・データベースに届く。でも昔は、ショウは全部は報告されなかったし、今でもデータベースは完璧ではない。抜けてるコンサートのデータが気になるのは、それぞれのアーティストが全部でいくら稼いだか、数十年の間のトレンドを見ようってときだ。だから、第4章の図4・3aと図4・3bに載せたアーティストそれぞれの累積収入の数字はこんなふうに求めている。セットリスト・ドットエフエムとポールスターのデータを使ってアーティストごとにポールスターに報告されなかったショウの割合を年代ごとに計算し、その逆数でポールスターのデータを割り増しした。報告されなかったショウのチケット売り上げが、平均では報告されたショウと同じなら、このやり方でコンサートの報告が不完全なのを補正できる。

■わかったこと

ポールスターのサンプルは、コンサートの母集団全体にはなってない。でも近年では、トリを務める大物アーティストのコンサートに関しては大部分が含まれている。網羅性が完璧でないからって、平均価格のトレンドを見たり収入の分布を描いたりするときにそれが必ず問題になるってわけじゃない。報告漏れはでたらめに起きるとか、報告があって手に入ったデータが正確で信頼できるようだとか、そういうのなら大丈夫だ。でも、ポールスターのデータだけに頼ってコンサート業界全体の大きさとかアーティストそれぞれが全部でどれだけ稼いだかとかを求めると過小評価をすることになる。ここ20年でいうと、ショウのだいたい20%はポールスターに報告されてないからだ。

謝辞

白状します。ぼくはふつーにただの音楽好きです。毎日何時間かは音楽を聴いてるってことです。案の定、コンサートにもけっこう行ってる。最初はビリー・ジョエル、ジュディ・コリンズ、スティーヴ・ミラー、ジョージ・ベンソン、ヘンリー・マンシーニなんてとこで、1970年代の終わりのことだった。それから、中2までオーケストラでドラムをやってた(ヘタクソだったけど)。でもぼくはマニアじゃない。聴きながら歌ったりリズムに合わせて足でトントンやったりするのは好きだけど、音楽生き字引にはほど遠い。

キャリアを通じて、ぼくはU2(アイルランドのロックバンド)よりU3(公式の失業率)のほうを、ずっと熱心に追いかけてきた。でも、相手からちょっと離れたほうが相手のことがよくわかったりもする。少なくとも大きな絵図は見える。この本でぼくがやりたかったのはそれだ。

音楽はぼくの人生にこんなにも欠かせない役割を果たしてきた。なんてことないファンの人生にだ。ってことは、何百万人もいるだろう本を読む人たちの人生でも、やっぱり音楽は、少なくともぼくと同じぐらい大事なんだろうと思う。思い返すと、音楽はぼくの人生にたっぷり影響を与えてきた。「大きくなったら何になるのがいい?」「どうすればなれる?」

なんて、ベッドルームで考えてるときも音楽を聴いてた。運動するときにも、スポーツの大会に行って家に帰るときも音楽を聴いてた。卒業パーティや結婚式で、音楽に合わせて踊った。ぼくの世代には他にもたくさんそんな人がいるだろうけど、高校の卒業アルバムでは自分にとってとくに大きな意味を持つ曲の歌詞を引用して書いた。ぼくが選んだのはアバの中でも一番人気がない「ムーヴ・オン」という曲で、初めの語りに出てくる言葉だ。

天国を探しに行くのでも　自分の内を探るのでも
どっちだっていいんだよ　ずっと頑張ってるって自分で自分に言えるなら

そんな思いが、ずっとぼくの励みにしてかがり火だった。この本はぼくの旅路から生まれた。

ぼくがなんとかやってこられたのは、家族や友だち、研究助手、それに学生のみなさんが少なからず助けてくれたからだ。この本が書けたのは他のみなさんが手伝ってくれたり励ましてくれたり、アドバイスしてくれたりしたおかげだ。ぼくの妻のリサは各章を全部読んでくれたし、この仕事の最初から励ましてくれた。レイフ・サガリンはぼくの書籍代理人にして友だちで、ロックな経済学の本を書けと熱心に説いてくれた。編集者のロジャー・シュロールはぼくがやろうとしていることを即座に見抜いて、一般向けの本を書く間、ずっとぼくを導いてくれた。ペンギン・ランダム・ハウスのエリン・リトルは技を駆使してこの本が製本されるまで助けてくれた。

研究助手にも何人か、データの分析やなんかの研究の手順を手伝ってもらった。マックス・メーヤーボッセはボート競技でオリンピックに出る全国チームで練習を積む傍ら、ポールスター・ボックスオフィス・データベースの分析を手伝ってくれた。エイミー・ウィケットとジェイムズ・リーヴズは専門家としてストリーミング・データやACSの表形式のデータ、『ビルボード』誌のデータを分析するのを手伝ってくれたし、他にもいろんな作業をやってくれた。グラフを描いたり脚注をぶら下げたりなんて作業だ。グレイス・クウォン、ブレンダン・ワン、そしてジュン・ホー・チョイはひと夏を丸ごと、大物ミュージシャンの出自を追いかけて過ごしてくれた。

プリンストン大学は雇い主として、研究する環境として、30年にわたってぼくを支えてくれた。プリンストン大学研究センターのエド・フリーランドはぼくがMIRAミュージシャン調査を計画し、実行するのを助けてくれた。

ぼくの弟であるリチャード・クルーガーと子どものときからの友だち、ジェフ・コルトンはいくつかの章のことでフィードバックをくれたし、自分たちの膨大な経験に基づいて音楽やミュージシャン、バンドについて込み入ったことをあれこれ教えてくれた。

うちの子たち、ベンとシドニーは原稿を何章か読んで、価値あるアドバイスをくれた。それから、彼らのおかげでぼくはライヴの音楽に対する関心を取り戻した。何年も前に、インシンクが演るのに連れてってとせがまれたときだ。コロンビア大学でシドニーとクラスメイトだったポール・ブルームが、音楽の神経科学の研究についてサワリを語ってくれたのはとても参考になった。

音楽業界の人たちが何人か、ぼくにデータをくれた。ゲイリー・スミスとゲイリー・ボンジョヴァンニはポールスターの創業者で、とくに寛大にもぼくにポールスター・ボックスオフィス・データベースへのアクセス権をくれた。新しくポールスターの持ち主になった人たちも、2人との取り決めを尊重してくれた。カンジアンのティンコ・ギオルギエフはストリーミングのデータを提供してくれて、中国の音楽市場について家庭教師よろしく教えてくれた。IFPIのデイヴィッド・プライスは録音された音楽の売り上げに関する最新のデータを提供してくれた。マルコ・リナルド、カロリーナ・ブレッサン、アンドレア・バラッティーニは太っ腹に、レヘゴーのストリーミングのデータを提供してくれた。

音楽稼業の内幕を聞かせてくれた人は音楽業界にたくさんいて、みんなそれぞれ名前をここには挙げられないぐらいだ。中でもアダム・フェル、クインシー・ジョーンズ、ジョン・イーストマン、エリック・バーマン、ドン・パスマン、マーティ・ゴッツマン、それにロブ・レヴィンにはアドバイスと手助けをしてくれたことに感謝している。ジョン・カッポ、エリック・ド・フォントネ、キングマン・リュー、それにJ・P・メイはぼくが中国の市場を理解するのを助けてくれた。それから、とくに感謝しているのがクリフ・バーンスタインとピーター・メンシュだ。2人は知ってる話や見識をぼくに語ってくれたし、ミキサー卓のところからメタリカを観られるようにしてくれたし、研究のこともいいねって言ってくれた。来年は彼らの春合宿に呼んでくれたらと思う。

この本には、音楽業界研究協会（ＭＩＲＡ）の仲間たちに教わったことがたくさん入れ込んである。そんな仲間にはジョエル・ワルドフォーゲル、アレン・ソレンセン、マリー・コナリー、ダン・ライアン、ジュリー・ホランド・モーティマー、それにジニー・ウィルキンソンがいる。それから、パー・クラッセルはスウェーデンの音楽シーンについて教えてくれた。ダン・ピンクは考えをまとめるのを助けてくれた。同僚のオーリー・アシェンフェルターは励ましとアドバイスをくれたうえ、この分野でのぼくの仕事に、自分の研究分野であるワインの経済学を使って、道をつけてくれた。エイミー・ブランデイジとサム・ミシェルはこの本の仕事が進む間、あっちこっちで価値あるフィードバックをくれた。

信じられないぐらいの才能を持ち、全身全霊を音楽に捧げたミュージシャンであるマックス・ワインバーグ、スティーヴ・フェローニ、ダン・ウィルソン、ジェイコブ・コリアー、グロリア・エステファンは太っ腹に、辛抱強く、自分たちの人生と芸を、ぼくに覗き見させてくれた。彼らはぼくやファンの人たちに元気をくれる。ぼくはそんな彼らの語りと彼らの商売の経済的仕組みを、できる限り忠実に描こうと全力を尽くした。

訳者あとがき

「30過ぎたやつは誰も信じるな」。ぼくがティーンエイジャーだったころによく聞いたフレーズだ。パンクの人がなってそうなフレーズだし、誰かが書いた歌詞だろうと当時は思ってた。ついでに、30手前の年代にとって、かつて27歳は1つのターニング・ポイントだった。本文にもその話は出てくるけど、シド・ヴィシャスはともかくジミヘン、ジャニスと来てジム・モリスンが出てこないのは……クルーガー先生、ドアーズは趣味じゃなかったですか？クルーガー先生が好きなのは、本書を読む限りあからさまにボスと……アバかな。鼻で笑っちゃいけない。昔むかし、ジョー・ストラマーと、最近ユーチューバーとしての地位を確立しつつあるロバート・フリップが対談して、唯一会話が成り立ったのが「アバはいい。すごくいい」ってことだったのだ。まあ、アバ（とかビヨンセとか）がロックか（ほら、ロックな経済学ってぐらいだから）っていうと、どうなんでしょうね。

冒頭のフレーズ、正しくはヒッピーやってたジェリー・ルービンって人の60年代の言葉だそうだ。ヴェトナム戦争のころで反戦運動とも絡んでいた。ヒッピーといえば、髪も顔も手足も長い人らが音楽フェスでふらふら踊ってる映像が今でも（今だからこそ）見られる。彼らはその後、どこへ行ったんだろうと思っていたのだが、1人判明した。このルービン氏、その後証券会社でトレーダーやって、56歳まで生きたそうな（ぼくも80年代の中ごろにカトマンズでヒッピーの生存を確認した。コンクリート打ちっぱなしのワンルーム、倉庫みたいなところでたむろって、たぶんそこに住んでいた。そういう人たちもいるのだ。なんでカトマンズかって言うとたぶん……やめときましょう）。で、ルービン氏のその後を知って、吐いたツバがどうのなんて嘲笑ったり自己批判と総括を求めたりするより、たぶんぼくらには、他に考えることがある。

この本の原典は *Rockonomics: A Backstage Tour of What the Music Industry Can Teach Us about Economics and Life* という。日本語にすると「ロックな経済学——楽屋裏へとご案内、音楽業界が経済と人生についてぼくらに教えてくれること」ぐらい。だから日本語タイトルはまあまあそのまんま。ついでに、日本語版である本書の発売日は6月9日、ロックの日だ。なんというか、編集の藤田さん、狙ったでしょ。

著者のアラン・B・クルーガーは経済学者としてひたすらまっとうに正統派の道を歩んでいる。大学はコーネル、博士号はハーヴァード、教鞭はプリンストン、専門は労働経済学だ。労働省や財務省でチーフ・エコノミストを務め、オバマ大統領の下で経済諮問委員会の委員長も務めた。彼が実績を上げたのは自然実験を利用した実証で、最低賃金や教育が雇用や賃金に与える影響を、実際の経済の中で発生した実験グループと対照グループで測る手法を使っている。また一般向けの本には『テロの経済学』（藪下史郎訳／東洋経済新報社）がある。日本だとどうだか知らないけれど、外国ではテロリストは貧しい無学の人が中心だと思われていたらしい。『テロの経済学』はデータを使って、テロリストには中流でそれなりに豊かなご家庭出身、大学も出てる人がけっこう多いのを示している。

本書の最初のほうにロックな経済学を解く「7つのカギ」が出てくる（12ページ）。でも本文中ではけっこう気ままな出方をしてるんで、ここで少しだけ説明を追加して整理し直しておく。

①供給と需要、その他の要因

音楽だって財とかサービスとかの一種だから、他の条件がすべて同じで値段だけが違っているなら、誰だって安く買いたいし高く売りたい。でもここで大事なのは「他の条件がすべて同じなら」って点だ。クルーガーの言う「あれやこれや《オール・ザット・ジャズ》」っていうのは、他の条件を同じではなくする要素ってことだ。古典的な例だと、輸入規制で供給数量が制限されたり、価格統制で値段が需給を一致させるように動けなかったりといったことだ。クルーガーみたいな経済学者は、まず誰でもわかるレベルまで、扱いの難しい「あれやこれや」の要因を取り除き、供給側にとっての価格と供給量の関係、需要側にとっての価格と需要量の関係だけを抽出して、それで価格と数量がそれぞれどうなるかを調べる。そのうえで、制度や規制、供給側の都合や需要側の想いがどんな影響を及ぼすかを入れ込むのだ。だからこの本で価格と数量を論じるときに、クルーガーはまず、供給が需要に追いついていなければ「あれやこれやが働いて価格が安すぎているはずだ、それは何か」と考え、価格が高いのに需要が供給を超えていれば「なぜそんな価格で需要があるのか」とデータを集めて分析する。

②規模と不完全代替性

クルーガーが「規模」といって主に考えているのは、たくさんの聴き手に音を届けるテクノロジーのことだ。大昔のギタリストが竿一本で済んだのが、アンプを使い、ＰＡにミキサー卓を使い、６万人収容のスタジアムで演るのにデカいスクリーンを持ち込んで、なんてことになるとライヴの初期投資はどんどん大きくなる。でもコンピュータとかインターネットやユーチューブで、「たくさんの聴き手に音を届ける」という目的を果たすのに必要な初期投資が小さくなっている。ちょっと出てくるクリス・アンダーソンやポール・クルーグマン（本人がツイッターでいわく、インディ系が好きだそうな）は、いままで大規模な投資が行えるビッグネームにしかできなかったこと（音楽なら「たくさんの聴き手に音を届ける」こと）が、宅録派のアマチュアにもできるようになったことのほうに注目する。市場はもう不平等の解消に向かい、たくさんのニッチの塊になるはずだと主張する。一方、クルーガーはデータを見て「いやそうでもないよ、だってお客集めてるの、輪をかけてビッグネームばっかりじゃないの」と言う。そこで働いているのが「不完全代替性」だ。

不完全代替性というのは、替えが利きにくいってことだ。バンドやミュージシャンは多かれ少なかれオリジナリティを追い求める。ジミヘンの代用はクラプトンでもできないし、ベビーメタルの代わりはロブ・ハルフォードだって（仮に彼のほうが高い声が出ても）できない。そういうのが非代替財だ。一方、お勉強でも内職でも通勤でも、「ながら」で音楽聞く分には、必ずこの人この曲でないとってことはあんまりない。非代替的ではなく不完全代替なのだ。ちなみに完全代替財、つまりどこで買ってもどこのを買っても同じであるようなモノを、コモディティと呼んだりする。

スーパースターはスーパースターであるからして他の人らより大人気でないといけない。大人気とは人気が大きいことなのだから規模が必要。また、コモディティじゃ一部のスターにだけ人気が集まったりはしない。だから代替性は不完全でないといけない。音楽にはもともと不完全代替性があり、ある人の音楽は別の人の音楽に完全に取って代わることはできない。技術革新を重ねてお客の規模が拡大すると、それぞれを聴く人の数の差も拡大する。そうやってスターはスーパースターに、ビッグの次はグレイテストになる。

規模が拡大して格差が広がるってことは、規模が拡大すれば拡大した分の多くが、拡大する前からスターだった人に集中するってことになる。つまり、音楽には優劣があるってことか、少なくとも、みんなが求めているものは共通しているかのどちらかってことにならないか？　市場が求めているもの、つまりその時々の市場に不足している要素を「穴ぼこ」と呼び、その穴ぼこが大きいほどビッグヒットが生まれるって仮説が昔あった。たしかビートルズがなんであれだけビッグになったか、そしてその後ビートルズ並みのスーパースターが出てこないのはなぜかって話だったたと思う。

クルーグマンとかアンダーソンは、供給がローコストで容易に行えるようになれば供給する側（ミュージシャン）もどっと増え、同時に供給される音楽が多様化して、すでに多様化している消費者がそれぞれ自分のマニアな、もといニッチなニーズを満たしてくれる音楽をピンポイントで見つけられるようになると考えたんだろう。でもクルーガーが見る限り、どうやら大勢はそうなっていない。むしろ集中、言い換えれば不平等が加速している。

③運

まあ、何かにつけて運は、経済活動も含めた人の営みを左右する。それこそ誰かのキャリアがまるごと1つ、運、言い換えるとランダム性の研究に費やされてたりもするし、この本でも1章を割いて運を論じている。ぼく自身もシノギの1つは値段がランダムに、少なくとも一見ランダムに見える動きをするものが相手だ。だから運がないと成功しないというのは普通のことなのだけれど、そこでよく出てくるのが「成功するかどうかは運だけで決まるなんて言うつもりか」という反論である。もちろんクルーガーは（ぼくも）そんなことを言ってるわけじゃない。そういう反論は必要条件と十分条件を混同している。クルーガーが言っているのは、運は絶対に必要だけど、運だけじゃだめだし、能力や努力も絶対に必要だけれど、それだけでもダメだってことだ。音楽なら、楽器（か、なんならコンピュータとアプリ）をマスターし、技やうまい使い方を身につけないといけないし、曲や詞だって書けないといけなかったりもする。両方あってやっと成功に手が届くのである。

④ボウイ仮説

ボウイ仮説とは、昔はいい曲録ってレコード出してれば（それで運もよければ）ミュージシャンは食っていけたけど、これからはそれじゃ稼げなくなるよ、という仮説である。もはやいくら音楽がすばらしくてオリジナリティがあっても、それだけじゃダメになったってことだ。音以外も一緒につけて売らないと売れない、クルーガーはそう考えている。音以外には「一度限りの演奏」であるライヴなんかも含まれる。で、ボウイはツアーに出まくってばんばんライヴを演るしかないという。その昔ケイト・ブッシュが、聴き手が勝手に録音するテープにレコードで立ち向かうにはジャケットに凝るしかないって言っていたけれど、頭にあったのはボウイと同じ問題意識なんだろう。日本でもずいぶん前からアイドル・グループなんかがそれっぽい戦略を取っている。音源を買えば投票権が、とか。

かつては儲かる売り物だったが時とともにそれだけじゃ売れなくなり、いつしかどこの製品でも違いがないコモディティと化すって展開は、経済全般に広く見られる。新しい製品や画期的な新技術も、時とともに陳腐化し、模倣や競合が現れて、高いマージンを取れなくなる、そんな力がいつも経済には働いている。たとえばマーケティング方面だと、消費者のセグメンテーションとか製品の差別化とかといった戦略でそんな力に立ち向かい、なんとかマージンやシェアを維持しようとする。

ボウイ仮説は、それまでモノやテクノロジーに関することで、音楽なんかには無縁なはずだったコモディティ化が、音楽業界どころか音楽そのものにも付きまとうようになった、そんな仮説なのである。

⑤価格差別

価格差別とその具体的な手管に関しては、本書はとくに詳しい。前述のセグメンテーションの一種だと考えることができるだろう。乱暴な言い方をすれば、同じモノでも取れるところからは取れるだけ取りにいく戦略だ。

カントリーはあんまり聴かないのでテイラー・スウィフトはよく知らないが、一本値で売りに出せば、それより高くても買うという人はその値段で買うし、それより安くないと買わない人は買わない。そんな顧客層に対し、高くても買う人には高い値段で、安くないと買わない人にはある程度まで安い値段で提供し、そうして収入や利益を最大化する。この作戦はうまくやらないとダフ屋を潤すだけになる。

⑥コスト

どの生業でもそうだけれど、何がしかの稼ぎを手にするためにどれだけの費用をかけ、投資を行うかはいつもついて回る問題だ。音楽で言えば、いい音を手に入れるにはどの楽器、どの機材がいいかが昔から追求されてきた。「アレンビック抱えた歯医者さん」（102ページ）のタイプだと、たぶん「それで何が手に入るのか」なんか考えなくても、いい音が出せりゃそれでいい、あとは実際その音を手に入れられるだけのお金があるか、問題はそれだけだ。でも何ごとかの営みを生業なりビジネスなりとして考えると、話はもう少し複雑になる。ストレスなく普通に弾けて長持ちする機材が基本だとして、あといくらか出せばもっといい音が出せる機材が手に入るとする。音楽を仕事にしていれば、そのいい機材、いい音で、新たにどれだけ得るものがあるかを、たぶん考えないといけない。仕事は増えるのか？　稼ぎは？　ファイナンス系の言葉で言うと、「その投資のＮＰＶ（Net Present Value：正味現在価値）は？」ということになる。ＮＰＶがマイナス、つまり投資に見合った利益が将来に見込めなくて、それでもなお59年のレス・ポールを買うなら、それは採算とは関係ない、たぶん見栄だか趣味だかの領域だ。

⑦お金以外の何か

ビジネスとしての音楽を延々語っておいて、クルーガーも結局、音楽は奇跡だって話に帰ってくる。たぶん誰でも音楽が起こした奇跡に出くわしたことはあるんじゃないかと思うし、音楽に救われたり力を貰ったりしたって人も多いことだろう。たとえばぼくだと、ティーンエイジャーのときにパティ・スミスがいなかったらたぶん生きちゃいなかった。ずっと後になってサーストン・ムーアが、レコード店で彼女が「フ××クしたいって思えないやつのは聴かないんだあたし」ってのたまってるのに出くわして感激したとか、彼女と映画を見に行くのを妄想したとかって書いているのを読んで、彼の言ってることが完全に理解できたぐらいだ。ぼくのとるに足らない命なんざともかくも、ジョージ・クリントンも言うがごとく、そもそも「ファンクはそれ自体が報い」なのである。

アラン・クルーガーが亡くなったのは2019年の春、*Rockonomics* が出たのはその少し前だった。58歳だったそうだ。この本はクルーガーの遺作ということになる。

何年か前、ウェブ・ニュースでジョン・ライドンがこんなことを言ってるのを見た。「女王が死んだときにGod Save the Queen流されんのはヤだ」。何ががっかりって、そんな彼にちょっとほっとした自分にはほんとがっかりした。中坊の（ぼくでなく）オレはそんなこと言う30オーバーをディスった。間違いなくディスった。

でもその一方で、もはやでっぷり太って（たぶん）頭のてっぺんが薄いのを髪型でごまかしてる彼が、そんな自分を茶化して笑いを取っていたり、あるいはアリス・クーパーが腰を曲げて（例の）杖を突いて歩くジジイを演じて（たぶん意図的に）シャレになってなかったりするのを見ると、信じちゃもらえない30オーバーにも胸張って生きる道があるってことを、彼らが、それに本書のクルーガーが、ちゃんと見せてくれてるじゃないかと思う。読んでくれたみなさん、とくにジジババの域に達した元ロックな人たちが、ちょっとは気を取り直して順調にそれぞれのジジババの道を歩んでくれたらと思います。

望月衛

2021年4月

付論

01. この州立大学からデータを貰うために、2018年2月にぼくは公式に、100ドルの料金で大学に分析サービスを提供する業者になった。契約の取り決めに従い、この分析の対象である大学や会場それぞれの名前は秘密にしておく。

うに統制すると、音楽を聴くことの効果はもっと弱いって推定結果が出るだろう。

09. *Music, Health, and Well-Being*, ed. Raymond A. R. MacDonald, Gunter Kreutz, and Laura Mitchell (Oxford: Oxford University Press, 2012), 405–23所収のDaniel Västfjäll, Patrik N. Juslin, and Terry Hartig, "Music, Subjective Well-Being, and Health: The Role of Everyday Emotions,"を参照。著者たちは経験サンプリング法を使ってスウェーデンの大学生32人を対象に調査を行った。2週間にわたって1日に7つの時点をでたらめに選び、リアルタイムでそのときの情緒と活動について尋ねた。著者たちは、ストレスは自己申告ベースで、音楽がない場合より音楽がある場合のほうが大幅に小さかった。

10. Marie Helsing, Daniel Västfjäll, Pär Bjälkebring, Patrik Juslin, and Terry Hartig, "An Experimental Field Study of the Effects of Listening to Self-Selected Music on Emotions, Stress, and Cortisol Levels," *Music and Medicine* 8, no. 4 (2016): 187–98を見よ。

11. Saoirse Finn and Daisy Fancourt, "The Biological Impact of Listening to Music in Clinical and Nonclinical Settings: A Systematic Review," *Progress in Brain Research* 237 (2018): 173–200を参照。

12. Katlyn J. Peck, Todd A. Girard, Frank A. Russo, and Alexandra J. Fiocco, "Music and Memory in Alzheimer's Disease and the Potential Underlying Mechanisms," *Journal of Alzheimer's Disease* 51, no. 4 (2016): 949–59を見よ。

13. *Music, Health, and Well-Being*, ed. Raymond A. R. MacDonald, Gunter Kreutz, and Laura Mitchell (Oxford: Oxford University Press, 2012), 159–60に所収のA. Blythe LaGasse and Michael H. Thaut, "Music and Rehabilitation: Neurological Approaches"を参照。

14. Laurel J. Gabard-Durnam, Takao Hensch, and Nim Tottenham, "Music Reveals Medial Prefrontal Cortex Sensitive Period in Childhood," bioRxiv (2018), https://doi.org/10.1101/412007; Steve M. Janssen, Antonio G. Chessa, and Jaap M. Murre, "Temporal Distribution of Favourite Books, Movies, and Records: Differential Encoding and Re-Sampling," *Memory* 15, no. 7 (2007): 755–67を参照。

15. Seth Stephen-Davidowitz, "The Songs That Bind," *New York Times*, Feb. 10, 2018.

16. 2018年3月1日、ニューヨーク市で行ったクリフ・バーンスタインとピーター・メンシュのインタビューより。

17. John Maynard Keynes, *Essays in Persuasion* (New York: W. W. Norton, 1963), 358–73を参照。

18. Daniel Hamermesh, *Spending Time: The Most Valuable Resource* (London: Oxford University Press, 2018), 4.

19. Daniel Kahneman and Angus Deaton, "High Income Improves Evaluation of Life but Not Emotional Well-Being," *Proceedings of the National Academy of Sciences* 107, no. 38 (2010): 16489–93. 加えて、たとえばRichard Layard, *Happiness: Lessons from a New Science*, 2nd ed. (London: Penguin Books, 2011)を見よ。

Music's Upcoming IPO," *Digital Music News*, Jul. 8, 2018.
28. とくに断りのない限り、この節の残りの部分に出てくるTMEの情報は、2018年3月18日に北京で行ったサム・ジアンのインタビューとその後のeメールのやり取り、2018年10月に証券取引委員会に届け出られたTMEの目論見書に基づく。
29. "Universal Music Group and Tencent Music Entertainment Group Enter into Strategic Agreement Significantly Expanding Chinese Music Market," Universal Music Group, May 16, 2017.
30. ハミルトンの逆説の詳しい説明はArchie Hamilton, "Weathering Storms: The Paradox of China's Music Industry in 2018," LinkedIn, Feb. 26, 2018を参照。

第11章

01. Oliver Sacks, *Musicophylia* (New York: Knopf, 2007), 373.
02. Daniel Levitin, *This Is Your Brain on Music* (New York: Plume/Penguin, 2007), 186-88を見よ。
03. *Measuring the Subjective Well-Being of Nations: National Accounts of Time Use and Well-Being*, ed. Alan B. Krueger (Chicago: University of Chicago Press, 2009), 9–86に所収のAlan B. Krueger, Daniel Kahneman, David Schkade, Norbert Schwarz, and Arthur A. Stone, "National Time Accounting: The Currency of Life,"を参照。もっと最近の2010年、2012年、2013年のAmerican Time Use SurveyのWell-Being moduleのデータを調べてもだいたい同じ結果になる。
04. サンプルは2005年に乱数番号法で抽出した。被験者はそれぞれ参加料75ドルを貰い、質問票と時間メモの入ったパックを4セット受け取り、集合場所で記入する。この手のアンケートを使うと、電話で質問するアメリカ時間使用調査みたいな昔ながらのやり方より、複数の作業を行っている事例がずっとたくさんあるのがわかる。質問とデータはhttps://rady.ucsd.edu/faculty/directory/schkade/pub/fa-studyで入手可能。
05. 出来事をそれぞれ所要時間でウェイト付けすると、人が起きている時間のうち音楽を聴いていたと報告のあった時間が占める割合は7.5%だった。
06. Daniel Kahneman, Alan B. Krueger, David A. Schkade, Norbert Schwarz, and Arthur A. Stone, "A Survey Method for Characterizing Daily Life Experience: The Day Reconstruction Method," *Science* 306, no. 5702 (2004): 1776–80.
07. 出来事それぞれの幸せ度を、その出来事の間音楽が流れていたかどうかを示す指標と主な営みを示す指標で回帰すると、音楽がかかわっているときの出来事の幸せ度は0.281点高くなる。標準誤差は0.043だった。
08. 具体的には、出来事それぞれの幸せ度を、その出来事の間音楽が流れていたかどうかを示す指標、主な営みを示す指標、そして参加者それぞれを示す制約なしの指標で回帰すると、音楽がかかわっているときの出来事の幸せ度は0.157点高くなる。標準誤差は0.038だった。各個人が報告する、出来事それぞれに音楽が伴っていたかどうかの記憶にランダムな間違いがある可能性はある。たぶんあるんだろう。もしそうなら、参加者の人となりの効果をそんなふ

Million for Faye Wong Concert in Shanghai: Report," *Asia One*, Jun. 23, 2016の報告内容をつなぎ合わせて書いた。為替は当時のレートである1ドル=6.9人民元を仮定した。

11. この部分はA2LiVE の依頼を受けたNielsenの"Asia-Pacific Dance Music Study," Oct. 2017に基づく。

12. この節はFred Hwang, "Touring in China Remains Unpredictable as Gov't Keeps a Watchful Eye on Music Industry," *Billboard*, Sep. 18, 2018, およびJiayang Fan, "Why Justin Bieber Got Banned from Performing in China," *New Yorker*, Jul. 26, 2017に基づく。

13. Hwang, "Touring in China Remains Unpredictable"; Laura Snapes, "Dua Lipa 'Proud' of Fans Ejected from Concert for Waving LGBT Flags," *Guardian*, Sep. 13, 2018を見よ。

14. Doug Strub, "John Cappo: Bringing Music to the Mainland," *Amcham Shanghai*, Jul. 20, 2017.

15. ここや他の発言は、2018年3月18日に北京とeメールによるやり取りで行ったエリック・ド・フォントネのインタビューからの引用。

16. "Headlines from China: China Media Capital Launches CMC Live," *China Film Insider*, Jan. 10, 2018.

17. "Midi Modern Music Festival to Leave Beijing," China.org, Mar. 18, 2009.

18. "Ultra Shanghai Forced to Cancel Only a Week Before Taking Place, Ultra Beijing Dates Reconfirmed," *EDM Sauce*, Sep. 3, 2017.

19. ここや他の発言は、2018年3月20日に上海で行ったアーチー・ハミルトンのインタビューからの引用。

20. David Herlihy and Yu Zhang, "Music Industry and Copyright Protection in the United States and China," *Global Media and China* 1, no. 4 (2016): 394. 続く節2つに出てくるその他の詳しい点も、彼らのこの論文に基づいている。

21. 2018年3月20日に上海で行ったサム・ジアンのインタビューからの引用。

22. この部分は、2018年3月20日に上海で行った、カンジァン・ミュージックのグローバル・ビジネス部長、ティンコ・ギオルギエフに対するインタビューからの引用。

23. Lorraine Schmucker, "China's Ban on Hip-Hop from Television Causes Many to Speak Their Minds," *IR Insider*, Feb. 9, 2018.

24. Mark Savage, "China's Music Listening Habits Revealed," BBC News, Feb. 2, 2016.

25. この部分は、2017年にフランスのカンヌで開かれたMIDEMカンファレンスでTMEのグループ副社長、アンディ・シーが示したデータに基づく。出典: "Keynote: Andy Ng, Tencent—Midem 2017," YouTube, Midemの投稿, Jun. 6, 2017, https://www.youtube.com/watch?v=eCDPOkfplYw.

26. NetEase Cloud Music, "NetEase Cloud Music Hits 400 Million User Mark," PR Newswire, Nov. 21, 2017.

27. Marsha Silva, "Spotify Is Poised to Make Another $3 Billion—Thanks to Tencent

がより広く定義されているからだ。

31. AudienceNet, "2017 Music Consumption: The Overall Landscape."

32. 2018年7月24日に行ったマーティ・ゴッツマンのインタビューから引用。

33. より詳しくは "The Music Modernization Act," SoundExchange, https://www.soundexchange.com/advocacy/music-modernization-actを見よ。2018年10月16日に閲覧。

34. Ed Christman, "Music Modernization Act Passes Senate: Should End Confusion on Sirius XM Pre-1972 Settlement," *Billboard*, Sep. 19, 2018.

35. Peter DiCola and David Touve, "Licensing in the Shadow of Copyright," *Stanford Technology Law Review* 17 (2014): 397.

第10章

01. この節の統計量は2018年IFPIグローバル・ミュージック・マーケット・データを使った著者の計算に基づく。

02. Cherie Hu, "How India, the Global Music Industry's Sleeping Giant, Is Finally Waking Up," *Forbes*, Sep. 23, 2017.

03. Mun Keat Looi, "Why Japan Has More Old-Fashioned Music Stores Than Anywhere Else in the World," *Quartz*, Aug. 19, 2016.

04. たとえばヘリウェルは、カナダの州と州の間で行われるモノの取引は、カナダの州と、同じぐらいの規模と距離のアメリカの州との間で行われるモノの取引より12倍も多いのを発見した。州間のサービスの取引だと、カナダとアメリカのサービスの取引の25倍から30倍に上る。他にも彼は、ユーロ各国間の貿易に関しては、国境は小さいながらもはっきりした効果を与えているのを発見している。各国内の取引は国外との取引より6倍も密度が高く、また言葉が同じ国同士の間では、国内との密度の差は小さい。John Helliwel, *How Much Do National Borders Matter?* (Washington, DC: Brookings Institution Press, 1998)を見よ。

05. Fernando Ferreira and Joel Waldfogel, "Pop Internationalism: Has Half a Century of World Music Trade Displaced Local Culture?," *Economic Journal* 123, no. 569 (2013): 634–64; Luis Aguiar, Joel Waldfogel, and Estrella Gomez-Herrera, "Does Digitization Threaten Local Culture? Music in the Transition from iTunes to Spotify," mimeo, 2018を参照。

06. Josh O'Kane, "The Other Stockholm Syndrome," *Globe and Mail*, Jan. 12, 2018.

07. 2017年8月11日に行ったクインシー・ジョーンズのインタビューから引用。

08. John Seabrook, "Blank Space: What Kind of Genius Is Max Martin?," *New Yorker*, Sep. 30, 2015.

09. 2018年3月の19日と20日に行ったジョン・カッポのインタビューから引用。

10. この部分は、"Faye Wong's Shanghai Concert: The Return, or Fall, of a Legend?," *Global Times*, Jan. 4, 2017; Viola Zhou, "The Rise and Fall of Scalped Faye Wong Concert Tickets," *South China Morning Post*, Dec. 26, 2016; と "Jack Ma Pays $32.5

Italian Operas," SSRN Working Paper No. 2505776, 2016.

15. Frederic M. Scherer, *Quarter Notes and Bank Notes: The Economics of Music Composition in the Eighteenth and Nineteenth Centuries* (Princeton, NJ: Princeton University Press, 2012).

16. Questlove, *Creative Quest* (New York: Ecco, 2018).

17. 2018年5月30日にジョン・イーストマンとやり取りしたeメールからの引用。

18. Petra Moser, "Patents and Innovation in Economic History," NBER Working Paper No. 21964, 2016.

19. この点を強調したのはノーベル記念賞を獲ったポール・ローマーだ。彼はこう書いている。「金を探す人とかバクテリアで実験する人とかが増えれば増えるほど、より価値の高い発見が行われる」。Paul M. Romer, "The Origins of Endogenous Growth," *Journal of Economic Perspectives* 8, no. 1 (1994): 3-22を見よ。

20. Lorie Hollabaugh, "Florida Georgia Line, Bebe Rexha Hit One Billion Streaming Mark," *MusicRow*, May 30, 2018; Jim Asker, "Bebe Rexha & Florida Georgia Line's 'Meant to Be' Breaks Record for Longest Rule in Hot Country Songs Chart's History," *Billboard*, Jul. 30, 2018を見よ。

21. 2018年にカリフォルニア州ロサンゼルスのヴィレッジ・スタジオで開かれたMIRAカンファレンスにおけるレイニー・ショックニーの発言から引用。

22. Ben Kaye, "David Bowie, King of Turning People Down, Turned Down the Trainspotting Soundtrack," *Consequence of Sound*, Feb. 26, 2016.

23. Kelsey McKinney, "Songwriter Aloe Blacc Has a Plan to Save the Music Industry," *Vox*, Jan. 22, 2015.

24. Avery Avapol, "Steven Tyler Demands Trump Stop Playing Aerosmith at Rallies," *The Hill*, Aug. 22, 2018.

25. Steven Tyler (@IamStevenT), "This is not about Dems vs. Repub," Twitter, Aug. 22, 2018, 2:20 p.m., https://twitter.com/iamstevent/status/1032376949358788608?lang=en.

26. Kory Grow, "The Last Word: Lars Ulrich on Metallica's Darkest Times, Making His Own Rules," *Rolling Stone*, Nov. 7, 2016.

27. George A. Akerlof et al., "The Copyright Term Extension Act of 1998: An Economic Analysis," AEI-Brookings Joint Center for Regulatory Studies, Brief 02-1, 2002.

28. Megan MacGarvie, John McKeon, and Jeremy Watson, "It Was Fifty Years Ago Today: Recording Copyright Term and the Supply of Music," working paper, 2017.

29. International Federation of the Phonographic Industry, "Fixing the Value Gap," *IFPI Global Music Report 2018*.

30. ここの数値は、バリー・マッサースキーが寛大にも提供してくれた。グラフに描いた収入に対する割合は、他でよく報告されている推定値とは違っている。音楽の衛星局に関しては収入

35. Ian Courtney, "The Bob Lefsetz Podcast: Steve Boom," *Celebrity Access Encore*, Jun. 27, 2018.
36. Stephen Witt, "Billboard Power 100 Cover: Amazon's Jeff Bezos & Steve Boom on Starting a New 'Golden Age' for Music," *Billboard*, Feb. 9, 2017.
37. ここは2017年のMIRAカンファレンスでハンナ・カープが行ったマーク・ガイガーのインタビューに基づく。
38. Alan B. Krueger and David A. Anderson, *Explorations in Economics* (New York: Worth, 2013)からの引用。

第9章

01. *Williams v. Gaye*, 885 F.3d 1150 (2018).
02. Philip Caulfield, "Sam Smith Gives Tom Petty Songwriting Credit on 'Stay with Me,' " *New York Daily News*, Jan. 26, 2015.
03. Michelle Fabio, "Bruno Mars and Mark Ronson's 'Uptown Funk' Faces (Yet Another) Copyright Infringement Suit," *Forbes*, Dec. 30, 2017.
04. Kory Grow, "Led Zeppelin Face Retrial in 'Stairway to Heaven' Suit," *Rolling Stone*, Sep. 28, 2018.
05. 2018年1月22日にフロリダ州ハリウッドで行ったクインシー・ジョーンズのインタビューからの引用。
06. Kurt Dahl, "The 2 Copyrights in a Song (or the Most Important Concept in the Music Business)," *Lawyer Drummer*, Oct. 2, 2013.
07. Paul Goldstein, *Copyright's Highway: The Law and Lore of Copyright from Gutenberg to the Celestial Jukebox* (New York: Hill and Wang, 1995), 4.
08. 著作権の経済学を華麗に概観した文献に、Stan Liebowitz and Richard Watt, "How to Best Ensure Remuneration for Creators in the Market for Music? Copyright and Its Alternatives," *Journal of Economic Surveys* 20, no. 4 (2006): 513–45がある。
09. Alan Greenspan, "Statement re S. 31 Before the Subcommittee on Patents, Copyrights and Trademarks, Senate Committee on the Judiciary," Oct. 25, 1983.
10. Nilay Patel, "Metallica Sued Napster 15 Years Ago Today," *The Verge*, Apr. 13, 2015.
11. Todd Bishop, "Rhapsody Will Rebrand as Napster, Creating 'One Global Brand' for Longtime Music Service," *GeekWire*, Jun. 14, 2016.
12. たとえばJoseph Plambeck, "Court Rules That File-Sharing Service Infringed Copyrights," *New York Times*, May 12, 2010を見よ。
13. Joel Waldfogel, "Copyright Protection, Technological Change, and the Quality of New Products: Evidence from Recorded Music Since Napster," *Journal of Law and Economics* 55, no. 4 (2012): 715–40.
14. Michela Giorcelli and Petra Moser, "Copyrights and Creativity: Evidence from

Releases Financial Outlook for First Quarter and Fiscal Year 2018," Mar. 26, 2018, https://www.sec.gov/Archives/edgar/data/1639920/000119312518095067/d560151dex991.htm; およびSpotify Technology S.A., "Form F-1 Registration Statement Under the Securities Act of 1933," Feb. 28, 2018より。

20. Brian Braiker, "Pandora Wants to 'Evolve out of' Autoplay Video Ads," *Digiday*, Mar. 15, 2016.

21. Jason Huang, David H. Reiley, and Nickolai M. Riabov, "Measuring Consumer Sensitivity to Audio Advertising: A Field Experiment on Pandora Internet Radio," working paper, 2018, https://davidreiley.com/papers/PandoraListenerDemandCurve.pdfを参照。

22. Shelly Banjo, "Yes, You're Hearing More Ads on Pandora These Days," *Quartz*, Jul. 24, 2015.

23. Luis Aguiar and Joel Waldfogel, "Platforms, Promotion, and Product Discovery: Evidence from Spotify Playlists," NBER Working Paper No. 24713, 2018.

24. 技術革新に反応して音楽の制作件数が増えていることの分析については、たとえばJoel Waldfogel, "How Digitization Has Created a Golden Age of Music, Movies, Books, and Television," *Journal of Economic Perspectives* 31, no. 3 (2017): 195–214を見よ。

25. "Database Statistics," MusicBrainz, 2018.

26. "Music Production," Rehegoo Music, 2018, https://rehegoo.com/music-production.html.

27. Marc Hogan, "Uncovering How Streaming Is Changing the Sound of Pop," *Pitchfork*, Sep. 25, 2017.

28. ぼくの研究助手、エイミー・ウィケットはコラボがかかわる曲を全部聴いて、曲の最初の30秒に出てくる歌い手とその後に出てくる歌い手を判定した。この節では彼女が発見したことを報告している。

29. デジタル・ダウンロードでアルバムがバラ売りされて売上高が減ったのを分析した文献にAnita Elberse, "Bye-Bye Bundles: The Unbundling of Music in Digital Channels," *Journal of Marketing* 74, no. 3 (2010): 107–23がある。

30. George Garner, "'You Can't Capture Lightning in the Bottle Again': Rihanna Producer JR Rotem on the Key to Writing Hit Songs," *MusicWeek*, Feb. 28, 2018.

31. Abigail Tracy, "Jay-Z's Tidal Music Streaming Service Says Goodbye to Another CEO," *Forbes*, Jun. 23, 2015.

32. Keith Caulfield, "Taylor Swift's 'Reputation' Becomes Only Album Released in Last Two Years to Sell 2 Million Copies in U.S.," *Billboard*, Mar. 21, 2018.

33. Taylor Swift, "For Taylor Swift, the Future of Music Is a Love Story," *Wall Street Journal*, Jul. 7, 2014.

34. この節は"Apple Music Changes Policy After Taylor Swift Stand," BBC News, Jun. 22, 2015に基づく。

Aims to Cash In," *New York Times*, Mar. 13, 2018; Paul Resnikoff, "Apple Music Just Surpassed Spotify's U.S. Subscriber Count," *Digital Music News*, Jul. 5, 2018; "2017 Letter to Shareholders," Amazon, Apr. 18, 2018; Erin Griffith, "Pandora Learns the Cost of Ads, and of Subscriptions," *Wired*, Apr. 30, 2018; "Tencent Platforms Overview in Q1 2018; WeChat MAU Exceeded 1bn," *China Internet Watch*, May 17, 2018。

08. 2017年にカリフォルニア州ロサンゼルスで開かれたMIRAカンファレンスにおけるマーク・ガイガーのプレゼンテイションより。

09. Jem Aswad and Janko Roettgers, "With 70 Million Subscribers and a Risky IPO Strategy, Is Spotify Too Big to Fail?," *Variety*, Jan. 24, 2018.

10. 話がいっそうややこしくなるのが、インタラクティヴなストリーミング・サービスの印税率のうち、機械的に決まる部分を決めるのは著作権使用料協会で、レーベルは支払われる最低限の印税の額を交渉で決められるって点だ。それに、この章の後のほうでも説明しているように、レーベルとストリーミング業者は、ストリーミングの印税だけでなく、プロモーションやなんかの支援活動に関しても交渉できる。契約によっては、ストリーミング1件あたり、利用者1人あたりで売上高からもっと大きな割合が払われるような複雑な式で印税が決まったりすることもある。

11. Amy X. Wang, "Tidal Hits Back Against Rumors of Wrongdoing with Its Own Investigation," *Rolling Stone*, May 18, 2018.

12. Colin Stutz, "Spotify Subscribers Demand Refunds over Too Much Drake Promotion," *Billboard*, Jul. 2, 2018; Micah Singleton, "Drake's Scorpion Pulls In over 1 Billion Streams in Its First Week," *The Verge*, Jul. 8, 2018を参照。

13. Josh Constine, "Spotify 'Sponsored Songs' Lets Labels Pay for Plays," *TechCrunch*, Jun. 19, 2017.

14. Nicholas Deleon, "Best Music Streaming Services," *Consumer Reports*, May 18, 2018; "Amazon Music," Amazon を見よ。
https://www.amazon.com/gp/dmusic/promotions/AmazonMusicUnlimitedFamily、2018年10月16日に閲覧。

15. "U.S. Music Mid-Year Report 2018," Nielsen, Jul. 6, 2018.

16. この部分は2018年1月5日から2018年6月28日に関するバズアングル・ミュージックのデータを使った著者の計算に基づく。この計算ではドレイクを取り除くことが他のアーティストに与える影響を過小評価することになる。ストリーミングの件数を上位4000組のアーティストに限って計算したからだ。

17. たとえばBen Sisario, "As Music Streaming Grows, Royalties Slow to a Trickle," *New York Times*, Jan. 28, 2013を見よ。

18. "Billboard Finalizes Changes to How Streams Are Weighted for Billboard Hot 100 & 200," *Billboard*, May 1, 2018.

19. スポティファイに関するここや他の数値はSpotify Technology, "Spotify Technology S.A.

25. Guy Lynn and George Greenwood, "Musicians Hit by 'Management Scam,' " BBC, Mar. 29, 2018.
26. John Robinson, "Get Back and Other Setbacks," *Guardian*, Nov. 21, 2003.
27. "Colonel Tom Parker Biography," Biography.com, Apr. 16, 2018.
28. Jerry Osborne, *Elvis: Word for Word* (New York: Harmony Books, 2000).
29. Dave Brooks, "Kanye West Splits with Longtime Manager Izzy Zivkovic: Exclusive," *Billboard*, Mar. 28, 2018.
30. "How I Became the Fresh Prince of Bel-Air | Storytime," YouTube, Will Smithの投稿, May 10, 2018, https://www.youtube.com/watch?v=y_WoOYybCro.
31. "Singer Shakira Under Investigation in Spain for Possible Tax Evasion," *USA Today*, Jan. 24, 2018.
32. Emily Farache, "Elton Loses Mega-Lawsuit," *E! News*, Apr. 11, 2001.
33. Jon Blistein, "50 Cent to End Bankruptcy Case with $23 Million Payout," *Rolling Stone*, Jul. 7, 2016.
34. Carlson Kyle, Joshua Kim, Annamaria Lusardi, and Colin F. Camerer, "Bankruptcy Rates Among NFL Players with Short-Lived Income Spikes," *American Economic Review: Papers and Proceedings* 105, no. 5 (2015): 381–84.
35. Astrid Baumgardner, "How to Take Charge of Your Finances as a Musician," *I Care If You Listen* (blog), Nov. 11, 2014.

第8章

01. 出典: RIAA, U.S. Sales Database, https://www.riaa.com/u-sales-database。これは小売りに関する数字であることに注意。海賊盤が音楽の売り上げに与える影響を扱った文献を包括的に概観した文献には、Michael D. Smith and Rahul Telang, *Streaming, Sharing, Stealing* (Cambridge, MA: MIT Press, 2016), ch. 6がある。
02. 出典: RIAAのジョシュ・フリードランダーが2018年6月26日にカリフォルニア州ロサンゼルスでのMIRAカンファレンスで行ったプレゼンテイションより。フリードランダーによると、購読料ありの音声のストリーミングは2017年の音楽のストリーミングすべてのうち31%、インターネットラジオは35%、広告アリの動画が26%、広告アリの音声のストリーミングが8%を占めている。
03. Tim Arango, "Digital Sales Surpass CDs at Atlantic," *New York Times*, Nov. 25, 2008.
04. "Vinyl Still Rocks ＼m／," RIAA Music Note Blog, Mar. 23, 2016; Elizabeth King, "Why Are CDs Still a Thing?," *Motherboard*, Apr. 8, 2016.
05. Steve Knoppwer, "The End of Owning Music: How CDs and Downloads Died," *Rolling Stone*, Jun. 14, 2018.
06. フリードランダーの2018年6月26日のプレゼンテイションより。
07. この節の数値の出典はBen Sisario, "After Driving Streaming Music's Rise, Spotify

04. Ray Waddell, "Update: Madonna Confirms Deal with Live Nation," *Billboard*, Oct. 16, 2007.

05. Peter C. DiCola, "Money from Music: Survey Evidence on Musicians' Revenue and Lessons About Copyright Incentives," *Arizona Law Review* 55, no. 2 (2013): 301–70.

06. Donald S. Passman, *All You Need to Know About the Music Business* (New York: Free Press, 2012).

07. Richard Smirke, "Indie Labels Raked in $6 Billion Last Year, Accounting for 38 Percent of Global Market: New Study," *Billboard*, Oct. 23, 2017.

08. Nate Rau, "Lumineers' Success Hasn't Changed Label's Formula," *Tennessean*, Apr. 4, 2014.

09. Dylan Owens, "Four Years Later, the Lumineers Stage a Surprising Second Act," *Denver Post*, Mar. 31, 2016.

10. Bruce Springsteen, *Born to Run* (New York: Simon & Schuster, 2016), 251.

11. Colin Stutz, "Lil Pump Signs New Contract with Warner Bros. for Roughly $8M: Sources," *Billboard*, Mar. 12, 2018.

12. Jem Aswad, "It's Official: 'Gucci Gang' Rapper Lil Pump Re-Signs with Warner Bros. Records," *Variety*, Mar. 13, 2018.

13. Rafa Alvarez, "A Hip-Hop Signing Frenzy Sends New Record Deal Prices Soaring," *Billboard*, Mar. 29, 2018.

14. この部分は2018年6月26日にロサンゼルスのヴィレッジ・スタジオで行われたMIRAカンファレンスにおけるトム・コーソンの質疑応答でのやりとりから。

15. Fred Goodman, *Allen Klein: The Man Who Bailed Out the Beatles, Made the Stones, and Transformed Rock and Roll* (New York: Houghton Mifflin Harcourt, 2015), 195.

16. "Jay Van Dyke, formerly of the Lumineers: Music Biz 101 & More Podcast," *Music Biz 101*, Dec. 7, 2017.

17. この部分は2017年10月11日にプリンストン大学でダン・ライアンが行った講演より。

18. Passman, *All You Need to Know About the Music Business*.

19. Peter Bogdanovich, dir., *Tom Petty and the Heartbreakers: Runnin' Down a Dream*, Warner Bros., 2007.

20. Fred Goodman, "How Tom Petty Beat the Labels," *Billboard*, Oct. 6, 2017.

21. Richard Harrington, "Billy Joel's Midlife Confessions," *Washington Post*, Oct. 17, 1993.

22. Nick Paumgarten, "Thirty-Three-Hit-Hit Wonder," *New Yorker*, Oct. 27, 2014.

23. Mary Braid, "Sting's Adviser Jailed for £6m Theft from Star," *Independent*, Oct. 18, 1995.

24. Alison Boshoff, "Why Sting's Reduced to Singing at Weddings," *Daily Mail*, Jul. 20, 2016.

ター・ライヴ！カンファレンスの、ガース・ブルックスの公開討論。

26. Ben Popper, “8 Business Secrets of the Grateful Dead,” *Business Insider*, Aug. 5, 2010.

27. Pittman, “Listen to Michael Rapino’s Pollstar Live! Keynote Q&A.”

28. Gregory Mankiw, “I Paid $2,500 for a ‘Hamilton’ Ticket. I’m Happy About It,” *New York Times*, Oct. 21, 2016.

29. Phillip Leslie and Alan Sorensen, “Resale and Rent-Seeking: An Application to Ticket Markets,” *Review of Economic Studies* 81, no. 1 (2014): 266–300.

30. Aditya Bhave and Eric Budish, “Primary-Market Auctions for Event Tickets: Eliminating the Rents of ‘Bob the Broker’?,” NBER Working Paper No. 23770, 2017.

31. “What Is Ticketmaster Verified Fan?,” Ticketmaster, https://help.ticketmaster.com/s/article/What-is-Ticketmaster-Verified-Fan. Oct. 22, 2018にアクセス。

32. Kaitlyn Tiffany, “How Ticketmaster’s Verified Fan Program Toys with the Passions of Fandom,” *The Verge*, Feb. 7, 2018.

33. Dave Brooks, “Taylor Swift Has Concert Industry Embracing ‘Slow Ticketing’ Model,” *Billboard*, Dec. 14, 2017.

34. Dave Brooks, “Slow Ticketing Helps Jay-Z Net $48.7M on 2017 Tour,” *Billboard*, Jan. 11, 2018.

35. William J. Baumol and William G. Bowen, *Performing Arts, the Economic Dilemma: A Study of Problems Common to Theater, Opera, Music, and Dance* (New York: Twentieth Century Fund, 1966)を参照。

36. 2017年8月2日に行ったロブ・レヴィンのインタビューより。

37. 2018年4月5日に行ったマイケル・ロリックのインタビューより。

38. ここの内容の出典は、2017年12月5日に行ったピーター・ルービンのインタビュー。

39. この部分は2017年10月11日にプリンストン大学でダン・ライアンが行った講演より。

40. Ethan Smith and Sara Silver, “To Protect Its Box-Office Turf, Ticketmaster Plays Rivals’ Tune,” *Wall Street Journal*, Sep. 12, 2006.

41. Barry Ritholtz, “Markets, Music and a Defense on Wall Street: Barry Ritholtz,” *Washington Post*, Dec. 22, 2017.

第7章

01. 2018年の3月2日と4月12日にジョン・イーストマンにインタビューした。

02. Richard E. Caves, *Creative Industries: Contracts Between Art and Commerce* (Cambridge, MA: Harvard University Press, 2000), 65.

03. Justin M. Jacobsen, “The Artist & Record Label Relationship—A Look at the Standard ‘Record Deal’ [Part 1],” *TuneCore*, May 11, 2017.

2009.

09. Deborah Speer, "Pollstar Live! Q&A: Michael Rapino," *Pollstar*, Feb. 2, 2018.

10. Ben Sisario and Graham Bowley, "Live National Rules Music Ticketing, Some Say with Threats," *New York Times*, Apr. 1, 2018.

11. Dave Brooks, "AEG Says It Will Continue to Block-Book the O2 and Staples Center," *Billboard*, Sep. 1, 2017.

12. Jem Aswad, "AEG-MSG Turf Battle Heats Up: Acts That Play L.A. Forum Cannot Play London's O2 Arena," *Variety*, Jun. 30, 2017.

13. Jem Aswad, "Sharon Osbourne Slams AEG over Staples-O2 Booking Policy, Jay Marciano and Irving Azoff Respond," *Variety*, Feb. 7, 2018.

14. Associated Press, "In Move to Discourage Scalping, Rock Band Won't Honor Tickets," *New York Times*, Jul. 2, 1996.

15. MTV News Staff, "Box Office Employee Convicted in N.Y. Ticket Scam," *MTV News*, June 18, 1998.

16. Sarah Pittman, "Listen to Michael Rapino's Pollstar Live! Keynote Q&A: Promoter 101 Podcast," *Pollstar*, Feb. 19, 2018.

17. Neil Irwin, "Why Surge Prices Make Us So Mad: What Springsteen, Home Depot and a Nobel Winner Know," *New York Times*, Oct. 14, 2017.

18. たとえばJulie Holland Mortimer, Chris Nosko, and Alan Sorensen, "Supply Responses to Digital Distribution: Recorded Music and Live Performances," *Information Economics and Policy* 24, no. 1 (2012): 3-14; Alan B. Krueger, "The Economics of Real Superstars: The Market for Rock Concerts in the Material World," *Journal of Labor Economics* 23, no. 1 (2005): 1-30を見よ。

19. ジョン・イーストマンとのeメールでのやり取りより、2018年3月5日。

20. 2009年、当時ティケットマスターのCEOだったアーヴィン・エイゾフが上院法務小委員会でティケットマスターとライヴ・ネイションの合併についてこう証言している。「よろしいですか、ティケットマスターは他の皆さんに代わって自分たちが矢面に立つシステムを作り上げたんです。サービス料金のうちティケットマスターが受け取るのは小さなほんの一部だけです。サービス料金にはクレジットカードの使用料、建物に払う手数料、ときどきはアーティスト、ときどきは興行主にも手数料を払いますが、そういうのが入っています」。Stephen Dubner, "Why Is the Live-Event Ticket Market So Screwed Up?," *Freakonomics Radio*, WNYC, Dec. 6, 2017.

21. Irwin, "Why Surge Prices Make Us So Mad."

22. ポールスター・ボックスオフィス・データベースの情報を使った著者の計算。

23. "What Other Bands Can Learn from Ed Sheeran," *Stage Right Secrets*, Jan. 10, 2015.

24. David Wild, "10 Things That Piss Off Tom Petty," *Rolling Stone*, Nov. 14, 2002.

25. ここの内容の出典は、2018年2月2日にカリフォルニア州ロサンゼルスで開かれたポールス

26. David Cho and Alan B. Krueger, "Rent Sharing Within Firms," draft working paper, 2018.
27. 2018年7月27日、ニューヨーク市で行ったクリフ・バーンスタインのインタビューより。
28. Burton Malkiel, *A Random Walk down Wall Street: Including a Life-Cycle Guide to Personal Investing* (New York: W. W. Norton, 1999).
29. Burton Malkiel, "Index Funds Still Beat 'Active' Portfolio Management," *Wall Street Journal*, Jun. 5, 2017.
30. Chana Schoenberger, "Peter Lynch, 25 Years Later: It's Not Just 'Invest in What You Know,' " *MarketWatch*, Dec. 28, 2015.
31. Joan Goodman, "Playboy Interview with Paul and Linda McCartney," *Playboy*, Dec. 1984.
32. Brad M. Barber and Terrance Odean, "The Courage of Misguided Convictions: The Trading Behavior of Individual Investors," *Financial Analyst Journal* 55, no. 6 (1999): 41–55; Brad M. Barber and Terrance Odean, "Boys Will Be Boys: Gender, Overconfidence, and Common Stock Investment," *Quarterly Journal of Economics* 116, no. 1 (2001): 261–92.
33. 2018年10月4日に行ったグロリア・エステファンのインタビュー。
34. Frank Bruni, "Am I Going Blind?," *New York Times*, Feb. 23, 2018.
35. George Palathingal, "Life Not So Sweet for 'Sugar Man' Sixto Rodriguez," *Sydney Morning Herald*, May 29, 2014.
36. Larry Rohter, "A Real-Life Fairy Tale, Long in the Making and Set to Old Tunes," *New York Times*, Jul. 20, 2012.

第6章

01. U2のツアーに関する数字の出典はBob Grossweiner and Jane Cohen, "Madonna Tour Wraps with $280 Million-Plus Gross," *TicketNews*, Dec. 23, 2008, およびBrian Boyd, "Bono's Injury and U2's Shrinking Tour," *Irish Times*, May 8, 2015。
02. カリフォルニア州ロサンゼルスで開かれた2018年ポールスター・ライヴ！コンベンションでの発言を引用。
03. この章に出てくるクリフ・バーンスタインの言葉は、2017年7月5日に行った電話インタビューからの引用。
04. ポールスター・ボックスオフィス・データベースの情報を使った著者の計算。
05. Thor Christensen, "Gouge-a-Palooza? Rock Artists' Soaring Ticket Prices Amplify Cries of 'Sellout,' " *Dallas Morning News*, Jun. 2, 2002.
06. Donald S. Passman, *All You Need to Know About the Music Business* (New York: Free Press, 2012).
07. Ron Howard, dir., *The Beatles: Eight Days a Week*, Polygram Entertainment, 2016.
08. Ethan Smith, "Ticketmaster, Live Nation Near Merger," *Wall Street Journal*, Feb. 4,

11. Jennifer Ordoez, "Pop Singer Fails to Strike a Chord Despite the Millions Spent by MCA," *Wall Street Journal*, Feb. 26, 2002.

12. この節の統計量は、1960年から2017年の各年末における『ビルボード』誌トップ100を使って著者が計算した。

13. Fran Strine, *Hired Gun*, Vision Films, 2016.

14. Matthew J. Salganik and Duncan Watts, "Leading the Herd Astray: An Experimental Study of Self-Fulfilling Prophecies in an Artificial Cultural Market," *Social Psychology Quarterly* 71, no. 4 (2008): 338–55. この部分は、彼らの実験を単純化して概観するために、彼らが使った設定2つを合成して彼らの研究を描いてある。それでも彼らの大事な発見に関しては元の姿で現れている。

15. Duncan Watts, "Is Justin Timberlake a Product of Cumulative Advantage?," *New York Times*, Apr. 15, 2007.

16. Bruce Springsteen, *Born to Run* (New York: Simon & Schuster, 2017), 324–25.

17. Andy Greene, "Max Weinberg Talks 43 Years with Bruce Springsteen, Health Scares," *Rolling Stone*, Mar. 7, 2017.

18. Alex Arbuckle, "A Young Frank Sinatra, Dapper and Rebellious from Birth," *Mashable*, Oct. 19, 2015.

19. Geoff Boucher, "Allen Klein Dies at 77; Powerful Figure in Music World," *Los Angeles Times*, Jul. 5, 2009.

20. "Princeton University's 2012 Baccalaureate Remarks," Princeton University, Jun. 3, 2012, www.princeton.edu/news/2012/06/03/princeton-universitys-2012-baccalaureate-remarks.

21. Orley Ashenfelter and Alan B. Krueger, "Estimates of the Economic Return to Schooling from a New Sample of Twins," *American Economic Review* 84, no. 5 (1994): 1157–83.

22. Philip Oreopoulos, Till Von Wachter, and Andrew Heisz, "The Short- and Long-Term Career Effects of Graduating in a Recession," *American Economic Journal: Applied Economics* 4, no. 1 (2012): 1–29; Lisa B. Kahn, "The Long-Term Labor Market Consequences of Graduating from College in a Bad Economy," *Labour Economics* 17, no. 2 (2010): 303–16を見よ。

23. Paul Oyer, "The Making of an Investment Banker: Stock Market Shocks, Career Choice and Lifetime Income," *Journal of Finance* 63, no. 6 (2008): 2601–28.

24. Lawrence Mishel and Jessica Schieder, "CEO Pay Remains High Relative to the Pay of Typical Workers and High-Wage Earners," Economic Policy Institute, Jul. 20, 2017.

25. Marianne Bertrand and Sendhil Mullainathan, "Are CEOs Rewarded for Luck? The Ones Without Principals Are," *Quarterly Journal of Economics* 116, no. 3 (2001): 901–32.

29. Steven Kaplan and Joshua Rauh, "It's the Market: The Broad-Based Rise in the Return to Top Talent," *Journal of Economic Perspectives* 27, no. 3 (2013).

30. David Autor, David Dorn, Lawrence F. Katz, Christina Patterson, and John Van Reenen, "The Fall of the Labor Share and the Rise of Superstar Firms," NBER Working Paper No. 23396, 2017; David Wessel, "Is Lack of Competition Strangling the U.S. Economy," *Harvard Business Review*, Mar. 2018.

31. Wessel, "Is Lack of Competition Strangling the U.S. Economy."

32. Paul Resnikoff, "Two-Thirds of All Music Sold Comes from Just 4 Companies," *Digital Music News*, Aug. 3, 2016.

33. "Tech Firms Shell Out to Hire and Hoard Talent," *The Economist*, Nov. 5, 2016.

34. "Knorr, Wabtec Settle with U.S. over Agreements to Not Poach Workers," Reuters, Apr. 3, 2018.

35. Adam Smith, *An Inquiry into the Nature and Causes of the Wealth of Nations* (London: W. Strahan and T. Cadell, 1776).

36. Federal Trade Commission, "Antitrust Guidance for Human Resource Professionals," Department of Justice, Antitrust Division, Oct. 2016.

37. David Clark, "Antitrust Action Against No-Poaching Agreements: Obama Policy to Be Continued by the Trump Administration," *National Law Review*, Jan. 26, 2018.

第5章

01. 2017年11月13日、「レイト・ショウ・ウィズ・スティーヴン・コルベア」に出演したときのエルトン・ジョンの発言を書きおこした。

02. Peter Carlin, *Homeward Bound: The Life of Paul Simon* (New York: Henry Holt, 2016).

03. Frank H. Robert, *Success and Luck: Good Fortune and the Myth of Meritocracy* (Princeton, NJ: Princeton University Press, 2016).

04. スーパースターが現れる点は、候補がみんな同じだけの才を持ち、同じだけ必死に働く人たちでも変わらない。シャーウィン・ローゼンのスーパースター・モデルを拡張して、誰もが同じだけ才を持つ場合に対応させた議論についてはMoshe Adler, "Stardom and Talent," *American Economic Review* 75, no. 1 (1985): 208–12を参照。

05. Chris Hastings and Susan Bisset, "Literary Agent Made £15m Because JK Rowling Liked His Name," *Telegraph*, Jun. 15, 2003.

06. Shaun Considine, "The Hit We Almost Missed," *New York Times*, Dec. 3, 2004.

07. Mike Sigman, "John Hammond Looks Back (II)," *Record World*, Oct. 7, 1972.

08. Robert Burnett, "Dressed for Success: Sweden from Abba to Roxette," *Popular Music* 11, no. 2 (1992): 141-50を見よ。

09. 2018年4月12日、ニューヨーク市で行ったジョン・イーストマンのインタビュー。

10. Larry Rohter, "A Real-Life Fairy Tale, Long in the Making and Set to Old Tunes," *New York Times*, Jul. 20, 2012.

12. Lucy Williamson, "The Dark Side of South Korean Pop Music," BBC News, Jun. 15, 2011.

13. "BuzzAngle Music 2017 U.S. Report," BuzzAngle, 2018.

14. 人の寿命が80年、1日16時間音楽を聴き、1曲5分として計算した。

15. David J. Hargreaves, "The Effects of Repetition on Liking for Music," *Journal of Research in Music Education 32*, no. 1 (1984): 35–47; Robert B. Zajonc, "Attitudinal Effects of Mere Exposure," *Journal of Personality and Social Psychology* 9, no. 2, pt. 2 (1968): 1–27.

16. この過程を扱った専門的な議論はDavid Easley and Jon Kleinberg, *Networks, Crowds, and Markets: Reasoning About a Highly Connected World* (Cambridge, MA: Cambridge University Press, 2010), ch. 18を参照。

17. Matthew J. Salganik, Peter Sheridan Dodds, and Duncan J. Watts, "Experimental Study of Inequality and Unpredictability in an Artificial Cultural Market," *Science* 311 (2006): 854–56.

18. 2018年2月16日、マイアミビーチで行ったジェイコブ・コリアーのインタビューより。

19. Mark E. J. Newman, "Power Laws, Pareto Distributions and Zipf's Law," *Contemporary Physics* 46, no. 5 (2005): 323–51; Dimitrios Rafailidis and Yannis Manolopoulos, "The Power of Music: Searching for Power-Laws in Symbolic Musical Data," working paper, Department of Informatics, Aristotle University, Thessaloniki, Greece, 2008を参照。

20. Stephen Gandel, "Beware, Bitcoin Buffs, Bubbles Often Bite," *Bloomberg*, Sep. 29, 2017.

21. Chris Anderson, *The Long Tail: Why the Future of Business Is Selling Less of More* (New York: Hyperion, 2006).

22. Paul Krugman, "Is This (Still) the Age of the Superstar?," *New York Times*, Jun. 13, 2013.

23. ポールスター・ボックスオフィス・データベースの情報を使った著者の計算。

24. Anita Elberse, *Blockbusters: Hit-Making, Risk-Taking, and the Big Business of Entertainment* (London: Macmillan, 2013).

25. スミスとテラングが関連する主張を行っている。「ロングテイルの過程は、長い尻尾の先にしか入らない商品を作るためだけでなく、大ヒット商品を作るためにも使われる」。Michael D. Smith and Rahul Telang, *Streaming, Sharing, Stealing: Big Data and the Future of Entertainment* (Cambridge, MA: MIT Press, 2016), 76.

26. 2018年4月15日、フロリダ州マイアミビーチでトム・ヒーリーが行ったクエストラヴのインタビュー。

27. ポールスター・ボックスオフィス・データベースの情報を使った著者の計算。

28. Lawrence Mishel, Elise Gould, and Josh Bivens, "Wage Stagnation in Nine Charts," Economic Policy Institute, Jan. 6, 2015.

of Musicians."
45. Trigger (Kyle Coroneos), "In 2017, Women Only Made Up 7.5% of Country Radio's Top 40," *Saving Country Music* (blog), Dec. 27, 2017.
46. Judy Klemesrud, "Is Women's Lib Coming to the Philharmonic?," *New York Times*, Apr. 11, 1971.
47. Melinda Newman, "Where Are All the Female Music Producers," *Billboard*, Jan. 19, 2018.
48. Claudia Goldin and Cecilia Rouse, "Orchestrating Impartiality: The Impact of 'Blind' Auditions on Female Musicians," *American Economic Review* 90, no. 4 (2000): 715–41.
49. Katharine Zaleski, "Job Interviews Without Gender," *New York Times*, Jan. 6, 2018.
50. Patrick Doyle, "The Last Word: Billy Joel on Self-Doubt, Trump and Finally Becoming Cool," *Rolling Stone*, Jun. 14, 2017.

第4章

01. Thomas Piketty and Emmanuel Saez, "The Evolution of Top Incomes: A Historical and International Perspective," *American Economic Review* 96, no. 2 (2006): 200-205.
02. Lucas Chancel Facundo, Thomas Piketty, Emmanuel Saez, and Gabriel Zucman, "2018 World Inequality Report," World Inequality Lab, 2018.
03. このあたりのマーシャルの言葉はAlfred Marshall, *Principles of Economics*, 8th ed. (London: Macmillan, 1930)より。
04. このあたりのローゼンの言葉はSherwin Rosen, "The Economics of Superstars," *American Economic Review* 71, no. 5 (1981): 845–58より。
05. William Barclay Squire, "Billington, Elizabeth," *Dictionary of National Biography*, ed. Leslie Stephen (London: Smith, Elder, 1886)に掲載。
06. イングランド銀行のインフレ計算機を使い、ポンド・ドルの為替レートを1.40ドルとして計算している。Zack O'Malley Greenburg, "The World's Highest-Paid Women in Music 2017," *Forbes*, Nov. 20, 2017も見よ。
07. ポールスター・ボックスオフィス・データベースの情報を使った著者の計算。
08. バズアングルのデータを使った著者の計算。現在ストリーミング業者で聴けるアーティストは300万組いると仮定して推定を行った。アーティストは2017年に売ったアルバム数でランク付けした。
09. Jon Pareles, "David Bowie: 21st Century Entrepreneur," *New York Times*, Jun. 9, 2002.
10. 2017年7月5日に行ったクリフ・バーンスタインの電話インタビューから引用。
11. Donald S. Passman, *All You Need to Know About the Music Business* (New York: Free Press, 2012).

30. Robert Daniels, "The Hip Hop Economy Goes Free Trade," *Fortune*, Apr. 25, 2012.

31. Jacob Slichter, *So You Wanna Be a Rock & Roll Star: How I Machine-Gunned a Roomful of Record Executives and Other True Tales from a Drummer's Life* (New York: Broadway Books, 2004).

32. 2017年7月5日に行ったクリフ・バーンスタインの電話インタビュー。

33. James Brown and Bruce Tucker, *James Brown: The Godfather of Soul* (London: Head of Zeus, 1987).

34. Dan Epstein, "Metallica's Black Album: 10 Things You Didn't Know," *Rolling Stone*, Aug. 12, 2016.

35. Fred Bronson, "Metallica, Afghanistan National Institute of Music Named 2018 Polar Music Prize Laureates," *Billboard*, Feb. 14, 2018.

36. 2017年8月11日にカリフォルニア州ロサンゼルスで行ったクインシー・ジョーンズのインタビュー、および2017年1月23日にフロリダ州ハリウッドで開かれたインサイドETFカンファレンスにおけるクインシー・ジョーンズの言葉。

37. 2017年8月11日、カリフォルニア州ロサンゼルスで行ったアダム・フェルのインタビュー。

38. 2018年3月14日、カリフォルニア州ロサンゼルスで行ったスティーヴ・フェローニのインタビューから引用。

39. この節の統計量は2018年MIRAミュージシャン・アンケート調査、2016年薬物使用と健康に関する全国調査、2015-2016年国民健康栄養調査（NHANES）に基づく。Krueger and Zhen, "Inaugural Music Industry Research Association (MIRA) Survey of Musicians"を参照。

40. Martin Wolkewitz, Arthur Allignol, Nicholas Graves, and Adrian G. Barnett, "Is 27 Really a Dangerous Age for Famous Musicians? Retrospective Cohort Study," *BMJ* 343, no. 7837 (2011); Mark A. Bellis, Tom Hennell, Clare Lushey, Karen Hughes, Karen Tocque, and John R. Ashton, "Elvis to Eminem: Quantifying the Price of Fame Through Early Mortality of European and North American Rock and Pop Stars," *Journal of Epidemiology and Community Health* 61, no. 1 (2007): 896-901を見よ。

41. ミュージシャンの社会・経済的指標と地理のデータの出所は、インタビューや記事、伝記その他その他といろいろある。社会・経済的な地位はいくつかの要素に基づいて判定した。家族構成や住む家のタイプ（公団住宅とか）、親御さんの仕事、そういう要素だ。親御さんの仕事は2010年アメリカ地域社会調査のデータを使って所得層に分類した。

42. Raj Chetty, Nathaniel Hendren, Patrick Kline, and Emmanuel Saez, "Where Is the Land of Opportunity? The Geography of Intergenerational Mobility in the United States," *Quarterly Journal of Economics* 129, no. 4 (2014): 1553-623.

43. "Melanie C Talks Spice Girls and Sexism at AIM's Women in Music," *Music Week*, Jan. 18, 2018.

44. Krueger and Zhen, "Inaugural Music Industry Research Association (MIRA) Survey

of Musicians."
10. "Freelancing in America: 2017," Freelancers Union & Upwork, 2017.
11. ニュージャージーのミュージシャンのフォーカス・グループ、2018年2月21日。
12. Alan B. Krueger, "The Impact of Non-Traditional Jobs and the Role of Public Policy," Moynihan Lecture, 2017, http://www.aapss.org/news/alan-krueger-delivers-2017-moynihan-lectureを見よ。
13. Eric Alper, "Billy Joel on His Advice to Younger Musicians," *That Eric Alper* (blog), Jan. 14, 2018.
14. Dan Wilson (@DanWilsonMusic), "Even to be a moderately successful musician . . . ," Twitter, May 10, 2018, 8:48 a.m., https://twitter.com/DanWilsonMusic/status/994604978625900550.
15. Kurt Cobain, *Kurt Cobain Journals* (London: Viking Books, 2002).
16. Shawn Rending, "Music Legend Nile Rodgers to SXSW Crowd: 'Don't Be a Snob,' " KVUE, Mar. 15, 2017.
17. Patti Smith, *Just Kids* (New York: Ecco, 2010).
18. Bob Dylan, *Chronicles: Volume One* (New York: Pocket Books, 2005).
19. IEIGh5, "Jason Pierce (Spiritualized) Interview: 2011," *Digging a Hole* (blog), May 11, 2011, http://guestlisted.blogspot.com/2011/05/jason-piercespiritualized-interview.html.
20. ジェイコブ・コリアーのインタビュー、2018年2月16日、マイアミビーチにて。
21. Krueger and Zhen, "Inaugural Music Industry Research Association (MIRA) Survey of Musicians."
22. ボブ・ゲルドフとの議論、2017年11月17日、ニューヨーク市のハミルトン・プロジェクト・リトリートにて。
23. ここのデータは、上場企業のCEOの報酬、およびアスリートとミュージシャンの収入を著者が計算したデータがもとになっている。"Equilar | New York Times 200 Highest-Paid CEOs," Equilar, May 25, 2018; "The World's Highest-Paid Athletes," *Forbes*, June 13, 2018; およびEd Christman, "Billboard's 2018 Money Makers: 50 Highest-Paid Musicians," *Billboard*, Jul. 20, 2018を参照。
24. Adam Smith, *An Inquiry into the Nature and Causes of the Wealth of Nations* (London: W. Strahan and T. Cadell, 1776).
25. Grateful Dead, "Playing in the Band," *Ace*, Warner Bros., 1972.
26. Frank Sinatra, *Sinatra at the Sands*, Reprise Records, 1966.
27. 『ビルボード』誌トップ100の曲のデータを使った著者の計算。
28. 2018年6月29日にスカイプで行ったダン・ウィルソンのインタビュー。
29. Gary Trust, "Happy Birthday, Billboard Charts! On July 27, 1940, the First Song Sales Chart Debuted," *Billboard*, Jul. 27, 2017.

42. Brian Hiatt, "Natalie Maines: A Dixie Chick Declares War on Nashville," *Rolling Stone*, May 20, 2013.

43. Trigger (Kyle Coroneos), "Destroying the Dixie Chicks—Ten Years After," *Saving Country Music* (blog), Mar. 10, 2013.

44. Gayle Thompson, "15 Years Ago: Natalie Maines Makes Controversial Comments About President George W. Bush," The Boot, Mar. 10, 2018, http://theboot.com/natalie-maines-dixie-chicks-controversy.

45. "North American Concerts Gross $61M for Dixie Chicks," *Austin Business Journal*, Aug. 18, 2003.

46. "Banging the Drum for Music," BBC Arts, http://www.bbc.co.uk/programmes/articles/5lgpCss83SfgN1FJks8gJkB/banging-for-music. Oct. 16, 2018に閲覧。

第3章

01. Andy Greene, "Max Weinberg Talks 43 Years with Bruce Springsteen, Health Scares," *Rolling Stone*, Mar. 7, 2017.

02. Bruce Springsteen, "Ain't Got You," *Tunnel of Love*, Columbia Records, 1987.

03. この節の数値は2000年から2016年のアメリカ地域社会調査（ACS）、および1970年と1980年、1990年の国勢調査を著者が集計して算出した。給料は直近12ヵ月間の金額。働き手の職業は当時または当時のもっとも最近の職業で分類した。前週にお金を貰って働いた人を働いていた人としてカウントした。2016年ACSの標本は220万世帯の聞き取り調査からなる。アメリカの人口構成をうまく代表するように、標本はウェイト付けされている。

04. "The 'Starving Artist'—Myth or Reality? Earnings of Artists in the United States," *Journal of Political Economy* 94, no. 1 (1986): 56-75で、ランダール・ファイラーはこんな発見をしている。1980年、ミュージシャンも含め、アーティストたちは全体として他の生業の人たちより平均では稼ぎが少なかった。何よりも彼らは若いからだ。ファイラーは、芸事じゃ食っていけないなんてのは勘違いだって結論を出した。でもそんな勘違いも2000年代にはほんとのことに近くなった。ミュージシャンたちは他の生業の人たちに比べて、歳もいってるし学もある人たちになった。それなのに稼ぎは相変わらず他の働き手よりも平均ではずいぶんと悪い。

05. この節の統計はAlan B. Krueger and Ying Zhen, "Inaugural Music Industry Research Association (MIRA) Survey of Musicians," *MIRA Conference Report* 2018に基づく。

06. Lawrence F. Katz and Alan B. Krueger, "Understanding Trends in Alternative Work Arrangements in the United States," NBER Working Paper No. 25425, 2019.

07. Andrea Domanick, "The Dollars and Desperation Silencing #MeToo in Music," Noisey.com, Mar. 15, 2018.

08. "Artists and Health Insurance Survey," *Future of Music*, Oct. 15, 2013.

09. Krueger and Zhen, "Inaugural Music Industry Research Association (MIRA) Survey

Dec. 18, 2007より。
22. "BuzzAngle Music 2017 U.S. Report," BuzzAngle, 2017.
23. この情報の出典はアマンダ・パーマーのペイトリオンのウェブページ、https://www.patreon.com/amandapalmer。
24. Passman, *All You Need to Know About the Music Business*.
25. この節の統計量は『ビルボード』誌による2016年と2017年の稼ぎ頭のデータと、それを使った著者の計算に基づく。Ed Christman, "Billboard's 2018 Money Makers: 50 Highest--Paid Musicians," *Billboard*, Jul. 20, 2018を参照。
26. Gary Trust and Keith Caulfield, "Eminem Marks Sales, Hot 100 Milestones," *Billboard*, Mar. 21, 2014.
27. Fleetwood Mac, "Dreams," *Rumors*, Warner Bros., 1977.
28. Dan Kopf, "Amid Controversy, the NFL Is Still Thriving Financially," *Quartz*, Sep. 9, 2018.
29. ニールセンのGlobal Product Leadership and Industry Insights for Music担当VPであるデイヴィッド・バクラが2017年にカリフォルニア州ロサンゼルスのUCLAで開かれたMIRAカンファレンスで行ったプレゼンテイション (https://themira.org/program-1); AudienceNet, "2018 Music Consumption: The Overall Landscape," 2018.
30. AudienceNet, "2017 Music Consumption: The Overall Landscape."
31. "Time with Tunes: How Technology Is Driving Music Consumption," *Nielsen Insights*, Nov. 2, 2017.
32. Robert B. Zajonc, "Attitudinal Effects of Mere Exposure," *Journal of Personality and Social Psychology* 9, no. 2, pt. 2 (1968): 1–27.
33. Erik Kirschbaum, *Rocking the Wall: Bruce Springsteen; The Berlin Concert That Changed the World* (New York: Berlinica, 2015)を参照。
34. Eric Alper (@ThatEricAlper), "What album or song or musician has changed your life?," Twitter, Dec. 26, 2017, 10:30 a.m., https://twitter.com/ThatEricAlper/status/945723501746454528.
35. Ben Cosgrove, "Concert for Bangladesh: Photos from the First-Ever Rock 'n' Roll Benefit Show," *Time*, Jul. 30, 2013を見よ。
36. Amy Robinson, "Michael Jackson 'We Are the World,' " The Borgen Project, Jan. 27, 2014, https://borgenproject.org/michael-worldを見よ。
37. Catherine McHugh, "Live Aid 30th Anniversary: The Day Rock and Roll Changed the World," Biography.com, Jul. 12, 2015を参照。
38. Milton Friedman and Rose D. Friedman, *Capitalism and Freedom* (Chicago: University of Chicago Press, 1962)を参照。
39. Larry Fink, BlackRock, "A Sense of Purpose," annual letter to CEOs, 2017.
40. BuzzAngle Total Streaming dataに基づく著者の計算。
41. Michael Agresta, "The Redemption of Sinead O'Connor," *Atlantic*, Oct. 3, 2012.

2015を見よ。
07. Daniel Kaplan, “NFL Revenue Reaches $14B, Fueled by Media,” *Sports Business Journal*, Mar. 6, 2017、およびアメリカ教育省のデータ(https://ope.ed.gov/athletics/#)に基づく著者の計算。
08. Jennifer Maloney and Saabira Chaudhuri, “Against All Odds, the U.S. Tobacco Industry Is Rolling in Money,” *Wall Street Journal*, Apr. 23, 2017. CDCによれば、2015年の広告への支出は89億ドルだった。“Smoking & Tobacco Use: Fast Facts,” Centers for Disease Control and Prevention,
https://www.cdc.gov/tobacco/data_statistics/fact_sheets/fast_facts/index.htm を参照。
09. IHRSA, “U.S. Fitness Center/Health Club Industry Revenue from 2000 to 2016 (in Billion U.S. Dollars),” Statista, www.statista.com/statistics/236120/us-revenue, およびAna Swanson, “What Your Gym Doesn't Want You to Know,” *Washington Post*, Jan. 5, 2016を参照。
10. この章に出てくるクリフ・バーンスタインの言葉は、2017年7月5日に行った彼の電話インタビューに基づく。
11. Alan B. Krueger and Ying Zhen, “Inaugural Music Industry Research Association (MIRA) Survey of Musicians,” *MIRA Conference Report 2018*.
12. 2017年11月10日、ニューヨーク州ニューヨーク市でエイヴリー・リップマンと会ったときの会話から引用。
13. “Vinyl (Still) Rocks＼m／,” RIAA Music Note Blog, Mar. 23, 2016; Elizabeth King, “Why Are CDs Still a Thing?,” *Motherboard*, Apr. 8, 2016.
14. Allison Stewart, “What Genres Have Benefited Most from the Streaming Era of Music,” *Chicago Tribune*, Apr. 4, 2018.
15. Hugh McIntyre, “What Do the Major Streaming Services Pay per Stream,” *Forbes*, Jul. 27, 2017.
16. Jem Aswad and Janko Roettgers, “With 70 Million Subscribers and a Risky IPO Strategy, Is Spotify Too Big to Fail?,” *Variety*, Jan. 24, 2018.
17. Donald S. Passman, *All You Need to Know About the Music Business* (New York: Free Press, 2012).
18. AudienceNet, “2017 Music Consumption: The Overall Landscape.” ここのデータはアメリカに住む16歳以上の人たち3,006人を対象に行った全国代表サンプル調査に基づく。
19. Goldman Sachs Equity Research, “Music in the Air,” Aug. 28, 2017, 25.
20. “A Billion Reasons to Celebrate Music on YouTube,” *YouTube Official Blog*, Dec. 6, 2016; Rob LeFebvre, “YouTube Music Head Says Company Pays Higher Royalties Than Spotify in US,” Engadget, Aug. 7, 2017.
21. ここの統計量は “David Byrne and Thom Yorke on the Real Value of Music,” *Wired*,

18. 第6章参照。

19. "Concert Tickets' Expensive Rockonomics: Our View," *USA Today*, Aug. 8, 2013.

20. Richard E. Caves, *Creative Industries: Contracts Between Art and Commerce* (Cambridge, MA: Harvard University Press, 2002). Peter Tschmuck, *The Economics of Music* (New Castle upon Tyne: Agenda Publishing, 2017)も参照。

21. IFPI, "Global Music Report 2018: Annual State of the Industry," 2018.

22. Jason Huang, David H. Reiley, and Nickolai M. Riabov, "Measuring Consumer Sensitivity to Audio Advertising: A Field Experiment on Pandora Internet Radio," working paper, 2018, https://davidreiley.com/papers/PandoraListenerDemandCurve.pdf.

23. *Measuring the Subjective Well-Being of Nations: National Accounts of Time Use and Well-Being*, ed. Alan B. Krueger (Chicago: University of Chicago Press, 2009)に所収のAlan B. Krueger, Daniel Kahneman, David Schkade, Norbert Schwarz, and Arthur A. Stone, "National Time Accounting: The Currency of Life,"を参照。

24. 2017年にUCLAで開かれたMIRAカンファレンスにおけるDave Bakula, Nielsen, and Russ Crupnickのプレゼンテイションより。https://themira.org/program-1を参照。

25. スタティスタ(https://www.statista.com/outlook/40110200/109/potato-chips/states)とIFPI, "Global Music Report 2018"のデータを使った著者の計算。

26. Maria L. Bringas et al., "Effectiveness of Music Therapy as an Aid to Neurorestoration of Children with Severe Neurological Disorders," *Frontiers in Neuroscience* 9 (2015): 427.

第2章

01. サイモンの言葉の出典はJon Landau, "Paul Simon: The Rolling Stone Interview," *Rolling Stone*, Jul. 20, 1972。

02. 音楽業界の規模を扱ったこの箇所と次の節の統計量は、Statista, "Music Dossier," 2017 (https://www.statista.com/study/10499/music-industry-in-the-united-states-statista-dossier), 10, 11,および17とthe Bureau of Economic Analysisから入手した。

03. Mikal Gilmore, "The Rolling Stone 20th Anniversary Interview: Bruce Springsteen," *Rolling Stone*, Nov. 5, 1987.

04. スポティファイの主席エコノミストであるウィル・ペイジは、レコード業界の売上高の測り方だと印税が少なめに計算されると、論拠を挙げて主張している。でも、少なめに計算されてる分を考慮してもなお、世界中で音楽に遣われるお金は世界のGDPの0.1%にもぜんぜん届かない。Tim Ingham, "The Global Music Copyright Business Is Worth More Than You Think—and Grew by Nearly $1bn Last Year," *Music Business Worldwide*, Dec. 13, 2016を参照。

05. テネシー州ナッシュヴィルでラス・クラプニックにインタビューしたときに聞いた話より。

06. Darren Heitner, "Sports Industry to Reach $73.5 Billion by 2019," *Forbes*, Oct. 19,

参考文献

第1章

01. Mikal Gilmore, "Why the Beatles Broke Up," *Rolling Stone*, Sep. 3, 2009を見よ。

02. Jon Pareles, "David Bowie: 21st Century Entrepreneur," *New York Times*, Jun. 9, 2002.

03. Mark Mulligan, "Why Profit Doesn't Come into It for Apple Music," *Music Industry Blog*, Aug. 28, 2015.

04. Barbara Charone, "Ladies and Gentlemen . . . Emerson, Lake & Palmer," *Gig Magazine*, Sep. 1977, http://ladiesofthelake.com/cabinet/77 Tour.html.

05. 2018年3月2日にニューヨーク市で行ったジョン・イーストマンのインタビューより。

06. Neil Young, "My My, Hey Hey (Into the Black)," *Rust Never Sleeps*, Reprise Records, 1979.

07. Chris Moukarbel, dir., *Gaga: Five Foot Two*, Netflix, 2017.

08. David J. Hargreaves, "The Effects of Repetition on Liking for Music," *Journal of Research in Music Education* 32, no. 1 (1984): 35–47; Robert B. Zajonc, "Attitudinal Effects of Mere Exposure," *Journal of Personality and Social Psychology* 9, no. 2, pt. 2 (1968): 1-27.

09. Tasneem Chipty, "FCC Media Ownership Study #5: Station Ownership and Programming in Radio," Federal Communications Commission, Jun. 24, 2007, https://docs.fcc.gov/public/attachments/DA--07--3470A6.pdf.

10. Gary Trust, "Ask Billboard: Max Martin Notches Another No. 1," *Billboard*, Nov. 25, 2014; Ed Christman, "Billboard's 2018 Money Makers: 50 Highest-Paid Musicians," *Billboard*, Jul. 20, 2018.

11. Marc Myers, "Steely Dan's Donald Fagen Tours with Young 'Nightflyers,' " *Wall Street Journal*, Jul. 26, 2017.

12. Alfred Marshall, *Principles of Economics* (New York: Macmillan, 1947).

13. Chris Anderson, *The Long Tail: Why the Future of Business Is Selling Less of More* (New York: Hyperion, 2006).

14. ポールスター・ボックスオフィス・データベースの情報を使って著者が計算した。

15. Facundo Alvaredo, Lucas Chancel, Thomas Piketty, Emmanuel Saez, and Gabriel Zucman, "World Inequality Report," World Inequality Lab, 2018.

16. Gerry Mullany, "World's 8 Richest Have as Much Wealth as Bottom Half, Oxfam Says," *New York Times*, Jan. 16, 2017.

17. Michael Wheeler, "The Luck Factor in Great Decisions," *Harvard Business Review*, Nov. 18, 2013.

わ・ん

英・数

や

ら

ま

な

は

た

さ

か

索 引

あ

［著者］
アラン・B・クルーガー（Alan B. Krueger）
経済学者（労働経済学）
1960年、アメリカ合衆国ニュージャージー州生まれ。1983年、コーネル大学卒業。1987年、ハーバード大学にて経済学の学位を取得（Ph.D.）。プリンストン大学助教授、米国労働省チーフエコノミスト、米国財務省次官補およびチーフエコノミストを経て、1992年、プリンストン大学教授に就任。2011～2013年には、大統領経済諮問委員会のトップとして、オバマ大統領の経済ブレーンを務めた。受賞歴、著書多数。邦訳された著書に『テロの経済学』（藪下史郎訳、東洋経済新報社）がある。2019年死去。

［訳者］
望月 衛（もちづき・まもる）
運用会社勤務。京都大学経済学部卒業、コロンビア大学ビジネススクール修了。CFA、CIIA。訳書に『ブラック・スワン』『まぐれ』『天才数学者、ラスベガスとウォール街を制す』『身銭を切れ』（以上、ダイヤモンド社）、『ヤバい経済学』『Adaptive Markets 適応的市場仮説』（以上、東洋経済新報社）、監訳書に『反脆弱性』（ダイヤモンド社）などがある。

ROCKONOMICS 経済はロックに学べ！

2021年6月9日　第1刷発行

著　者――アラン・B・クルーガー
訳　者――望月衛
発行所――ダイヤモンド社
〒150-8409　東京都渋谷区神宮前6-12-17
https://www.diamond.co.jp/
電話／03･5778･7233（編集）　03･5778･7240（販売）
ブックデザイン――西垂水敦＋市川さつき[krran]
DTP――ニッタプリントサービス
校正――鷗来堂
製作進行――ダイヤモンド・グラフィック社
印刷――三松堂
製本――ブックアート
編集担当――藤田悠（y-fujita@diamond.co.jp）

©2021 Mamoru Mochizuki
ISBN 978-4-478-10271-8
落丁・乱丁本はお手数ですが小社営業局宛にお送りください。送料小社負担にてお取替えいたします。但し、古書店で購入されたものについてはお取替えできません。
無断転載･複製を禁ず
Printed in Japan

本書の感想募集　http://diamond.jp/list/books/review

本書をお読みになった感想を上記サイトまでお寄せ下さい。
お書きいただいた方には抽選でダイヤモンド社のベストセラー書籍をプレゼント致します。

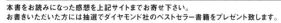